炎黄文化研究

第一辑

◇主编 王俊义

大象出版社

历史赋予我们的责任（卷首语）

◇王俊义

《炎黄文化研究》是中华炎黄文化研究会创办的一份综合性学术文化丛刊。

中华炎黄文化研究会是由热心炎黄文化的学者、专家及一些富有学养、曾长期从事文化宣传领导工作的老干部和各界人士共同组成的一个全国性民间文化团体，自1991年在北京成立以来，为弘扬中华优秀传统文化，促进当代新文化建设，做了大量有益的工作。

为能及时反映研究会的学术成果，推进与海内外的学术交流，研究会成立不久，即着手筹建了《炎黄文化研究》丛刊，十年来，每年一本，至今已编辑出版十辑矣！不过，却始终是以研究会的另一份刊物——《炎黄春秋》的增刊形式出现的。随着研究会的学术活动日益增多，学术交流逐渐频繁，研究成果亦愈加丰富，仍以增刊形式出版，显然不能适应主、客观方面的需要。经过努力，在各方有识之士的赞助下，自2004年起，由中华文明发祥地之一、轩辕黄帝故里所在地的河南省的大象出版社惠予出版。这标志着《炎黄文化研究》的编辑出版工作，又进入一个新的阶段，在当前国内各种各样的期刊、丛刊林林总总、竞争日益加剧的形势下，如何使《炎黄文化研究》持续生存与发展，使之更加富有生命力，作为编者不能不感到责任重大，不得不认真思考。

我本人自研究会成立伊始，就厕身其间，勉力工作。回顾研究会走过的历程，常情不自禁地想起研究会在人民大会堂成立时的情景。当时，任中共中央政治局常委、全国政协主席的李瑞环同志，不仅莅临了成立大会，而且发表了热情、诚挚、感人的讲话，他说："中华炎黄文化也可以说是中华民族文化，博大精深，源远流长,影响深远。在当今世界上,凡是炎黄子孙,不管走到什么地方,只要他良知未泯,都不能不为辉煌灿烂的中华民族文化而感到自豪。"为此,他希望"各级党政部门特别是各有关研究机构,要(对研究会的工作)主动地支持,提供方便"。他个人还慨然地表示:"我愿尽力为研究会服务,和大家一起做好弘扬民族优秀文化的工作"(见王仁民主编《炎黄颂》,中国经济文化出版社2003年版,第1~2页)。多年来,李瑞环同志的确身体力行,对研究会的工作给予诸多关怀和支持。这对研究会的领导和工作人员来说,既是激励,也是鞭策。同时,也使人从中感悟到,"做好弘扬民族优秀文化的工作"是历史赋予我们的责任。

研究会的首任执行会长、现任名誉会长,也是著名儒将的萧克将军,在《弘扬民族优秀文化,促进社会主义精神文明建设》一文中,明确指出成立研究会的目的"在于研究炎黄以来几千年的中华传统文化,进一步了解国情和社会主义建设的主客观条件,使马克思主义和社会主义建设实际结合得更好;在于继承和弘扬中华民族的优秀文化,振奋民族精神,提高民族的自尊心和民族自信心,促进社会主义精神文明建设;在于增进海峡两岸骨肉同胞联系,加深海内外炎黄子孙的相互理解和友谊,推进祖国的统一大业;还在于开展世界各民族的文化交流,使中华炎黄文化为世界文明做出新贡献。这是一项极有意义的工作,是历史赋予我们的责任"(见王俊义、黄爱平编《炎黄文化与民族精神》,中国人民大学出版社1993年版,第1页)。萧老的上述讲话,高屋建瓴,思想深邃,既是研究会的办会宗旨,也是《炎黄文化研究》的办刊宗旨和指导思想。这些年来,研究会开展的一系列活动,诸如举办国内、国际学术研讨会,组织编辑出版各种图书和刊物,大都是围绕上述目的而开展的。

《炎黄文化研究》为践履和体现自己的宗旨,并能反映研究会及文化研究领域的学术研究成果,在栏目设计上,有"专论"、"炎黄二帝及其时代研究"、"中华文明探源"、"民族文化与地域文化"、"文物与考古"、"思潮与学派"等;为了繁荣学术,推进不同意见的研讨而设立了"探索与争鸣"、"文化丛谈";为了加强与海外的交流,设了"海外中华文化研究";为了及时了解文化研究领域的成果与动向，设有“书评与序跋”、“学术动态”等；为了介绍对中华文化做出突出成就与贡献的老一辈学人，还特设了“中华学人”一栏。从有关栏目的设立中，似可看出《炎黄文化研究》的一些特色。

在百花争艳、刊物林立的文化园地里，各个刊物想要立于不败之地，既要有较高的学术质量，又必须有自己的特色。《炎黄文化研究》既不同于各高等学校和科研机构的综合性社科人文期刊，也不同于各个学科的专业刊物，作为一种综合性的学术文化丛刊，所发文稿大都与中华传统文化研究及当代文化建设相关，都有着深厚的文化内涵和底蕴。即使是与同样以研究传统文化为主的刊物相较，也有自己的不同，诸如围绕炎黄二帝及其时代的研究、重视中华文明探源及与之相关的文物与考古、地域文化与民族文化的研究，应该说都是《炎黄文化研究》独具的特色。我们将在中华炎黄文化（亦即中华民族文化）的大旗下，在海内外学术文化界硕学俊彦的支持下，在“做好弘扬民族优秀文化的工作”，“使中华炎黄文化为世界文明做出新贡献”方面，下大气力，多做文章，以期通过编辑部同仁的共同努力，把《炎黄文化研究》办成不可取代的独具特色的学术文化丛刊。

创新是一个民族不断发展的灵魂，又是学术文化研究繁荣的动力，同样，也是一个学术丛刊是否有生命活力的根本所在。因此，《炎黄文化研究》必须勇于探索，不断创新。其刊发的文稿，既要有扎实功底，探讨传统文化研究中的一些问题，也要富有时代气息，关注现实，关注社会，关注当今世界与人类命运相关的各种文化热点问题。由于学术文化研究在不断地前进与发展，新的视野，新的观点，乃至新的方法，层出不穷，日新月异。我们在栏目的设立上，既保持相对稳定，也将适时调整和更新，热诚欢迎关心支持《炎黄文化研究》的学术文化界的老朋友、新朋友与业内同行踊跃惠赐有创新观点的佳构力作。

古人云：“车轻道近，鞭策不用；鞭策所用，道远任重。”愿《炎黄文化研究》的编者、作者与读者及所有关心、热爱中华炎黄文化的学者、专家及各界人士，相互鞭策，共同勉励！

目　　录

专　论

炎黄二帝及其时代研究

民族文化与地域文化

文化丛谈

思潮与学派

社会习俗

海外中华文化研究

文献整理与研究

文物与考古

探索与争鸣

中华学人

书评与序跋

学术动态

民族复兴与文化责任

◇张岂之　刘文瑞

中华民族是一个伟大的民族，有着悠久辉煌的历史，创造出了灿烂夺目的文化。近代以来，由于封建专制的束缚和列强的入侵，中国在现代化进程中落伍了。百年来，无数仁人志士苦苦探索，寻求民族复兴的道路，为振兴中华做出了可歌可泣的业绩。今天，民族复兴的历史重任落在我们肩上，我们需要准确地把握民族复兴的意义和内涵，承担起通向民族复兴之路的文化责任。

一、关于民族复兴

1. 独立、自强、和平是民族复兴的核心内容

民族自古就有，但中国近代以来的民族意识，是同反抗外来侵略、争取民族独立紧密联系在一起的。自从梁启超1899年在《东籍月旦》一文中将“民”和“族”两个不同含义的词语联系起来，超越种族含义创立了“民族”这一新名词，并提出了“泰西民族”和“东方民族”的概念后，中国的民族观念，就已经同古代的民族观念有了重大区别。这种区别，表现为近代意义上民族国家的意识逐渐觉醒，中华民族的概念由此逐步产生。

鸦片战争以来，中国内部有封建专制主义对社会进步的压抑，外部有列强殖民主义的对华侵略，争取民族独立和民族解放成为民族精神的主要内容；民族独立和民族解放，又是民族复兴的前提。争取国家独立也就成为民族复兴过程中的首要任务。中国一百多年被侵略、受压迫的屈辱史，决定了民族独立在民族复兴中的地位。

民族独立必须自强。中华民族对自强的认识在近代以来是逐渐深化的。起初，人们只是把“船坚炮利”、国力强盛作为自强的标志。这种观点只看到“物”的力量，而没有重视“人”的力量，有一定的局限性。随着社会的发展，人们的自强观念也发生了变化。自强的实质，是民族的凝聚力和共同理想。民族的兴盛，根本在于“人”，没有“以人为本”的理念，就不会有真正的民族自强。民族的复兴，意味着民族凝聚力的重塑。在当前，这种民族凝聚力，表现为维护民族独立和实现现代化的共同理想。

和平与民族复兴紧密关联。世界上的任何一个民族，没有靠战争实现民族

振兴的先例。历史上的武力扩张,只会实现某个王朝的强盛而不会带来真正的民族振兴。当代和平与发展的世界主流,为中华民族的复兴提供了契机。只有在和平的环境中,中国才能实现梦寐以求的现代化理想。中华民族的复兴一直以维护世界和平为目标。这一点,使当代的民族复兴超越了古代的“华夷之辨”,具有了全新的意义。温家宝总理2003年12月访美时专门指出:“中国的崛起,是和平的崛起。”①对民族复兴的前景做出了准确的瞻望。今天,随着国力的日益强盛,“和平崛起”的思路越来越明确,已经成为民族复兴的一个重要内容。但是,和平以祖国的独立和统一为前提,如果祖国的独立和统一遭到破坏,中国人民会用自己的鲜血加以捍卫。

独立、自强与和平,是具有中国特色的民族复兴的基本内涵,是由近代以来中华民族奋斗的历程决定的。

2. 改革开放与民族复兴的关系

中华民族怎样才能实现现代化?经过几十年的摸索,走过了不少弯路,中国人民终于明白,闭关锁国不能实现民族复兴,夜郎自大更不等于民族复兴,只有改革开放的道路才能通向现代化,使中华民族走向新的辉煌,邓小平的历史功绩就表现在这里。从20世纪70年代末开始的改革开放事业,为民族复兴奠定了坚实的基础。改革开放的目标,说到底就是实现民族的伟大复兴。因此,改革开放的不断发展和深化,推动着民族复兴的伟大事业;而民族复兴的大业,又不断为改革开放提出新的课题和任务。改革开放所取得的成果,为中华民族的复兴提供了前所未有的广阔舞台;民族复兴的指导思想,又促进改革开放不断深化。

改革开放本身就是民族复兴所必需,但是,改革开放并不等于民族复兴。从一定意义上来说,从民族发展的历史长河来考察,改革开放的实质,是为民族复兴提供了相应的手段和路径。改革开放本身并不是目的,民族复兴才是目的。民族的复兴,不仅要求经济的发展和物质的丰富,更重要的是人自身的解放,真正做到“以人为本”。我们不是为改革而改革,为开放而开放,而是为了民族的生存与发展,为了提高民族的整体素质,为了建立一个美好的社会。因此,从民族复兴的角度来看改革开放的意义和功用,可以使我们对改革开放的性质把握得更加准确,防止把手段看做目的,解决“为改革而改革”的弊端,重视经济与社会及自然的统筹兼顾,持续地协调发展。摆正改革开放与民族复兴的关系,才能提高经济和社会发展的质量,实现全面小康的目标。

“人”是社会的主体。社会的发展,归根结底是为人创造幸福的生活。民族由个人组成,民族复兴不是抽象的,应体现在构成民族的民众生存状态之中,体现在一个个公民的身上。一个民族,只有她的民族利益和个人权利高度统一起来,才能焕发出无限生机;民族复兴和人权保障二者具有高度的辩证统一性。我

① 见2003年12月10日温家宝在哈佛大学的演讲《把目光投向中国》。

们的改革，不仅仅是经济改革，而是经济、政治、文化、制度和价值观念的全方位改革。在改革中，应当坚持“以人为本”的科学发展观。我们所理解的“以人为本”，是指对人自身的真正重视，恢复并弘扬人在社会中的主体地位。如果对人本原理的论证停留在对人的工具性诠释上，仅仅强调如何调动人的积极性等等，那就仍然没有摆脱把人当做实现某种目标的工具或手段这一窠臼，人还是“末”而不是“本”。以人为本，必须克服本末倒置现象，把人的生存和发展看做目的。应当看到，在一个健康发展的社会里，每一个公民都享有宪法和法律保障的权利。宪政的意义，就在于对这种权利予以保障、维护和发展。改革应当在“以人为本”的指导下进行，使之达到推动民族复兴的目的。

3. 当代民族复兴与古代的不同

现在有一种情况：一说民族复兴，往往就提出“重振汉唐雄风”。这个口号有一定的合理性，但容易产生误解。古代的盛世，尤其是汉、唐的历史贡献，给我们留下了宝贵的历史遗产。实现民族复兴，必须继承和发扬这一历史遗产的文化精神，但绝不是回到古代。每个历史时期都有它自己的使命，人们不可能超越历史，汉唐盛世是当时的产物，不可能在今日加以复制。过于强调“重振汉唐雄风”，有可能产生历史性的偏差。汉唐盛世同当代的民族复兴相比，具有本质上的差别。汉、唐统治者追求的，只是王朝的长治久安和国力的强盛；而今天的民族复兴要实现的，是人民大众的幸福和民族的繁荣发达。我们的民族复兴，不是退回到汉唐，而是要超越汉唐。

中国古代的盛世，有两个思想观念作为支撑：一个是“天朝大国”的大一统观念，另一个是“华夷之辨”的古代民族观念。它们的立足点是“国”和“族”，而不是“人”和“民”。这就决定了古代的盛世同今天的民族复兴有着根本的不同。诚然，古代的盛世也强调“民为邦本”，但我们稍作分析就可看出，古代的“民为邦本”与今天的“以人为本”在价值取向上是有差别的。古代的民本思想无论在当时有多么先进，都不可能超出历史的范围，它在本质上是把“民”作为“载舟覆舟”的工具，而不是把“民”作为国家和社会的主人。也就是说，古代没有在最终意义上确立人的主体地位。在以往的社会里，都是以人的工具化作为立国基础。当代的民族复兴则不同，它要使每个公民都处于平等地位，而且都有全面发展的公正、平等的机会。而古代的民本思想达不到这样的高度。陈独秀在五四时期曾对“民本”和“民主”的本质区别说过：“夫西洋之民主主义（democracy）乃以人民为主体，林肯所谓由民（by people）而非为民（for people）者是也。所谓民视民听，民贵君轻，所谓民为邦本，皆以君主之社稷——即君主祖遗之家产——为本位。此等仁民爱民为民之民本主义……皆自根本上取消国民之人格，而与人民为主体由民主主义之民主政治，绝非一物。”①

① 陈崧：《五四前后东西文化问题论战文选》，中国社会科学出版社，1989 年。

承认并高扬人的主体性，这是现代文明的基石。民族复兴不仅不排斥个人价值和个人权利，而且要把个人价值和民族生存有机地融为一体。这是当代民族复兴同古代盛世的本质区别。今天的中国已经不是过去的中国，民族复兴不是简单地追求传统意义上的“盛世”，而是要实现社会的深刻转变，即实现现代意义上的“以人为本”的理念。从这一意义上说，“盛世”和“民族复兴”的含义是不同的。我们所说的民族复兴，意味着中华民族向一个高度文明和高度民主的社会发展。

4. 执政党和民族复兴

近代以来的革命史，最终确立了中国共产党的领导地位，这不是人为的，而是客观事实发展之必然。今天，中国共产党已经自觉担负起领导民族复兴的重任，引领人民为实现民族复兴大业而不懈努力。中共十六大的政治报告，开篇就提出了民族复兴的伟大使命：“我们党必须坚定地站在时代潮流的前头，团结和带领全国各族人民，实现推进现代化建设、完成祖国统一、维护世界和平与促进共同发展这三大历史任务，在中国特色社会主义道路上实现中华民族的伟大复兴。这是历史和时代赋予我们党的庄严使命。”结束时又充满信心地宣布：“十一届三中全会以来，我们党找到建设中国特色社会主义的正确道路，赋予民族复兴新的强大生机。中华民族的伟大复兴展现出灿烂的前景。”报告内容涉及民族复兴的许多方面，反映了中国共产党对民族复兴的重视。

把民族复兴放在这样重要的地位来论述，表明中国共产党作为执政党对自身定位的调整。尽管人们都熟知“马上得之不能马上治之”的古训，但是，由“得天下”到“治天下”的转变并不容易。从 1949 年建国以来，在取得社会主义建设重大成就的同时也犯了不少“左”倾错误，其中一个重要教训就是不适当地用战争年代的经验指导和平建设。到 1978 年的十一届三中全会，确定了以经济建设为中心的方针，使党的工作重心开始转移。随着改革开放的逐步深化，中国共产党对由夺取政权的革命党向建设新型社会的执政党的转变在认识上越来越清晰，落脚于“以人为本”的民族复兴伟业上，标志着执政党在指导思想和治国方略上的变化。这意味着中国共产党超越社会各阶层的分野，在新时期真正成为中华民族的核心力量。对中国这样有 13 亿人口和 56 个民族的大国来说，平稳有序地实现民族复兴，需要有这样一个执政党来领导。

5. 民族复兴和文化复兴

中华民族的伟大复兴，不是复古，而是创新，是经过否定之否定的历史变化后的民族整体提升，这包括了政治、经济、文化的全面发展。政治、经济、文化是相互交融的，不能割裂开来。经济上的贫困，无力支撑一个民族的发展；而单纯经济上的富有，没有文化和政治与之协调发展，也无法塑造一个伟大的民族。政治的民主化和现代化，为民族复兴提供着人权保障和制度规范；而文化的复兴，又为民族复兴提供精神支柱和民族凝聚力。

民族复兴与文化复兴不可分割。文化的核心是价值观念，民族复兴的提出，反映的是人民的意愿，是中国社会的走向，这就要求我们在文化中创造并建设支持民族复兴的观念体系。所以，没有整个民族复兴的需要，就没有文化复兴的动力。同样，文化是一个民族的标志，反映着民族的内在特质和精神，没有文化复兴，就没有民族复兴的资源。中华民族的伟大复兴，需要全民族树立起坚定的信念，形成对"以人为本"幸福生活的强烈追求，尊重人的尊严和权利，确立人的主体地位，这就需要大力消除与此不相容的价值观念，建立人本理念的价值体系。没有民族振兴的信念，没有整个国民文化素质的提高，民族复兴的理想就很难实现。

我们所说的文化复兴，不是向汉唐文化的回归，而是超越汉唐的文化升华。这种升华，表现为两个方面，一是对民族优秀文化的继承和发展，二是对全人类优秀文化的吸收和融合。在继承优秀传统文化方面，过去一直提倡"取其精华，弃其糟粕"。现在看来，这种提法有可取之处，但在实际运用中，需要仔细鉴别哪些是精华，哪些是糟粕，在历史文化中有不少是精华与糟粕二者交融，这就需要对历史文化进行深入的研究，不能简单化。在吸收外来文化方面，过去也有一种提法，就是"中学为体，西学为用"；20 世纪 80 年代为了矫正这种提法的不足，有学者提出"西学为体，中学为用"。这两种体用关系使我们在吸收外来文化上一直存在着把中学和西学分割开来甚至对立起来的局限。今天我们对待外来文化，有必要打破这种体用关系的对立，真正实现民族文化与全人类优秀文化的有机融合，实现体用合一和中西贯通。文化复兴的深层含义，是要建设现代的"以人为本"的先进文化。这种文化复兴，将会使民族复兴建立在一个全新的文化基础之上。

二、关于文化责任

在民族伟大复兴的工作中，文化占有重要地位。从事文化工作的人们，需要认识和把握文化在民族复兴中的地位，自觉地肩负起文化责任。这种文化责任，包括社会责任、学术责任、是非责任、伦理责任等诸多方面的内容。

1. 社会责任

中国知识分子有着"经世致用"的优秀传统。先秦的诸子百家，就已经形成了关注社会、关注人生的执著情怀。以后的历代学人，把这种对现实的关注发扬光大，不断注入新的内容，使文化与社会、文化与人生紧密结合，从汉代的经学到清代的朴学，都在学术中渗透着对现实和人生的关切。中国文化的基本取向是"入世"而不是"出世"型的，即使在政治高压之下，学者也往往以学术的方式来倾注自己对社会的关怀。哪怕是庄子式的"逍遥"和竹林七贤式的遁世，也建立在对社会的批判上。更多的学者则是以积极的心态来担负起社会责任。今天，更需要将这一优秀传统继承下来。

近来在学术界有一种说法，倡导知识分子远离社会。有学人引用美国萨义德等人的观点，主张知识分子同社会保持适当距离，以维护其独立身份；也有学人主张知识分子回到书斋，以隐士式的态度从事学术，不要以救世的态度过多地介入社会。这些论点都有针对社会弊端的方面，但要说这些就是萨义德理论的要点，那就值得商榷。萨义德对“专业知识分子”（译为“职业知识分子”可能更恰当）的批评，其本意恰恰是主张知识分子贴近社会。① 他认为，职业化的知识分子，只是把学术作为一种谋取生计的职业，滋生了以学术研究作为逃避社会责任的借口。他要求知识分子以独立的不依附于任何人的学术研究来伸张社会正义，为了贴近社会而远离权势。保持学术独立，正是为了担当社会责任，不能把知识当做“谋稻粱”的资本，不要变成远离社会的世外高人。这种针对美国情况而做出的判断，只能作为一种参考，我们中国知识分子自有本身的历史责任。

在当代，这种社会责任首先表现为强烈的公共关怀。这种公共关怀要反映出社会良知并维护社会良知。只要社会存在苦难，存在弊病，他就要大声疾呼，以天下为己任，探究社会弊端的根源，揭示社会弊端产生的机制，提出治理弊端的理路和药方。社会责任还表现为高度的社会参与，宣传并在行动上落实“以人为本”的理念，倡导自身和社会及自然的协调发展，投身于民族复兴，奋斗不息。

知识分子从事的是学术工作，学术工作与社会责任不是对立的，二者具有高度的一致性。学术的生命力来源于社会，任何学术问题，都是由人类自身的发展所提出的，归根结底是为人类社会服务的。即使是自然科学意义上的排除价值因素的纯粹学术，也是人类社会发展的产物，并反过来为人类社会的发展服务。学术越发展，研究越深入，人类享有的自由程度就越大，也就越能彰显出人的主体性。从学术为社会服务的角度出发，可以看出学术工作与社会责任的逻辑联系。反过来，如果以学术的名义规避社会责任，学术就失去了存在的意义。

2. 学术责任

文化责任的基础是学术责任。如果对学术自身不负责任，社会责任就无从谈起。学术之所以成为学术，有它自身的范式和要求。一个学者，只有具备了高度的学术责任感，才能担当得起社会责任。

学术责任首先表现在学风上面。史学家范文澜曾经说过一句很有分量的话：“板凳要坐十年冷，文章不写一句空。”此语值得我们重视。浮躁、虚荣、急功近利等等，都同学术精神背道而驰。学术不能投机取巧，靠的是敬业、严谨、认真、执著、一丝不苟等等优秀素质。没有对学术的责任感，就谈不上做学问。我们经常看到期刊上有“文责自负”一语，实际上，“文责自负”这一短语的分量是

① 参见萨义德《知识分子论》，单德兴译，陆建德校，三联书店，2002 年。

很重的，它不但意味着学者要对他的研究成果担负起法律意义上的责任，还要担负起知识上的责任和道德上的责任。

学术责任的内涵，是学术良知和理性。一旦缺乏良知，就连最简单的"实话实说"都难以做到。这种良知，表现为学者对人的热爱、对社会的关注、对科学的推崇和对事实的尊重，也就是孟子所说的恻隐、羞恶、辞让、是非四心。同时，学者不同于社会上从事其他职业的人，所从事的学术研究建立在理性的基础上。缺乏理性，就难以对学术问题进行客观冷静的条分缕析，更难以得出鞭辟入里的学术成果。

由于学术研究工作存在着信息的限制、认知能力的限制、社会历史条件的限制以及诸多学术规范本身的问题等，即有些学者所说的"有限理性"，所以，学术成果具有"不成熟性"。目前我国学术界出现的一些问题，都与这种"不成熟性"有关。但是，承认理性的局限并不等于理性不能提升，学者应致力于不断克服理性的局限。学术的发展，是一个不断由"不成熟"走向"成熟"的过程。因此在学术成果的评价上应当区分"不成熟性"与学术腐败。学术的责任在于摒弃学术腐败，在于促进学术向成熟性方面发展，给社会提供的学术成果，比前人有所发展，有所深化，有所提高。学术成果的检验，不能靠短期的"轰动效应"，而在于长期的历史选择和淘汰。尤其是人文社会科学的成果，与自然科学和技术科学不同，无法立即用实验室方法加以检验，需要在社会实践中考验，往往要经历相当长的时间。这就要求学者抱着对历史负责的态度做学问，拿出有益于人的成果。

3. 是非责任

一个民族的文化，集中反映着本民族的价值观念。学术上的探究事理为文化价值观提供逻辑前提，文化价值观又给人们提供衡量社会现象的标尺和丰臬。因此，文化责任还表现为是非责任，即辨别是非、区分善恶。

对是非的评价是保障人类社会基本秩序并确定社会前进方向的必要手段。如果是非颠倒，黑白不分，就会导致社会的混乱与倒退。社会现象多种多样，纷纭复杂，在判定是非上也各不相同。判定是非的基本尺度是人类社会的共同价值观。凡是具有公众共同认可的价值观念和判断标准的社会现象，比较易于判定是非；凡是具有较大分歧的价值观念和判断标准的社会现象，则难以判定是非。在社会结构稳定的情况下，是非分明的现象比例较大；而在社会结构变动较大的转型时期，难以判断是非的现象会明显增多。我国目前正处于社会转型时期，民族复兴的大业意味着社会将有一个大的变化，新旧交替和推陈出新在一定程度上会带来价值观的转变，旧的社会评价尺度在逐渐消退，新的社会评价尺度尚未诞生或者不够完善，这些都会增加是非判定的难度。这就是我们在上面所说"不成熟性"的一种现象，这就更加需要倡导平等基础上的学术探讨，重建是非责任感。

对于是非分明、已经具有比较稳定的价值尺度的现象，如存真求实，文化责任表现为在任何情况下都要坚持这个原则，颂扬“真善美”，鞭笞“假恶丑”，建设良好的社会风气。这说起来比较简单，但是真正要做到却很不容易，需要从事文化工作的人们具有一定的勇气和正义感，具有不怕压力、不被不正确的舆论所左右、不受某种私利所诱惑的态度。

对于一时难以分辨是非、价值尺度正在变化的现象，文化责任表现为进行价值观念重建，以代表社会发展方向的先进理念确立新的评价标准，进而弄清是非，形成新型的社会规范。文化工作者有责任在社会变革中为大众消除迷惘，树立信念。例如，当我们告别了“越穷越革命”的“左”倾价值标准后，如何致富？建立什么样的小康社会？农民怎样才能致富？怎样才能更好地为人民谋福祉？再如，什么样的人才是真正的“能人”？新形势下官员的选拔和评价应该坚持哪些原则？怎样做学问才称得上真正的学者？公民的权利如何实现和保障？等等。这些方面，既有公认的评判尺度，又有随着时代变化的新内容，需要进行认真的辨析。通过这些工作，建立起适应民族复兴伟业的是非标准。

4. 伦理责任

文化与伦理紧密相关，中国传统社会以重视伦理而闻名于世，在现代化的过程中，中国面临着由过去的人伦社会向现代法治社会的转变，势必遇到伦理重建问题。文化责任在道德伦理建设中具有重要地位。

中国古代的社会发展与西方有着重大差别。许多学者早已指出，从夏商周三代起，中国的社会结构始终没有彻底打破血缘宗法关系，在血缘、亲缘和村社关系的基础上发展起来的社会结构，带有家国一体的人伦色彩。而西方从古希腊、古罗马起，国家建立在地域关系比较彻底地取代了血缘关系的基础上，因而有着契约社会的传统。西方的法治社会，就是在社会契约论的逻辑上建立起来的。我国现代化社会是一种法治社会，民族复兴是在现代化背景下的复兴，因此，中国社会传统的伦理道德会发生前所未有的变化，文化复兴必须承担起伦理的改造和重建的责任。

法治社会不是没有伦理，而是具有同传统社会不完全一样的伦理。在西方，从亚当·斯密的《道德情操论》，到阿玛蒂亚·森的《道德与经济学》，对法治社会的伦理准则有着不断深入的阐述。在人伦社会中，由于亲情关系的差异，其伦理准则在本质上是有等级的。中国的先哲在论述人的主体性时，注意到了这种问题，试图以“推己及人”的方式来消除这种差异，但是，历史的局限使他们未能突破“礼有等差”的社会格局。而在法治社会中，伦理准则建立在“以人为本”的平等基础上，建立在契约双方的互相信任和对等原则上，其实质就是打破亲疏界限的公共价值准则。[1] 缺乏这种对人的诚信，就会产生大家都不负责任的社会

① 参见茅于轼《中国人的道德前景》，暨南大学出版社，2003年。

现象，出现对公共产品的占有而不承担其成本的利己行为，引发道德退化与价值崩溃。

西方社会的伦理责任，以往主要由宗教信仰和贵族自律来承担；而中国社会的伦理责任，以往主要是由人们的人伦约束和士大夫自律来承担的。对于今天的中国而言，文化的伦理责任，需要重建和发扬士大夫式的“推己及人”伦理观，首先做到“己所不欲，勿施于人”，逐渐将人伦社会的道德约束推广到社会全体成员，把亲情推广为社会关怀，使其与法治社会融合为一体，实现优秀传统伦理的现代转化。例如，以“仁者爱人”、“诚者，人之道”等伦理道德规范约束市场经济下的交易行为，同时，以承认和尊重人与人之间的平等关系来消除传统伦理中的等级观念，形成社会公认的适应法治社会的伦理标准。

传统伦理与现代社会的结合，可以用“儒商”作为范例。“儒商”这一名词很有意思，“儒”是传统伦理的象征，而“商”是市场经济的象征。在传统社会里“商”时常被认为是不讲道德、缺乏诚信的代表，而现代社会则要求市场经济下讲道德、讲诚信，这就要求把道德规范推广到市场领域，于是在商品经济兴起后出现了对“儒商”的呼唤。这两个貌似对立的字结合在一起，恰恰反映了建立在亲情基础上的传统伦理向非亲非故的“陌生人”领域的扩展。现代伦理不是废弃亲情，不讲人伦，而是把立足于“亲属”和“熟人”关系中的道德与诚信推广到全社会。

文化工作者担负起伦理责任，需要克服伦理观念淡漠的不负责任态度，尤其是要解决双重伦理标准问题，不能对人是一套，对己又是另一套；对人严酷，不能宽容，而对己放纵，不能自律。目前，由于社会上存在着比较严重的道德滑坡现象，旧有的人伦约束被打破（传销中的坑害熟人就是例证），新型的契约伦理尚未完善（造假就是比较普遍的缺乏契约伦理的例证），导致伦理失范。面对这种社会现实，言行不一、人格分裂的现象，不可避免地会出现。实现民族的伟人复兴，需要文化工作者切实承担起伦理责任，继承和发扬传统文化中文化知识与文化人格的统一，在如何做人的问题上没有欠缺，这才能真正站得住，才是具有深刻的文化内涵的体现。

民族复兴意义重大，弄清民族复兴的内涵和实质，建立“以人为本”的新型社会，承担起知识分子在民族复兴中的文化责任，是历史和现实赋予中华民族所有文化工作者的使命，需要我们做出坚忍不拔的努力。

（作者单位：西北大学、清华大学）

"人文初祖"考略

◇罗 琨

近世,人们常称黄帝为中华民族的人文初祖、文明之祖。在陕西黄陵县黄帝陵,正殿门楣上高悬着"人文初祖"四字匾额,那是1938年清明程潜所题;还有"文明之祖"碑,是清末最后一任守陵官程寿筠所立。更早,黄帝则被称为"初祖"或"高祖",从"黄帝初祖"到"人文初祖"的演化,与中华民族及民族精神的形成密切相关。

一

"初祖",就是远祖、高祖。1927年,甘肃定西秤钩驿出土了一件王莽时颁布的长度标准器——"新莽铜丈",铭文81字,首句为"黄帝初祖,德帀于虞;虞帝始祖,德帀于新",标榜新莽政权的根基直达黄帝、虞舜,铭文一样的有同出的标准量器"新莽铜嘉量"①,见于文献的新莽标准衡器——铜权、石权②,这是已知尊黄帝为"初祖"的最早文字记录。再向前追溯,传世铜器"陈侯因資敦",铭文有"高祖黄帝,迩嗣桓文",这是战国晚期齐威王因齐所铸祭器,祖述承嗣了先人的文治武功,并且追溯到"高祖黄帝"③。

在古代文献中,保存了有关黄帝谱系的零星记述,如:

《国语·鲁语上》记述了古代制祀的法则和一些古族禘、郊、祖、宗大典的祭祀对象,其中"有虞氏禘黄帝而祖颛顼,郊尧而祖舜;夏后氏禘黄帝而祖颛顼,郊鲧而宗禹"④,表明有虞氏、夏后氏均以黄帝为自出之祖的直系祖先,因而在宗庙大祭和祭天大典中祭祀黄帝。

《国语·周语下》记载灵王二十二年,太子晋讲述历史上的兴替,曾有"此一

① 见国家计量总局主编《中国古代度量衡图集》图版九、一二六,图版说明第2、19页,文物出版社,1981年。

② 分别于后魏及宋代出土,见《隋书·律历志》、宋赵彦卫《云麓漫抄》卷六。

③ 《殷周金文集成》第九册第4649页;马承源主编:《商周青铜器铭文选》第866页,文物出版社,1990年。

④ 亦见《礼记·祭法》。

王四伯，其繄多宠，皆亡王之后也”，“夫亡者其繄无宠，皆黄炎之后也”，也谈到黄帝族的后裔。

《国语·晋语四》的记述较为具体：“凡黄帝之子二十五宗，其得姓者十四人为十二姓。姬、酉、祁、己、滕、箴、任、荀、僖、姞、儇、依是也。”

相关记载还见于《世本》，并为《史记·五帝本纪》所采录。这些都说明包括黄帝、炎帝在内的一些古族的谱系，直到春秋时还广为传诵。此外，文献记载武王灭商后，曾封黄帝之后，如《礼记·乐记》有“武王克殷反商，未及下车而封黄帝之后于蓟，封帝尧之后于祝”，又见《史记·周本纪》，只是黄帝与帝尧后裔的封地互易，当为传诵或传抄过程造成的讹误。但无论如何都说明西周春秋时，人们毫不怀疑黄帝是一个真实存在过的古族的代表人物。

《国语·晋语四》记载，晋国的公子重耳流亡到秦国时，司空季子讲述了一段古史传说，涉及到黄帝族“根”：

> 昔少典娶于有蟜氏，生黄帝、炎帝。黄帝以姬水成，炎帝以姜水成。成而异德，故黄帝为姬，炎帝为姜。二帝用师以相济也，异德之故也。（韦昭注：“济当为挤，挤，灭也。传曰：黄帝战于阪泉。”）

一位毕生从事传说时代研究和夏文化探索的前辈学者徐旭生，在《中国古史的传说时代》一书中曾对这一记载进行过分析。该书首先进行了方法论的研讨，提出要看到华夏族、华夏文化形成的复杂性，注意传说时代的史料及史料原始性具有不同的等次性。其中，将《国语》、《左传》等保存了零星散乱传说时代史料的先秦古籍列为第一等，提出要将其小心收集整理，“洗刷她那神话的外壳，找出来可信的历史核心”，并根据相关原则和史料，论证了我国古代曾存在华夏、东夷、苗蛮三个部族集团，皆为“秦汉间所称的中国人的三个主要来源”。黄帝、炎帝属于华夏集团，还探讨了这两个古族从西北地区东向发展的路线。①

不过，也有研究者质疑《晋语》记载的可信性，较早见于崔述《补上古考信录》：“《春秋传》云‘黄帝氏以云纪，故为云师而云名；炎帝氏以火纪，故为火师而火名’，观其文义，乃二帝各自为国，各自为代，非兄弟也。”而黄帝是圣人，炎帝是贤人，“必无同胞兄弟而用师相攻之理”②。还有研究者认为炎帝属于南方集团，《山海经》等南方系统的神话，要较《晋语》更为可信。③ 怀疑论者当然有自己的论据，然而利用当代关于氏族起源的认识来检验《晋语》记载，全面考察我国古代部族三集团逐鹿中原的大势，当以徐旭生《中国古史的传说时代》的论证

---

① 详见徐旭生《中国古史的传说时代》第一章《我们怎样治传说时代的古史》、第二章《我国古代部族三集团考》，文物出版社，1985 年。

② 见崔述撰著、顾颉刚编订《崔东壁遗书》，上海古籍出版社，1983 年。

③ 见蒙文通《巴蜀古史论述》，四川人民出版社，1981 年；刘彬徽：《炎帝文化研究再论》，载刘正主编《炎帝文化与 21 世纪中国社会发展》，岳麓书社，2002 年。

更有道理。

20世纪80年代初，在民族学、考古学和历史学界，曾围绕氏族的起源和血缘家庭的历史真实性展开过一场热烈的讨论。① 不少学者利用我国丰富的民族调查资料对氏族起源理论进行深入探讨，还有的学者结合文献记载和考古学资料，运用“二重证据法”、“三重证据法”研究这一问题，证实了氏族起源于族外群婚，随着由亲及疏、由近及远地排除兄弟姊妹和母亲旁系亲属间的婚配，一个稳定的母系血缘亲属集团形成，这就是原始氏族。氏族的基本法则是严禁氏族内的两性关系，因而往往是两个互为婚姻集团的原始氏族结成二合组织。随着人口的繁衍，一个母系氏族会分裂出若干女儿氏族②，随着生存技术不断进步、人口不断增加、社会细胞不断分裂，逐渐生长出氏族、胞族、部落等较为复杂的社会机体。

在云南永宁坝区的纳西族民族调查资料中，还可以找到这一历史进程的影子，相传现在永宁纳西族是分别名为西、胡、牙、峨四个“尔”（即母系血缘集团）的后裔，随着生产力的发展和人口的增加，从同一个“尔”不断分裂出新的母系血缘亲属集团——“斯日”，脱离原来的母系氏族公社，开辟新的生存空间，建立新的女儿氏族的血缘村落。例如开坪乡甲布瓦村和格沙瓦村是同属于“峨”尔的两个血缘村落，各为一个“斯日”，分别尊甲布、格沙为共祖，相传甲布和格沙是同母所生的两兄弟，共同的女祖名为阿扣阿宝，传若干代以后，分衍出两个“斯日”。他们属于同一个通婚集团的两个半边，按照传统规矩，属于同一集团内的成年男女，只要不违反母系血缘村落内部不得婚配的禁规，可以任意结交“阿注”；而如果要到本集团外的村落结交“女阿注”，则必须事先取得该村男青年的同意。③ 这说明属于同一通婚集团的两个半边，生来就是对方的妻子或丈夫。

显然，少典氏和有蟜氏，也应属于一个古老的通婚集团的两个“半边”，黄帝和炎帝犹如“甲布”和“格沙”。在古代社会，世代婚配的姬、姜二姓正是从母系氏族分裂出的两个女儿氏族，若干世代以后，成为新的通婚集团的两个半边，这一现象也可以从民族学中得到印证。云南永宁纳西族的调查者从上世纪60年代初至80年代，长期深入云南永宁地区，做了大量细致的民族调查工作，虽然不曾从事传说时代的古史研究，但他们的调查资料却是《国语·晋语》的恰当注

---

① 参见中国史研究编辑部《中国古代史研究概论》第一篇《原始社会史》，江苏古籍出版社，1987年。

② 参见杨堃《民族学概论》第190页，中国社会科学出版社，1984年；陈启新：《氏族起源初探》，《史前研究》1983年创刊号。

③ 见詹承绪、王承权等《永宁纳西族的阿注婚姻和母系家庭》第26～44页（下同），上海人民出版社，1980年。

脚,证实这个前人难以理解的故事符合古代氏族制度的习俗,因而具有可信性。

不仅如此,他们的调查资料还记述了纳西族成年男女去世后,巫师要为他开路送魂,沿着先人迁徙的路线,一站一站地将魂魄送回祖居之地。同一个"尔"的成员,无论分居何处,送魂路线都是相同的,不同"尔"的送魂路线在永宁虽有不同,但到一定地点会合在一起,并达到共同的终点——祖先的发祥地。由此可见,在没有文字记载的历史时代,口述历史确如史书所载,"时事远近,人相传授,如史官之纪录焉"①,也是具有可信性的。这启示我们,曾经烜赫一时且后裔繁荣昌盛的黄帝族,其先祖发祥地通过口耳相传保存到春秋时期是可能的,如果没有确凿的反证不宜轻易否定。

关于《国语》与《山海经》相关记载哪一个更可信的问题是值得探讨的。和黄帝同时见于《国语·晋语》的炎帝后来成为南方民族的宗神,这是不争的事实,究其原因当与古族的迁徙、文化的交流融合有关。然而这一事实与黄炎两族有共祖,其先世从同一个原始氏族中分裂出来的记忆并不矛盾,因为现在知道原始氏族出现的历史可以追溯到四万至一万四千年前②,陕西西部姬水、姜水一带已发现的古代文化遗址可以追溯到七千多年以前,而黄帝、炎帝作为两个古族的代表人物登上历史舞台仅在五千年前③。很多民族的口述历史中都保留有自己民族的创世神话,殷墟甲骨文中也有一位半人半猴、兼有祖神和自然神神格的"高祖夒"④,所以记录古族衍化断面的文献不足以否定在口述历史中关于先世的"根"的记忆。

记述黄帝史迹的传世文献,最早的是《逸周书·尝麦》,记述周初成王"四年孟夏,王初祷于宗庙,乃尝麦于太祖。是月,王命大正正刑书"。在这篇关于成王亲政后定律法刑书的记录文献中,首先引述了黄帝伐蚩尤的故事:

> 王若曰:宗掩大正,昔天之初,□作二后,乃设建典。命赤帝分正二卿,命蚩尤宇于少昊,以临四方,司□□上天未成之庆。蚩尤乃逐帝,争于涿鹿之河,九隅无遗。赤帝大慑,乃说于黄帝,执蚩尤,杀之于中冀。以甲兵释怒,用大正顺天思序。纪于大帝,用名之曰绝辔之野。乃命少昊清司马鸟师,以正五帝之官,故名曰质。天用大成,至今不乱。

关于《逸周书·尝麦》的可信性也有不同看法,通过多年专门研究,刘起釪

① 《北史·魏本纪第一》。

② 参见杨堃《民族学概论》第190页,中国社会科学出版社,1984年。

③ 这个炎帝是指《国语》等早期文献以及司马迁《史记》中的"炎帝",战国时整理古史传说形成专书的《世本》,始将炎帝与神农氏合户,从《汉书》以后,"炎帝"常作"炎帝神农氏"的简称,其时代当然要远早于五千年。

④ 参见罗琨《殷墟卜辞中的高祖与商人的传说时代》,胡厚宣主编:《全国商史学术讨论会论文集》,殷都学刊增刊,1985年。

《尚书学史》一书指出《汉书·艺文志》有"《周书》七十一篇"，颜师古注云："刘向曰'周时诰誓号令也，盖孔子所论百篇之余也'。今（唐代）之存者四十五篇矣。"这是汉代今文家所不传习、古文家所未提到的，其篇名都在"《书序》百篇"之外，而当刘向整理皇家藏书、班固撰写《汉书·艺文志》时，尚存在这七十一篇周代的《书》。因此被称为《周书》，列在《六艺略》的"《书》类"内。刘起釪还根据《左传》和东汉以后著作的征引，论证其中许多篇章确曾存在于先秦，并在汉代学者中流传过，直到唐代都明确认为它是《尚书·周书》的佚篇，并有了《逸周书》的名目。在今传本《逸周书》五十九篇中，可以分为几种不同情况，其中《克殷》、《世俘》等七篇，可确认为西周文献；包括《尝麦》在内的十余篇，保存了西周原有史料，其文字写定可能在春秋，可以认定是作为"诰誓号令"的《尚书》经过加工的篇章看待。① 因此《尝麦》当有相当程度的可信性，其中有关黄帝的故事应是通过口耳相传保存到西周初的远古史事。

也正因为这样，这段传说文辞古奥难解。徐旭生《中国古史的传说时代》一书中说，过去对这一节的理解多有错误，主要原因是不了解氏族的名字与个人的名字常混合，尤其是汉以后炎帝、神农氏合户成为定论，一些学者未能理清这一演化过程，用演化后的观念解读演化前的史料，如《路史》的演绎就"与本文有明显不合，却得到很多人的承认"。该书利用今天对古代社会的科学认识，对这段文字重新做出通达的解释，这里不再赘述。值得注意的是，新的论证不仅说明《尝麦》所载黄帝、炎帝与蚩尤之间的战争具有可信性，更提出以涿鹿之战为标志，华夏集团与东夷集团逐渐同化。② 近数十年考古学的发现和研究证明，在距今五千年以降的龙山文化时代，的确存在战争增多、各地区文化在碰撞交融的过程中出现趋同的因素，为这一论断提供了旁证。

总之，20 世纪 20 年代古史辨派提出著名的"层累地造成的中国古史"说，根据"周代人心目中最古的人是禹，到孔子时有尧舜，到战国时有黄帝……"说明"时代愈后，传说的古史期愈长"③，八十年过去了，相关问题的研究已经取得了不少新进展。新的认识告诉我们，战国晚期秦灵公确曾设上畤祭黄帝，但黄帝不是这时才被创造出来的，西周初，在人们心目中和口述历史中他已经是"昔天之初"的代表人物了。"黄帝"原是一个具有历史真实性的烜赫古族的"初祖"，在漫长的口耳相传的过程中，像很多民族记忆中的始祖一样，难免被神化，但究其原型还应是一个"人"——一个古族的代表人物。

---

① 详见刘起釪《尚书学史》第 94 ~ 96 页，中华书局，1989 年。

② 详见徐旭生《中国古史的传说时代》有关"东夷集团"及"三集团的交互关系"的章节。

③ 见顾颉刚《与钱玄同先生论古史书》（1923 年 4 月 27 日、2 月 25 日），《顾颉刚古史论文集》第一册，中华书局，1988 年。

二

自周武王率领庸、蜀、羌、髳、微、卢、彭、濮等西戎诸部的联军灭殷，建立了地域更为广大的周王朝以后，中原与周边地区文化的交融进入了一个新时期。至春秋时期，一些强大的诸侯国采取了“和诸戎以正诸华”①的政策，更加速了各古族的融合，因而两周成为华夏族形成、发展的重要阶段。

在《左传》、《国语》等文献中，往往可见以戎（夷）、诸戎、戎狄与夏（华）、诸夏（诸华）、华夏对言，强调戎狄、华夏之别，这种民族意识的出现，标志着华夏族的形成。如：

《左传·闵公元年》：“狄人伐邢，管敬仲言于齐侯曰：戎狄豺狼，不可厌也；诸夏亲昵，不可弃也。”（杜注：“诸夏，中国也。”孔颖达疏：“华夏皆谓中国也，中国而谓之华夏者。夏，大也。言有仪礼之大，有文章之华也。”）

《左传·僖公二十一年》：“蛮夷猾夏，周祸也。”（杜注：“猾夏，乱诸夏。”）

《左传·定公四年》：“裔不谋夏，夷不乱华。”（孔颖达疏：“中国有礼仪之大，故称夏；有服章之美，谓之华。华、夏一也。”）

《公羊传·成公十五年》：“春秋，内其国而外诸夏，内诸夏而外夷狄。”

《国语·齐语》：“筑葵兹、晏、负夏、领釜丘，以御戎狄之地，所以禁暴于诸侯也；筑五鹿、中牟、盖与、牡丘，以卫诸夏之地，所以示权于中国也。”

《国语·晋语一》：“戎夏交捽，交捽是交胜也……诸夏从戎，非败而何。”

《论语·八佾》：“夷狄之有君，不如诸夏之亡也。”

可知春秋时所说的华、诸华、夏、诸夏、华夏是指中原地区的一些古族的共同体，自认为居于“天下之中”，故称“中土”、“中国”。“中国”的地理范围最早指晋南，以后扩大到整个中原地区，乃至中央政府统辖下的全部疆域。

过去有学者认为华夏族最早只称“夏”，本是夏族人的意思，后来书写时或代之以同音的“华”字，遂有“华夏”一语。② 但实际上夏王朝、夏人之“夏”源于“大夏”，在口耳相传的历史中，“大夏”之名至少可以追溯到高辛氏时代，即《左传·昭公元年》所说高辛氏二子阏伯、实沈，“日寻干戈，以相征讨”，“后帝不臧，迁阏伯于商丘……迁实沈于大夏，唐人是因”。这个实沈之族及其后裔唐人的

① 《左传·襄公十一年》。

② 王玉哲：《中国古代史上的民族问题》，《南开学报》1980年第2期。

居地就是古称大夏或夏墟的晋西南。① 而"华",是"花"的本字,如《尔雅·释草》有"华,花也"、《释言》有"华,荣也"。又《汉书·司马相如传》集注引张揖:"华,蕊也。"苏秉琦《中国文明起源新探》说:"仰韶文化庙底沟类型分布中心在华山附近,这和传说中华族形成阶段的活动和分布情况相像……庙底沟类型主要特征的花卉图案,可能就是形成华族得名的由来,华山则可能由于华族最初所居之地而得名。"这一推测不是没有道理的,《庄子·天地》有"尧观乎华。华封人曰……"疏:"华,地名也,今华州也。封人者,为华地守封疆之人也。"②华州即今华山脚下的陕西华县,晋西南也在庙底沟类型仰韶文化的分布区内。在战国古玺中见有"武州华"、"空桐华"③等两方标出籍贯的华氏私印。武州见于《史记·韩长孺列传》,集解引"徐广曰在雁门",即今山西省左云县。空桐见于《史记·武帝本纪》,正义曰"空桐山在原州平高县西一百里",即今甘肃固原县。这两个地点都在庙底沟类型北向、西向传播或影响所及的范围内,可能不仅仅是巧合,而标识出古华族迁徙的足迹。

从有文字记载的历史来看,在《左传》中多见与《庄子·天地》"华封人"结构相同的称谓,如颍考叔为颍谷封人、仲足为祭封人、宋高哀为萧封人等④,《隐公元年》"颍谷封人"孔颖达疏有"天子封人职典封疆,知诸侯封人亦然也。传言祭仲足为祭封人、宋高哀为萧封人……皆以地名封人,盖封人职典封疆,居在边邑",因而往往以邑为氏。殷墟甲骨文中虽然尚无可确认作"华"字的地名,但有"封人"这一用语,如"畜封人"⑤。而"畜"甲骨文表示"畜养",如"王畜马在兹厩"⑥,所以"畜封人"一辞当为动名词,专指在某一边境地区的养马人。在西周金文中,不仅有作为地名的"华",如命簋铭文中有"王在华"⑦,还有以"华"为氏的记录。如:

> 仲姞鬲:仲姞乍羞鬲。华。 ——《殷周金文集成》547~558
>
> 仲义父鼎:仲义父乍新客宝鼎,其子子孙孙永宝用。华。 ——同上 2541~2545
>
> 仲义父盨:仲义父乍旅盨其永宝用。华。 ——同上 4386~4387

从以上铭文的款式看,"华"字处于商周铭文中常见的族氏徽号的位置,透

① 参见罗琨《夏墟大夏考》,见张政烺先生九十华诞纪念文集编委会编《揖芬集》,社会科学文献出版社,2002年。

② 郭庆藩辑《庄子集释》第420页,中华书局,1961年。

③ 《古玺汇编》1325、3973。

④ 见《左传·隐公元年》、《桓公十一年》、《文公十四年》。

⑤ 《小屯南地甲骨》3398。

⑥ 《甲骨文合集》29415。

⑦ 《殷周金文集成》4112。

露出“华”是一个古老的族氏。由此可见《庄子·天地》尽管是寓言,但“华”作为族名和地名可能并不晚于“夏”。

然而,“诸华”、“诸夏”、“华夏”出现以后,其内涵已远远超越出某些与华、夏相关联的古族,形成一个超越了血缘关系,而以居住地域和共同的语言、习俗、礼制为标志的古代民族共同体。例如:邾,《春秋左传注疏》的孔颖达疏有“谱云:邾,曹姓,颛顼之后有六终,产六子,其第五子曰安,邾即安之后也。周武王封其苗裔邾侠为附庸,居邾,今鲁国邹县是也”①。《左传·僖公二十一年》记邾人灭须句,须句子出奔鲁国,“成风谓之言之于公曰:崇明祀,保小寡,周礼也;蛮夷猾夏,周祸也。若封须句,是崇皞、济而脩祀、纾祸也”。杜注:四国“与诸夏同服王事”,“邾灭须句,而曰蛮夷……邾虽曹姓之国,迫近诸戎,用夷礼,故极言之”②。作为周王分封的诸侯国,邾应属于诸夏,《左传》却因其用“夷礼”而称之为“蛮夷”。

此外,春秋时还有姬姓之戎,如《左传·庄公二十八年》载晋献公“娶二女于戎,大戎狐姬生重耳”。杜注:“大戎,唐叔子孙别在戎狄者。”孔颖达疏:“《晋语》云,狐氏出自唐叔狐伯行之子,实生重耳,又曰狐偃其舅也。”又,“晋伐骊戎,骊戎男女以骊姬”,杜注:“骊戎……其君姬姓,其爵男也,纳女于人曰女。”可见大戎、骊戎都是姬姓之戎。在一些文献中,大戎又作犬戎。程公说《春秋分记》有:“在京兆而姬姓者曰骊戎;在晋南鄙而姜姓者曰姜戎;姜姓之后别居陆浑者又为允姓陆浑戎,曰阴戎、曰九州之戎;唐叔之后别居中国者同为姬姓,曰犬戎、曰茅戎、曰徐吾氏。”③这充分表明夷、夏之分是超越血缘关系的。

正是在这一前提下,随着文化的交流与发展,在一些古族间戎狄、华夏的界限日益淡化,使这个民族共同体不断壮大。例如:

楚,相传也是颛顼之后,但地处江汉流域,文化习俗有强烈的地方特色,以蛮夷自称。至春秋,楚武王时开始强盛,庄王曾问鼎于周,共王时继续与晋国争霸中原。虽然《左传·襄公十三年》记述共王时的楚国,有“抚有蛮夷,奄征南海,以属诸夏”之说,仍将其视为从属诸夏的戎狄之国。但在《国语·楚语上》记述同样内容,则作“赫赫楚国,而君临之,抚征南海,训及诸夏,其宠大矣”,韦昭注:“训,教。主盟会、班号令、教诸夏。”反映楚国在夷狄与华夏之争中曾居于主导地位。而随着楚国的强大,礼乐文明的发展已为更大范围的融合奠下基础,今在湖北、湖南、河南、安徽等地已经发现不少楚文化遗址和丰富的文化遗存。从大

---

① 《春秋左传注疏》隐公元年“三月公及邾仪父盟于蔑”疏。

② 见《春秋左传正义》,须句还是鲁僖公之母成风的母家,与山东小国任、宿、颛臾同为风姓,司太皞与济水的祭祀,以服事诸夏。

③ 程公说《春秋分记》卷八十八“四夷附录”第一。

型贵族墓葬看，上层贵族在铜器使用制度上始终恪守周礼，未见僭用或乱用。[1]楚文化不仅继承、吸收中原文化精华，并在此基础上创建、发展了自己的风格。例如楚地盛产铜，楚公逆钟铭文记载，得到四方贡纳"赤金九万钧"，制作编钟百套，这是西周用铜的最高纪录。[2] 充分利用这一条件，楚国的青铜铸造非常发达，其青铜器无论是造型、纹饰，还是工艺水平，在东周列国中均属先进，铸造工艺的一项重大突破——失蜡法，最早出现在楚国，此后在应用中又不断将这一工艺推向新高度。

吴，是先周太王之子太伯、仲雍所建，他们奔蛮荆、文身断发，行用当地民族习俗，即史书所载"吴，周之胄裔也，而弃在海滨，不与姬通"[3]，长期被中原诸国认为是落后的蛮夷国家。尽管在鲁史《春秋》中，对吴国史事的记载还有别于中原诸夏，《左传·哀公元年》有："三月，越及吴平。吴入越，不书吴，不告庆。越不告败也。"杜注："嫌夷狄不与华同。"但吴国在春秋晚期日益强大，自比文化发达之诸华，同样对中华传统文化有很大贡献，例如吴国精良的青铜兵器及其精湛的工艺在当时居列国之冠，与吴国有密切关系的《吴孙子》——《孙子兵法》至今仍是世界人民共同的精神文化财富。

《左传·襄公十四年》还记载在晋悼公力图恢复霸业的过程中，"吴告败于晋，会于向"，盟会中，"将执戎子驹支，范宣子亲数诸朝，曰：'来！姜戎氏……'"戎子驹支则答辩说：

> 昔秦人负恃其众，贪于土地，逐我诸戎。惠公蠲其大德，谓我诸戎是四岳之裔胄也，毋是翦弃。赐我南鄙之田，狐狸所居，豺狼所嗥。我诸戎除翦其荆棘，驱其狐狸豺狼，以为先君不侵不叛之臣，至于今不贰。昔文公与秦伐郑，秦人窃与郑盟，而舍戍焉，于是乎有殽之师。晋御其上，戎亢其下，秦师不复，我诸戎实然。譬如捕鹿，晋人角之，诸戎掎之，与晋踣之。戎何以不免？自是以来，晋之百役，与我诸戎相继于时，以从执政，犹殽志也，岂敢离逷？今官之师旅无乃实有所阙，以携诸侯，而罪我诸戎！我诸戎饮食衣服不与华同，贽币不通，言语不达，何恶之能为？不与于会，亦无瞢焉！

杜预注："四岳，尧时方伯，姜姓也。裔，远也。胄，后也。"从这一记载可知，华、戎之间尽管有"饮食衣服"不同、"贽币不通，言语不达"的区别，但他们往往有共同的"根"，在漫长的历史进程中更有千丝万缕的联系，如戎子驹支所言，"譬如捕鹿，晋人角之，诸戎掎之，与晋踣之"，无论是生存斗争还是政治斗争，都曾协同作战、密切配合，这必然加速了互相吸取对方文化精华的融合过程。

《左传》还记载，戎子驹支答辩后，"赋《青蝇》而退。宣子辞焉，使即事于会，

---

① 参见熊传新《楚曾诸侯国的青铜艺术》，《中国青铜器全集》10，文物出版社，1998 年。

② 参见《中国青铜器全集》10，第 111 器楚公逆钟图版说明，文物出版社，1998 年。

③ 《左传·昭公三十年》。

成恺悌也”。杜注:“青蝇,《诗·小雅》取其恺悌君子,无信谗言。”赋诗言志是周代礼乐文明的一个重要体现,《论语·季氏》有孔子曰“不学诗,无以言”,《左传·闵公二年》载卫国被狄人所灭,“许穆夫人赋《载驰》”,杜预注,“《载驰》,《诗》卫风也。许穆夫人痛卫之亡,思归唁之,不可,故作诗以言志”。《论语·子路》还有“子曰:颂诗三百,授之以政,不达;使于四方,不能专对。虽多,亦奚以为”。表明春秋时,赋《诗》言志更是外交谈判的方式和享宴的礼节。《左传·襄公二十六年》晋国囚禁了卫侯,为此,齐侯、郑伯到晋国去,晋侯设享礼招待,“晋侯赋《嘉乐》”,表示欢迎;“国景子相齐侯,赋《蓼萧》”,喻意赞扬“晋君恩泽及诸侯”;“子展相郑伯,赋《缁衣》”,表示“不敢违远于晋”,于是晋侯拜谢二君。其后,国子使晏平仲向叔向转达齐侯、郑伯的意见,叔向通过赵文子报告晋侯。“晋侯言卫侯之罪,使叔向告二君,国子赋辔之柔矣,子展赋将仲子兮,晋侯乃许归卫侯。”杜预注《辔之柔》,“逸诗,见《周书》义取宽政以安诸侯,若柔辔以御刚马”;“《将仲子》,《诗》郑风,义取众言可畏,卫侯虽别有罪,而众人犹谓晋侯为臣执君”,晋侯终于被说服,同意释放卫侯。可见善于用《诗》应对,能够创造谈判的良好氛围,互相沟通,解决政治冲突,而宾主任何一方不能正确用《诗》酬答应对,将会自取其辱。如《左传·文公四年》卫国宁武子到鲁国聘问,续修旧好,文公“与之宴,为赋《湛露》及《彤弓》”,由于这是天子宴诸侯的乐歌,不合礼制,所以宁武子“不辞,又不答赋”,以免“干大礼,以自取戾”。又如《左传·昭公十二年》宋国华定到鲁国聘问,为新君通好,鲁“享之,为赋《蓼萧》。弗知,又不答赋。昭子曰:必亡……”华定对席上的赋诗茫然不知其旨,不能应对,所以昭子评论他不可能终其位。不久,昭公二十年华定果然被迫出奔于陈。

了解了这个历史背景,再看戎子驹支赋《青蝇》而赢得范宣子的尊重,就可以知道当时华夏的礼乐文明,在很大程度上已为戎族的上层所熟悉和接受,在外交场合,应对自如,甚至胜过一些华夏族的执政者。实际上这种文化的传播不限于上层社会,20 世纪三四十年代,在云南彝族地区进行礼俗调查的民族学家发现,彝族老年人盛行在酒宴上赋诗,诗歌多古典古语,“颇类《诗经》中以草木鸟兽咏成之比兴体诗歌”,“经书上的典故及道理,全凭这种口传矜才,得以保存。越是盛会巨典,越喜吟咏,如宾对主的客气语,主答客之谦虚词,多凭这古香古色的典雅诗词赋咏出来,稍越规矩,或措词不当,即被人轻蔑讥笑,甚或摒弃,不欢而散”。在彝文经典中则有类似孔子教人学《诗》的话:“尔生满六岁,学诗与识字。”“壮年集古诗,朋友共切磋。”①

春秋战国时,戎(夷)、华(夏)的融合不仅发生在同“根”的古族间。1974 ~ 1978 年河北省文物管理处调查发掘了平山县中山国都城古灵寿城及王陵。中

① 马学良:《云南彝族礼俗研究文集》第 183 页《青年男女的夜会》,四川民族出版社,1983 年。

山国为北方少数民族白狄所建，从王陵看，埋葬制度与华夏各诸侯国相同。1号墓出土一块“兆法图”——用错金银的方法在铜板上制成墓葬建筑规划图（附有450余字的铭文）是前所未见的。随葬的铜鼎、方壶分别有450和469字的长篇铭文，这在两周金文中是绝无仅有的，文字行款整齐，布局严整，书法俊秀，刀法娴熟，为战国书法艺术佳作，应是高超技艺和锐利工具结合的产物。内容涉及公元前314年燕王哙禅位相国子之，引起内乱的教训，并以此告诫嗣王，其中多处套用《诗经》的文句，可见中原文化的影响。在出土的中山国大量文化遗物中，包括的文化因素可分三组，即具有华夏族特点、兼有本民族和华夏族特点和独具本民族特点的遗存。一批独具特色的铜器，如错金银四龙四凤方案，构思缜密，巧夺天工，显示了极为高超的金属细工工艺，反映出手工业内部细密的分工和生产力的提高，冶铁的发达，以至钢制工具的出现。①

总之，在华夏族形成的同时，不断发展着与周围地区文化的交流与融合，由于当时中原地区的礼乐文明处于领先的地位，对周边地区的影响是显而易见的。然而文化的交流、融合是双向的，中原文化同样会接受周边文化的影响，如礼乐文明的重要载体之一——乐器的发展演化，就受到了楚文化的影响；《战国策·赵策二》及《史记·赵世家》所载赵武灵王胡服骑射则是一个典型的例子。不仅如此，如上所述，周边地区在接受中原文化影响的同时，不断发展、创新、提升，将文化的发展推向新高度，在某些领域跃居领先地位，必然反过来对中原文化发生影响，为中原文化注入新鲜血液。所以尽管中原地区的一些政治家存在“夷夏之辨”甚至歧视夷狄的思想②，但融合的大势不可阻挡，以礼乐文明为核心的民族共同体就是在这一过程中不断壮大，扎下了中华民族包容性与凝聚性的根子。而黄帝也从有虞氏、夏后氏的高祖演化成不断壮大的华夏族代表人物。

三

随着华夏族的形成，对黄帝的祭祀开始突破血缘纽带。周幽王时，西周被犬戎所灭，秦国因伐戎救周有功而列为诸侯，秦襄公自称少昊之后，开始设坛祀白帝，文公、宣公、灵公相继增加对青帝、黄帝、炎帝的祭祀，这时的黄帝还只是五方、五色帝之一。战国时期，各个古族的融合发展已为日后统一奠定了基础，大国争雄的战争也愈演愈烈，这时不仅有五方、五色帝，作为“中央之帝”的黄帝已出现了有别于其他四方之帝的迹象，如竹简本《孙子兵法》记述有黄帝南伐赤

---

① 参见河北省文物管理处《河北省平山县战国时期中山国墓葬发掘简报》，《文物》1979年第1期；杜迺松《东周时代齐、鲁、燕、中山国青铜器研究》，《中国青铜器全集》9，文物出版社，1997年。

② 参见林甘泉《夷夏之辨与文化认同》，《传统文化与现代化》1995年第3期。

帝、东伐青帝、北伐黑帝、西伐白帝,“已胜四帝,大有天下”①。所以《史记·高祖本纪》记述刘邦起兵反秦时,“祠黄帝祭蚩尤于沛庭”,《集解》引应劭曰:“左传曰黄帝战于阪泉以定天下。蚩尤好五兵,故祠祭之求福祥也。”

刘邦建立了汉王朝,增加了对黑帝的祭祀,继承和完备了祭祀五方、五色帝的传统。到了汉武帝时,不仅社会经济有了恢复和发展,统一的中央集权的国家政权进一步巩固,同时北击匈奴,南向闽越、东瓯、南越,东向朝鲜用兵,并派张骞、唐蒙等分别出使西域和西南夷,收复了失地,扩大了版图,打开了对外联系的通道,中国开始以一个高度文明的强国闻名于世。为了展示帝国的强大,在封禅泰山之前,武帝率领十万大军北巡朔方,归途祭祀了位于陕北汉阳周桥山的黄帝冢,这是帝王最早拜谒黄帝冢的记录。随着以汉族为主体的、统一的多民族国家的发展壮大,处于五方、五色帝中心的黄帝,才第一次真正凸现出来。东汉时,黄帝仍和其他四方之帝一起祭祀,但地位已明显不同,如《东汉会要》记载,郊天之祭以高帝配食,天、地、高帝、黄帝各用犊一头,青帝、赤帝共用犊一头,白帝、黑帝共用犊一头。向黄帝献祭的牺牲同于天、地,并高于其他四帝。

唐帝国是当时世界上最为先进和强盛的国家之一。国力强大、幅员辽阔,经济文化进一步繁荣昌盛,产生了更大的向心力和凝聚力,与境内外各民族的文化交流和融合空前发展。唐帝国存在的近三百年间,是我们这个统一的多民族国家壮大发展的又一个重要阶段。正是从唐代开始,黄帝完全从五方、五色帝中分离出来,据《册府元龟》记载,唐代宗大历五年(770),鄜坊节度使臧希让上书,说坊州有轩辕黄帝陵,请置庙,四时享祭,这是对黄帝陵庙进行祭祀的开始。宋代,皇权进一步加强,与之相应的是宋太祖开宝二年(969)诏令寻访前代帝王功德昭著、泽及生民者的陵庙,加以修缮,置守陵户奉祀,从此,黄帝陵庙建筑移到今天陕西桥山黄帝陵庙所在地。元明清各代不仅多次修缮、列入国家祀典,而且逐渐完善了祭祀制度。

在汉代以后,北方民族多次参与逐鹿中原,由于以汉族为主体的中原王朝的文化在总体上仍处于领先地位,所以,北方民族在带来新鲜血液的同时,逐渐融入了这个多民族的大家庭。我们这个文明古国在漫长的发展过程中,随着古族的迁徙、血液的交融、文化的互相渗透,各个古族早已变得你中有我、我中有你了。早在先秦,不仅中原的华夏族自认是黄帝后裔,在《山海经》中,黄帝的故事已遍布《西山经》、《海外西经》、《大荒东经》、《大荒西经》、《大荒北经》、《海内经》,例如《大荒西经》曾记述北狄之国是黄帝孙始均之后。尔后,十六国时后秦的统治者自认为是虞舜苗裔,而建立北魏的拓跋氏则自称黄帝裔胄。其从某些古族的“初祖”成为中华民族的“共祖”是自然的发展过程。

唐代之后,中国作为多民族统一国家还经历了两个重要的发展阶段,这就是

① 银雀山汉墓竹简《孙子兵法》“黄帝伐赤帝”,文物出版社,1976年。

元代和清代。元世祖忽必烈推行“汉法”,在保障蒙古统治者利益的同时,采用了中原传统的制度,经过一系列的统一战争,结束了南北分裂和长期的战乱,建立了包括辽东、漠北、西域、吐蕃、云南等地的幅员辽阔的大帝国,各民族之间的交流和交往更加密切,多民族的统一国家空前发展。清代进一步经营边疆,平定了准噶尔割据势力,安抚了内外蒙古,在云贵地区废除土司世袭制度,统一了台湾等等,不仅完成全国的统一,奠定了中国的版图,而且加强中央政府对边疆地区的直接管辖,促进了民族的融合,中华大地的各个民族日益融为一个中华民族。

正是从元代开始,对黄帝的祭祀进入一个新阶段,在全国各地逐渐出现很多三皇庙,举行地方或民间的祭祀。

“三皇”之说战国时已经出现,《庄子·天运》中多次提到“三皇五帝之礼义法度”、“三皇五帝之治天下”,三皇,最早指天皇、地皇、泰皇(或人皇),汉代及其后出现指伏羲、女娲、神农,或伏羲、神农、祝融,燧人、伏羲、神农,伏羲、神农、黄帝等多种说法,后来逐渐固定。唐代曾建三皇五帝庙于京师,以纪念他们对古代文明的贡献,其中三皇为伏羲(以勾芒配)、神农(以祝融配)、黄帝(以风后、力牧配),于春秋二时致祭。到了元代,更普及了对三皇的祭祀,据《元史·祭祀志》,元成宗元贞元年(1295),命郡县通祀三皇。各府州县纷纷立三皇庙,祭祀太昊伏羲、炎帝神农、黄帝轩辕,并分别以勾芒、祝融、风后配享。并将三皇祀为医家的先圣先师,其庙宇或称先医庙,由医师主祭。明代一度禁止天下郡县通祀三皇,后来又在太医院建立了三皇庙。清代基本沿袭了这一礼制,并列入《大清会典》。但是在民间,三皇庙依然大量存在。清雍正四年开始,诏令天下郡县各修建先农坛,奉祀先农——包括神农及所有有功于稼穑者,并定期举行耕耤礼。

从此,三皇庙、先农坛遍及中华大地,其范围北到内蒙古呼和浩特、东北到黑龙江依兰(三姓城)、东到上海、南到海南岛(琼州府琼山)、西到新疆乌鲁木齐(迪化)。

以先医的身份出现的黄帝及三皇庙散布到中华大地各州县,使更多人熟识了他,由于黄帝已不仅是英名烜赫的古帝,而且是开万世相生相养之源的医药之祖,与民生息息相关,因而受到广泛的崇祀,体现出超越血缘联系的民族认同和文化认同。

《史记·五帝本纪》对黄帝的功绩主要归结为:第一,在“诸侯相侵伐,暴虐百姓,而神农氏弗能征”的形势下,在“修德振兵,治五气,蓺五种,抚万民,度四方”的基础上,通过战争手段,改造旧制度,建立新秩序。第二,“迎日推筴”,“时播百谷草木,淳化鸟兽虫蛾”,“劳动心力耳目,节用水火材物”,强调开始推算历数,顺应天地阴阳四时的规律,播种百谷草木,对江湖陂泽山林原隰提供的自然资源,按时节收采禁捕,有节制地开发利用。此外,还赞颂黄帝的德行广及鸟兽虫豸,旁罗日月星辰,反映的是对人与自然的和谐共处的重视。这反映出在口耳相传的历史中，黄帝时代社会发展、文化发展以及文明因素的积累都已进入一个新的阶段。这是后来黄帝被尊为“文明初祖”的主要依据。

在很多的传说中，黄帝以及黄帝之臣有一系列的发明创造，如制衣裳、养蚕桑、作杵臼、造火食、作舟楫、服牛乘马、发明弓矢、考定星历、建立五行、作甲子、造书契，作磬、鼓、笙簧，还有铸鼎、制乐、作医等等，几乎包括衣食住行、礼教文化的各个方面。尽管有学者仔细地将有关记载梳理考证，发现很多发明并非在黄帝以前，或是发明者另有其人，但是这些传说却一代代地流传下来，构筑了黄帝是“人文初祖”的认同。例如三国时的曹植赞颂黄帝“服牛乘马，衣裳是制”；晋代的挚虞赞颂说“车以行陆，舟以济川。弧矢之利，弭难消患。垂衣而治，万国乂安”。明代李梦阳写诗说“黄帝骑龙事渺茫，桥山未必葬衣冠”，“创见文明归制度，要知垂拱变洪荒”；清代兰薰写的《桥陵怀古》说“渐远结绳治，召开制作源。经纶垂百代，皇古尊轩辕”。这些文明成果是否真的为黄帝所发明并不重要，重要的是它确曾产生于中华大地，并为我们今天的发展开辟了道路，而且其中凝结着传统的道德观念、价值观念的一些核心因素。黄帝作为这一历史进步的化身、作为筚路蓝缕开拓文明的“初祖”，已被广大民众接受，这是黄帝被尊为“文明初祖”的重要基础。

在多民族的统一国家产生后，黄帝开始是作为能定天下、有功烈于民的古帝而受到祭祀，但是按照传统习俗，只有帝王才可以祭祀前代帝王，所以这一阶段对黄帝立庙祭祀之地还限于传说中其足迹所到之处，祭祀者除帝王外，是自称有血缘联系的后裔。而随着三皇庙在天下各郡县的修建，对黄帝的祭祀完全超越了血缘关系，其背景则是一个统一的多民族国家的发展壮大，是中华民族的逐步形成。值得注意的是，对此起重要推动作用的是蒙古族、满族这两个北方民族的统治者建立的元、清王朝，这标志着已经开始对黄帝是中华民族“人文初祖”的认同。

正是因为这样，黄帝陵日益成为我们民族凝聚力的标志，清代确立了国有大事要告祭黄帝陵的礼制。辛亥革命成功，孙中山就任大总统，立即派遣代表团祭祀黄帝陵。后国民政府又将清明节定为民族扫墓日。1937 年卢沟桥事变，全面抗战开始，在这民族危亡之际，1937、1938 两年的清明节，国共两党连续共同祭祀黄帝陵，唤起全民族团结一致、抗日救亡。中华人民共和国建立以后，多次公祭桥山黄帝陵，1980 年开始，又恢复了清明节的祭祀活动，1990 年更将整修黄帝陵提到了日程上。多年来不仅有盛大的清明公祭，还不时有台湾同胞、海外游子来此寻根，表达企盼祖国统一强盛的热望。

四

综上所述，“人文初祖”是从“黄帝初祖”演化来的，“黄帝初祖”所代表的人群也经历了一个像滚雪球一样不断壮大的过程。

黄帝属于三皇五帝古史系统，这个古史系统确实如古史辨派所说，并非原始形态，而是经过后人的整理加工，在这个意义上也可以说是“造史”，但是这种概括整理绝非随心所欲的伪造、编造，通过《古史辨》一书，可以清楚地看到传说不是信史，但奇怪的是，随着我们对中国古代社会认识的加深，会愈来愈感到古代传说是一个半睡半醒的梦。传说中，黄帝存活了一百年，然后乘龙升仙，这当然是神话，但奇怪的是，在河南濮阳西水坡仰韶文化遗址发现的六千多年以前的蚌塑就包含了人骑龙的图形，反映出乘龙升仙的神话虽然流行于汉代，却可能起源于十分悠远的古代。其他传说人物同样如此，伏羲、神农、燧人并非实有其人，凝聚在每个名号中的事迹，也是出于后人的整理，但是以他们为代表的生存技术的进步，如从靠采集、捕捉小动物为生到能够猎取大兽、发明原始农业，从生食到学会用火乃至人工取火，确曾在中华大地发生过。以黄帝、颛顼、尧、舜、禹等古帝为代表的历史时期所发生的变革，反映了文明形成过程中几个递进发展的阶段，而且其中的某些成果已为夏商西周的制度所吸收。

尽管王莽所谓的“黄帝初祖，德帀于虞；虞帝始祖，德帀于新”，是为了标榜新莽政权的合法性，但是标志着人类进步的事件，不以个别人的意志为转移，黄帝不是少数统治者为了功利的目的制造出来的，而是在漫长的历史进程中通过文化的交流、古族的融合而自然形成的，并且得到广大民众的认可。这种文化的交流与融合，是代表人类进步的事件，它造就了中华文化的绚丽多彩和强劲的生命力，中华民族所以富有凝聚力也正植根于此。

《管子·形势》说“疑今者察之古，不知来者视之往”，历史不仅是一面镜子，还可以给后人以智慧。历史告诉我们，黄帝作为中华民族“人文初祖”的象征，是我们的先人在数千年的生活、创造中积累下的丰厚遗产，我们不仅要继承它，还应该知道它是怎样形成的，像我们祖先那样，不断振奋精神，持续提升民族传统文化，同时以广阔的胸怀，吸纳世界各民族创造的优秀文明成果，才能使我们民族的凝聚力和活力常新。

（作者单位：中国社会科学院历史研究所）

中原第一城——黄帝时代的郑州西山古城

◇许顺湛

一、中国史前古城概况

在神州大地的历史中，距今6000年前至4000年前之间，是一个非常特殊的时期。黄河上下，大江南北，部族邦国林立，为了争夺生存空间，强凌弱，众暴寡，群雄逐鹿，战争频仍，形成了大动荡、大融合、大统一的辉煌局面，促进了文化、科学技术的大交流和大发展，这就是中国历史上的五帝时代。在这个跨越约2000年的历史长河中，先民们给我们留下了无数宝贵的文化遗产，经过长期的考古发掘，启封了许多鲜为人知的古代文明。其中古城址的发现就是人们最关注的重点之一。

据马世之先生汇总的情况看①，巴蜀地区发现的史前古城共6座，主要分布在成都平原，均为宝敦文化，其时代大体在距今4500年前至4000年前之间，其时间跨度约500年之久。

江汉地区史前古城已发现10座，其中大溪—屈家岭文化城址1座，其余为屈家岭文化城址，或屈家岭—石家河文化城址。从分布地域看，湖南3座，湖北7座，集中分布在江汉平原地带。从时代看，它的上限可达距今约6000年前，下限可至距今约4200年前，其时间跨度约1800年。

江浙地区史前古城主要是太湖地区的莫角山良渚文化城址1处，其时间大体距今5200年前至4200年前，时间跨度约1000年之久。

海岱地区史前古城已发现16座，其中大汶口文化城址1座，大汶口—龙山文化城址3座，山东龙山文化城址12座。从分布地域看，鲁北及鲁西北共12座，鲁中及黄海之滨各2座。从时代看，它的上限可达距今5500年前，下限可延至距今4000年前，其时间跨度约为1500年。

河套地区已发现史前古城19处23座，除2座为海生不浪文化城址之外，其余皆属于老虎山文化城址。从分布地域来看，凉城岱海周围4座，包头大青山南

① 马世之:《中国史前古城》，湖北教育出版社，2003年。

麓 10 座,准格尔与清水河之间南下黄河西岸 9 座。其时代上限距今 5000 年前,下限距今 4000 年前,其时间跨度约 1000 年。

中原地区史前古城发现了 8 座,其中仰韶文化晚期城址 1 座,河南龙山文化城址 7 座。从分布地域看,河南境内 7 座,晋南 1 座。从时代看,其早期可达距今 5500 年前,晚期可至距今 4000 年前,其时间跨度约为 1500 年。

从宏观上看,长江流域发现史前城址 17 座,黄河流域发现史前城址 47 座,截至目前合计发现史前城址 64 座。这 64 座史前古城,其城址年代均在距今 6000 年至 4000 年前之间,大体上与中国历史上五帝时代相当,它为我们研究五帝时代提供了极为重要的考古资料。

二、郑州西山古城概况

在中原地区目前共发现了 8 座史前古城址,其中 7 座城址均属龙山文化时期,只有郑州西山的 1 座城址属于仰韶文化时期,它的时代最早,堪称中原第一城。

郑州西山古城,是经国家文物局考古领队培训班从 1993 年至 1996 年连续三年的考古发掘,并由全国知名专家认定的仰韶文化城址,是目前中原地区最早的一座城址。据发掘者介绍①:西山古城位于郑州市北郊 23 公里西山村西南约 300 米处,它坐落在邙岭余脉、枯河北岸的二级阶地边缘,北距黄河约 4 公里,西北与连绵不断的豫西丘陵相接,东南俯瞰黄淮平原。城址高出河床约 15 米,地理坐标为东经 113°32′10″,北纬 34°52′56″,海拔高度 101 米。这里依山傍水,土地肥沃,是古人理想的居住地。西山遗址的东部和南部被洪水冲毁一部分,现存南北长 350 米,东西宽 300 米,总面积约 10 余万平方米。城址位于遗址的中部偏东北部,西城墙现存 70 米,北城墙现存 180 米,北墙与西墙相交成 45°角,北墙西端长约 60 米,之后向北往外弧,长 120 米,又折向南为东城墙,残长 50 米到被洪水冲毁的断崖。城的轮廓基本可以看清,它是一座不很规则的圆形古城,东西城墙相距约 200 米,虽然南墙被毁未能找到,推算该城址面积约为 3 万多平方米。城墙现存最好的一段高度约 3 米,在此平面上的城墙宽约 5 ~ 6 米,西北城墙拐角处加宽至 7 ~ 8 米,其城墙基底宽约 11 米。城外发现有壕沟宽 5 ~ 7.5 米、深 4 米。城墙建筑采用先进的方块板筑法,分段逐层逐块夯筑起来。在城墙建造过程中,局部地段可能采用中间立柱固定夹板,板块与板块之间,往往保存有埋设立柱而形成的宽 30 厘米左右、深 40 ~ 50 厘米不等的基槽,基槽内分布有柱洞,柱洞直径 12 厘米左右、深 30 ~ 70 厘米。板块大小并不一致,一般长 1.5

---

① 《新石器时代获重大发现》,《中国文物报》1995 年 9 月 10 日;杨肇清《略论河南郑州西山仰韶古城的发现及其意义》,载《炎黄颂》,中国经济文化出版社,2003 年。

~2 米、宽 1.2 米。目前所见最大板块长 3.5 米、宽 1.5 米。夹板的宽度为 30 ~ 60 厘米，一般宽约 40 厘米，板厚 4 ~ 5 厘米。现存城墙平面一般横排 3 板，西北城角因加宽需要横排 5 板。夯层厚度一般为 4 ~ 5 厘米，较松软的板块内的夯层厚度约 8 ~ 10 厘米。在北墙中段发现的夯窝为圆形，底部倾斜不平，直径约 3 厘米，夯窝深约 0.3 ~ 0.5 厘米。从一组较为清晰的夯窝痕分析，有可能是数根一组的集束棍夯。这种集束棍夯、分块板筑技术是我国建筑史上的一大创造。

西山古城发现两个城门，一个保存较好，位于北城墙的东端，城墙向北伸出，中间有一个缺口，形成内宽外窄的"八"字形，门宽 7 米。中间有道路直通城内，现存长 20 余米，路宽 0.8 ~ 1.5 米，路土厚 0.3 ~ 0.5 米，利用大沙、料礓石碎粒、陶片、黏土混合铺垫而成，中间稍高，两侧较低。另一城门位于西城墙的中部偏北处，其宽与北城门大致相同，但被晚期灰坑打破严重。东城墙及南城墙因破坏严重，未能发现城门。在西山古城共清理房基 120 余座，窖穴、灰坑 1600 余座，灰沟 20 多条，墓葬 200 余座，瓮棺 130 多座，出土大批陶、石、骨器等人工制品及种子等植物遗骸。西山城址出土的文化遗物可分为三个时期，第一期遗存相当于后岗一期文化时期。第二期遗存最为丰富，其文化性质具有豫西庙底沟类型文化特点，但又具有明显的地方特色，有人把它称为庙底沟类型的东方变体。第三期遗存的内涵比较复杂，其主体虽然属于大河村类型的仰韶文化，但同时出现了东方大汶口文化和南方的屈家岭文化因素。

城内的中部、东部发现房基、窖穴、灰坑较多，似为当时人们的主要居住区。北城墙内侧和西城墙之外均发现有较密集的墓葬，似为当时人们的埋葬区。中部发现有 100 平方米的大房基，柱洞直径 30 厘米左右，深 20 ~ 50 厘米不等，房屋基础层层夯垫，厚 1 米左右。城内东部房基成片分布，南北成排，左右相邻，多为长方形单间，面积 30 ~ 40 平方米。也有少数长方形排房，分为 2 ~ 3 个开间，每间面积 10 ~ 20 平方米不等。门多朝南开，个别门向朝东或朝北。当时建房举行奠基仪式，发现房基下埋有大小不等的陶罐，罐内除放置有牺牲和粮食祭品之外，特别是发现有用小孩作为奠基的祭品。为了主人居住的平安，把人与动物一样作为祭品，这明显地反映了当时出现了不平等的阶级。从居住、埋葬和奠基以及建城等现象来观察分析，当时的社会有一定的礼制规范。

关于西山古城的时代，《中国文物报》1995 年公布的报道材料中说："西山城址始建于三期早段，至三期晚段即废弃。正当豫中地区庙底沟文化消灭之后，庙底沟二期文化产生之前的仰韶时代晚期，即秦王寨文化时期，绝对年代当在距今 5300 ~ 4800 年间。"这一判断可能有误，因为报道材料清楚地介绍说，西山城址第二期文化是庙底沟类型仰韶文化，其遗存最为丰富，当属于繁荣时期，城址在这时始建较为合理。报道说第三期，即秦王寨类型（大河村类型）时期，东方的大汶口文化、南方的屈家岭文化都进入到这里，此时，当为城址继续使用期。

《中国文物报》于1996年第7期正式公布1995年十大考古发现时①,把西山古城始建年代定位在庙底沟类型仰韶文化时期是有道理的。所以有些学者把西山古城的始建年代确认在距今5500年前②,对此我是完全同意的。因此,西山古城可以说始建于距今5500年前,废弃于距今4800年前,延续使用约700年之久。在这700年期间,大河村类型仰韶文化是其主体文化。

三、与西山古城同时期的聚落群

我对西山古城周围遗址概况进行过研究③,认为在郑州辖区的仰韶文化,主要是庙底沟类型和大河村类型,两者有先后承袭关系。庙底沟类型分布范围很广,只有大河村类型仰韶文化遗存是这一地区的特产。大河村类型(也称秦王寨类型)文化的分布,西不过洛阳,东不过开封,南可以达到许昌地区,北部可以说以黄河为界。这个地区的遗址少数经过发掘,大部分则未经发掘。虽然如此,但是有一点是十分清楚的,即大河村类型仰韶文化是郑州地区独特的一种文化。这一独特的文化遗存,我依据《中国文物地图集·河南分册》的记载④,从聚落群组合角度进行过研究⑤,把能够组合的聚落分别组合为"荥阳聚落群(含郑州市郊及中牟县)"、"新郑、新密双洎河聚落群"、"巩义伊洛河聚落群"、"登封、禹州颍河上游聚落群",共4个聚落群80处聚落遗址。聚落大小不同,当时居住的氏族数字会有差异。聚落大小与氏族相对应的关系,巩启明先生对此问题进行了探索⑥,很有参考价值。我在发表的《追溯铸鼎原的历史辉煌》一文中已接受他的观点⑦,大体上是1万平方米的遗址,有1个氏族居住。应该承认这种推算是不很科学的,在无准确标尺的情况下,只可做宏观研究的参考。依据这个权宜之计的标尺,来观察一下郑州地区仰韶晚期的聚落群。

荥阳聚落群:共29处聚落遗址。郑州市郊与荥阳市连为一体,其聚落遗址主要分布在枯河、贾鲁河、索河、须水河区域内。郑州市郊与荥阳市16个乡分布着27处聚落遗址。中牟县有2处仰韶遗址,距市郊很近,可以划归同一聚落群。这个聚落群中有2处一级聚落遗址,其面积分别为30万和33万平方米,共63

① 《1995年十大考古发现》,《中国文物报》1996年第7期。

② 《中国城的起源与原始城的发展》,载《张学海考古论集》,学苑出版社,1999年;马世之:《中国史前古城》,湖北教育出版社,2003年。

③ 《郑州西山发现黄帝时代古城》,《中原文物》1996年第1期。

④ 《中国文物地图集·河南分册》,中国地图出版社,1991年。

⑤ 许顺湛:《河南仰韶文化聚落群研究》,《中原文物》2001年第5期。

⑥ 巩启明:《从考古资料看仰韶文化的社会组织及社会发展阶段》,《中原文物》2001年第5期。

⑦ 许顺湛:《追溯铸鼎原的历史辉煌》,载《炎黄颂》,中国经济文化出版社,2003年。

万平方米，以 1 万平方米居住 1 个氏族来计算，当有 63 个氏族；二级聚落 4 处，有两处分别为 20 万平方米，一处为 25 万平方米，一处为 17 万平方米，共 82 万平方米，当有 82 个氏族；三级聚落 23 处，均在 9 万平方米以下，以 5 万平方米折中计算（以下皆同），共有 115 万平方米，当有 115 个氏族。荥阳聚落群共有 260 个氏族，西山古城在这些氏族中的地位是不言而喻的。

新郑、新密双洎河聚落群：共 21 处聚落遗址。新郑 9 处遗址，新密 12 处遗址，均在双洎河及其支流域内，这个聚落群中没有特级聚落，也没有一级聚落。二级聚落 3 处，其面积一处为 27 万平方米，有两处各为 10 万平方米，共 47 万平方米，当有 47 个氏族；三级聚落 18 处，平均每处 5 万平方米，共 90 万平方米，当有 90 个氏族。新郑、新密聚落群中当有 137 个氏族。

巩义伊洛河聚落群：共有聚落群遗址 17 处。一级聚落 1 处，面积 40 万平方米，当有 40 个氏族；二级聚落 2 处，其面积各为 10 万平方米，共 20 万平方米，当有 20 个氏族；三级聚落 14 处，平均每处 5 万平方米，共 70 万平方米，当有 70 个氏族。巩义伊洛河聚落群共有 130 个氏族。

登封、禹州颍河上游聚落群：共有聚落遗址 13 处。其中登封境内 9 处，禹州境内 3 处。这个聚落群中二级聚落 1 处，18 万平方米，当有 18 个氏族；三级聚落 12 处，共有 60 万平方米，当有 60 个氏族。此聚落群共有 78 个氏族。

郑州地区大河村类型仰韶文化，共有 80 个聚落遗址，分别组成 4 个聚落群，推测共有 605 个氏族。参照美洲印第安人氏族部落的组合情况，我采用平均 15 个氏族组合成一个部落的数字①，登封、禹州颍河上游聚落群，78 个氏族，约为 5 个部落；巩义伊洛河聚落群，130 个氏族，约为 9 个部落；新郑、新密双洎河聚落群，137 个氏族，约为 9 个部落；荥阳聚落群，260 个氏族，约为 17 个部落。总共约为 40 个部落。氏族会有大小，人口多少也会有区别。莫尔根在《古代社会》介绍印第安人的氏族人口时这样说："关于氏族人员的数目，则随氏族的数目以及盛衰而异。三千人口的辛尼加部落由八个氏族平均分有，每一个氏族约三百七十五人。一万五千阿吉布窪人，平均分为二十三个氏族，每个氏族约六百五十人。拆洛歧部落每一个氏族平均约千人以上。就印第安人主要部落的现状而论，每一个氏族的人口大约在一百人至一千人之间。"②莫尔根提供的氏族人口数字，是近现代的情况，绝不能与仰韶文化时期的氏族生搬硬套，但是也可以作为参考。我曾参考莫尔根提供的数字，采用平均每个氏族以 200 人来计算。③现在仍以这个数字为标准计算，郑州地区大河村类型仰韶文化 605 个氏族，约有 12 万人口。

---

① 许顺湛：《追溯铸鼎原的历史辉煌》。

② 莫尔根：《古代社会》，第 92 页，三联书店，1957 年。

③ 许顺湛：《追溯铸鼎原的历史辉煌》。

郑州地区分布着4个聚落群,80个聚落遗址,约有40个部落,605个氏族,12万人口,代表这一个人群的考古学文化是仰韶文化大河村类型,说明这个人群是同一族团,才能创造出同一文化。这个族团如果以考古学文化命名,它应该称为仰韶文化大河村类型族团。在这个族团中最耀眼的是郑州西山古城,它是统帅族团的城邑。

四、西山古城所处的历史阶段

要把西山古城在中国历史上定位,必须要了解五帝时代的年代框架。我于1999年曾发表了《中国历史上有个五帝时代》一文①,主要是把五帝时代从传说时代拉回到历史时代,否则研究五帝时代等于在研究传说。五帝时代既然是中国历史时代,对它的年代大体上就得有个框架,以便与考古学资料进行宏观对应。但是史书上说法歧异甚多,如不进行认真梳理,根本无所适从。首先,我在文章中对五帝与五帝时代从理论上进行了澄清。关于五帝的说法甚多,我遵从司马迁《史记·五帝本纪》,以黄帝、颛顼、帝喾、唐尧、虞舜为五帝。五帝是不同时代的族团名称、族团领袖的世袭名称,同时也是不同时代的名称。关于五帝的年代,各家史书记载皆不大相同。《竹书纪年》把五帝均作为具体人看待,虽然把他们的年龄、在位时间夸大到不可理解的地步,其总积年只不过401年。为了方便计算,我把夏始年定在公元前2100年,加上五帝积年401年,黄帝约始于公元前2501年,即前26世纪,距今约4500年。《帝王世纪辑存》也把五帝作为具体人看待,五帝积年为494年,黄帝始年为公元前2594年,前26世纪,距今约4590多年。《路史·疏仡纪》仍然把五帝作为具体人看待,其积年与上述略同。《通鉴外纪》一方面把五帝作为具体人看待,分别介绍了其具体年数,另一方面又把五帝分别作为若干世看待,注引《春秋命历序》说:“黄帝传十世,一千五百二十年。”“颛顼传九世,三百五十年。”“喾传十世,四百年。”对尧舜没有说若干世,只是说尧“凡在位百年而崩,舜即天子位”,“舜在位五十载”。《中华通史》和万国鼎《中西对照历代纪年图表》都把黄帝始年定位在公元前2697年。以上诸说我均不赞成,已有另文辩解,原则上赞成《纬书集成》中的有关记载②,如《易纬稽览图》说:“黄帝一千五百二十年,少昊四百年,颛顼五百年,帝喾三百五十年,尧一百年,舜五十年,禹四百三十年,殷四百九十六年,周八百六十七年,秦五十年。”这一段话最重要的一点是,把五帝与夏商周秦一样作为一个朝代看待。《春秋命历序》说:“黄帝一曰帝轩辕,传十世,二千五百二十岁。次曰帝宣,曰少昊,一曰金天氏,则穷桑氏,传八世,五百岁。次曰颛顼,则高阳氏,传二十世,三

① 许顺湛:《中国历史上有个五帝时代》,《中原文物》1999年第2期。

② 安居香山、中村璋八汇编:《纬书集成》,河北人民出版社,2000年。

百五十岁。次曰帝喾,传十世,四百岁。”又曰:“黄帝传十世,千五百二十年。颛顼传九世,三百五十年。帝喾传十世,四百年。”“少昊传八世,颛顼传九世,帝喾传十世。”“帝喾传十世乃至尧,后稷为尧官,则姜嫄为帝喾后世妃。”以上所说的五帝若干世、若干年还不很统一,可能是传抄转引中歧误,它最重要的一点是,把五帝分别区分为若干世,这在确认五帝分别为朝代的基础上又深入了一步。关于若干世需要加以说明,它不是指若干代人,而是指有功绩的领袖并受到后人祭祀者才能称为一世。

关于五帝各世的认定,据《春秋命历序》把尧列入帝喾十世之中,帝挚 9 年,在尧前,也归帝喾十世内,因此尧和挚的在位积年只有与帝喾合并一起算。舜的年寿应该是几代人,但是在位 50 年还是作一世计算为宜。古本《竹书纪年》说:“黄帝至禹为世三十。”舜在尧时摄政 28 年,后执政 50 年,禹在尧时已经是联邦中重要成员,在舜执政后,禹曾摄政一个时期,之后代替舜而有天下。禹与舜不仅是同时人,而且同朝执政(摄政),黄帝至禹为世 30,也可以说成黄帝至舜为世 30。学者对五帝的“世”数各说不一,如黄帝有 18 世、10 世两说,颛顼有 19 世、9 世、20 世三说,帝喾有 20 世、10 世两说。帝挚、帝尧归入喾世,不计。舜禹合为一世。诸多不同说法,我选定:黄帝 10 世、颛顼 9 世、帝喾 10 世(含尧)、舜(禹)1 世,这样加起来正符合古本《竹书纪年》“黄帝至禹(舜)为世三十”的说法。

关于五帝若干世的积年其说法也不一致,黄帝有 2520 年、1520 年、400 年三说,颛顼有 350 年、500 年两说,帝喾(包括挚、尧)有 350 年、400 年、300 年三说,帝舜有 50 年一说,各帝积年的选定的确有难处,孰是孰非很难找出证据来说明。我过去发表的文章,把黄帝时代与仰韶文化庙底沟类型和大河村类型相对应,把颛顼、帝喾、尧、舜与河南龙山文化相对应,其中虽然假设性的成分很大,但是我对各帝积年的选定,是参考考古学考虑的。另外,还有一点是《汉书·律历志》的一条材料对我有启发。如说:“寿王及待诏李信治黄帝《调历》,课皆疏阔。又言黄帝至元凤三年六千余岁。丞相属宝、长安单安国、安陵桮育治终始,言黄帝以来三千六百二十九岁,不与寿王合。”这一段话是通过历法计算的,把黄帝在元凤三年的基点上,推到 6000 余年前是不可信的,往前推到 3629 年前是可信的,有基点向上推算这是最重要的一条材料。元凤三年为公元前 78 年,言黄帝以来 3629 年,加上 78 年,即公元前 3707 年。但是这个数字只是黄帝制定历法的年代,黄帝的年代一定要早于它。这个数字与考古学文化结合,当在仰韶文化庙底沟类型年代范围之内,根据上述基本情况,我对五帝年代的选定如下:黄帝 10 世 1520 年,颛顼 9 世 350 年,帝喾 10 世 400 年,帝舜 1 世 50 年,“夏商断代工程”把夏始年(禹代舜后)定在公元前 2070 年,为了计算方便,我把夏始年定在公元前 2100 年,在此基点上,加上帝舜 50 年,即公元前 2150 年,再加上帝喾 400 年,即公元前 2550 年,再加颛顼 350 年,即公元前 2900 年,再加黄帝 1520 年,即公元前 4420 年,由此可以排出这样一个五帝年代框架:公元前 2100 ~ 前 2150 年为帝舜时代;公元前2150~前2550年为帝喾(包括尧)时代;公元前2550~前2900年为颛顼时代;公元前2900~前4420年为黄帝时代。

少昊不属于五帝之列,但属于五帝时代。《春秋命历序》说少昊"传八世,五百岁",排在黄帝之后颛顼之前。以颛顼始年为基点,公元前2900年再加上少昊500年,即公元前3400年。少昊这个年代段是从受命于黄帝成为海岱地区领袖开始,终结于颛顼兴起。少昊这一年代段是与黄帝平行发展的,在它之前少昊族团早已强大,在它之后虽然衰败,但族团仍然存在。

五帝年代框架表

帝及世	积年	年代
帝舜1世	50年	约为公元前2100~前2150年
帝喾10世(包括挚、尧)	400年	约为公元前2150~前2550年
颛顼9世	350年	约为公元前2550~前2900年
黄帝10世	1520年	约为公元前2900~前4420年
(少昊8世)	500年	约为公元前2900~前3400年

西山古城的绝对年代前边已经说过,大体上认定为距今5500年到距今4800年,即公元前3500年到公元前2800年,对照五帝时代年代框架,主要属于黄帝时代晚期,一部分年代跨入颛顼时代早期,因此说郑州西山古城应该是黄帝时代晚期古城。以西山古城为代表的大河村类型仰韶文化聚落,当然也可以称为黄帝时代晚期聚落。这一判断不仅是因为年代上相符合,而且在文献记载上也提供了有价值的信息。如《竹书纪年》说:"元年,帝(黄帝)即位,居有熊。"《史记·五帝本纪》说:"黄帝者,少典之子,姓公孙,名轩辕。"《集解》引徐广曰黄帝"号有熊",又引谯周曰黄帝"有熊国君,少典之子也",引皇甫谧曰:"有熊,今河南新郑是也。"《续汉书·郡国志》新郑条下刘昭注引皇甫谧曰:"古有郑国,黄帝之所都。"以上几条材料可以看出:黄帝居有熊,是有熊国君。黄帝在有熊建都,有熊国的地域在古代的郑国范围,郑国的国都在新郑,所以说:"有熊,今河南新郑是也。"这两条如果与大河村类型仰韶文化分布区域结合起来分析,可以看出这样的结果:第一,大河村类型文化是有熊国文化。第二,大河村类型文化分布区域大体上是有熊国的疆域。黄帝是有熊国君,有不少传说记载都发生在有熊国内。《庄子·徐无鬼》曰"黄帝将见大隗乎具茨之山",具茨山在今新郑、新密境内。《韩非子·十过篇》曰:"昔黄帝合鬼神于西泰山之上,腾蛇伏地。"西泰山在新郑境内。《史记·五帝本纪》说"黄帝居轩辕之丘"。我发表过一篇《黄帝居轩辕丘考》①,考证的结果认为:轩辕丘的地望在新郑、新密交界处

① 本文原载《寻根》1999年第3期。

一带。《竹书纪年》记载黄帝祭河、洛，“龙图出河，龟书作洛”。此地当在巩义市的洛汭地区。在新郑、新密民间还流传着许多有关黄帝的故事，如黄帝避暑宫、风后岭、风后八阵图、力牧台等。以上这些记载和传说大体上都在有熊国范围内，也可以说都在大河村类型仰韶文化分布区内。

西山古城的发现的确太重要了，不仅与黄帝时代相符，而且正好出现在有熊国区域内。关于黄帝时代是否有城，其实史书上早有记载，如《史记·封禅书》和《汉书·郊祀志》都说“黄帝时为五城十二楼”。《事物纪原》引《轩辕本纪》说“黄帝筑邑造五城”，又引《黄帝内传》说：“帝既杀蚩尤，因之筑城阙。”文献记载与考古发现结合起来看，把西山古城称为黄帝时代古城，或简称为黄帝城是无可非议的。

郑州西山古城，在中原地区仰韶文化分布范围内，目前可以称为中原第一城。我相信黄帝造五城，在仰韶文化中定会陆续发现。

（作者单位：河南博物院）

蜡祭考述

◇曲英杰

《礼记·礼运》载:“昔者仲尼与于蜡宾,事毕,出游于观之上,喟然而叹。”由此而引出大道行隐之论。郑玄解释说:“孔子见鲁君于祭礼有不备,于此又睹象魏旧章之处,感而叹之。”而蜡祭这一并行于大同与小康之世的古老礼俗传至孔子时代犹保存较多的原始气息,也应该是引发其感叹的一个重要原因。

据《礼记·郊特牲》载:“天子大蜡八。伊耆氏始为蜡。蜡也者,索也。岁十二月,合聚万物而索飨之也。蜡之祭也,主先啬而祭司啬也。祭百种以报啬也。飨农及邮表畷、禽兽,仁之至、义之尽也。古之君子,使之必报之。迎猫,为其食田鼠也。迎虎,为其食田豕也。迎而祭之也。祭坊与水庸,事也。曰:土反其宅,水归其壑,昆虫毋作,草木归其泽。皮弁素服而祭。素服,以送终也。葛带、榛杖,丧杀也。蜡之祭,仁之至、义之尽也。黄衣黄冠而祭,息田夫也。野夫黄冠。黄冠,草服也。”可知蜡祭之礼行于岁末辞旧迎新之时,享祭者为:先啬即初为农事者(田神)、司啬即管理农事者、农即从事耕作者(或以为传授农事者)、邮表畷即田间供农夫暂憩之所、猫与虎、坊即挡水堤防、水庸即水沟、昆虫等。祭祀场所在郊外田野,献祭者需着白皮冠及白色服装,以示息老物之意。而后再行息田夫之祭于都城宗庙,献祭者需着黄冠黄衣,以与秋季草黄之色相应。①《礼记·月令》载,孟冬之月,“天子乃祈来年于天宗,大割祠于公社及门闾,腊先祖五祀。劳农以休息之。”郑玄注:“此《周礼》所谓蜡祭也。天宗,谓日月星辰也。大割,大杀群牲,割之也。腊,谓以田猎所得禽祭也。五祀,门、户、中霤、灶、行也。或言祈年,或言大割,或言腊,互文。”其总称为蜡祭,相别而言,日月星辰等享祭于郊坛,称蜡;先祖等享祭于宗庙,称腊。行过蜡祭之礼,田夫即可以休息,不再兴功。此为周代礼仪,自当包含有后来的演进成分,但仍明显保留较为浓厚的早期色彩,可结合近些年来考古所发现的相关遗迹对其初始形态做一些推考。

20 世纪 90 年代,在今湖南澧县西北约 12 公里车溪乡南岳村城头山相继发现史前期古城、古稻田及祭坛遗迹。城址所在为南岳村东南徐家岗平头岗地南端,西有鞭子河沿岗地边缘自北而南,折向东流,汇合澹水,注入澧水。其城垣及

① 参见《礼记·郊特牲》郑玄注及孔颖达疏。

护城河遗迹大部分保存较好。城垣平面呈相当规整的圆形,内径314～324米,面积约8万平方米。城墙基宽26.8米、顶宽约20米,现高4.8米,高出城外平面5～6米,四面中部各有一个缺口,其北、东、南三缺口为城门所在。城外护城河宽35～50米,东与澹水连通。城内发现有属大溪文化、屈家岭文化及石家河文化时期的房基、陶窑和墓葬等。经解剖的西南、正南和正东三处城墙的地层关系完全对应。其自上而下可分为12层,第12层以下为原生土。第12层为此城的最早一期城墙,与环绕整个城墙的壕沟同时兴建,并利用壕沟取土筑城。第11层为此期城墙外坡堆积。第10层压在城墙内坡之上,为此城使用时的城内生活堆积,出土器物属大溪文化二期早段,此层上部和下部标本经碳十四测定分别为距今5730±100年、5920±110年(均经树轮校正)。由此可判定第一期城墙筑造于大溪文化一期,时间已超过6000年。此时城头山古城的规模和范围即已定型。第8层为第二期城墙,实为对第一期城墙的加高,时代可大致定为大溪文化中晚期,即距今5600～5300年。其上第5层、第4层分别为第三期、第四期城墙,属屈家岭文化早期和中期,即距今5200～4800年。在南部城墙下发现大溪文化壕沟及炭化稻谷、数十种植物籽实、竹和芦苇编织物、木质船桨、船艄等。在东部城墙第一期城墙和最早的文化层之下、生土之上发现有古稻田及水坑、水沟等与之相配套的原始灌溉系统,属汤家岗文化时期,其年代距今6500～6300年左右。

古稻田西南侧发现祭坛遗迹。整个祭坛大体呈不规整的椭圆形,中间部位最高,向周边倾斜,南北长径约16米,东西短径约15米,面积超过200平方米,最厚处0.8米。祭坛上发现有圆形浅坑,其H011、H346、H345三坑从西北向东南呈直线排列,两坑之间距离均为4.6米,H011距祭坛北沿、H345距祭坛南沿距离均为8米,三坑大小深浅均十分接近。而H343(位于H346西北)和H344(位于H346西南)较小,径约0.7米,与H346呈等腰三角形排列。这五个形制特殊的坑应是一组与祭坛有密切关系的遗迹。此外还发现有瓮棺葬、土坑墓多座及几个大灰坑,开口于坛上堆积层或打破坛面。祭坛之外东南和南部分布有40多个坑,深度多在1米以上,边直,底平,大多为长方形,也有圆形、方形的,极少不规则形状。坑内包含物或为满坑草木灰;或为满坑倒置陶釜、钵、罐等器物,多无底;或置放大型动物骨骼;或平铺满坑红烧土;或为含大量草木灰的灰黑色土,内夹陶片。多数坑底可见到一块大砾石。从这批坑的分布、形制和坑内包含物分析,应是与祭坛密切相关的祭祀坑。另在祭坛东北10余米处发现三个坑(H313、H314、H315)。祭坛之上有15层堆积,第8层以下属大溪文化,其第11层有二期城墙残留,第4～7层属屈家岭文化,第3层属石家河文化,第2层为扰土层。祭坛之下未继续下挖,从祭坛边沿等处观察,超出祭坛的区域压着水稻田或直接压着原生土。发掘者认为祭坛的建造与东北部H313(打破第16层,深入稻田)、H315(打破第一期城墙,深入稻田,出土器物可判定属大溪文化一期,稍晚于一期城墙）基本同时；祭坛之南H348开口于第15层，深入祭坛，应属祭坛使用期间的遗存（出土器物可判定属大溪文化一期偏晚）；坛上M678开口于第14层，但未深入第15层，可判定是祭坑废弃后的遗存（出土器物属大溪文化二期偏晚）。由此推测祭坛建造于大溪文化一期，不晚于距今6000年；而一直使用到大溪文化二期偏晚，即距今5800年左右。而对于其所属性质则未予进一步推断。①

考古资料表明，此一地区很早即得以开发，稻作农业在筑城之前已有相当程度的发展。此祭坛临近田埂和水沟，且坛上呈直线排列的浅坑与田埂走向大致平行，极容易使人联想到与农事活动有关。先民们已懂得，人类的生产活动应该具有可持续性，向自然界索取不是无条件的。耕耘而有收获，需借助各方之力。为回报之，故行蜡祭之礼。“古之君子，使之必报之，是报田之祭也。”②上引祝辞云：“土反其宅，水归其壑，昆虫毋作，草木归其泽。”即因田土保持原状（当指田埂或田垄），水流归沟壑，没有生害虫和杂草（草木生长于沼泽），故获得丰收，特为致祭。其当承传于古，很可能初行蜡祭之礼，祭祀对象惟有土、水、昆虫、草木等与耕作直接相关的事物。如此，则此祭坛似当为行蜡祭之礼而设。其朝向西南，面对东北方田埂而祭，浅坑当为摆放祭品而置。《礼记·礼运》载：“夫礼之初，始诸饮食。其燔黍捭豚，汙尊而抔饮，蕢桴而土鼓，犹若可以致其敬于鬼神。”其“燔黍捭豚”，即燔烤谷粒和割肉于石上；“汙尊而抔饮”，即凿地为尊（盛水酒器）、手掬为饮器（杯、爵之类）；“蕢桴而土鼓”，即抟土为桴（鼓槌）、筑土为鼓。以人所食之物供于鬼神，而心意虔诚，故可致其敬。据此，其坛中央浅坑H346似当用为盛水（相当于尊），与之成等腰三角形排列的较小浅坑H343和H344似当用为饮水（相当于杯），而两边浅坑H011和H345似当分别用为盛米、肉。或亦有可能盛水、米、肉于陶器内而分置于诸坑。至于坛下东南和南部诸坑很可能用为祭祀之后瘗埋祭品；而东北部三个坑很可能与祭祀活动无关，故不能由H315等类比而判定此祭坛建造稍晚于一期城墙。此祭坛很可能建造于古稻田垦殖之初，而至修筑城墙时已废弃。与有关文献相比照，正可由此祭坛及其所临近的古稻田而想像出一幅古朴淳真的蜡祭图，并真切地感受到先民们获得而不忘回报之德。

依郑玄注：“伊耆氏，古天子号也。”其后裔即以伊耆氏传承。《周礼·秋官》载：“伊耆氏，掌国之大祭祀，共其杖咸。军旅授有爵者杖，共王之齿杖。”郑玄注：“咸读为函。老臣虽杖于朝，事鬼神尚敬，去之，有司以此函藏之。既事，乃授之。”其职掌为策杖参祭者提供藏杖之函，虽不直接参与祭祀活动，但当同样

---

① 湖南省文物考古研究所：《澧县城头山古城址1997~1998年度发掘简报》，《文物》1999年第6期。

② 《通典》卷四十四，《礼四》，中华书局影印本，1984年。

深切地感受到礼仪氛围。《周礼·春官》又载:“龠章,掌土鼓、豳龠。中春,昼击土鼓,吹豳诗,以逆暑。中秋夜迎寒,亦如之。凡国祈年于田祖,吹豳雅,击土鼓,以乐田畯。国祭蜡,则吹豳颂、击土鼓,以息老物。”其龠,指以竹、苇等所制吹奏乐器;豳指豳地诗歌,即《诗经·豳风·七月》等。《礼记·明堂位》亦载:“土鼓、蒉桴、苇龠,伊耆氏之乐也。”可见在周代行蜡祭之礼等犹保持上古遗风。而行过蜡祭之礼,人们就要围聚痛饮一番。《礼记·杂记下》载:“子贡观于蜡。孔子曰:‘赐也乐乎?’对曰:‘一国之人皆若狂。赐未知其乐也。’子曰:‘百日之蜡,一日之泽,非尔所知也。张而不弛,文武弗能也。弛而不张,文武弗为也。一张一弛,文武之道也。’”紧张劳作一年的田夫经此“一弛”而得以彻底放松休息。

秦汉以后,蜡祭之礼相沿。《隋书·礼仪志二》载:“后周亦存其典,常以十一月祭神农氏、伊耆氏、后稷氏、田畯、鳞、羽、赢、毛、介、水墉、坊、邮表畷、兽、猫之神于五郊。”此为现存典籍中最早有关神农氏享祭于蜡坛的记载。此前虽有以先啬为神农氏等解说,然蜡坛之上是否已设有神农氏神位则不能确知。隋代大体沿用北周之制。唐代又有所改制,蜡祭百神于南郊。“高尺,广丈,蜡坛也。”①设大明(日神)神位于坛上东南隅、夜明(月神)神位于坛上西南隅,设神农氏、伊耆氏神位各于其坛上,另有五星、十二次、二十八宿、五岳、四镇、四海、四渎、五方山川、林泽、丘陵、坟衍、原隰、井泉、五官、后稷、田畯、鳞、羽、赢、毛、介、水墉、坊、邮表畷、於菟(虎)、猫等,凡192座。《大唐开元礼》详述皇帝腊日蜡百神于南郊礼仪及献祭大明、夜明、神农氏、伊耆氏、东方岁星、岳镇海渎、勾芒氏、后稷氏、祝融氏、后土氏、蓐收氏、玄冥氏、苍龙、朱雀、驺虞、玄武等祝文。至宋代再改为四郊各为一坛,东方设大明位,西方设夜明位,以神农氏、后稷氏配;南、北坛设神农位,以后稷配。各以五星、五官、田畯等从祀。元丰年间曾按《礼记正义》,以伊耆氏即神农氏,除去伊耆氏之位;后又改为“伊耆设于北方蜡坛卯阶之南,其位次于辰星”②。《政和五礼新仪》详述其礼仪,并于《序例》载:“四方蜡坛,广四丈,高八尺,四出陛,两壝,每壝二十五步。”依此,蜡坛形制当呈方形,四面各有上下台阶,外围以两道矮墙。其较之唐代有所增扩。而城头山遗址中所发现的祭坛呈椭圆形(尚未得以完整揭示),与此形制似略有不合。然二者相距五千余年,其自田间移至国都郊外,在演进过程中有所改制乃势所难免。

金元以后,蜡祭之礼不再行于国都,然于地方州县则多一直延续下来,或沿祭于坛,而称八蜡坛;或改祭于庙,而称八蜡庙等。明万历年间,蜀人李逢春知昌平州事,倡导居民兴水利、开稻田。刘文琦《新建八蜡庙开水田记》云:“古昔重农,孟春元日祈谷,上帝启蛰必祭,祭后耕。至建亥月,复祭。蜡神有八,曰先啬,曰司啬,曰百种,曰农,曰邮表畷,曰禽兽,曰坊,曰水墉,皆宰农事。为万民司命,

---

① 《新唐书》卷十二,《礼乐志二》,中华书局,1975年。

② 《宋史》卷一百零三,《礼志六》,中华书局,1977年。

岁终祀之，所以报本反始，息老送终也。时郡邑祀典，维春秋一展社稷坛，置蜡神不问。北地一望苍莽，故沙漠场，白壤而耕，维黍稷来牟之类。是蓺是植，不知稻田何状。间有源泉汙泽，障水种稻其中，不什之一。故太仓之粟输自东南，陆挽水运，如汲西江活鲋鱼然。昌平枕关拱极，地当孔道，南十里两溪汇流，周行为沼，行者错趾田间，蹄啮禾稼，农夫莫谁何，实阶之厉。……侯（指李逢春）即日浚凿，庶民子来，不数月，辟田二百余亩，田野皆青。公余试一巡省，耕夫饷妇击壤而歌帝力。稻熟，民取其三，公籍其一以佐上供之乏。因民而利，不费民一毛，贶之粒食，为德甚著。田成，复念先王春祈秋报，谓司农之神不可忘也。捐俸构八蜡庙于原隰之野，刻木为主，令耕者，令获者，时俎豆拜祷其下，以答明贶，介景福，固不朽盛事哉！……庙前构亭，亭前为池，种荷数百本，叶茂花开，灼然河阳满县。岁时伏腊，父老子弟临流欣赏，一游一豫，殊足以仙。按：古蜡祭之日，天子具黄冠野服，偕更老周旋，吹豳颂诗，告农功之成，击土鼓，恤老幼，以示休息。故曰：百日之蜡，一日之泽。仲尼尝与蜡宾，事毕出游于观之上，侯此举正与古合，抑亦后天下之乐而乐耶？"[1]此八蜡庙立于昌平城南门外（今已不存），相比于唐宋礼制似多有不合之处，然颇得上古真趣。应该说，此明代昌平人与史前城头山人的报本心理是相通的。自立此八蜡庙至今又历四百余年，世间已不见有行蜡祭之礼者，但对于人类与天地万物互为依存、理应和谐相处这一点则渐形成共识。现代社会的发展应该更加注重其可持续性，自觉地保持生态平衡，而不能走向不归之路。

（作者单位：中国社会科学院历史研究所）

① 据《光绪顺天府志》卷二十三《地理志五》引，北京古籍出版社，1987年。

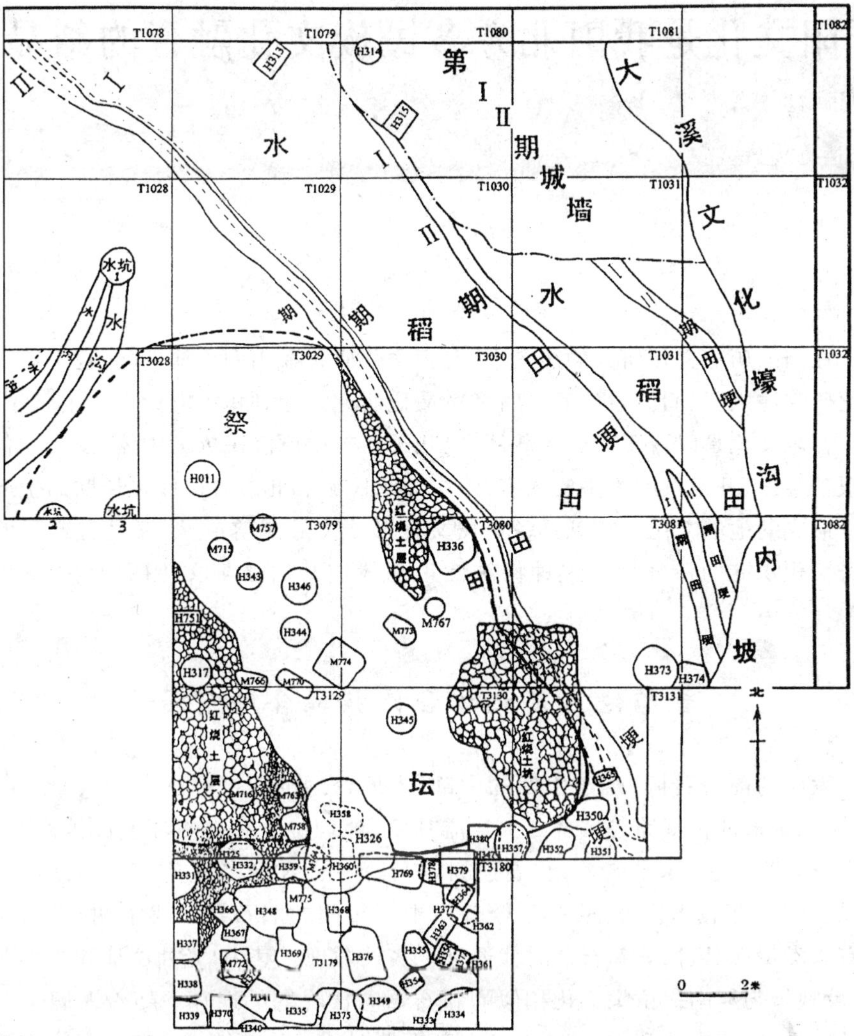

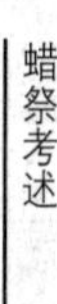

城头山遗址古稻田和祭坛遗迹平面图

（据《文物》1999 年第 6 期）

晋阳文化是我国北方多民族文化融合的结晶

◇霍润德

在当前历史文化研究的热潮中，晋阳文化研究在山西大地兴起，它不仅为晋文化研究注入了勃勃生机，而且对炎黄文化研究将起到积极的促进作用。

晋阳文化是以晋阳大地为载体，以几千年来中原汉民族为主体，以北方各民族艰苦奋斗、开拓发展为主要内容，由中原汉民族和北方各民族在长期的生产实践中形成的地域文化。它既具备炎黄文化形成发展的普遍性，又具有晋阳地域自身文化积淀的特殊性。这种特殊性正是我们开启晋阳文化研究课题的“钥匙”。

晋阳地区是北方各民族融合的前沿

太原的前身晋阳，位于山西的中部，太原盆地的北缘。它东、北、西三面环山，南临扇形冲积平原，汾、晋二水穿流其中，地理位置和自然环境优越，战略地位十分重要。它“东带名关，北逼强胡，年谷独熟，人庶多资，斯四战之地，攻守之场也”①。根据考古发现，在距今五六十万年前的旧石器时代早期，晋阳地区就有人类生活、繁衍。新石器时代遗址也多处发现。其中，光社遗址和东太堡遗址，反映了与河南二里头文化相似的新石器时代晚期的遗存。随着人们生产方式的改进，原始农业和手工业的出现，新石器时代文化的地域分布和特征亦逐渐显示出来，形成了华夏民族与东夷、西戎、南蛮、北狄五大民族集团。② 晋阳地区正处于华夏民族与北方各民族的交错地带。随着北狄民族的逐步南迁，晋阳地区更成为北方民族与中原华夏民族活动、交往的中心地区。

古代北方民族的构成，有的学者归纳为东胡、肃慎、匈奴、突厥、蒙古、氐、羌等几个大的族系。③ 这些民族居住在北方草原地区，以游牧、狩猎为基本生产方式，“逐水草迁徙”，“随畜牧而转移”，“毋城郭、常处、耕田之业”，“随畜因射猎

① 《后汉书·冯衍传》。

② 翁独健:《中国民族关系史纲要》，中国社会科学出版社，1990 年。

③ 林惠祥:《中国民族史》，上海书店，1984 年。

禽兽为业”①。在草原生态环境恶劣的情况下，他们往往出轻骑南下，掠夺财物，赖以生活。规模较大的南移，从现掌握的历史文献记载来看，早在夏商时期就开始了。到了西周，他们的一些分支部族，甚至到达山西南部、陕西泾渭二水地区。

匈奴，总谓之北狄，“夏曰薰鬻，殷曰鬼方，周曰猃狁，汉曰匈奴”②，居于北边，随草畜牧而转移。随着匈奴的逐步南移，商周时期，称之为“戎狄”的匈奴别部或分支猃狄、山戎、燕京戎、北唐戎，或曰鬼方、土方、舌方等，已经活动于晋阳地区。周成王时，其弟叔虞因“左右武王”立下战功，受封于唐③，命以《唐诰》，“启以夏政，疆以戎索”④。唐的地望，以著名考古学家邹衡教授为代表的学者普遍认为在今山西晋南翼城。⑤ 叔虞子燮父因其地临晋水，改唐为晋。至晋献公时，晋国领地为“景霍（霍山）以为城，而汾、河、涑、浍以为渠，戎狄之民实环之”⑥。当时晋国的势力范围还没有北越霍山达到晋阳地区。直到春秋末期，鲁昭公元年（前 541），“晋荀吴帅师败无终及群狄于大卤”⑦。大卤，《公羊传》曰：“夷狄曰大卤，中国曰太原。”晋阳地区此时才正式纳入晋国的版图。

战国至秦汉时期，匈奴亦称胡。西汉时，匈奴势力达到鼎盛，“南有大汉，北有强胡。胡者，天之骄子也”⑧。经汉武帝北击匈奴，衰败下来。至东汉末，匈奴分裂为南北二部，南匈奴入臣于汉，“割并州北界以安之”。曹魏时，南匈奴分其众为五部，居于晋阳周边诸县。西晋时，塞外匈奴大批南迁，与晋人杂居，“由是平阳、西河、太原、新兴、上党、乐平诸郡靡不有焉”⑨。至十六国时，南匈奴后裔刘渊率五部匈奴，起兵离石，以左国城为都，即皇帝位，建立了刘汉政权。接着匈奴别部羯族石勒建立了后赵。东胡鲜卑拓跋珪建立北魏，统一了北方后，匈奴基本上与汉族融为一体了。

东胡，“乌桓之先，后为鲜卑。在匈奴东，故曰东胡”⑩，最初活动于今内蒙古、河北、辽宁一带。战国时，强大起来的东胡屡犯燕赵。林胡、楼烦、东胡“三胡”势力被赵武灵王击败，又被燕将秦开“袭破走东胡，东胡却千余里”⑪。西汉时，东胡被匈奴击败，分裂为乌桓、鲜卑二支。乌桓被曹操击败后，鲜卑却“尽据

---

① 《史记 · 匈奴列传》。
② 《晋书 · 四夷传》。
③ 《国语 · 晋语八》。
④ 《左传 · 定公四年》。
⑤ 《邹衡访谈录》,《文物》2001 年第 2 期。
⑥ 《国语 · 晋语二》。
⑦ 《春秋 · 昭公元年》。
⑧ 《汉书 · 匈奴传》。
⑨ 《晋书 · 四夷传》。
⑩ 《史记 · 匈奴列传》。
⑪ 《史记 · 匈奴列传》。

匈奴故地,东西万四千余里"①,逐渐强盛起来,成为继匈奴之后势力强大的北方民族。东汉末,鲜卑分化为拓跋氏、慕容氏、宇文氏以及段氏、乞伏氏、秃发氏等分支。东晋十六国时,慕容氏先后建立前燕、后燕、西燕、南燕,乞伏氏建立西秦,秃发氏建立南凉等割据政权。拓跋氏先建代国,后统一北方,以平城(今大同)为都,建立了北魏王朝。后北魏分裂为东魏、西魏,鲜卑化的汉人高氏与鲜卑宇文氏分别代魏建立了北齐、北周。东魏、北齐时,晋阳城成了两朝实际上的国都。隋唐时期,鲜卑和汉族基本融为一体了。

唐末五代,鲜卑宇文氏的别族契丹在北方兴起。契丹,"在库莫奚东,异种同类,俱窜于松漠之间。登国中,国军大破之,遂逃迸,与库莫奚分背"②。唐王朝兴起后,契丹与库莫奚同附于唐。唐封契丹王为"松漠都督",封库莫奚主为"绕乐都督",同赐李姓。唐末,"契丹方强,奚不敢亢,而举部役属"③。五代后梁末帝贞明二年(916),契丹主耶律阿保机"自称皇帝",建元神册,即辽太祖。后晋高祖天福二年(937),辽太宗耶律德光改元会同,国号大辽,契丹势力达到高峰,对中原北宋王朝构成严重威胁。晋阳地区为宋辽之前线,晋阳城成了宋军大本营和前线指挥部。直至宋徽宗宣和七年(1125),契丹亡于女真族的金国,遗留的部分契丹贵族西迁建西辽政权,延续了近百年之久。

女真,古肃慎国,番语讹为女真。肃慎,"虞夏以来东北方大国也,一名息慎"④。西周时,"成王既伐东夷,息慎来贺,王赐荣伯作《贿息慎之命》"⑤。数千年来,息慎演变为众多的支系,到宋辽金时为女真。宋政和五年(1115),完颜阿骨打统一女真,即皇帝位,以会宁府为都,国号大金,建元收国。金天会五年(1127)宋王朝南迁,形成宋、金南北对峙局面,晋阳地区为金国所辖。

继匈奴、鲜卑之后,又一北方民族族系突厥兴起。突厥,"盖匈奴之别种,姓阿史那氏","居金山之阳,为茹茹铁工。金山形似兜鍪,其俗谓兜鍪为'突厥',遂因以号焉"⑥。北朝时,突厥部逐步强大起来。西魏废帝元年(552),突厥首领阿史那土门击败柔然,"遂自号伊利可汗,犹古之单于也;号其妻为可贺敦,犹古之阏氏也"⑦。突厥汗国建立后,国势强盛,有凌轹中夏之志。当时北周、北齐在对峙中,皆欲交接突厥为外援。突厥木杆可汗曾与北周联兵进攻北齐于晋阳。"齐人惧其寇掠,亦倾府藏以给之",木杆可汗的继承者他钵可汗得意地炫耀:

---

① 《后汉书·乌桓鲜卑列传》。

② 《魏书·契丹传》。

③ 《新唐书·北狄传》。

④ 《竹书纪年·五帝纪》。

⑤ 《史记·周本纪》。

⑥ 《周书·异域传》。

⑦ 《周书·异域传》。

"我在南两个儿孝顺，何忧无物耶？"[①]隋开皇二年(582)，突厥因国内大乱，遂分裂为东、西突厥。东突厥启民可汗归附于隋。到颉利可汗时，兵马强盛，有凭凌中国之志。唐武德四年(621)，东突厥大规模南下，攻掠晋阳地区的石州、雁门、并州、代州、崞县等地。后突厥汗国几次侵扰晋阳地区的朔、代、忻，越石岭关，围攻晋阳。突厥默啜可汗"自则天世为中国患，朝廷旰食，倾天下之力不能克"[②]。至唐开元四年(716)，默啜可汗年老昏聩，连年混战，导致内部混乱，众叛亲离。不久，后突厥汗国也灭亡了。

唐末五代，西突厥沙陀部南下中原，进入晋阳地区，晋阳成为其逐鹿中原、建业立国的基地。后沙陀部在晋阳起兵，先后建立了后唐、后晋、后汉政权，成为五代时梁、唐、晋、汉、周五个政权中的三个。金灭北宋后，晋阳地区为金所辖。这时，居住在北方蒙古高原的蒙古族强盛起来。蒙古，起源于东胡，属东胡族系室韦——鞑靼人，即没有经过突厥化的原蒙古人，形成了蒙古族的核心部落。[③] 南宋开禧二年(1206)，铁木真统一蒙古各部，建立蒙古汗国。世祖忽必烈于至元八年(1271)，改国号曰大元，先后灭掉了金、南宋，建立了横跨欧亚大陆的大元帝国。

明朝初年，元朝势力逐步退居长城以北，但仍虎视中原，试图卷土重来。蒙古族鞑靼和瓦剌部强盛起来，鞑靼部俺答可汗曾几次南下至太原城下。明王朝在太原以北修长城、设边镇，进行防御。清兵入关，太原地区是其南下的要地，太原守将陈永福率部进行了激战，但太原终被清军占据，为清所辖。

由于晋阳地区的地理位置和生态环境，北起朔代，南至霍山，形成了以晋阳城为中心的具有特殊地位的地段(带)。朔代以北，主要是北方各民族居住活动的地区；霍山以南，主要是中原王朝华夏民族居住活动的地区；晋阳地区是北方各民族与中原王朝华夏民族交往、朝聘、通商、结盟和争战的中间地带。自商周以来，特别是自春秋以来的近三千年的历史沧桑中，晋阳地区一直处于北方各民族碰撞、融合的前沿。

晋阳大地是北方各民族发展的舞台

几千年来，北方各民族凭借晋阳地区这个历史舞台，演绎了波澜壮阔、可歌可泣的历史剧目。这个舞台的中心就是晋阳城。

晋阳城，最早见于历史文献记载是《春秋·定公十三年》，曰："秋，晋赵鞅入

---

① 《周书·异域传》。

② 《资治通鉴·唐纪》。

③ 张碧波主编:《中国古代北方民族文化史·民族文化卷》，黑龙江人民出版社，1993年。

于晋阳以叛。"①鲁定公十三年即公元前497年，就是说，晋阳城早在公元前497年以前就屹立在汾、晋之畔了。赵鞅（简子）对晋阳城的战略地位十分重视，委任他的家臣董安于对晋阳城进行重建和治理，又经另一家臣尹铎的相继治理，晋阳城成了当时城池坚固、粮食充足、民心所向的根据地。赵简子审时度势，曾经告诫他的儿子襄子说："晋国有难，而无以尹铎为少，无以晋阳为远，必以为归。"②从晋阳城的肇建至北宋毁城的1500多年中，有九个独立王朝在这里建立了国都或陪都，即战国赵都，前秦国都（符丕），东魏下都，北齐别都，大唐北都、北京，后唐西京、北都，后晋国都、北京，后汉北京，北汉国都。其中，除战国赵都和大唐北都之外，其他七个先后是北方氏族、鲜卑和鲜卑化的汉人、沙陀突厥人建的。在以晋阳城为中心的晋阳地区，发生过诸如"三家分晋"、"刘恒治代"、"北朝霸业"、"李渊起兵"、"五代更替"、"北宋毁城"等重大历史事件，几度影响着中国历史发展的进程。特别是在北朝时期，晋阳城是东魏、北齐政权实际上的经济、政治、文化的中心，它融合了自春秋以来北方各民族文化的精华，起着举足轻重的作用，为唐王朝的鼎盛奠定了基础。唐太宗李世民感慨地说："太原王业所基，国之根本，河东殷实，京邑所资。"③被史学界认为"先有晋阳，后有汉唐"、"盛世之重镇，乱世之强藩"。

春秋战国时期，是我国历史上奴隶制向封建制转变的时期。王室衰微、礼崩乐坏、诸侯争霸、社会变革是这个时期的特征。在社会变革的大潮中，称霸中原150年之久的晋国，到平公时公室衰微，诸侯坐大，形成了"六卿专政"的局面。平公十七年（前541），"晋中行穆子败无终及群狄于太原"④，晋阳遂成为赵氏的私田。在这次征战中，因晋阳地区道路崎岖，战车受阻，而戎狄擅长步战，行动敏捷灵活，开始时战局不利。于是晋将魏舒"毁车以为行"，改车战为步战，才取得了胜利。从此，步兵作为一个新的兵种出现在战场上。这次战役，在战争史上具有划时代的意义。晋哀公四年（前453），发生了智伯联合韩、魏围攻赵氏的事件。赵襄子记取父亲简子的遗训，退守晋阳。这次晋阳之战，以智伯失败被杀而告终，从而导致了"三家分晋"，形成了"战国七雄"的格局，晋阳城遂成为赵国的都城。发生在公元前453年的"晋阳之战"，是一次影响中国历史发展进程的重大历史事件。

赵国武灵王时，称作"三胡"的林胡、楼烦、东胡和中山国的"胡骑"的侵扰，严重威胁着赵国。武灵王深感"胡骑"具有无可比拟的军事优势，于是进行"遂胡服，招骑射"的改革。赵人着胡服，在胡人看来是友好的表示。于是林胡王献

---

① 《春秋·定公十三年》。

② 《国语·晋语九》。

③ 《旧唐书·太宗本纪》。

④ 《左传·昭公元年》。

马、楼烦王致其兵，归顺赵国。武灵王依靠改革后新组建的骑兵，很快灭掉中山国，使赵国一跃成为东方最强的国家。“胡服骑射”改革的成功，在当时就产生了巨大的影响。齐、楚等国纷纷效仿“胡服”，冲淡了当时盛行的“华优夷劣”的世俗观点，有力地推动了民族融合的进程，为秦汉建立统一的多民族的封建国家奠定了思想基础。

秦汉时期，北方匈奴强盛起来，不断南下中原，对秦汉王朝构成了严重威胁。晋阳处于中原北门，成为盛世之重镇。西汉初年，为防匈奴南下，以太原31县建韩国，徙韩王信为韩王，都晋阳。不久，韩王信献马邑投降匈奴。高祖十一年（前196），封皇子刘恒为代王，都晋阳。代国共辖53县，为第二大封国。当时刘恒正处于思想逐渐成熟的青少年时期，在朝中吕后“临朝称制”及诸吕专权、北部匈奴重兵压境的环境中成长起来。同时，他在晋阳17年中，对晋阳地区自春秋战国时期以来多民族杂居、交往形成的智慧而豪爽的人文精神，耳闻目睹，受到深刻的影响。他以张苍为代相，备边寇，轻徭赋，与民生息，精心治理代国。高后八年（前180）吕后死去，众臣迎刘恒为帝，是为汉文帝。刘恒继位后，采取了“约法省禁”、“与民休息”、“轻徭薄赋”等一系列的重大措施。在边陲防务上，文帝借鉴战国以来在晋阳地区发生战事的经验，采取了“坚边设侯，结和通使”的政策，并派皇子刘参为太原王，都晋阳。文帝在位期间，土地开辟，人口增加，出现了前所未有的富裕景象。时“京师之钱累巨万，贯朽而不可校；太仓之粟陈陈相因，充溢露积于外，至腐败不可食”①。文帝时的政策，在他的儿子景帝刘启时继续沿用。文帝、景帝时期经济繁荣、社会安定，史称“文景之治”。这里值得提出的是，“刘恒治代”与“文景之治”有着必然的因果联系，正是因为刘恒在晋阳治代17年中形成的思想和积累的经验，使他在即位后得以付诸实施。文帝不忘故地晋阳，于前元四年（前176），“幸太原，见故群臣，皆赐之。举功行赏，诸民里赐牛酒。复晋阳、中都民三岁租。留游太原十余日”②。晋阳父老亦不忘文帝的恩泽，在府城东北修建了汉文帝庙，常年祀之。太原阳曲镇皇后园，就是因为文帝母亲薄太后住宿过而得名。③

魏晋南北朝时期，豪杰并起、各民族逐鹿中原、民族大融合是这个时期的特征。晋阳地区是各民族南下中原的战略要地和中心地带。东汉末年，各地豪强在镇压黄巾起义的过程中，逐步形成了董卓、袁绍、孙坚、曹操等割据势力。魏晋禅代，又出现东晋十六国割据的局面。这个时期，匈奴、鲜卑、羯、氐、羌所谓“五胡”涌入中原。晋阳地区先后为匈奴刘渊建立的刘汉、刘曜建立的前赵、羯族石勒建立的后赵、氐族苻健建立的前秦、鲜卑慕容垂建立的后燕、慕容泓建立的西

---

① 《汉书·文帝纪》。

② 《汉书·文帝纪》。

③ 万历《太原府志·古迹》。

燕等占据，前秦苻丕还在晋阳登上皇位，以晋阳为国都。在这期间，发生了西晋并州刺史刘琨坚守晋阳与刘渊汉国对峙达十年之久的战事。

东晋太元十一年(386)，鲜卑拓跋部首领拓跋珪改代为魏国，称魏王，建元登国，史称北魏。他用了十年的时间统一了拓跋部，征服了大漠各部，于登国十年(396)称帝，改皇姓曰元，建都平城(今山西大同)。接着拓跋珪率步骑40余万出马邑，攻取晋阳。北魏仿汉制建立政权机构，“初建台省，置百官，封拜公侯、将军、刺史、太守，尚书郎以下悉用文人”①。太延五年(439)，攻灭甘肃西部的北凉，结束了十六国纷争的局面，统一了北方，形成了南北对峙的局面，史称南北朝。

北魏正光五年(524)，爆发了六镇起义，在镇压六镇起义的过程中，东胡秀容川(部)首领尔朱荣因征战有功，被封为太原王，坐镇晋阳，成为遥控北魏的权臣。五年后，尔朱荣被孝庄帝诱杀。其从子尔朱兆由晋阳进兵都城洛阳，囚禁孝庄帝，后将其杀死于晋阳三级佛寺。世居怀朔镇(今内蒙古包头东北)的鲜卑化汉人高欢，投尔朱荣受到重用，封渤海王。后高欢击败尔朱兆，于永熙元年(532)拥兵占据晋阳。高欢“以晋阳四塞，乃建大丞相府而定居焉”②，同时把三州六镇的鲜卑人迁到晋阳附近，作为主要兵源。高欢坐镇晋阳，遥控北魏，被称为“霸府”。永熙二年(533)，北魏孝武帝因欲翦除高欢的计谋败露，西奔长安，投靠宇文泰。次年，高欢带兵入洛阳，立元善见为帝，改元天平，史称东魏。不久，迁都邺城，称上都，以晋阳为下都。晋阳虽为“下都”，但军政事务皆归高氏，精兵宿将咸萃晋阳，士马精强，远胜邺都，成为东魏实际上的国都。时长安宇文泰鸩杀孝武帝，立南阳王元宝炬为帝，改元大统，史称西魏。北魏遂分裂为东魏、西魏两个政权。

东魏武定四年(546)，高欢领兵十万从晋阳出发，围攻西魏重镇玉壁(今山西稷山西南)不克，病倒阵前，于第二年死去。武定八年(550)，高欢次子高洋以齐王身份逼魏帝元善见禅位自立，改国号齐，建元天保，以邺城为国都，以晋阳为别都，史称北齐。北齐诸帝大兴土木，营建“别都”，开石窟，建佛寺，修宫院，修葺晋祠。幼帝高恒在晋阳建十二院，壮丽超过邺都。又“凿晋阳西山大佛，一夜燃油万盆，光照宫内”③。北齐诸帝还不避寒暑，常年累月奔波于晋阳与邺城之间，在晋阳总计时间远远超过邺都。别都晋阳成了北齐经济、政治、文化中心，是实际上的国都。隋末，炀帝为镇压晋阳地区的农民起义和抵御北部突厥的威胁，先后任李渊为山西河东慰抚大使、太原留守。这时，马邑校尉刘武周杀太守王仁恭，北连突厥，举兵反隋。在天下大乱、突厥南下的形势下，李渊次子李世民“知

---

① 《魏书·太武纪》。

② 《北齐书·神武纪》。

③ 《北齐书·幼主》。

隋必亡，阴结豪杰，招纳亡命，与晋阳令刘文静首谋大事”①，并说服了李渊。大业十三年（617），李渊、李世民父子在晋阳起兵反隋，顺利攻占长安。第二年李渊废隋代王杨侑，登上皇位，立国号唐，建元武德，建立了我国历史上最强盛的王朝。

唐太宗李世民自少年时代就生活在晋阳，在那里他体恤民情，结集豪杰，关心国家大事，接受着晋阳大地多民族文化的熏陶。李世民继位后，首先重视与北部突厥及西部羌族分支吐蕃的关系。他认为：“中国根干也，四夷枝叶也；割根干以奉枝叶，木安得滋荣？”又说：“自古皆贵中华、贱夷狄，朕独爱之如一，故其种落皆依朕如父母。”②李世民主张“和边”，并多次遣使通和。贞观三年（629），“自塞来归及突厥前后内附、开四夷为州县者，男女一百二十余万口”③。在实行“和边”政策的同时，李世民重视边塞重镇晋阳的防务，派开国功臣李世勣为并州都督。他对侍臣说：“隋炀帝不能精选贤良，安抚边境，惟解筑长城以备突厥，情识之惑，一至于此。朕今委任李世勣于并州，遂使突厥畏威遁走，塞垣安静，岂不远胜筑长城耶？”④李世民对晋阳有特殊的感情，贞观十五年（641），李世民在武成殿宴请并州来京的父老，席间他感慨地说：“朕少在太原，喜群聚博戏，暑往寒逝，将三十年矣。”⑤并在席间询问百姓疾苦。贞观十九年（645），太宗亲征高丽，于十二月班师，携太子李治率众越太行到达晋阳。次年正月二十六日，与群臣畅游晋祠，并“树碑制文，亲书之名”，写下了著名的《晋祠之铭并序》，刻制成碑。太宗原碑与摹碑现置于晋祠博物馆“贞观宝翰亭”中。李渊、李世民父子在晋阳期间，正是李世民思想成长时期。他吸取了晋阳大地自春秋以来特别是北朝时期多民族文化融合的精华，在继位后重视多民族经济、文化的发展，使唐王朝出现了前所未有的边塞通和、社会安定、经济繁荣、国力强盛的“贞观之治”和“开元盛世”，把我国封建社会推向了鼎盛。

唐广明元年（880），黄巢起义军攻占长安。僖宗下诏赦免突厥沙陀部首领李国昌、李克用父子，令其征讨起义军。李氏，“其先本号朱邪，盖出于西突厥，至其后世，别自号曰沙陀，而以朱邪为姓”⑥。李克用率轻骑万余由石岑关经太原，于中和三年（883）首先攻入长安。因“克用功第一”，僖宗以李克用为河东节度使，封晋王，其父李国昌为雁门行营节度使，李氏势力强大起来。李克用立足晋阳，北取云中，南据昭义（治今山西长治），占据了山西大部分地区，成为与起

---

① 《新唐书·高祖纪》。
② 《资治通鉴·唐纪》。
③ 《旧唐书·太宗纪》。
④ 《旧唐书·李勣传》。
⑤ 《旧唐书·太宗纪》。
⑥ 《新五代史·庄宗》。

义军叛将朱全忠对抗的割据势力。天祐四年(907),朱全忠废哀帝自立,改国号为梁,建元开平,都汴梁(今河南开封),史称后梁。李克用之子李存勖,生于晋阳,袭封晋王。李存勖亲征河北,先是击杀燕王刘守光,后又于幽州击退契丹。后梁贞明三年(917),在胡柳陂(今山东鄄城西南)大败梁军,渡过黄河灭掉后梁。龙德三年(923),李存勖在魏州(今河北大名东北)即位,定国号曰唐,建元同光,建都洛阳,以晋阳为西京,后改为北都、北京。之后,与李克用同样是突厥沙陀人,同样是河东节度使,同样是在晋阳起兵的石敬瑭、刘知远,又先后建立了后晋、后汉政权,都是以晋阳为陪都北京。刘知远的堂弟刘崇也是以河东节度使、北京(太原)留守的地位,建立北汉政权,以晋阳为国都,与后周、北宋对抗,坚持了29年。

后周殿前都点检赵匡胤于显德七年(960)发动"陈桥兵变"代周称帝,建立了宋王朝。他先后于开宝二年(969)、开宝九年(976)两次征伐北汉不克。太平兴国四年(979),宋太宗以"太原我必取之"的决心,亲征北汉,用了五个月的时间围攻晋阳,才逼使北汉帝刘继元投降。宋太祖、宋太宗兄弟二人先后三次大规模征伐北汉,其中两次亲征,竟达十年之久。宋太宗痛恨晋阳军民顽强抵抗,痛恨晋阳城坚固难攻,下诏焚毁晋阳城。晋阳城被毁,这个自春秋战国以来形成的北方重要屏障从此丧失了,"中原北门"大开。虽然三年后在晋阳城西北25公里的唐明镇修建了太原城(今山西太原城址),但丧失了1500多年来雄厚的基础和北方边塞指挥中心的地位,其战略地位难以复原。虽然经杨业七年抗辽和杨延昭镇守三关,阻挡了辽兵南下,但终究未挡住金兵的进攻,宋王朝被迫南迁。顾祖禹曾经评论说:"弃太原则长安、京城(开封)不可都也。"①当然,宋王朝南迁,原因是多方面的,但失去晋阳城这个北方重镇,是其中重要的原因。

宋王朝南迁,太原地区成为契丹、女真和蒙古等北方民族南下中原的必争之地。金天会三年(1125),金太宗下诏兵分两路伐宋。东路军以宗望为主将,由平州(今河北卢龙北)进兵燕山南下;西路军以宗翰为主将,由大同进兵太原,预期会师汴梁。但宗翰率领的西路军在太原遇到了顽强的抵抗。知府张纯孝和守将王禀率领太原军民坚持了250余天。尤其是接到宋钦宗割让太原、中山、河间三镇的诏书时,太原军民拒不接受。守将王禀对使者路充迪说:"朝廷使汝交割太原,但奏朝廷云,某等不肯!"②使金军预期会师汴梁的计划延误。兴定元年(1217),蒙古军在木华黎的率领下进攻太原。金知枢府事乌古论德"植栅为拒",与太原军民一起,坚守十余日。太原失守后,晋阳公郭文振"迁老幼于山塞,得壮士七千,分驻营栅",又率众"夜登其城,斩馘甚众,所获马仗不可计,护

---

① 《读史方舆纪要·山西》。

② 《三朝北盟会编》卷三。

老幼二万余户以出”①。在这期间，虽然太原一度收复，但在蒙军强大的攻势下，太原终被蒙军占领，太原地区又归元朝所辖。

元至正二十八年(1368)，朱元璋在南京即皇帝位，定国号曰明，建元洪武。他深知太原战略地位之重要，派大将常遇春、徐达进攻太原，与元将扩廓贴木儿展开了争夺战。顾祖禹说：“明初攻扩廓于太原，别军出泽、潞，而徐达引大兵自平定趋太原，战于城下，扩廓败走，于是太原以下州郡，次乘悉平。夫太原为河东都会，有事关河以北者，此用武之资也。”②为防御蒙古鞑靼、瓦剌部的南下，从洪武至万历年间，前后重修长城十八次，称作“边墙”。又在宣化、大同之南和直隶、山西界上，修筑了内长城，称为“次边”。今山西太原以北的娘子关、雁门关、宁武关、偏关一线和石岭关上，仍可见到内长城的遗迹。朱元璋对太原防务十分重视，于洪武三年(1370)，封其三子朱棡为晋王，设太原都卫。朱棡委其岳父永平侯谢成，大规模扩建太原城。朱棡就藩后，又在府城东修建了壮丽的晋王府。明王朝迁都北京后，太原地区直系京师安危。景泰至嘉靖年间，山西巡抚朱鉴、万恭，先后修城南关瓮城，又筑连城，修新堡，在北关筑土城，驻兵防守。③ 鞑靼几次兵临太原城下，见防守严密，未敢攻城，只得掠周边诸县而去。明王朝又置“九边重镇”，太原处于中心地位，被称为九边重镇之首。明末，李自成领导的农民起义军渡过黄河，经太原北上直捣京城，推翻了明王朝的统治。这时由女真建立的后金势力强盛起来。天聪十年(1636)，皇太极即皇帝位，改国号曰清。顺治元年(1644)，清世祖入主中原，定都北京，逐步统一了中国。太原地区遂为清所辖。

自春秋时期晋阳城崛起，晋阳不仅成为历代中原王朝的北方重镇，而且也成了北方各民族建业立国之地。特别是先秦以来，匈奴、东胡、突厥、蒙古以及他们的部族、分支羯、氐、鲜卑、契丹、女真、拓跋氏等北方民族，逐鹿中原，建功立业，都是把晋阳地区作为战略要地，凭借晋阳大地这个历史舞台，演绎、延续着自己的历史，与汉民族一起共同推动着中国历史的发展。

晋阳文化是北方多民族文化融合的结晶

纵观自三代以来，特别是春秋战国以来晋阳(太原)地区的历史，是一部中原汉民族与北方各民族交往活动的历史，也是一部中原华夏文化与北方各民族文化碰撞、交融的历史。正是在这种几千年来在经济、政治、文化全方位的碰撞、交融过程中，形成了具有自身文化积淀的晋阳文化。

① 《金史·郭文振传》。

② 《读史方舆纪要·山西》。

③ 万历《太原府志·城池》。

1. 春秋时期,“悼公用魏绛和戎之谋,以货易土”①,开经济领域民族交融之先河。魏绛和戎的成功,不仅使晋国在山西中北部“首开县邑”,而且使戎狄部族迈开了从草原游牧型经济向农耕型经济转化的历史脚步。晋国赵简子执政期间,推行新的田亩制和赋税制改革,大批土地得到开发。与此同时,晋阳周边的山地和丘陵地带,也成了“有食谷之马数千,多力之士数百”的广阔牧场,构成了赵国的多种经济成分。北魏至唐末五代,北方各民族大规模南迁内地,与汉民族杂居,“在北人南下的过程中,太行山上下是一条主要通道。当北方民族入主中原建立国家之后,山西又是他们的重要基地和后方”②。晋阳作为各民族政权的后方基地和首府,成了游牧型经济与农耕型经济交汇的中心地区,晋阳地区多民族经济成分得到了发展。隋末李渊在晋阳起兵时,“宫监之中,府库盈积”。五代突厥沙陀部建立的唐、晋、汉割据政权,也是以“积粟甚多”作为经济基础。明清时期,发源于晋阳地区的晋商崛起,开跨国金融、贸易之先河,促进了中外经济的交流,至今为海内外人士瞩目。

2. 赵国武灵王胡服骑射改革的成功,不仅体现在军事上,更重要的是,作为一次政治改革,它改变和调整了赵国的民族结构,加速了戎狄部族汉化的过程。东晋十六国时,匈奴刘渊家族以汉皇室兄弟自居,说:“兄亡弟绍,不亦可乎!”声称他起兵反晋是为了恢复汉室政权,故建国号为“汉”,并奉祭汉高祖等诸帝,追尊蜀汉后主刘禅为孝皇帝,表示他的家族与汉皇室为同宗。可见刘渊家族“汉化”已经达到相当的高度和深度。由鲜卑拓跋部建立的北魏,经过孝文帝从政治制度到语言风俗的全面改革,直接影响到在晋阳建立的东魏、北齐和五代时后汉、后晋、北汉政权,加速了北方各民族的融合和封建化的进程。

3. 自战国赵武灵王改革和北魏孝文帝改革,经过春秋战国、北魏时期和唐末五代北方各民族的融合过程,极大地丰富了晋阳文化的内涵和特色。特别是在北魏时期,北方民族的草原文化与中原华夏族的农耕文化的交融、互补更为突出。北齐别都晋阳,成了这时期文化交流的中心。自20世纪80年代以来,相继在太原地区发掘了多处北齐和稍晚的隋代高官的墓葬。③ 其中以北齐东安王娄睿墓、武安王徐显秀墓和隋代虞弘墓为代表。娄睿墓壁画中有庞大的胡商驼队,其人物形象显示出波斯人的特征;徐显秀墓壁画中,人物形象和乐队及其乐器,充满异国风情,应来自西域、中亚、西亚甚至地中海地区。隋代虞弘墓中的石椁雕绘,多为人物骑马、骑象、骑骆驼搏杀狮子的图像,人物形象及服饰显示了波斯与中亚诸国文化色彩。从上面墓中壁画和浮雕可证明,早在北魏时期,外来文化

---

① 《左传 · 襄公四年》。

② 苏秉琦:《华人 · 龙的传人 · 中国人——考古寻根记》,辽宁大学出版社,1994 年。

③ 李非主编:《太原考古》,山西古籍出版社,2003 年。

已经渗入到晋阳的贵族阶层。① 晋阳地区不仅是中原汉民族文化与北方各民族文化交融的中心，也是西域外来文化迁入华夏文化的首要地区，从而进一步丰富和发展了晋阳文化的深刻内涵和鲜明特色。

晋阳文化概括起来，是否可以这样讲：晋阳文化是三代以来，特别是春秋战国以来，在晋阳大地上由汉民族和北方各民族共同创造，农耕与游牧兼收并蓄的多民族文化的结晶；晋阳文化体现了晋阳地区人民粗犷、豪放、不屈不挠的性格和艰苦奋斗、勇于开拓的人文精神；晋阳文化对中华民族的形成、对中国历史的发展进程产生了重大影响，是具有多元性、开放性、传承性和特殊性的地域文化。它是晋文化的主体和主流，是炎黄文化的重要组成部分。

（作者单位：山西省太原市人民政府）

① 渠川福：《再论东魏、北齐时代的晋阳》，中国古都学会 2003 年年会论文。

藏族伦理思想和道德观念发展纵向观

◇熊坤新

藏族自称“蕃”,但不同地区其叫法却各不相同:如西藏阿里地区的人自称“兑巴”,后藏地区的人自称“藏巴”,前藏地区的人自称“卫巴”,西藏东境和四川西部的人自称“康巴”,西藏北部、青海及川西北、甘南的人自称“安多娃”等。各处虽自称不同,但都统称“蕃巴”。“巴”、“娃”,藏语皆为“人”之意。

据考古发现,远古时期藏族先民就生活、居住在青藏高原上。后经不断发展,包括扩张和融合,至公元7世纪松赞干布统一整个西藏地区时,藏族始形成。据第五次全国人口普查,藏族现有人口541.60万人(2000年),主要聚居在西藏自治区及四川、青海、甘肃、云南等省的部分地区。民主改革前,大部分地区仍保持着贵族僧侣联合专政的封建农奴制度,部分地区则已出现了封建地主制经济成分。

藏族是一个富有道德感和道德传统的民族,在长期的生产实践和社会活动中形成并发展了具有本民族特点的伦理思想。藏族伦理思想是指藏族历史上各种伦理思想和道德观念的总称,它既是藏族文化和藏族人民精神生活中的重要内容,也是中国伦理思想的重要组成部分。

本文仅从藏族历史纵向发展的角度,对其伦理思想和道德观念在不同时期的主要表现及基本状况做一粗略的阐述,或许对弘扬民族文化不无益处。

一、藏族远古时期的伦理思想和道德观念

藏族历史上的远古时期,系指吐蕃王朝建立以前的漫长岁月。根据考古发现,青藏高原上多处分布着旧、新石器时代的古文化遗存①,证明远古时期青藏高原上已有藏族先民在活动,估计远古时期已经产生并形成了许多原始、朴素的

① 详见邱中郎:《青藏高原旧石器的发现》,载《古脊椎动物学报》1958年第2、3期合刊;《“无人区”里考古记》,载《化石》1979年第2期;《西藏古生物》(第一分册)第54~69页;安志敏等:《藏北申扎、双湖的旧石器和细石器》,载《考古》1979年第6期;童恩正、冷健:《西藏昌都卡若新石器时代遗址的发掘及其相关问题》,载《民族研究》1983年第1期等。

道德观念。因为以规范性和约束性为特点的伦理道德当是人类最早产生的社会意识之一。按照普列汉诺夫的说法，道德形成、产生的历史，甚至比宗教还早。仅从藏族至今仍存留下来的一些神话与传说中也可以得到佐证。据藏文史籍《拉达克王统世系》、《柱下遗教》、《贤者喜宴》、《西藏王统记》等记载，藏族远古社会已"歌舞盛行"，有谜语及"诸多故事流传"，人们经常利用这些来"启发民智，治理国政"，调整人与人之间以及人与氏族、部落、集体和社会之间的各种人伦道德关系。在目前人们已知的大量的神话传说中，已初步涉及到了有关道德起源、道德原则、道德评价以及人们应该具有什么样的道德品质等各个方面。如在《世界形成歌》、《什巴宰牛歌》中，藏族先民们就通过对大自然和世界起源的看法，曲折、隐晦地反映了他们对道德起源的看法。在流传甚广的《西藏人种之由来》中，藏族先民们则通过猕猴繁衍人类的传说，绘声绘色地描绘了他们对人种起源、性道德意识与善恶观念产生的看法。仅流传于四川阿坝藏族地区的神话故事《洪水泛滥，姐弟成亲》，同我国西南许多少数民族关于人类起源的神话故事情节相类似，集中反映了原始社会的"血缘内婚制"的婚姻道德情况。在所描绘的各种奇形怪状的人物与汉族《山海经》基本属于同一类型的《蛋生英雄》中，则称太极之初，藏族一位英雄刚从蛋里诞生出来，就具有形同猛兽、手脚坚硬、孔武有力的英雄气概，而力量和勇武在当时正是被人们所崇尚的一种美德。神话《青稞种子的来历》，热情地歌颂了藏族一位为人类做出贡献的英雄阿初，他具有聪明、勇敢、善良等优秀品质。为了让人们能够吃上粮食以免遭受饥饿之苦，阿初历尽艰险和磨难，不惜被蛇王变成狗身。但他却通过这种为人类做贡献的高尚的献身精神，最终获得了爱情，恢复了人身，得到了青稞种子，使人们和他自己都过上了幸福生活。可以说，这是藏族古代先民为自己所塑造的理想人格，通过理想人格反映了他们的道德理想和道德愿望。从发展和联系的角度看，藏族近现代史上的许多道德观念，在藏族远古时期均已初现端倪。这是我们在纵向把握藏族伦理思想和道德观念发展史时必须看到的一个基本事实。

二、藏族奴隶制时期的伦理思想和道德观念

大约从公元7~9世纪，是西藏吐蕃王朝时期，也是藏族原始社会伦理思想和道德观念瓦解、吐蕃奴隶主阶级伦理道德产生和形成的时期。公元7世纪，藏王松赞干布统一吐蕃全境，建立起了藏族历史上第一个吐蕃奴隶制王朝。自此，藏族伦理思想和道德观念由原来的无阶级性过渡到了有阶级性，并明显地产生了两大对抗阶级在道德意识领域中的阶级分化。奴隶阶级的伦理思想和道德观念只能通过民歌、民谣、民间故事及传说等形式在民间口头流传，而占主导地位、起主导作用的则是奴隶主阶级的伦理思想和道德观念。奴隶阶级的伦理思想和道德观念中，最有代表性的是敦煌古藏文历史文书中存留下来的格言部分，其中

有突出地劝导人们孝敬父母的内容。如：

无父不生女与男，无母不育不生产。
母亲育儿多辛苦，最初怀胎步履艰。
未生之前受熬煎。
足月之后离母体，左右身旁满是血，
如同宰羊血肉鲜。
潮冷床褥母亲卧，疼痛难忍死复还。
母心常注儿身上，干暖之处娇儿眠。
长大只听妻子话，一瞬难舍实可怜。
子母相见如仇敌，父母责备白眼翻。
永世受罪解脱难，这种人落地狱间。
念此应以孝为先。①

这段通过对母亲生儿育女过程中含辛茹苦、艰辛备尝的生动描述，奉劝人们在处理儿女与父母的人伦道德关系上，首先应该而且也必须做到的是“以孝为先”。如果说劳动人民也十分看重道德的功能与作用的话，那么他们最大的道德要求就是希望儿女不要忘记父母的养育之恩，长大后应该孝敬父母。否则会被认为是大逆不道，有悖天理人伦，会遭到来自于冥冥世界的惩罚和报应。

善与恶，从来就是人类社会意识中的一对最基本的道德价值范畴，不同民族或阶级的集团与个人，常常据此对人们的言论或行为做出道德与非道德的评价。藏族民间格言特别强调人们应该弃恶扬善：

多做善事获吉祥，多做坏事遭祸殃，
二者何为须细思，人皆难逃必死亡。②

死时不分弱与豪，一切众生皆难逃，
生时不肯做善事，死后难以把罪消，
该做何事细思考！③

格言中虽然带有佛教因果报应的宿命论观点，但从社会现实意义上看，其倡善抑恶、善恶有报的思想，则是应予充分肯定的，因为这种格言既符合广大劳动人民的道德愿望，有利于维护人民群众的道德利益，也从道德舆论和道德心理上给本民族统治阶级的恶行带来一定的限制，起到了一定的约束作用。

与此相反，在奴隶主阶级的伦理道德思想和道德观念中，吐蕃王朝时期，“松赞王凭借着那写作俱便的善轨文字的方便，在十善法戒的基础上，制定出敬

① 转引自《藏族文学史》第46页，四川民族出版社，1985年。
② 转引自《藏族文学史》第47页。
③ 转引自《藏族文学史》第47页。

奉三宝、修行正法、孝敬父母、恭敬有德、尊高敬老、诚爱亲友、利济乡人、心须正直、效法上流、善用财食、有恩当报、斗秤无欺、心平无嫉、不听妇言、和言善语、任重量宽等十六条正净的做人法规”①。

上述十六条“做人法规”，实际上就是当权的统治阶级向全体藏族成员而主要是劳动人民提出的十六条道德规范。它熔道德、宗教、法律于一炉，强调必须依靠“教化”、“德治”亦即道德来维护和巩固“王族的利益”，鲜明地反映了在阶级社会中道德具有阶级性的特点和统治阶级无不重视道德的功能与社会作用的思想。

另外，成书于7～9世纪的敦煌古藏文文书《礼仪问答写卷》②，堪称是吐蕃王朝时期一部极其重要的伦理学文献，有人甚至认为它可以和汉族的《论语》相媲美。③ 该文献中，已有了一些初具伦理色彩的概念和命题。它以兄与弟对话的形式，详细地阐述了如何处理人际之间各种伦理道德关系及如何待人接物的礼节等问题。认为对人要“施以真言”，“不说谎言”，才能获得别人的信任，对凡是“可信赖者”，一定要紧紧“依靠之”，而对“不可信赖者”，则切勿依靠。处世要谦卑逊让，知足寡欲，创造而不占有，成功而不倨傲。强调贪欲是罪恶的根源，知识是文明的由来。提出做人的最基本最起码的道德标准应该是：“公正、孝敬、和蔼、温顺、怜悯、不怒、报恩、知耻、谨慎而勤奋”④，做人的非道德标准则是：“偏袒、暴厉、轻浮、无耻、忘恩、无同情心、易怒、骄傲、懒惰”⑤。

作者主张“王之国法”，必须实行“均等”的“公正”原则，对于统治者“为官公正，现时即于己有益，此为颠扑不破之理……若能不偏不倚，则谁能对之不钦佩折服?”“若为长官，应如虚空普照天下，应如称戥一样公平”。对于被统治者，即便遇到“行罪恶人超生，正直善人处死”的不公正之事，也要有“认可、忍耐之力”，同时还要绝对遵从法律上的道德戒律，不然，就必须“查明实情，将伤人者

---

① 第五世达赖喇嘛著、郭和卿译:《西藏王臣记》第23页，民族出版社，1983年。

② 见之于敦煌古藏文文书P·T·1283号卷。此卷同流落海外的其他敦煌古藏文文书约5000余卷，分别庋藏于伦敦大英博物馆图书馆和巴黎国家图书馆。在英国的以S·T编号，在法国的以P·T编号。法国科学院藏学研究中心在石泰安教授的倡议下，由斯巴里安教授(即麦克唐纳夫人)与今枝由朗先生合编为《敦煌藏文文献选》，并先后于1978年和1980年两次影印，已出两集。前中央民族学院(现中央民族大学)藏学研究所王尧和陈践即据此译为中译本。该文献原无标题，被译者定为今名。据称，该文献约成书于公元7～9世纪之间。由于入洞年代久远，个别地方已残破，幸好P·T·2111号卷子是同一内容的另一写本，遂被译者取以互校，相互补罅，使之成为一完整足本。

③ 藏族学者丹珠昂奔在《吐蕃王朝兴盛时期的藏族伦理思想》(载《青海社会科学》1985年第4期)一文中称《礼仪问答写卷》相当于汉民族的《论语》，故在藏族伦理思想发展史上占有重要地位。

④ 王尧、陈践:《敦煌古藏文〈礼仪问答写卷〉译解》，载《西北史地》1983年第2期。

⑤ 王尧、陈践:《敦煌古藏文〈礼仪问答写卷〉译解》。

及其子孙一并杀之,以绝其嗣"。认为只有这样,"主奴之间、官仆之间、老壮之间",才能"行公正之法",不至于"出现伤风败俗之事",而达到一种使天下都"同心协力,不仅眷属和睦,行至何方亦相安无事。子与父同心,弟与兄同心,奴与主同心,妻与夫同心,仆与官同心,如此,则公正无误,齐心协力,大家皆得安宁"的道德境界。①

《礼仪问答写卷》是帮助人们了解西藏吐蕃王朝时期藏民族伦理思想和道德观念的珍贵史料。它的出发点是调和阶级矛盾,维护当时的奴隶制等级关系及其制度,但客观上也有利于社会安定与生产发展。

从上述伦理思想的概述中,可以看到,该时期的伦理思想不仅对当时整个奴隶制吐蕃王朝统治下的藏民族的社会风尚、道德心理、行为习惯、价值取向标准等有着直接的重大影响,而且对后来乃至现在藏族伦理思想的发展也有着连带的影响和制约作用。

三、藏族封建农奴制时期的伦理思想和道德观念

公元10~19世纪中叶,是藏族封建农奴与农奴主阶级伦理思想和道德观念的发展时期。这一时期中,宗教道德意识大量渗透,一些伦理学专著、充满了道德说教的格言诗等,大都出自上层僧侣之手。藏族伦理思想完全走上了与宗教道德和社会道德及社会法规相结合的道路。

藏族著名史诗《格萨尔王传》,堪称是世界上规模最宏伟、篇幅最宏大的史诗之一。其中所表现出来的伦理思想,集中反映了藏族封建农奴制社会的道德愿望和道德主张。它通过民间艺人在群众中世代传唱的形式,为藏族人民塑造了一个爱护百姓、英勇智慧,并能够外御强敌、内修政务的贤明君主的理想人格典范。史诗给予格萨尔王的使命是到人间"降伏妖魔、抑强扶弱、救护生灵,使善良百姓能过上太平生活",从而尽情讴歌并赞美了格萨尔王为民除害,保护百姓利益,反对侵略,保卫家乡的和平与安宁,创造和扩大财富来源,改善民众生活的优良品质。尤为可贵的是,史诗还以牧民的狩猎技巧做比拟,提出人们优秀的道德品质不会天然生成,而必须经常在实践中培养,"道德学问没有主,看谁能够下工夫"②。同时,史诗还揭露了宗教上层人物言行不一的伪善面目:"上师美言讲教义,要把众生置乐地;却从平民痛苦中,掠取现成高财利。"③总之,史诗通过对英雄理想人格典范的塑造,其基本伦理倾向和价值标准是:积极进取和敢于战天斗地、敢于同自然搏斗、同社会黑暗势力抗争的气概和精神。

---

① 王尧、陈践:《敦煌古藏文〈礼仪问答写卷〉译解》。

② 陈瑛、许启贤主编:《中国伦理大辞典》第540~541页,辽宁人民出版社,1989年。

③ 陈瑛、许启贤主编:《中国伦理大辞典》第540~541页。

代表封建农奴主阶级利益的道德观念、道德意识及道德标准的著作,在几部格言诗中得到了突出的反映。如藏传佛教萨迦派僧人萨班·贡嘎坚赞(1182～1251)所著的《萨迦格言》,堪称是藏族传统伦理思想和道德观念史上最早一部以格言诗形式著述的伦理学著作。在维护统治阶级利益的前提下,他主张应该尽量协调并处理好统治阶级与被统治阶级之间的矛盾。认为统治者与臣民之间的道德责任和道德义务应该是"君王对自己的臣民"必须"施以仁慈和护佑","臣民对自己的君王"才会"尽忠效力"。不然,"被暴君统治的百姓"就会"特别想念慈祥的法王","被瘟疫缠身的牲畜"就会"特别渴望纯净的雪水"。它告诫统治者"如果虐待属下,君长就会走向灭亡","即使是秉性极为善良的人,若总欺凌他也会生报复心"。因此主张"君长收税要循合理途径,不要过分伤害众百姓;如果白芸香树的浆液,流得太多便会枯竭"。基于此,提出统治者应经常以发放适量布施来从道德上笼络人心:"以布施召集,敌人也前来,若不布施,亲友也远离开;如果母牛的乳汁已流完,虽强抓牛犊,它也要逃远。"同时,作者还主张统治者应该"尊重自己",不然,"谁也不会对他尊重"。相反,如果"国王夸耀自己的权势",那将是"自取灭亡的根由",就像"将鸡蛋抛向空中,除了粉碎还能有什么结果!"①字里行间,饱含规劝、告诫之意。从总体上看,《萨迦格言》伦理思想和道德观念的最大特点,是用佛教规定来解释人们如何处世待人的道德哲学,虽然其出发点是用道德说教来维护统治阶级和宗教僧侣阶层的利益,但其中那些富于对统治阶级专横残暴本性的道德批判精神,对自私、虚伪、贪婪行为的讽刺和抨击的道德揭露,教诫人们要具有正直、坚定、谦虚、勤奋、好学等优良品质的道德宣传等,至今仍能给人们以很大的启迪和教益。正因为如此,《萨迦格言》在藏族地区广为流传,以至后来出现的《甘丹格言》、《水树格言》、《国王修身论》以及《火的格言》、《天空格言》、《宝贝格言》等充满了道德精神的格言诗,无不受到它的影响。

四、藏族半殖民地封建农奴制时期的伦理思想和道德观念

大约从19世纪中叶至1951年西藏和平解放,藏族社会基本上处于半殖民地封建农奴制时期。这一时期藏族传统伦理思想和道德观念的突出表现是强化了爱国主义的思想内容。从1840年鸦片战争开始,英、俄、日等帝国主义列强纷纷觊觎我国西藏领土,并先后将其侵略魔爪伸进了西藏腹地,从而使西藏地区逐步陷入了半殖民地状态。但是,早在吐蕃王朝时期,松赞干布和唐王朝就曾以联姻纽带促进了西藏与祖国内地的密切联系。唐高宗曾授松赞干布为驸马都尉,封西海郡王,旋又晋封为宾王(或作赍王、宝王)。墀德祖赞时期,唐蕃睦邻友好

① 萨班·贡嘎坚赞著、次旦多吉等译:《萨迦格言》,西藏人民出版社,1985年。

关系进一步发展与加强。唐穆宗长庆元年(821)达成的唐蕃舅甥和盟,以“虽曰两国,如同一家”为标志,为西藏成为祖国不可分割的一部分奠定了牢固的历史基础。元代,西藏即正式被纳入中国版图。纵观西藏的整个历史发展,西藏与祖国内地也存在着“一损俱损,一荣俱荣”的因果关系。正因为西藏人民与祖国内地各族人民历史上早已存在着的血肉不可分割的联系,所以在近代史上出现的外来侵略势力面前,西藏人民不屈不挠,英勇斗争,表现出了空前的爱国热忱与坚决反对外来侵略势力、誓死保卫祖国边疆的英雄气概。如1888年隆土山保卫战就是典型一例。另外,1842年2月13日,四川西部金川团练使和瓦寺宣慰使所辖的藏族将士近2000人奉命赴东南沿海前线,与各族人民一道共同抗击英帝国主义对我国悍然发动的侵略战争。在战斗中,藏族屯兵首领阿木穰、喀克哩等将士英勇牺牲。为了讴歌并赞颂他们崇高的爱国精神,清代文人贝青乔(1810~1863)曾特地为他们的英雄事迹作诗予以表彰:

膧硐腥峒郁崖嵬,
万里迢遥赴敌来。
奋取螯弧夸捷足,
百身轰入一声雷。①

藏族人民这种“倾心向内”、抵御外侮、“同谋五族幸福”的高贵品质和崇高精神,至今还受到祖国各族人民的充分肯定。这样,在藏族人民的传统伦理思想和道德观念中,就注入了爱国主义的新内容。

五、藏族社会主义初级阶段的伦理思想和道德观念

自1951年西藏和平解放后,藏族伦理思想和道德观念便发生了根本性的变革。随着和平解放,特别是1959年平息了一小撮上层反动分子发动的武装叛乱之后,藏族人民在中国共产党领导下进行了民主改革,废除了封建农奴制度,使马克思主义伦理学和道德观在藏族地区得到传播和发展,藏族传统的伦理思想和道德观念也随之发生了根本性的变化。譬如,在藏族新民歌中,一方面更新了爱国主义的内容——

对父母心里孝敬,
对祖国一定忠诚;
羊羔跪着吸奶,
如游子对母亲吐露真情。②

---

① 贝青乔:《咄咄吟》,转引自齐思和等编:《鸦片战争》第三册,第191页,上海人民出版社,1957年。

② 郑经超编译、整理:《藏族哲理诗撷英》第20页,陕西人民出版社,1988年。

如果山上无雪，
川里怎能下雪；
没有祖国的强大，
人民怎能安康？①

另一方面又铸进了热爱中国共产党的深情厚谊——

河水的源头在雪山上，
幸福的源头是共产党。②

长在冰山上的雪莲，
不见阳光难把花蕾现；
没有救星共产党，
朗生（奴隶）难得有今天。③

可见，在社会主义初级阶段，爱党爱国已升华为藏族人民重要的道德原则和道德规范，不仅已成为藏族人民的内在信念，而且还外化为具体的行动。民主改革后，广大藏族人民一方面积极投身于社会主义革命和建设事业，用自己勤劳的双手创造着幸福美好的生活，一方面又不断地同少数分裂主义分子和破坏祖国团结统一的坏人坏事作斗争。实际上，藏族人民已自觉地把“爱党爱国”这一道德原则和道德规范作为自己评价是非善恶的标准：凡是爱党爱国的行为，就赞成、就支持、就拥护；凡是诋毁或破坏爱党爱国的行为，就谴责、就声讨、就反对。

因此从总体上看，随着新中国的成立和西藏人民的翻身解放，中国共产党人就把马克思主义同中国革命和西藏实际相结合，对藏民族固有的伦理道德传统文化遗产进行了批判改造，使其建立在科学世界观的基础之上，从而使藏族伦理学获得了新生，并昭示了光明的前景。

综观藏族伦理思想和道德观念发展的概貌，大致具有三个基本特点：

第一，藏族伦理思想和道德观念在其形成发展过程中，曾先后受到我国汉族伦理思想和道德观念、印度佛教伦理思想和道德观念及周围相邻地区各民族伦理思想和道德观念的影响、渗透和交融；

第二，藏族伦理思想和道德观念往往与宗教道德戒律、社会法律法规、生产生活习俗、民族传统文化等融混掺杂，互相替补，交互作用，共同对藏族人民的思想观念包括社会生产生活产生重大影响；

第三，从整体上看，藏族伦理思想和道德观念仍带有自发和朴素的性质，尚

---

① 郑经超编译、整理：《藏族哲理诗撷英》第 20 页。

② 郑经超编译、整理：《藏族哲理诗撷英》第 20 页。

③ 郑经超编译、整理：《藏族哲理诗撷英》第 14 页。

未上升到完整的理论形态，特别是对有关伦理思想和道德观念方面的基本概念、规范、范畴、命题等尚未做出详细的理论阐述。

另外，由于历史的原因，人们对藏族伦理思想和道德观念的学术研究也一直重视不够，近年来有些刊物虽然发表过一些文章，有关辞书也收入了藏族伦理思想及其道德观念方面的有关词条或词目，但迄今有关这方面的专著仍极少见，这是令人深以为憾的。相信这一状况迟早会得到改变。

总而言之，藏族是一个富有道德感和道德传统的民族，在长期的生产实践和社会活动中形成并发展了具有本民族特点的伦理思想和道德观念。藏族伦理思想和道德观念是对藏族历史上各种伦理思想和道德观念的总称，它既是藏族文化和藏族人民精神生活中的重要内容，也是中国伦理思想的重要组成部分。发掘、整理、研究藏族伦理思想和道德观念，对于加强藏族地区的道德建设，弘扬民族文化，提高民族素质，培养有理想、有道德、有文化、有纪律的时代新人，增进民族间的相互了解和思想文化交流，加强民族团结，密切民族关系，从而促进社会主义现代化建设事业的发展，全面建设小康社会，开创中国特色社会主义事业新局面，充实、丰富和完善中华民族乃至于世界民族的伦理文化宝库，都具有极其重要的理论意义和现实意义。

（作者单位：中央民族大学中国民族理论与民族政策研究院）

闽南的海洋文化与海外交通著作

◇李玉昆　李秀梅

闽南山多地少，可耕面积少，为解决人口对耕地的压力，主要途径就是向海上发展，正如明代学者顾炎武所说："海者，闽人之田也。"南宋谢履《泉南歌》云："泉州人稠山谷瘠，虽欲就耕无地辟。州南有海浩无穷，每岁造舟通异域。"①

闽南海岸线长，港湾曲折，沿海岛屿星罗棋布，为发展海上交通提供了优越的条件。闽南人又素有海上交通的优良传统和勇于冒险、奋发图强、开拓进取的精神。宋人刘克庄《泉州南郭吟》云："闽人务本亦知书，若不耕樵必业儒。惟有桐城南郭外，朝为原宪暮陶朱。海贾归来富不赀，以身殉货绝堪悲。似闻近日鸡林相，只博黄金不博诗。"②这首诗正是这种勇于拼搏冒险精神的写照。

明清时期，闽南人的拼搏精神进一步发扬光大。明人谢肇淛说，漳泉人"东则朝鲜，东南则琉球、吕宋，南则安南、占城，西南则满剌迦、暹罗，彼此互市，若比邻然。又久之，遂至日本矣。夏去秋来，率以为率，所得不赀，什九起家。于是射利愚民，以为奇货"③。而泉州"濒海之民，多以鱼盐为业，而射赢牟息，转贾四方，罟师估人，高帆健橹，疾榜击汰，出没于雾涛风浪中，习而安之，不惧也"④。漳州月港的民风也是"饶心计与健有力者，往往就海为阡陌，倚帆樯为耒耜，凡捕鱼纬萧之徒咸奔走焉。盖富家以赀，贫人以佣，输中华之产聘彼远国，易其方物以归，博利可十倍，故民乐之。虽有司密网，间成竭泽之鱼，贼奴煽殃，每奋当车之臂，然鼓枻相续，吃苦仍甘，亦既习惯，谓生涯无逾此耳。方夫趋舶风转，宝货塞途，家家歌舞赛神，钟鼓管弦连飚响答，十方巨贾竞骛争驰，真是繁荣地界"⑤。《厦门志》说："服贾者，以贩海为利薮，视汪洋巨浸如衽席。"⑥

闽南人勇于拼搏的开拓精神最具海洋文化的特质。闽南人崇尚商贾，儒贾

---

① 祝穆：《舆地纪胜》卷一百三十，《福建路泉州》。
② 刘克庄：《后村大全集》卷十二，《泉州南郭吟》。
③ 谢肇淛：《五杂俎》卷四，《地部二》。
④ 万历《泉州府志》卷二，《风俗》。
⑤ 崇祯《海澄县志》卷十五，《风俗志》。
⑥ 道光《厦门志》卷十五，《俗尚》。

兼营，以儒入贾。在商业活动中，善以智力经商，卒成大贾。李光缙“兄伯自其王父由吾儒林，徙居安平。安平人多行贾周流四方。兄伯年十二，遂从人入粤。……时为下贾。已徙南澳，与夷人市，能夷言，收息倍于他氏，以故益饶为中贾。吕宋澳开，募中国人市，鲜应者，兄伯遂身之大海外而趋利，其后安平人效之，为上贾”①。安平商人陈斗岩之经商“其初斗智，最后争时，行财币如流水，若猛兽鸷鸟之发，人虽有共用事，终不如之矣”②。支里守吾“以束身从贾”，“好行其德，不离儒术”，其经商“本之以信，佐之以智，因之以天，以和厚为丈夫，以任遇为明达，常舍竞而多奇中……故始为末，继之中，而终以大”③。

由于闽南海外交通发达，古代有许多重要的海外交通著作在闽南问世，作者或询诸中外商人，或亲历海外，记载海外物产、风土人情和中外贸易，总结航海经验等。

宋元时期，泉州海外交通发达，是世界著名的贸易港，中外客商云集，货物堆积如山。反映当时海外交通的重要著作有宋叶廷珪的《海录碎事》和《南蕃香录》、赵汝适的《诸蕃志》，元汪大渊的《岛夷志略》等。

叶廷珪，字嗣忠，瓯宁（建瓯）人。北宋政和五年（1115）进士。绍兴十八年（1148）以兵部郎中知泉州军州。他在泉州任职期间，“为政清静简易”，编《海录碎事》，著《南蕃香录》。

《海录碎事》编成于绍兴十九年（1149），共22卷，是一部中型的类书。它的特点是辑集群书中的“新奇事，未经前人文字中用者于一编，分门别类，标立词目，以便寻检”。共有16个部、581个门，每一门收标目数条至数十条不等。它是一部收集故书杂记群籍中新鲜词语的汇典。

《海录碎事》有重要的史料价值，卷十二“市舶门”引用《市舶录》5条之多，均为唐宋市舶司情况和海交史的宝贵文献。《市舶录》共3卷，赵思协撰，是记述唐宋时我国市舶司的惟一官书，但几乎没有人提到它，失传已久，在《海录碎事》中保存零金屑玉，不乏史料上的珍贵价值。

《南蕃香录》，是绍兴二十一年（1151）叶廷珪知泉州军州事兼泉州市舶司提举时所撰。“适园丛书”中《新纂香谱》叶廷珪序云：“余于泉州职事，实兼舶司，因蕃商之至，讯究本末，录之以广见闻，亦君子耻一物不知之意。”《南蕃香录》原书已不存，但在南宋末年陈敬编的《香谱》中保存了它的内容，是研究海外交通史的参考资料。

赵汝适，字伯可，宋宗室，嘉定十七年（1224）九月任福建路市舶司提举，宝庆元年（1225）七月兼权知泉州，十月兼知南外宗正事。在任期间积极发展海外

---

① 李光缙：《景壁集》卷三，《寓西兄伯寿序》。

② 李光缙：《景壁集》卷十四，《处士陈斗岩公传》。

③ 何乔远：《镜山全集》卷二十，《支里君墓志铭》。

贸易，宝庆元年著成《诸蕃志》。

赵汝适写《诸蕃志》的目的和经过，可见于其自序中："国朝……置官司于泉、广，以司互市，盖欲宽民力而助国朝，其与贵异物穷侈心者乌可同日而语。汝适被命此来，暇日阅诸蕃图，有所谓石床、长沙之险，交洋、竺屿之限，问其志则无有焉。乃询诸贾胡，俾列其国名，道其风土，与夫道里之联属，山泽之蓄产，译以华言，删其秽渫，存其事实，名曰《诸蕃志》。海外环水而国者以万数，南金象犀珠香玳瑁珍异之产，市于中国者，大略见于此矣。噫！山海有经，博物有志，一物不知，君子所耻，是志之作，良有以夫！"该书记载了海外 58 个国家和地区的方位、山川、途程、风土、物产等，凡记载我国与这些国家的航线、日程、方位，多以泉州为基准。书中还记载了经泉州港进出口的商品、进口香料的应用及对泉州的影响、外国人在泉州的情况等。

汪大渊，字焕章，江西南昌人，元代航海家，两次由泉州浮海周游世界。第一次是泰定四年(1327)到至顺二年(1331)，第二次是至顺三年(1332)到至元三年(1337)。第一次归来后，他以纪实体裁整理出游历笔记，记录游历东南亚、南亚和西亚一些国家和地区的见闻。第二次航海中，又记下大量见闻，回国后，在第一次游历笔记的基础上，用新的资料进行修改和补充，使内容更加丰富，直到 1349 年才完成，名"岛夷志"，应吴鉴之约，附于《清源续志》之后。不久，汪大渊回故乡南昌，将书名改为"岛夷志略"，刻印单行本"以广其传"。

《岛夷志略》涉及国家和地区 220 多个，是上承宋代周去非《岭外代答》、赵汝适《诸蕃志》，下接马欢《瀛涯胜览》、费信《星槎胜览》等书的一部重要著作，后人给予它很高的评价。《四库全书总目》说："诸史外国列传秉笔之人，皆未尝身历其地，即赵汝适《诸蕃志》之类，亦多得于市舶之口传。大渊此书，则亲历而手记之，究非空谈无征者比。"马欢在《瀛涯胜览》自序中说："余昔观《岛夷志略》，载天时气候之别，地理人物之异，慨然叹曰：'普天下何若是之不同耶！'……余以通译番书，亦被使末，随其所至，鲸波浩渺，不知其几千万里，历涉诸邦，其天时、气候、地理、人物，目击而身履之，然后知《岛夷志略》所著不诬。……于是采摭各国人物之丑美，壤俗之异同，与夫土产之别，疆域之制，编次成帙。"费信所撰《星槎胜览》、巩珍所写《西洋番国志》，许多内容则是从《岛夷志略》抄过来的。

明清时期，闽南人海外交通著作很多。有张燮的《东西洋考》、吴朴的《渡海方程》、陈伦炯的《海国闻见录》、王大海的《海岛逸志》、陈洪照的《吧游纪略》、程日炌的《噶喇吧纪略》和《噶喇吧纪略拾遗》、黄可垂的《吕宋纪略》、潘鼎珪的《安南纪游》、兰鼎元的《论南洋事》、潘荣的《中山八景记》等，这些是研究海上交通史和东南亚等国历史的重要参考资料。

明清时期，闽南人撰写的海外交通著作有以下几个特点：

其一，多数系作者根据亲身经历而撰写。

陈伦炯，字资斋，同安县人，出身宦门，其父陈昴曾随施琅远征澎湖、台湾，并受施琅之命“出入东西洋，招访郑氏（郑成功）有无遁匿遗人”①。陈伦炯“幼为水手”，“其游踪东极日本，西极波斯湾，中国沿海岸线，周历不下数十次”②。加之他“博通群书，尤留心外国夷情土俗及洋面针更港道。尝扈从问及外夷情形，对答了了，与图籍吻合”③。《海国闻见录》就是他根据亲身经历及询诸海外“估客”而写成的。

王大海，字碧卿，号柳谷，龙溪（今龙海）人。幼读诗书，因应试不第，于乾隆四十八年（1783）泛海爪哇，后居三宝垄，赘于华人甲必丹家，“舌耕之暇，采风问俗，举诸番之胜概异状……志之”④。十载归来后撰《海岛逸志》。

程日炌，字逊我，漳浦人，“少丧父母，以家贫多债，思偿父债，当隆冬盛寒，北风迅发，浮海而南，过七洲，经交趾，历柬埔寨、暹罗各港口，至地盘洋……流徙外国，杂佣作度日。……居数年，拮据积累，遂归。……因发愤力学，登乾隆甲子科”⑤。应同乡蔡新询问，在京作《噶喇吧纪略》，归家后复作《噶喇吧纪略拾遗》。

陈洪照（1710～1773），字章成，号寄庐，德化浔中镇人。少年勤奋好学，举岁进士，精通汉唐古文。壮岁随商船赴印度尼西亚，寄居本县华侨黄甲家。他广交华侨各界人士，往咬留吧、万丹、三宝垄“询悉夷邦掌故，凡气候、疆域、人物、风俗俱熟睹而详记之”。归国后著《吧游纪略》。⑥

黄可垂，字章夫，号毅轩，漳州壶屿人。年 15 岁“佐其伯祖远客汶来，历往暹罗、苏禄、吕宋，继复客台湾者数载，居厦岛者又数载。凡海外诸胜地，靡不毕览”，“其阅历者既久，其留心于记载者亦广”⑦，因作《吕宋纪略》。

潘鼎珪，字子登，晋江人。他“天才明敏，下笔千言”，著诗文 20 余卷。康熙二十七年（1689）冬，他因事到广东高凉（今广东阳江），海舟遇风飘至越南万宁州江平港。从江平买“土舟”，抵华封，后到轩内、都城等地。归国后，“谨因昔所阅历，稽其舆图，参以闻见，详为诠次”，著《安南纪游》，记其山川、风土之大略。⑧

吴朴，字子华，一字华甫，诏安人。博学多才，对天文地理、古今事变，无不涉心。嘉靖年间随林希元远征安南，机宜多出其谋，然有功无酬，反因故下狱，遂潜

---

① 陈伦炯：《海国闻见录·原序》。

② 梁启超：《中国近三百年学术史》。

③ 民国《同安县志》卷三十，《人物录》。

④ 王大海：《海岛逸志》刘希程序，香港学津书店，1992 年。

⑤ 《漳州府志》卷四十九，《程日炌传》。

⑥ 陈佳荣：《陈洪照〈吧游纪略〉——清初记述爪哇的另一要籍》，《海交史研究》1994 年第 2 期。

⑦ 《吕宋纪略·王大海跋》，见《海岛逸志》。

⑧ 道光《晋江县志》卷五十六，《明文苑·潘鼎珪传》。

心著书立说，他汇集明民间水路簿，加以整理综合，编纂而成《渡海方程》。吴朴虽不是海商，但他积极主张开放海禁。

张燮（1574～1640），字绍和，又字理阳，号汰沃，又号石户农、石户主人、海滨逸史、蜚遁老人，龙溪（今龙海）石码人。张燮出身于士大夫世家，自幼聪敏，长则博览群书，21岁中举，他看到父亲“以不善事长官论罢士”，30岁就退隐故乡，以“遍游吴越三楚”和著述为乐。他广泛采录政府的邸报、档案文件，参考了前人和当代人的许多笔记和著作，并采访船户、水手和商人的实地见闻，写成《东西洋考》。

潘荣（1418～1496），字尊用，龙溪（今龙海市）人，明天顺七年（1463）以吏科给事中为正使册封琉球。在琉球期间，应琉球大夫程均、文达的邀请，到八景地览胜，作《中山八景记》抒发情怀，又多处借景物比喻、揭示琉球社会的历史风貌。

其二，闽南人撰写的海外交通著作都有明确的目的，有的为宣扬统治者的功德，有的是作为通商指南，有的是有感于前人著作之不足或应朋友的询问而作。

陈伦炯撰写《海国闻见录》的目的，一是记载清圣祖及作者先辈的教诲，二是使担任海疆职务的人知道“防御搜捕之扼塞”，三是使经商的人知道“备风潮，警寇掠”，宣扬清朝统治者“保民恤商之德”①。

王大海有感于程日炌《噶喇吧纪略》“志其方土颇详，而人情未尽也”，因而“谨录所见所闻，及其方土人情……与夫一言一行之可传者，悉表而出之，以为正人心、扶世道之小补乎！”②

乾隆五年（1740）10月9日，荷兰殖民主义者在印度尼西亚吧达维亚（今雅加达）大规模屠杀华侨，有1.6万华侨惨遭杀害，600多处华侨住宅被烧毁，死难华侨的鲜血把吧达维亚的溪流都染红了，故此事件被称为红溪事件。清政府视华侨为“自弃化外”，惨遭杀害系“孽由自作”，置之不问。但华侨没有屈服，他们拿起武器同印度尼西亚人民联合起来进行抗荷战争，迫使荷兰东印度公司改变对华侨的某些政策。红溪事件后，闽大吏上其事请禁南洋商贩，以困荷兰。内阁学士方苞，以蔡新留心经济，致书询问。蔡新向曾亲历吧境的同乡程日炌询问，于是程日炌著《噶喇吧纪略》以献。③

明代万历年间（1573～1620），漳州的对外贸易十分发达，海澄知县陶铭和漳州府督饷别驾王起宗，先后延请张燮编写一部综述漳州与东西洋各国贸易情况的通商指南。后张燮编写了《东西洋考》。

其三，闽南人撰写的海外交通著作，具有较高的参考价值，学术界给予了很

① 梁启超：《中国近三百年学术史》。

② 《海岛逸志·王大海自序》。

③ 陈育崧：《〈噶喇吧纪略〉著者考》，《海岛逸志》第193页。

高的评价。

梁启超将陈伦炯与徐霞客、梁质人誉为“探险的实测地理学者”，认为徐霞客为西南探险家，梁质人为西北探险家，陈伦炯为航海探险家。①

陈伦炯的《海国闻见录》全书分上、下两卷。上卷包括《天下沿海形势录》、《东洋记》、《东南洋记》、《南洋记》、《小西洋记》、《大西洋记》、《昆仑记》、《南澳气记》；下卷包括《四海总图》、《沿海全图》、《台湾图》、《台湾后山图》、《澎湖图》、《琼州图》。它是一部综合性的海岸地理和世界地理著作。《四库全书总目》对它的评价是：“凡山川之扼塞，道里之远近，沙礁岛屿之夷险，风云气候之测验，以及外番民风物产，一一备书，虽卷帙无多，然积父子两世之阅历，参稽考验，言必有证。视剿传闻而述新奇，据故籍而谈形势者，其事固区以别矣。”

《海国闻见录》中的《天下沿海形势录》系统地概括了我国北起渤海湾南达北部湾，包括台湾、海南两大岛屿在内长达32000多公里的海岸线的海岸地貌、水文、航运、海防以及丰富的经济、民族、民俗等人文地理现象，内容翔实可靠，为今天世界地理研究和教学提供了有价值的参考资料。

《东洋记》叙述了日本、朝鲜和琉球等国的海道、人物、风土、政治制度和自然概况。《东南洋记》、《南洋记》叙述了我国台湾岛以及菲律宾、摩鹿加群岛、西里伯岛的海道、物产、政治、宗教、风俗、侨情等，还记载了18世纪我国与西方国家航海技术发展情形。《小西洋记》、《大西洋记》介绍了南亚、中亚、西亚、非洲以及欧洲各国地理大势、民族分布等。《昆仑记》、《南澳气记》内容过于简略，但在《南澳气记》的记述中，证明了“千里石塘，万里长沙”是我国神圣的领土。②

《海国闻见录》的问世为我国人民了解世界各国地理面貌，对东、西方思想、经济和文化的交流起到了促进作用，在我国地理学发展史上也起了很大作用。

自鸦片战争以后，我国有关世界地理的著作，如魏源著《海国图志》中之《筹海篇》、蔡方炳著《广治平略》中之《海防篇》等，大都是在《海国闻见录》的基础上撰写的。徐继畬《瀛环志略》中的日本部分就是在《东洋记》的基础上写成的。

《海国闻见录》1828年被德国汉学家克拉普洛特(Klaproth)译成法文，在巴黎出版。

周学恭对《海岛逸志》的评价是“足补志乘所未备，与《西域录》互相发明”。著名的中外关系史专家姚楠认为“惟王大海旅居爪哇多年，其记述的全面性、系统性与真实性，相对来说，应该较其他各书更胜一筹”③。

1849年英国人麦都思将《海岛逸志》译成英文。他认为“本书作者与其多数同胞一样，是一位富有学问和观察力的人”，“书中对于欧洲人的习俗，所作奇特

---

① 梁启超：《中国近三百年学术史》。

② 陈代光：《陈伦炯与〈海国闻见录〉》，《地理研究》1985年第4期。

③ 《海岛逸志》周学恭序、校注者序。

的叙述,也许会使西方读者感到有趣,可以说明中国人对外国的想法”。

张燮的《东西洋考》共12卷,记载了海外诸国主要是东南亚各国的沿革、事迹、形势、物产和交易等情况,特别是西方殖民者掠夺和奴役东南亚人民的历史。这是我国与西方殖民者在海外接触的最早资料之一,是中外关系史的重要资料。

《东西洋考》保存了大量明代后期漳州地区对外贸易和商品经济发展的资料。其中《饷税考》篇中具体记述当时出入漳州月港的船舶、货物的种类以及税务机构、税务标准和督饷职官等。《税珰考》篇中记述了福建税监宦官高寀无恶不作、横征暴敛、鱼肉商民的罪行和福建地方官发起驱高运动并取得胜利的经过,这反映了明代后期东南沿海地区资本主义的萌芽。

《东西洋考》中的《舟师考》对有关航海技术和地理知识,如航程、航路、针路、水深、气象、潮汐等都有详细的记载。这是作者根据沿海舟师们多年航海的实践经验写成的,是我国劳动人民航海经验的总结,对研究航海史、海上交通有重要的参考价值。

《东西洋考》中详细记载了台湾的地理环境、人民生活、经济状况、风俗习惯等,这是关于台湾高山族的较详细的资料。

《东西洋考》的发表,引起了西方学者的注意,1877年荷兰汉学家W. P. Groenereld(1841~1915)发表了他汇编的《中文资料关于马来群岛及马六甲的记载》,对《东西洋考》部分内容做了翻译和介绍。

吴朴的《渡海方程》刻印于明嘉靖十六年(1537),是我国第一部刻印的水路簿。它是根据15世纪上半叶多次远航的民间商船水路簿编纂成书的,对当时和后代海上交通起着提供借鉴的作用。记载的范围南由刘家港往西洋直至忽鲁谟斯,北由刘家港直至朵颜三卫鸭绿江尽处。

德化人陈洪照著《吧游纪略》后,乾隆二十五至二十八年(1760~1763)德化教谕邵武人朱仕玠编修《小琉球漫志》“多宗其说”。从《小琉球漫志》所引数段,可见《吧游纪略》对研究清初南海交通史、华侨史和印度尼西亚史有一定参考价值。

明清时期,闽南人的海外交通著作也存在一些问题:

《东西洋考》的作者张燮从未到过海外,书中的记载因而出现张冠李戴和失实之处。如把渤泥(在今加里曼丹岛北部)误与大泥(今泰国马来半岛中部)北大年一带相混,把大食国资料置于哑齐条中等。

《东西洋考》仅从漳州一地来看海外贸易和海外诸国,不够全面。明代市舶司设于宁波、泉州、广州三地,书中对泉州、广州两地的外贸情况,无一语涉及;马来半岛以西的地方,亦付阙如。且《东西洋考》是在地方官主持下编修的,带有官方的色彩,对当时的官员有溢美之辞,又盲目颂扬明王朝的闭塞保守,夜郎自大，对海外一些国家、地区人民的习俗有歪曲和丑化之处。①

由于受当时地理知识的限制，《渡海方程》中把从太仓刘家港至朵颜三卫鸭绿江尽处的路程长短，说成与从刘家港至忽鲁谟斯的路程长短一样，同是四万余里。又承袭元朝人的错误说法，称忽鲁谟斯在云南之外。②

《海岛逸志》存在的问题，则正如姚楠教授所指出："由于种种主客观原因，书中错误疏漏，甚至牵强附会之处，也屡见不鲜。"

（作者单位：福建省泉州市海外交通史博物馆）

① 张燮：《东西洋考》，谢方：《前言》，中华书局，1981 年。

② 田汝康：《〈渡海方程〉——中国第一本刻印的水路簿》，见《中国帆船贸易对外关系史论集》，浙江人民出版社，1987 年。

中华文化传统与企业家的人格形象

◇蒙培元

现代企业需要一种文化理念,现代企业家需要一种人生追求。这二者虽不是一回事,但是有密切关系。一个有成就的企业家,不仅具有很高的科技素养和管理能力,而且有很好的人格形象,因而受到社会的尊敬。

无论是建设企业文化,还是树立企业家的人格形象,都不能离开自身的文化背景。中华民族有深厚的文化传统,应当从中吸收有价值的精神资源。但不是从表层或负面接受它,而是站在时代的高度,从深层底蕴理解和继承其精神生命,这样就能开拓企业发展的新境界,实现人生的理想,得到人生的乐趣。

在中国哲学看来,人有怎样的境界,就有怎样的形象,境界不同,形象就不同。境界似乎是无形的,但又是有形的,是在日常行为和工作中表现出来的。它能产生巨大的精神力量,制定人生的计划,推动事业的发展。我国当代哲学家冯友兰先生说过,人有四种境界:一是自然境界,这种人和动物差不多,没有自觉;二是功利境界,有了自觉,但一切为个人功利打算,目光短浅;三是道德境界,有自觉的道德意识并能自觉地按道德原则行事;四是“同天”境界,也是最高境界。“同天”就是与宇宙自然界(即“大全”)同　,超越了各种界限,甚至有超越道德的意义。这样的人就是宇宙的人,不只是社会的人。能“同天”就能“乐天”,这是人生最大的快乐。①

境界就是对整个宇宙人生意义的理解,它不是纯粹知识性的认识,如同生物学对生命的认识,医学对生理疾病的认识。它是对人生价值的自我体验和认识。有人说,人生价值是没有的,是哲学家们编造出来的。这话是不对的。人活着,如果没有价值诉求,那就和动物一样,只是比动物更聪明、更狡猾罢了。但是境界不同,人生的价值和意义也就不同。境界高的人,站得高,看得远,拿得起,放得下,能获得更多自由,有一种人格魅力,能得到别人的尊重和信任,能享受到快乐。这是一种无形的资源。

中国哲学就是提高人的精神境界的,也是塑造人格形象的。它要解决人生

---

① 冯友兰:《新原人》,见《三松堂全集》第4卷,河南人民出版社,2000年。

价值、人的自由、人格尊严和终极关怀这类重大问题，也要解决人在自然界的地位的问题。这也是中西哲学共同关心的问题，但是解决的方式不完全相同。西方启蒙哲学主张个人自由、个人权利、个人的独立性与创造性，社会是由个人组成的，个人具有优先性。现代自由主义就是代表。不仅如此，人还是宇宙的中心，人能够主宰自然界。中国哲学被认为是提倡群体精神，人是群体中的一员，群体大于个体之和。这与当前西方兴起的旨在批评自由主义的社群主义有些接近。但是，在更深层次，中国哲学也重视个体，重视个人的德性主体，道德尊严和情感、意志自由。人不仅是家庭、社会中的一员，而且直接与天（自然界）相通。西方哲学将人看做原子式的个人即实体，认为每个人都有独立的“自我意识”；中国哲学则是从宇宙生命的意义上重视个人的，认为每个人都有天赋的德性，因而有自身的价值。西方有“天赋人权说”，个人权利不可剥夺；中国有“天赋德性说”，人是“顶天立地”的。中国的哲人说：“上是天，下是地，人在中间，要堂堂正正做个人。”①上无愧于天，下无愧于地，亦即无愧于自己的良知、良心，这就是个人的尊严。个人尊严不可辱。孔子说：“三军可夺帅也，匹夫不可夺志也。”②孟子说：“志士不忘在沟壑。”③这些话就是指个人尊严而言的。

所谓德性，只是内在的潜能，要实现出来，完全靠个人的修养和实践。企业家的人格形象也是在自我修养中形成的。这种修养建立在自尊和对自我价值的体认之上，同时又有一种自我担当和自信，能够得到他人和社会的信任和尊重。这既是一种权利，又是一种义务，二者是互相包含的。说它是权利，是因为德性是我所具有的，由此表明我的价值，任何人不能强迫我做不仁不义之事；说它是义务，是因为德性只有实现出来，才有现实性，因此就成为对他人、对一切生命应尽的义务。这是一种善的行为，与法律上的义务不同。比如纳税人必须纳税，这是法律上的义务；而人道主义行为则是道德上的义务，完全是自觉自愿的。道德和法律应当是一致的，但人格形象主要是建立在道德（德性）之上的。

企业家既要发挥个人的内在潜能，掌握现代科技手段，“实现自我”，又要关心、爱护和尊重他人及一切生命，“超越自我”。自尊和尊重他人是相互联系的。现代企业内部建立了“契约”关系，这当然是现代管理的重要原则，必须实行；但同时又很需要相互尊重和信任的伦理关系，这是企业发展的重要动力。美国有些企业为了提高效率实行监视制度，用先进的电子装置对准工人的操作。工人感到自己不受信任，工作积极性反而降低了，表面看起来很快，实际上不顾质量。事实证明，这种方法是不成功的。安然公司破产案，震动了美国政界和企业界，也暴露了该公司内部的问题，其中之一是，只重视金钱，不尊重人。老板和员工

---

① 陆九渊：《象山全集》卷三十五。

② 《论语·子罕》。

③ 《孟子·滕文公下》。

之间不能只是冷冰冰的雇佣关系和金钱关系,当然更不是无原则的私人关系。"契约"和伦理道德是相互补充的,权利和义务应当是统一的。人越是受到尊重和信任,就越有自觉性、创造性。在企业外部的竞争中,特别是国际竞争中,自尊、尊重和自信、信任同样是非常重要的。既要遵守共同的国际准则,又要靠人格力量获得信任。在竞争的同时,还需要各种各样的合作,在全球化的过程中,这种合作会越来越多,而不是越来越少。无论在竞争中,还是在相互合作与协作中,人格形象作为无形资源起着至关重要的作用。《周易》中说:"形而上者谓之道,形而下者谓之器。"道是无形的,看不见的,但道就在器中,有怎样的道,便有怎样的器。这个"道",主要不是指各种器物(物质产品)的技术原理,而是指价值理性或目的理性,通过德性主体的行为而体现在计划、生产、管理、营销等等行为中,使产品更加人性化,使交往更加有信誉,从而得到社会的尊敬和爱戴。

人们经常谈论的一个话题是,有没有儒家资本主义模式?如果有的话,它是什么?通常认为"家族企业"是一个重要特征,这同时也就意味着家长制管理和绝对服从的关系。这种现象确实是存在的。我们当然不能继承这样的模式,而应代之以现代的平等的关系、科学的管理。但这并不是儒家文化的根本精神和理想境界。从深层次来看,儒家更重视人的素质和德性,重视人的内在精神。这一点正可以运用到现代企业中而与之结合。按照这个理解,人既不是"经济动物",但并不反对经济发展;人也不是单纯的"理性动物",但是决不拒绝理性。

从哲学与文化上说,儒家更重视人的情感,人可说是"情感动物"。但人的情感是非常复杂而又多种多样的,下至纯粹个人的私情,上至终极性的宗教情感,都是儒家所关注的。但儒家所提倡的是具有普遍意义的人类情感,人应当过一种道德生活与艺术生活,这样的人生才是充实的;在生活层面上,则是有人情味的。有人说,西方人重理性,不讲情面;中国人讲情面,不讲理性。在现实中这种情况确实很普遍、很严重,现在到处都是靠人情、靠关系才能办事,可说是"私情泛滥",连外国投资者都感到头痛。但是,认真分析之后就会发现,这种现象的背后是金钱和欲望促动的,为了金钱可以不认父母,这绝不是儒家文化造成的,不能把当前的腐败统统归罪于儒家文化。从某种意义上说,当前的腐败现象正是儒家文化被扭曲的结果。

事实上,儒家提倡的是符合正义原则的道德情感。倒是在私人情感方面,儒家缺乏必要的分析和应有的界限,因而在现实中容易出现无序状态。孔子说过:"唯仁者能好人,能恶人。"①好恶之心人人有之,但儒家强调好其应当好,恶其应当恶,即"好善而恶恶"。善恶是有客观标准的。人需要满足情感需要,但必须合理,这就叫"合情合理",古人称之为"人情天理"或"天理人情",情和理本来是统一的。

---

① 《论语·里仁》。

“情理”是有情感内容的，不是抽象的；是有价值意义的，不是价值中立的。这同西方人提倡的理性确实不同。西方的理性是纯粹形式的、逻辑推理的、数学运算的，与情感分离甚至对立的。目前，我们很需要吸收西方式的理性，但是，不能因此丢掉自己的好的传统，即“情理”。这是人类理性的重要部分，其特点是不仅能够满足情感上的需要，使人不至于变成理性的工具，而且能使人“心安而理得”，得到精神上的快乐。人生做事能不能“心安”，这是良知的问题，也是自尊的问题，包含着自我道德判断。“心安”就能无愧，最终得到人们的尊重，享受到精神愉快；“不安”就会有愧，最终受到谴责，首先是良心的谴责，其次是社会的谴责，既无自尊，也失去信任，心中便无快乐可言。

中国的企业现在还很少生产出世界级的品牌，很多产品是模仿外国的，这很不利于国际竞争。但是，在很多非科技领域，几乎没有一种产品是中国人不能生产的，可是所挣的钱却比商标所有者少得多。这是什么原因？有位日本企业家说，在中国存在着“对于模仿没有负罪感的文化”①。这是值得深思的。中国文化虽然没有“原罪意识”，但是有良知，有天理，违背良知和天理就使自尊受到伤害，也是有罪恶感的。但是，这些文化传统没有很好地继承下来，“文化大革命”值得反思的地方很多，这是其中最重要的一个方面。中国加入 WTO 后，知识产权的问题更加突出了。中国人本来是很有自尊的，如果能够认同自己的文化，恢复我们的自尊，我相信未来一定能够创造出世界品牌。现在有些企业如海尔，就正在向这个方向努力。

西方的理性精神发展出现代科学技术（工具理性）和法治社会，在企业管理中讲效率、讲规则、讲程序、讲计算等等，这都是非常重要的，需要认真学习和运用。但是，仅有工具理性是不行的，还需要解决人本身的问题，包括人的素质问题。对领导者来说，就更是如此。素质既包括科学素质，又包括人文素质，特别是人生价值的问题。而价值在很大程度上是由情感——道德情感、审美情感等等决定的，不单是由科学方法或认识决定的。这正是中国传统文化的优势，为什么不能发扬呢？

人格形象来自修养，修养来自个人德性，德性有许多方面的内容，其核心则是仁。仁的本质是尊重和爱，包括自尊。仁的实现则表现在许多方面。其中一个重要方面是要同情、尊重和爱护一切生命甚至山川大地，保护资源，减少污染，实现人与自然界的和谐相处。自然界是人类的家园，只有回到精神家园，才能享受到真正的快乐。

这也是一种深层次的生态哲学，运用到现代，能使我们走上可持续发展的道路，也能解决人生的“安身立命”的问题。人是自然界的一部分，要回报大自然，回到大自然。但是现在人类对自然界的破坏太严重了，已威胁到人类的生存。

---

① 转引自 2002 年 1 月 23 日《参考消息》。

当代著名的科学家霍金对人类的前途很担忧,也很悲观,他提出人类的未来只能是到外星去。这实际上是对人类的警告。我们应当解决人类自身造成的问题。有远见的企业家和政治家已经意识到这一点,并且开始发展生态企业。这是人类未来的惟一出路。我们每天都在制造垃圾,消耗有限的资源,人类生存的环境越来越恶化。全球化是不可避免的,但是能不能发展生态企业可能是未来竞争能否成功的关键,因为人类已经意识到问题的严重性了。

那么,儒家文化作为前工业文化,是不是阻碍市场经济的发展,与人类的物质利益格格不入?只要深刻领会其精神,并不能得出这样的结论。孔子就是主张"求富"的,不仅老百姓要"富",他本人也想"富"。如能致富,为"执鞭之士"①他也愿意,但有一个前提,要合于"义"。这就是所谓"义利之辩"。"义"就是现代人所说的正义、公正。我们在致富的过程中,很需要正义,否则就没有公平的竞争。

孔子有一个学生叫子贡,是有名的"巨商",与陶朱公(商人之祖)齐名。他"富比诸侯",与诸侯"分庭抗礼"②,但他为什么向孔子学习呢?他当然不是向孔子学习经商,而是信仰孔子之道,实践孔子之仁,学习如何做人。春秋时期,商业发达,竞争激烈,各国之间自由开放,子贡就是在这种背景下经商的。他是一位自由商人,不是后来的官商,但在卫国做过官。有一次,卫国发生内乱,按规定,内乱时期他是不能离开卫国的,但他不愿受其约束,跑到鲁国经商去了。③他一生除了资助他的老师,还做了许多惊天动地的事,比如用重金赎过奴隶(法律规定,他可以到国库领取赎金,但这意味着被解放的奴隶又变成了奴隶,因此他不去领)。他到处议论政治、批评诸侯,对社会做出了重大贡献,有崇高的信仰,因而受到广泛爱戴和尊敬。"儒商"是后来出现的,但后来的儒商都以子贡为榜样。现代如果有儒商,当然要和现代科技、管理相结合,但德性的本质是不能改变的。

《尚书》和《周易》提出"正德、利用、厚生"④和"盛德大业"、"崇德广业"⑤的主张,对今天的企业家很有启示。追求事业成功,造福于人民,有成就感,这是很好的愿望,但是,人不只是赚钱的工具,他还有自己的人生理念。培养德性,提高精神境界,实现人与天地自然的和谐,享受到人生的真正乐趣。这就是最高的人生理念。

(作者单位:中国社会科学院哲学研究所)

① 《论语·述而》。

② 《史记·货殖列传》。

③ 《盐铁论·殊路》。

④ 《尚书·大禹谟》。

⑤ 《周易·系辞》。

“马克思主义与中华传统文化相结合”刍议

◇钱 逊

近代以来,特别是中华人民共和国建立以来,如何认识和处理马克思主义与中国传统文化的关系,一直是中国文化发展中的重要问题。在这个问题上,长期存在着一种颇有代表性的观点,认为马克思主义与中国传统文化“是两个对立的体系,而不是可以调和的体系,或者并行不悖的体系”①。人们从这个认识引出了不同的结论,有人据此反对马克思主义,说要继承、发扬中华文化传统,就必须抛弃马克思主义;有人则据此认为继承、发扬传统文化就会背离马克思主义,要坚持马克思主义就必须批判、否定传统文化。他们立场不同,对马克思主义和中国传统文化的态度不同,甚至根本对立,而他们立论的依据却是一个——认为马克思主义与中国传统文化是根本对立,不可并存的;他们解决问题的思维模式也是一样的——一方吃掉另一方。马克思主义与中国传统文化果然是水火不相容,不可并存吗?回答这个问题,涉及许多方面,需要认真做一番分析和思考。

马克思主义对待传统文化的态度

首先,马克思主义如何对待传统文化?马克思主义的经典作家在批判资本主义,创建社会主义先进新文化的同时,曾反复说明,文化发展有其继承性,社会主义新文化只有在利用前人已有文化的基础上才能产生。马克思、恩格斯多次讲到,任何一种思想观念,都必须在利用前人已有的思想资料的基础上才能发展。在讲到马克思主义的产生时,恩格斯说:“现代社会主义,就其内容来说,首先是对统治于现代社会中的有产者和无产者之间,资本家与雇佣工人之间的阶级对立和统治于生产中的无政府状态这两个方面进行考察的结果。但是,就其理论形式来说,它起初表现为18世纪法国伟大启蒙学者所提出的各种原则的进一步的、似乎更彻底的发展。和任何新的学说一样,它必须首先从已有的思想资料出发,虽然它的根源深藏在经济事实中。”②列宁则直接讲到社会主义文化建

---

① 见1990年12月26日《文汇报》。

② 恩格斯:《反杜林论·引论》,《马克思恩格斯选集》第3卷,第52页,人民出版社,1972年。

设，他说："只有确切地了解人类全部发展过程创造的文化，只有对这种文化加以改造，才能建设无产阶级的文化。……无产阶级文化应当是人类在资本主义社会、地主社会和官僚社会压迫下创造出来的全部知识合乎规律的发展。"①

在中国，毛泽东在1938年，即抗日战争初期，也强调了学习和继承历史文化遗产的重要。他说："我们这个民族有数千年的历史，有它的特点，有它的许多珍贵品。对于这些，我们还是小学生。今天的中国是历史的中国的一个发展；我们是马克思主义的历史主义者，我们不应当割断历史。从孔夫子到孙中山，我们应当给以总结，承继这一份珍贵的遗产。"②1940年，在《新民主主义论》中，他又说："中国的长期封建社会中，创造了灿烂的古代文化。清理古代文化的发展过程，剔除其封建性的糟粕，吸收其民主性的精华，是发展民族新文化提高民族自信心的必要条件；但是决不能无批判地兼收并蓄。……中国现时的新文化也是从古代的旧文化发展而来，因此，我们必须尊重自己的历史，决不能割断历史。但是这种尊重，是给历史以一定的科学的地位，是尊重历史的辩证法的发展，而不是颂古非今，不是赞扬任何封建的毒素。"这也就是我们现在常说的"批判继承"，"取其精华，去其糟粕"的思想。1951年，他又明确提出了对旧文化"推陈出新"的要求。可惜，毛泽东的这些思想，后来没有得到很好的贯彻执行，"文革"十年更是背道而驰，把历史视作一个巨大的垃圾堆，对传统文化全盘否定，彻底打倒；原本正确的思想被遗忘或抛弃，既扭曲了党的政策方针，干扰了国内的文化建设，也破坏了党和国家在海外的形象。

在经过了拨乱反正、改革开放之后，1997年党的十五大突出提出社会主义新文化建设的问题。并且明确指出，社会主义文化是"渊源于中华民族五千年文明史，又植根于有中国特色社会主义的实践，具有鲜明的时代特点"。这一论断与马克思、恩格斯、列宁和毛泽东的思想一脉相承，指明了传统文化与社会主义文化建设的关系。

传统文化的二重性

有人认为马克思主义与中国传统文化根本对立，不可并存，一个重要理由是说传统文化是唯心主义的，是为封建统治阶级服务的。传统文化产生、发展于古代社会，不可避免有其时代的局限。但重要的是，要看到传统文化与世间一切事物一样，也是有二重性的。马克思在论及资本主义大生产的管理时说："资本主义的管理就其内容来说是二重性的，——因为它所管理的生产过程本身具有二

---

① 列宁：《青年团的任务》，《列宁全集》第39卷，第299页，人民出版社，1986年。

② 毛泽东：《中国共产党在民族战争中的地位》，《毛泽东全集》一卷本，第499页，人民出版社，1964年。

重性:一方面是制造产品的社会劳动过程,另一方面是资本价值增值过程。"①作为社会化大生产所需要的管理制度和方法,它具有普遍性,适用于不同的生产方式;不论在什么社会制度下,只要是社会化大生产,就都需要这样做。但在资本家手里,它又成为资本家获取最大限度利润的手段,这是它在资本主义制度下的特殊性。它既是资本主义的,又是普遍适用于一切社会化大生产的,这就是它的二重性。资本主义榨取最大利润的这一面,是我们要否定的;而作为大生产的管理制度和方法,则是我们要学习和借鉴的。

对于黑格尔的辩证法,马克思恩格斯也指出了它的二重性。马克思说:"我们的辩证法,从根本上来说,不仅和黑格尔的辩证法不同,而且和它截然相反。""辩证法在黑格尔手中神秘化了,但这决不妨碍他第一个全面地有意识地叙述了辩证法的一般运动形式。"②黑格尔的哲学是唯心主义的,它把辩证法神秘化了,在这一点上,它与马克思主义截然相反,是"完全不适用的";但它对辩证法规律的阐明,"却是一切现有逻辑材料中至少可以加以利用的惟一材料"③。恩格斯说,如果不是先有德国哲学,特别是黑格尔哲学,那么科学社会主义"就决不可能创立"④。

对于中国的传统文化,也应做这样的分析。我国古代传统文化产生、发展于古代等级制社会,其具体的形态和内容,不能不带有时代性;从总体上说是为等级制社会服务的。但作为民族的文化,它是我们先人经验和智慧的结晶,有着普遍性的品格。拿我们民族的爱国传统来说,在我们民族数千年的历史中,苏武、岳飞、文天祥、林则徐……无数义士的英雄事迹,构成了一幅幅壮丽的画卷。他们身处不同时期,其具体活动内容都带有各自所处时代的特殊性,总的来说都是服务于当时的王朝;曾经有人据此而认为应该加以否定,不值得继承。这是只见其一,不见其二,没有看到在特殊性之中包含了普遍性。在所有这些不同的具体表现之中,贯穿着一个共同的思想和追求,这就是"人生自古谁无死,留取丹心照汗青","先天下之忧而忧,后天下之乐而乐","天下兴亡,匹夫有责"和为国家、民族"杀身成仁""舍生取义"的精神。正是这种精神,才是我们民族爱国传统的核心和实质。

这个普遍性与特殊性的关系不仅表现于古代与现代之间,在同处一个社会

---

① 马克思:《〈资本论〉第二版跋》,《马克思恩格斯全集》第23卷,第368~369页,人民出版社,1972年。

② 马克思:《〈资本论〉第二版跋》,《马克思恩格斯全集》第23卷,第24页,人民出版社,1972年。

③ 恩格斯:《卡尔·马克思〈政治经济学批判〉》,《马克思恩格斯全集》第13卷,第530~531页,人民出版社,1962年。

④ 恩格斯:《〈德国农民战争〉一八七〇年版序言的补充》,《马克思恩格斯全集》第18卷,第565页,人民出版社,1964年。

的不同人群之间也有其表现。列宁曾经说过:"每一个现代民族中,都有两个民族。每一种民族文化中,都有两种民族文化。"①这是说的民族文化的阶级性,不同阶级有自己不同的文化。我们的传统文化也不例外。从古代到近代,我们都可以看到统治者和被统治者的两种文化。《水浒传》中智取生辰纲一节,官府与梁山好汉对此事有着根本对立的态度,一方认为是大逆不道,另一方则认为是替天行道,表现出对立的两种文化。但这两种文化并不是截然分离、互不相干的;在他们双方的不同中又有同,他们所依据的道德原则是同一个:不取不义之财;而他们对何谓义与不义的理解又截然不同,根本对立,所以同又表现为不同。作为民族的特征之一的民族文化,是在民族的共同生活中所形成,是一个整体。它的一些基本思想、精神和思维方式、道德要求,总是为各个不同阶层、不同阶级的人们所共同接受、遵守和提倡,如果不是这样,它就不成其为民族的文化了。而由于人们的社会地位不同,人们对它又总是有不同的理解,从而赋予它不同的具体内容;共同的民族精神,通过不同阶层、不同阶级人们的不同理解而表现为不同的内容。正是这样,因为利益的对抗,统一的民族文化就分裂为两种文化。所以,两种文化、两种传统既对立,又相通,是同一民族文化的不同表现。传统文化既是分裂的,又是统一的;民族文化传统也就是共同的文化精神与不同的具体思想、道德要求的统一。

总之,传统文化的二重性,这是我们对传统文化进行批判继承的基本理论出发点。毛泽东在《矛盾论》中说:"由于特殊的事物是和普遍的事物联结的,由于每一个事物内部不但包含了矛盾的特殊性,而且包含了矛盾的普遍性,普遍性即存在于特殊性之中,所以,当我们研究一定事物的时候,就应当去发现这两方面及其互相联结,发现一事物内部的特殊性和普遍性的两方面及其互相联结,发现一事物和它以外的许多事物的互相联结。"他特别强调,这"是关于事物矛盾的问题的精髓,不懂得它,就等于抛弃了辩证法"。我们在对待传统文化的问题上长期存在的全盘肯定和全盘否定非此即彼的两种主张的争论,究其认识上的根源,就在于没有认识这个普遍性与特殊性及其互相联结的道理,没有认识和研究传统文化的二重性。

从对传统文化二重性的认识出发,就可以懂得,马克思主义与传统文化的关系也是二重性的,既有对立的一面,也有相容相通的一面。对待传统文化不应全盘否定,也不应全盘肯定,而应该是抛弃其带有时代特殊性的成分,继承、发扬其普遍性的、有益的优秀成分。传统文化中的普遍性的和特殊性的这两个方面,不是传统文化的两个部分,而是互相联结的两种性质。普遍性的内容总是与时代性的要求联系在一起,存在于时代性的形态之中,通过其时代性的具体内容而表

---

① 列宁:《关于民族问题的批评意见》,《列宁全集》第24卷,第134页,人民出版社,1990年。

现。所以,去其糟粕取其精华不是简单地挑拣分类,而是要对传统进行分析,从其时代性的具体形态中,剥离出其具有普遍性的成分,从而抛弃其形式,救出其内容。对传统中普遍性内容的继承也不是简单地拿来就用,还必须立足于现时代的需要,对它做出新的解释,赋予它新的时代内容。这是一个从个别到一般,再从一般到个别,批判、继承、创新、发展相统一的完整的过程。概括为一句话就是推陈出新。只有经过这样的推陈出新的过程,才能使"渊源于中华民族五千年文明史,又植根于有中国特色社会主义的实践,具有鲜明的时代特点"的要求得到落实。

马克思主义与中华传统文化的互补性

以上是从理论上分析应如何对待传统文化和中国传统文化,以下将进一步比较具体地考察马克思主义与中国传统文化二者的关系。

比较马克思主义与中国传统文化,可以看到,二者之间存在着互补性。

首先,拿传统文化的主干儒学来说,儒学与马克思主义是两类不同的思想学说,它们的内容、特质,在总体上就存在着互补性。人类生活面对三方面问题:处理人与自然的关系,认识和改造自然;处理人与社会的关系,认识和改造社会;处理人自身安身立命的问题,认识和改善人生。相应地,人的认识领域也有三个:自然科学、社会科学和关于人生的学问,三者缺一不可。马克思主义是革命的学说。恩格斯说,马克思一生的伟大贡献有两个:第一,"他在整个世界史观上实现了变革",即发现了唯物史观;第二,"彻底弄清了资本和劳动的关系",即发现了剩余价值,发现了"现代资本主义生产方式和它所产生的资产阶级社会的特殊的运动规律"①。这两大发现主要是回答第二方面的问题,是认识和改造社会的学问。儒学的核心则是"做人的道理";虽然儒学也曾为统治者用作统治的工具,但它的根本精神是"以修身为本",是回答第三方面的问题,主要是关于人生的学问。正是在这一点上,二者存在互补性。

事实上,中国共产党在自己的实践中,曾经看到这种互补性,自觉吸取传统文化的精华,以指导实践,发展马克思主义。在党的建设中,中国共产党继承发展传统人生学说,突出强调党员的思想修养。上个世纪的三四十年代,刘少奇作《论共产党员的修养》,强调共产党员的思想修养,提出了关于共产党员修养的理论、要求和方法;毛泽东作《为人民服务》、《纪念白求恩》、《愚公移山》等,传承传统人生价值思想,教育党员和革命群众。这些成果体现着马克思主义与中国传统文化的结合,丰富发展了马克思主义的建党学说,对中国共产党的建设和

---

① 恩格斯:《卡尔·马克思》、《在马克思墓前的讲话》,《马克思恩格斯选集》第3卷,第40、41、574页,人民出版社,1972年。

对党员及革命群众的教育起了极大的作用;几代共产党员和青年都受到教育,在这些著作影响下成长。

中国共产党成为执政党之后,党和党员,特别是党的干部,都面临执政党地位的严峻考验,更需要发扬这一优良传统,加强党的思想建设和党员的思想修养。不仅如此,党成为执政党以后,还担负着领导全社会精神文明建设的重任,为此迫切需要建立有中国特色的马克思主义的人生学说。而这种新的人生学说的建立,只有在吸取中国传统文化精华的基础上才有可能。吸取中国传统文化关于人生学问的精华,建立马克思主义的人生学说,建设中国特色社会主义精神文明,是马克思主义发展的重大课题。

从更广的背景上看,上述马克思主义与中国传统文化在内容、特质上的不同,也反映着中西文化和哲学的重大区别。

西方哲学关注的是世界究竟是什么。恩格斯曾经论及哲学的基本问题,他说:"全部哲学,特别是近代哲学的重大的基本问题,是思维和存在的关系问题。……什么是本原的,是精神,还是自然界?——这个问题以尖锐的形式针对着教会提了出来:世界是神创造的呢?还是从来就有的?"①

中国古代哲学关心的,则不在于世界究竟是什么,而在于人应该如何行动,诸如人应该如何生活,如何管理社会,如何对待社会、他人和自然等等现实的人生问题。中国人关注的中心始终是人,探究对自然的认识也是为了回答人世的问题。荀子的话"错人而思天,则失万物之情"很清楚地反映出这个特点。正因为这样,天与人的关系问题——人事活动与天(外间世界)的关系怎样,天道运行的规律怎样,怎样从对天人关系和天道运行规律的认识中来探索人道——就成为最基本的问题。至于"什么是本原的,是精神,还是自然界?"这一思维与存在谁是第一性的问题,先秦的一些思想家似乎并不认为这是一个问题,因而他们在这个问题上的思想也是模糊不清的,以致现在人们想要确定他们的思想究竟属于唯心论还是唯物论时遇到了极大的困难。

从中西文化和哲学的这种不同,可以看到摆在人类面前有两个问题:一个是思维与存在谁是第一性的世界本原问题,一个是究天人之际的问题。前者源于人类蒙昧时代的愚昧和认识的不足,关注的中心是人的认识与其对象的关系;后者直接从历史和生活经验提出,关注的中心是社会人事与外部世界的关系。这是两个相互不同而又相互关联的问题。这两个问题都是无法回避的。可以说,它们是人类生存在这个世界上,认识世界、改造世界、发展自己必然要面对的两个基本问题;或者说,它们是人类与人之外的世界(或对象)的关系这个总问题的两个部分、两个方面。中国哲学与西方哲学分别突出了其中的一个,由此而形

① 恩格斯:《费尔巴哈与德国古典哲学的终结》,《马克思恩格斯选集》第4卷,第219~220页,人民出版社,1972年。

成中西哲学的不同。如果说西方哲学是爱智之学的话，中国哲学则是证道之学。由此也就带来东西文化的一系列特点。比如西方重科学，讲征服自然，讲"知识就是力量"，中国重道德，讲赞天地之化育，讲修身为本；西方发展了科学，中国发展了人文精神；等等。从中西文化的差异这个角度上看，马克思主义与中国传统文化的互补就有着更为深刻和广泛的意义。

以上所说是马克思主义与中国传统文化在总体上的互补性。就局部的具体的问题来说，不同学说的思想体系不同，在各个问题上的观点也有不同，但他们探讨的问题许多是相同的，具体问题上的思想观点也往往有某种互补性。这种互补性表现为不同的情形，或者是观点相通、相近而表述形式不同，可以互相参照；或是对某个问题的认识各自突出阐发了其某一个方面，可以互补不足；或者两者兼而有之。这一方面，需要对各个问题一个个地作具体的研究分析，这里且举二例。

（1）对立统一

对立统一是宇宙万物发展的基本规律，是马克思主义辩证法的核心内容；中国传统文化中也有丰富的辩证思想，中国哲学中的"两一"问题说的就是对立统一，二者是相通的。同时中国古代辩证法与马克思主义辩证法又有不同。马克思主义辩证法强调"对立的统一是有条件的、一时的、易逝的、相对的。相互排斥的对立面的斗争则是绝对的"①，中国古代辩证法则强调"和实生物"和"致中和"、"仇必和而解"。对立方面的斗争与和谐，是构成事物发展的两个方面；事物的发展总是既有斗争，又有和谐；两个方面各有其地位和作用。马克思主义辩证法和中国古代辩证法各自强调了一个方面。

马克思主义并不否定和谐、统一，但对和谐在事物发展中的地位、作用和意义没有给予足够的注意，恰恰是中国古代辩证法发挥了这一方面；中国古代辩证法也不是否定斗争，但对斗争在事物发展中的地位、作用和意义缺乏足够的重视，有某种忽视斗争的倾向，马克思主义关于斗争绝对性的思想可以克服中国古代辩证法这方面的不足。综合二者之长，可以达到全面的认识。

当代学者张岱年早在20世纪30年代就致力于马克思主义与中国传统哲学的综合创新，对于事物内部对立双方冲突与和谐这两个方面在事物发展中的地位，张岱年肯定辩证唯物论关于矛盾斗争是事物发展的动力和斗争绝对性的思想，对"仇必和而解"和《中庸》所说"万物并育而不相害，道并行而不相悖"提出了不同意见。他说："对立之两方，如一方胜过一方而容纳之，可谓和解；如一方胜过一方而消灭之，则非和解。和解亦暂时的。旧有矛盾和解，新生矛盾又起。

① 列宁：《谈谈辩证法问题》，《列宁全集》第38卷，第408页，人民出版社，1959年。

如是不已。故宇宙变化无穷无息。"[①]《中庸》所说"万物并育而不相害，道并行而不相悖"，"实为不可能的"，"就实际言之，和谐是暂时的，冲突是经常的"[②]。同时他对和谐的意义和作用作了充分的肯定，认为和谐是一切新事物生成的基础。他说：

> 凡物之毁灭，皆由于冲突；凡物之生成，皆由于相对的和谐。
>
> 如无冲突则旧物不灭，而物物归于静止。
>
> 如无和谐则新物不成，而一切止于破碎。
>
> ……
>
> 凡物之继续存在，皆在于其内外之冲突未能胜过其内部的和谐。如一物失其内在的和谐，必由于内部冲突而毁灭。
>
> 乖违为旧物破灭之由，和谐为新物生成之因。事物变化，一乖一和。[③]

他又将"万物并育而不相害，道并行而不相悖"改写为"万物并育，虽相害而不相灭；道并行，虽相悖而亦相成"[④]。在《自述四十岁前为学要旨》中，他把对这个问题的认识概括为"矛盾为变化之源，和谐为存在之基"[⑤]，综合了两种辩证法思想的合理成分，对斗争与和谐的关系问题做出了较全面的回答。

无疑，全面认识斗争与和谐的关系及它们各自在发展中的地位、作用，对于实践有着极重要的意义。

（2）人性论

心性学说是儒学的重要基础，关于对人性的探讨，中国传统文化中有着丰富的思想资料。与马克思主义以前的西方人性学说一样，中国传统文化中各种人性学说都限于对共同人性的探讨，属于抽象的人性论。马克思批判费尔巴哈的抽象人性论，提出人的本质在其现实性上是社会关系的总和的论断，指出阶级社会中人性带有阶级性，是人性理论的重要发展。中国传统文化中各种人性学说与马克思主义人性理论反映了人性问题认识上的不同发展阶段，也反映了人性本身包含了不同层次的事实，反映了人性发展的复杂性。

儒学和中国传统文化没有认识到人的阶级性的问题，是它的局限性。吸取马克思主义人性理论的精华，可以使儒学人性思想更加完善。而儒学对共同人性的探讨，也不乏真理性的成分。对于马克思主义关于人的阶级性的论断，有过片面和绝对化的理解。吸取传统儒学中人性思想的精华，可以纠正这种片面的

---

① 张岱年：《天人五论·天人简论》，《张岱年全集》第3卷，第219页，河北人民出版社，1998年。

② 张岱年：《天人五论·事理论》，《张岱年全集》第3卷，第193～194页。

③ 张岱年：《天人五论·事理论》，《张岱年全集》第3卷，第194页。

④ 张岱年：《真善美的探索》，第383页，齐鲁书社，1988年。

⑤ 张岱年：《自述四十岁前为学要旨》，《真善美的探索》，第383页，齐鲁书社，1988年。

错误理解，对人性问题有全面的认识。

以上二例都说明，在这些问题上正确的选择不是非此即彼，一个吃掉一个，而是取彼之长，补己之短，相互吸取，综合创新。

儒学和传统文化需要吸取马克思主义之长发展自己

中华文化是多种文化在不断相互冲撞、相互吸取和融合的过程中发展起来的。几千年中经过几个阶段几次大的融合，形成了现在的中华民族和中华文化。① 在这个过程中，儒学也不断吸取其他学派的思想发展自己。先秦百家争鸣，儒家即已吸取各家之长；汉代虽独尊儒术，实际却是阳儒阴法，霸王道杂之；宋代道学，称为新儒学，更是在吸取佛道的基础上才有此发展。不断吸取其他文化思想的精华，是儒学不断发展的生命力所在。近代以来，中西文化的相互吸取和融合成为中华文化发展的重要课题，也是儒学发展中的关键问题。百多年来先贤已经对此做过许多探索，其中如张岱年对"将辩证唯物论与逻辑分析方法及中国哲学关于人生理想的优良传统结合起来"，创立新哲学，做了"初步的探索"。② 冯友兰、梁漱溟、贺麟、牟宗三、唐君毅等人，也都以不同的方式探索融合中西、发展儒学的道路。他们的工作构成儒学发展的新阶段，被称为当代新儒学。

融合中西、发展儒学和中华文化的过程，至今并没有完成。而其中一个重要的方面就是儒学与马克思主义的结合。吸取马克思主义的优秀成果以发展儒学，是儒学进一步发展中的重大问题。

马克思主义的根本原理和伟大发现，是发现了唯物史观，在人类思想史上第一次指出，不是人们的社会意识决定人们的社会存在，而是人们的社会存在决定人们的社会意识。一切政治的、道德的和哲学的思想，都应该从它所处的社会经济生活中得到解释。马克思主义以前的各种学说，都只是从人们的思想来解释各种社会现象。中国传统思想，包括儒学在内，也不例外。应该承认，这是传统思想学说的一个弱点。正是由于这一弱点，近代以来儒学的发展中存在着如林毓生所说的"借思想文化来解决问题"的倾向。它表现为夸大思想文化的作用，一方面把近代以来中国的落后和发展中的问题简单地归结为文化问题，归罪于传统文化；一方面又把解决问题的希望寄托于某种思想为当权者和大众所接受和采纳。在思考传统文化和儒学的现代价值的时候，则表现为一种流行的思维模式："传统文化的某某思想，对于当前的某某问题可以有某种作用。"只从思想出发思考问题，对现实问题的研究缺乏关注。

事实上，当代传统文化发展面临的挑战，从根本上说，不是思想上的挑战而

---

① 参见钱穆《中国文化史导论》。

② 张岱年：《张岱年全集》第1卷，《自序》，河北人民出版社，1996年。

是社会发展现实的挑战,最迫切的问题是研究当代社会变迁带来的问题和需要,对传统文化和儒学推陈出新,创造性地发展,以回答当代现实问题,适应时代要求。而“借思想文化来解决问题”的倾向妨碍着儒学的推陈出新和回答当代的现实问题。传统文化和儒学要有真正的发展,必须突破这一思维模式。马克思主义关于社会存在决定社会意识的思想为我们克服这一倾向指出了方向。吸取马克思主义的这一思想,将开辟传统文化和儒学发展的新阶段。

走马克思主义与中华传统文化相结合的道路

综上所述,走马克思主义与中华传统文化相结合的道路,应该成为我们精神文明建设、文化建设的根本指导方针。

早在20世纪30年代,中国共产党就确定了马克思主义的普遍真理与中国革命的具体实践相结合的根本指导方针。革命战争年代,在这一方针指导下,找到了中国革命的道路和三大法宝,赢得了革命的胜利。建设年代提出建设中国特色社会主义,是对这一根本方针的丰富和发展。现在,在文化建设上提出走马克思主义与中国传统文化相结合的道路,也是对这一根本方针的具体运用,它反映了建设中国特色社会主义新文化的要求。

当今世界,各种文化思潮相互激荡,异质文化特别是西方文化对我们的冲击日益增强;国内有所谓“信仰危机”,人们普遍感到缺乏精神支柱;台湾的“台独”势力竭力推行去中国化,千方百计割断台湾与中华文化的联系。在此情况下,我们需要高举马克思主义和中华文化这两面旗帜。作为共产党和共产党领导下的国家,我们要高举马克思主义的旗帜;作为中国共产党和共产党领导下的中国,我们要高举中华文化的旗帜。“马克思主义与中华传统文化相结合”的提法反映了这个要求。

马克思主义与中华传统文化相结合不是单纯的理论问题,也不是现在才提出的,而是早就已在实践的问题。只是由于种种原因这项事业后来中断了,现在需要重新提出来,并且加以强调。如前面所说到的,中国共产党的第一代领导人毛泽东、刘少奇,党外的学者如张岱年,在20世纪30年代,就都在这方面做了很有成效的工作,取得了可喜的成果。他们的工作包含了两个方面:一方面,以马克思主义为指导,对传统文化加以总结,吸取其优秀成果,丰富、发展马克思主义,进一步实现马克思主义的中国化;另一方面,在马克思主义指导下,对传统文化推陈出新,促使传统文化适应新时代的需要,实现传统文化的现代化。他们的经验已经证明,这样的结果,不是一个吃掉另一个,而是和而不同,二者都得到发展。他们所取得的成果和经验是极其宝贵的,要认真总结,加以继承发展。

高举马克思主义和中华文化两面旗帜,走马克思主义与中华传统文化相结合的道路,建设有中国特色社会主义新文化,这就是我们的结论。

(作者单位:清华大学)

评中国实学研究的"泛化"与"窄化"

◇葛荣晋

一

"什么是中国实学"这一问题,从20世纪80年代初中国内地开展实学研究以来,一直是困扰着我的一个重要理论问题。无论是宋元明清时期,还是现代社会,不同学派和不同思想家对"实学"的理解和诠释,都是不一样的。为了回答和把握这一问题,我查阅了大量的历史文献,反复与朋友讨论,经过十年的哲学思考,我在1994年出版的《中国实学思想史·导论》中,对"中国实学"做出了一个明确的界说:"中国所谓实学,实际上就是从北宋开始的'实体达用之学',是一个内容极为丰富的多层次的概念。在不同的历史时期、不同的学派和不同的学者那里,其实学思想或偏重于'实体',或偏重于'达用',或二者兼而有之,或偏重于二者之中的某些内容。情况虽有区别,但大体上不会越出这个范围。'实体达用之学'既是实学的基本内涵,又是实学的研究对象。如果不从'实体达用'整体上和特定的时代背景上把握中国实学的基本内涵,而孤立地摘出某些内容加以无限夸大,以偏赅全,就有可能将中国实学'泛化'甚至导向荒谬。这是应该特别加以注意的。"

这一界说,主要内容有三点:

(一)从实学内涵上,我对它的界定主要是从宋元明清时期的实学共性上立论的。这一共性就是把实学规定为"实体达用之学"。对"实学"的这一界说,既可以从本质上将它同佛、老的"虚无寂灭之教"区分开来,又可以将它同宋元明清理学家的"理本论"和"心本论"区分开来,还可以将它同宋以前的以"内圣外王"为基本理论模式的先秦汉唐儒学加以区别开来。

(二)从实学外延上,我把"中国实学"的起点定于北宋,终点定于晚清洋务派时期,实学是这一历史时期的一种"崇实黜虚"的学术思潮。超过这一时限,就可能将中国实学"泛化";缩短这一时限,就可能将中国实学"窄化"。

(三)从实学的学派归属上,我认为实学是中国儒学发展的一个特殊的历史阶段和独立的发展形态。它既是在同佛、老的"虚无寂灭之教"的辩论中产生和发展起来的,又是对先秦汉唐儒学的基本价值理念的继承和发展。尽管它在同佛、老的辩论中也吸取了佛、老的某些合理思想，但是从本质上说它是属于儒学流派，而不是佛教和道家。所以，决不能简单地把佛、老之学说成是“实学”。

自从1994年正式提出我对实学的看法后，在学术界引起了不同反响。有相当多的学者同意我的看法，也有不少学者对我提出了质疑和商榷。赞同者固然是我的知音，商榷者更是我的诤友，我都一概表示诚挚的感谢。为了进一步推动中国实学的健康发展，目前实学研究中出现的“泛化”与“窄化”现象，应当引起我们的重视。为此，我想进一步阐述我的观点，以向各位专家请教。

二

在实学内涵上，虽然也存在有个别“泛化”现象，如有的学者不加分析地把明清时期某些文学家及其作品一概纳入明清实学的范围，这显然是不恰当的。但如果他既是文学家又是思想家，如袁宏道、徐渭等，将他们的政论及其文艺作品中所反映的启蒙思想纳入明清实学，也是可以的。

从实学研究现状看，目前在实学内涵上存在的主要倾向是“窄化”。我在《明清实学思潮史》中，根据中国实学的内容将实学分成“实体实学”、“经世实学”、“科技实学”、“考据实学”和“启蒙实学”等。有的学者采取剥洋葱的方法，层层掏空实学的文化内涵，主要表现在两方面：一是重达用而忽实体，二是极力把“科技实学”、“启蒙实学”和“考据实学”排斥在“达用”之外。“实体”与“达用”是中国实学不可分割的两个主要内容。“实体”是“达用”的理论基础，而“达用”则是“实体”的外在表现，它们共同构成中国实学的基本理论框架。

然而有些学者，不承认“实体之学”，只把实学说成是“达用之学”或“经世致用”之学，肯定“实学是一门以外王为根本内容的实用性学问”。这种说法是对中国实学的一种“窄化”。有的学者则根本不承认“实体实学”的存在，认为在中国实学资料中“没有看到一条资料与本体论有关”，“本体论哲学乃是一个‘形而上’的问题，应该算‘虚学’，而不是‘实学’”。于是“实体实学”就被排斥在“实学”之外了。难道中国果真没有“实体实学”吗？实学家讲“实体”果真是“虚学”吗？我们所谓“实体实学”，是就实学的形而上层面立论，而把“实体”分成宇宙实体和心性实体两部分。“实体实学”主要是实学家在同佛、老“虚无寂灭之教”和宋明理学末流“空寂寡实之学”的辩论中提出来的。

宇宙本体是“实”还是“虚”？道家推崇“以无为宗”，佛教则主张“以空为宗”。程朱学派在同佛、老的空无之说的辩论中，认为“理”作为宇宙本体或本原，是“实理”而非“虚理”，赋予“实理”以“实学”的含义。朱熹发挥程颐的实理论思想，认为《中庸》一书“始言一理，中散为万事，末复合为一理。‘放之则弥六合，卷之则退藏于密'，其味无穷，皆实学也"①。很明显，这里是从理一分殊的宇宙本体论的高度来说明实学的。在程朱看来，"理"不只是宇宙万物的"根实处"，也是寓于宇宙万物之中的实有之理。从实理论意义上，程朱学派有时也把自己的理学称之为"实学"。如南宋真德秀根据"即器以求之，则理在其中"的原则，指出"若舍器而求理，未有不蹈于空虚之见，非吾儒之实学也"②。

明中叶以降，实学家在继承实理论的同时，也自觉地批判宋明理学末流的"空寂寡实之学"，往往把自己的元气实体论说成是实学。如罗钦顺针对"禅家所见只是一片空落境界"的虚无之说，指出："盖通天地人物其理本一，而其分则殊。必有以察乎其分之殊然后理之一者可见。既有见矣，必从而固守之，然后应酬之际或无差谬，此博约所以为吾儒之实学也。"③这里，罗钦顺所讲的"理一分殊"不同于程、朱，是建立在气一元论思想基础之上，实际上是"气一分殊"，这是他的"通天地、亘古今，无非一气"思想的另一种表述。王廷相作为明代最大的元气论者，针对佛、老和理学末流的空虚之学，自觉地把从张载那里承袭下来的元气实体论说成是"实学"。他说："《正蒙》，横渠之实学也。"④他在《慎言》中又说："二气感化，群象显设，天地万物所由以生也，非实体乎？""天内外皆气，地中亦气，物虚实皆气，通极上下，造化之实体也。"王夫之也讲元气实体，他说："阴阳——太极之实体。""所动所静，所聚所散，为虚为实，为清为浊，皆取给于太和絪缊之实体。"⑤戴震在本体论上也肯定"阴阳、五行，道之实体也"⑥。他们都是把元气实体论作为中国实学的哲学基础，从而为中国实学家驳斥佛、老"空无之论"以及宋儒的理本论和心本论中的虚无主义提供了坚实的理论武器。

由宇宙实体进入心性实体，有的学者也把实践道德之学称为"实学"。宋代儒者在同佛、老的"以心为空"的辩论中，认为"吾儒以性为实"，承认人的心性"以其体言，则有仁义礼智之实；以其用言，则有恻隐、羞恶、恭敬、是非之实"。人的心性并不是空的，而是先天赋予的仁义礼智等道德伦理实体，"仁义者，人之本心也"。明清实学家在反对宋儒的性二元论过程中，承认天命之性就存在于气质之性中，离开气质之性的天命之性是"无形影可以摸索"的，是根本不存在的。正是从这种意义上，他们把心性之学称为"身上实学"，认为"不言性命，则无以明实学之原"。王夫之指责王阳明后学"废实学，崇空疏"，也是从王学

---

① 《四书章句集注·中庸章句》。

② 《真西山文集》卷三十。

③ 《困知记》续下。

④ 《慎言·鲁两生篇》。

⑤ 《张子正蒙注·太和篇》。

⑥ 《孟子字义疏证》。

“蔑规模，恣狂荡，以无善无恶尽心意知之用，而趋入于无忌惮之域”①这一心性实体意义上来说明实学的。在道德修养上，是鼓吹空悟论还是实功论（实修论），也是心性之学的虚实之辩的重要内容。宋明儒者多从实功论（实修论）的角度来阐述实学的内容。如宋代陆九渊主张“在人性、事势、物理上做些工夫”，“逐事逐物考究磨炼”；真德秀强调“就事物中求义理”，才是“着实用力之地，不致驰心于虚无之境也”②；王廷相主张“内外交养，德性乃成”，提倡在“人事着实处养之”；王阳明提倡“实地用功”、“切实用力”、“人须在事上磨炼做工夫乃有益”，“钱谷兵甲，搬柴运水，何往而非实学”；黄绾主张“在实言、实行上做工夫”；唐鹤征主张“悟前悟后，凡有实功，皆实际也”；孙慎行提出“日用人伦，循循用力，乃所谓实学”。——以上这些说法，都是提倡道德修养必须“着实做工夫”，反对离开社会实践的“终日端坐”的“空悟”论。通过实功而进行心性修养，目的不在于空议，全在于“实行”、“实践”。朱熹发挥儒家的“重行”思想，主张“必践于实而不为空言”，批评“今日之弊，务讲学者多阙于践履”；陆九渊主张“为学有讲明、有践履”，“一意实学，不事空言”，认为“躬行践履”即是“唐虞三代实学”；张栻认为“圣门实学，贵于践履”；清初易堂九子针对言行不一的假道学，提出“核名实、黜浮假、专事功、省议论”的“有用之实学”；清代陆陇其认为“大抵天下无实行之人，则不成世道，然实行必由乎实学”。——上述学者都是从躬行践履意义上来规定实学内容的。实性论（实心论）、实功论和实践论是心性实体论的三个有机的组成部分。

综上所述，所谓“实体实学”，讲的是中国实学的哲学基础。它主要包括以“气”这一物质实体为本的本体论、以实践（力行）为基础的实知论、以“性气相资”为基本内容的实性论、以“实功”为主要修养方法的道德论、以利欲为基础的理欲统一说（包括义利统一说）等。从中国哲学史看，讲“形而上”可以是“虚学”，也可以是“实学”。从本质上，佛教、道家和理学末流讲的“形而上”属于“虚学”，而中国实学家讲的“形而上”则属于“实学”。不加分析地把“形而上”的问题一概说成“虚学”，把“实体实学”排斥于“实学”之外，进而将中国实学“窄化”，这是不可取的。

从宋以后，特别是明清时期的科学技术是否包含在“实学”之中呢？少数学者对这一问题持否定或怀疑态度，而海内外的多数学者则持肯定态度。如台湾学者刘君灿先生认为“科技是经世致用之学，绝对能够说是实学的”。在他们看来，之所以把科学技术说成是“实学”或“科技实学”，是因为科学技术也是一种“经世致用之学”。不管是中国传统的古典科学还是明中叶以后从欧洲输入的西方自然科学，归根结底，都是为“经世”服务的，是经世致用的重要手段。宋明

① 《礼记章句》卷四十二。

② 《真西山文集》卷三十。

科学家在实学思潮和“西学东渐”的影响下，从“重道轻艺”的传统观念中解脱出来，自觉地把人生价值取向由空谈心性而转向对宇宙奥秘的探索，在科技领域开创了重实践、重考察、重验证、重实测的一代务实学风（如明代地理学家徐霞客）。所以，他们把这种“实测之学”说成是“实学”。如清代康熙皇帝在《数理精蕴序》中把中国古代的“天文算术之学”看成是实学，指出：“天文算术之学，吾中土讲明切究者，代不乏人。自明季空谈性命，不务实学，而此业遂微。”徐光启在《泰西水利序》中亦指出，以利玛窦为代表的耶稣会士所阐释的“格物穷理之学”（如物理学等）和“象数之学”（如天文、数学等）就是一种“实学”，认为“其实心、实行、实学，诚信于士大夫也”。李之藻在《请译西洋历法等书疏》中，也把“西洋历法”说成实学，肯定西学“总皆有资实学，有裨实用”。乃至晚清还有学者公开主张以西学之实补中学之虚，把西方传入的自然科学看成“实学”。王韬在《漫游随录》中指出：“英国以天文、地理、电学、火学、气学、光学、化学、重学为实学，而弗尚诗赋词章。”总之，我们所以把明清时期的科学技术纳入实学范围，主要是从道艺观的人生价值的转变，重实测、重实证、重实用的务实学风及其经世致用的社会功能诸方面而言，并不去研究具体的自然科学知识和科学技术，因为这是自然科学史家的任务，应当让位于他们。这是必须加以区别的。如果忽视这一区别，就有可能将实学导向“泛化”。但是，也不能因此而把科学技术完全从明清实学中剔除出去，从而导向实学研究的“窄化”。

兴于明末、鼎盛于清代乾嘉的考据学（朴学）是否也是明清实学的构成部分呢？海内外某些学者虽然正确地肯定了考据学的“实证求是精神”，指出了考据学的“外向实体实用意识”或“经世功能”已经衰微，但是他们依据考据之“实”与经世之“实”在含义上是相差颇大的两个概念，认为“实在很难勉强地把它们贯串在一个思潮之下，而称之为‘实学’”。

我们先考察一下明清学者是如何看待“考据学”的。他们针对宋代经学的“凿空附会之弊”，从明中叶始，把“实事求是”的考据学（汉学）说成是“实学”。明中叶考据学家杨升庵指出：“今之学者，循声吠影，使实学不明于千载，而空谈大误于后人也。”①他针对以己意解经的宋代经学，明确地把重实证的“汉学”说成是“实学”。清代考据学大师戴震亦把乾嘉考据学称为实学，指出“值上（指乾隆皇帝）崇奖实学，命大臣举经术之儒”②，“圣天子稽古右文，敦崇实学，昭昭乎有明验矣”③。在治经上，他把空谈义理的宋学说成是“虚学”，而把“注经必藉实据”的汉学说成是“实学”。阮元为清初考据大家毛奇龄文集作序时，亦指出：“有明三百年以时文相尚，其弊庸陋谫僿，至有不能举经史名目者。国朝经学盛

① 《升庵文集》卷四十五。

② 《江慎修先生事略状》。

③ 《四库全书总目》卷一百一十五。

兴，检讨（指毛奇龄）首出于东林，蕺山空文讲学之余，以经学自任，大声疾呼，而一时之实学顿起。当是时，充宗起于浙东，朏明起于浙西，宁人、百诗起于江、淮之间。”①这里所谓实学，是指清初以顾炎武、胡渭、阎若璩、毛奇龄、万斯大为代表，以重实证为特点的考据学而言。清代皮锡瑞在《经学历史》一书中亦指出，清初“承晚明经学极衰之后，推崇实学，以矫空疏，宜乎汉学重兴，唐、宋莫逮”，极力称赞清初考据学家的“求实学之苦心”，也把清初的考据学视为“实学”。

明清考据学家针对宋明理学末流和八股时文的“凿空附会之弊”，在经学领域大力提倡以训诂求义理的“实事求是之学”，主张“说经皆主实证，不空谈义理”。在专注训诂考证之实的同时，也通过考据形式呈现出经世的走向。纪昀提倡“以实心励实行，以实学求实用”，认为“儒者之学，明体达用，道德事业，本无二源。歧而两之，殊为偏见”。钱大昕亦肯定“儒者之学，在乎明体以致用，诗书执礼皆经世之言也”，坚持“儒者之务实用而不尚空谈”。在这种人生价值观念指导下，乾嘉考据学家多留心时务，批评弊政（如洪亮吉、钱大昕、赵翼等），关心民瘼（如汪中主张建立贞苦堂、孤儿社、育婴堂等，以解孤儿寡妇之苦；建议修建避风馆，以解渔民之苦等）。乾嘉学者的经世意识，还集中地体现在倡导礼学、复兴礼学。如在阮元主编的《皇清经解》中，有关《三礼》的著作就占 20%，其次是《春秋》。而作为宋明理学基石的《四书》、《易经》所占比例则较少。皖派学者不同于吴派，多笃实而不喜空谈，故专注《三礼》研究。江永作《礼书纲目》，金榜作《礼笺》，程瑶田作《宗法小记》，戴震作《七经小记》，凌廷堪作《礼经释例》，胡培翚作《仪礼正义》，黄以周作《礼书通故》等。考据学家之所以把《三礼》和《春秋》作为考史治经的重点，是因为该二经蕴含有丰富的典章制度，以期从中探求经世之策。乾嘉学者倡明礼学不只求经世，还在理论上进一步提出了“以礼代理”的主张，以痛斥理学末流的“凿空附会之弊”。乾嘉学者认为宋儒言理皆虚，惟有典章制度之“礼”才是实，普遍主张“以礼代理”。凌廷堪发挥戴震的“重礼”思想，认为宋儒的虚理之说是“禅学”，指出：“宋儒所以表章四书者，无在而非理事，无在而非体用，既无在而非禅学矣。”②又指出：“《论语》及《大学》皆未尝有理字”，只是宋儒“因释氏以理事为法界，遂援之而成此新义”。在他看来，“圣人之道，一礼而已矣”，“大舍礼而言道，则空无所附”。只有以实“礼”代替虚“理”，才能从根本上纠正宋儒的蹈空之弊。焦循撰《礼说》一篇，亦主张“以礼代理”。他从维护封建礼教出发，认为“理足以启争，而礼足以止息也”。他说：“礼论辞让，理辨是非。知有礼者，虽仇隙之地，不难以揖让处之。”“今之讼者，彼告之，此诉之，各持一理，哓哓不已。为之解者，若直论其是非，彼此必皆不服；说以名分，劝以逊顺，置酒相揖，往往和解。可见理足以启争，而礼足以止息

---

① 《研经室二集》卷七。

② 《校礼堂文集》卷十六，《好恶说下》。

也。”阮元高度评价凌廷堪的“以礼代理”说，指出凌氏的“《复礼》三篇，唐宋以来儒者所未有也”①。阮元完全赞同凌氏的观点，认为人生而有欲，欲不可无，亦不可纵，只可“节”，而节欲的最好办法即是以礼代理。“若以非礼折之，则人不能争；以非理折之，则不能无争矣。”他从“理必出于礼”这一命题出发，认为“理必附乎礼以行，空言理则可彼可此之邪说起矣”②。浙江黄式三、黄以周父子继阮元之后亦倡此说，著《约礼说》、《复礼说》、《崇礼说》诸篇，认为“欲挽汉宋学之弊，其唯礼学乎！”③乾嘉学者的“以礼代理”说，实际上是以实礼代虚说。因为“礼”是一种具体的封建礼仪与规章制度，并非空洞之议论。从这一意义上，“以礼代理”说具有实学的意义。

由上可见，乾嘉考据学同明清之际的经世之学相比，虽没有那种激扬文字、品评时政和理论创新的气量，也没有那种激情高昂的爱国主义情操，从这一意义上，他们的经世意识确实衰微了。但是，决不能由此就认为乾嘉学者是一群不问政治、不关心民瘼，只知在故纸堆中寻章摘句、玩物丧志的“书蠹”。他们治经考史不同于宋儒，是以“实事求是”为其学风；他们通过考据形式以求治世之策，是其人生价值和经世意识的一种表现；他们提出“以礼代理”的主张，更是在理论上对宋儒的“凿空附会之弊”的有力批判。从这些意义上，证明乾嘉考据学又向前丰富和推进了明清实学的发展。我们将它称之“考据实学”，把它视为明清实学的重要组成部分，道理即在于此。

启蒙思想能否被整合在明清实学思潮之中呢？个别学者虽然承认明清之际存在“早期启蒙思想”，但是认为“用‘实学’来涵盖‘启蒙’思想却不妥当”，不赞成把“启蒙”与“实学”整合在一起，称之为“启蒙实学”。

我们所谓“启蒙实学”，主要是就明清时期出现的一股与地主阶级改革派不同的具有近代启蒙意义的市民意识而言。由于资本主义萌芽的产生和市民运动的开展，在明清之际的思想文化领域，必然会出现反映市民阶层利益和愿望的启蒙意识。市民阶层的启蒙意识，表现于许多方面：在土地制度上，他们已突破封建士大夫的“均田”、“井田”和“限田”之说，公开反对封建土地所有制。王源提出的“惟农为有田”的主张，开启了近代“耕者有其田”的思想先河。在经济思想上，黄宗羲、唐甄、王源等人反对“崇本抑末”的传统思想，主张“工商皆本”。这是商品货币经济的发展和市民地位提高这一客观现实的反映。在政治上，他们以民本主义为武器，猛烈抨击和多方限制封建君权。黄宗羲在《明夷待访录》中提出了“天下为主、君为客”的著名论点，指出“为天下之大害者，君而已矣”，企图通过“置相”（即设立宰相，接近于近代责任内阁总理）和“学校”（接近于近代

① 《研经室二集》卷四，《次仲凌君传》。
② 《研经室续集》卷三，《书东莞陈氏〈学部通辨〉后》。
③ 缪荃孙：《黄以周墓志铭》。

议会)来实现他的"有治法而后有治人"的政治理想。顾炎武所谓"寓封建于郡县之中",以及他提倡"众治"、反对"独治"的思想,都是限制封建君权的政治构想。在哲学上,以王艮、何心隐、李贽等人为代表的启蒙派哲学除了肯定人的主体意识和人的社会价值,高扬个性解放和人文主义之外,还针对宋明理学的"存天理,灭人欲"的说教,大力宣传理欲统一说,揭露"以理杀人"的本质。他们蔑视封建偶像崇拜,公开否定以孔子之是非为是非。在伦理道德上,他们反对封建主义的三纲五常,特别是君为臣纲。何心隐构想的理想社会,是一个"凡有血气之莫不亲莫不尊"、"相友而师"的社会。黄宗羲强调臣是"为天下,非为君也;为万民,非为一姓也"。在文学艺术上,随着封建正统文艺的衰败,兴起了一股市民阶层反传统的浪漫主义的文艺思潮。徐渭的"本色论"、李贽的"童心论"、汤显祖的"至情论"、袁宏道的"性灵说"等,都是对封建正统文艺的鄙弃。所有这些启蒙意识,都在本质上不同于地主阶级改革派的进步思想,不是"补天",而是"拆天",是新兴市民阶层利益和愿望在思想文化领域的表现。这是两种性质不同的意识形态,都是明清实学密不可分的组成部分。从本质上看,启蒙思想虽是另一种性质的经世之学,但是,决不能因为它不同于地主阶级改革派的经世之学,就把它排斥在实学之外。

中国实学(特别是明清实学)本是一个具有丰富文化内涵的概念。它既有元气(气)实体哲学和道德实践之学,又有经世实学(包括明经致用论与史学经世说)和科技实学,还有考据实学和启蒙实学等。如果按照某些学者的观点,采取"剥洋葱"的办法,先将"实体哲学"从实学中排除掉,这就势必把实学变成了没有理论基础的单纯的"达用之学";然后,再从"达用之学"中逐步剥去"科技实学"、"考据实学"和"启蒙实学"等,最后剩下的只有"经世实学"了。把中国实学等同于"经世之学",不仅窄化了实学的文化内涵,而且也抹杀了实学的时代特征和理论品格,从根本上否定了明清实学的存在,必须切实加以纠正。

三

如果说在实学内涵上的主要倾向表现为"窄化"的话,那么在其外延上的主要倾向则以"泛化"的形式呈现出来。

在中国实学的起点上,目前中国学术界或认为起于先秦孔子,或认为起于汉代王充,或认为起于唐代杨绾。这三种说法虽不尽同,但有一点是共同的,就是将"实学"泛化成整个"儒学",做出了"实学即儒学"的论断,从而把实学完全等同于儒学。这一"泛化"的结果,就从根本上抹杀了中国实学的时代特征和学术品格,势必会导致否定中国实学的存在及其研究的必要性。我们一再申述,中国实学只是儒学发展的一个历史阶段和一种理论形态,并不是全部儒学。我们承认先秦至汉唐的儒家是实学赖以产生和发展的重要思想源头,是儒家的"内圣外王之学”思想发展的必然产物。不管是孔子的“修己治人之学”还是汉代经学的“注重实政、实事”，不管是王充的“疾虚妄”的黜虚崇实精神还是唐代杨绾的通经致用思想，无疑都是实学家用以建构中国实学体系不可或缺的文化资源。正是从这种意义上，我们在学派上才把实学归属于儒学，肯定实学与儒学上的相通性。同时，我们也认为作为实学思想源头的先秦、汉唐儒学并不等于中国实学本身，它们之间还是有重要区别的。主要有三点：

其一，赖以产生和发展的社会政治和文化背景不同。马克思在批判普鲁东时曾指出：“每个原理都有其出现的世纪。”①这就是说，是原理属于世纪，而不是世纪属于原理。例如，在欧洲，权威原理只能出现于11世纪，个人主义原理只能出现于18世纪。实学原理也不例外，也有其出现的世纪。从孔子开始，儒家的内圣外王之学虽已成为悠久的历史传统，但是以“实体达用”为基本理论模式的实学始于北宋，必有它出现的特殊社会文化背景。北宋王朝始建于公元960年，到宋仁宗时，宋王朝开始由宋初的小康繁荣局面向“内忧外患”的颓势转化。正如范仲淹所说：“我国革五代之乱，富有四海，垂八十年。纲纪制度日削月浸，官壅于下，民困于外，夷狄骄盛，寇盗横炽，不可不更张以救之。”②王安石面对北宋中期的社会政治危机，亦指出：“顾内则不能无以社稷为忧，外则不能无惧于夷狄，天下之财力日以穷困，而风俗日以衰坏。四方有志之士，諰諰然恐天下之久不安。”③这说明，到宋仁宗执政时，北宋王朝已陷于严重的社会政治危机，不但外有西夏与辽的勒索、侵扰，而且内有“官壅于下，民困于外”，“寇盗横炽”，“风俗日以衰坏”。面对着来自内部和外部的社会挑战，许多满怀忧患意识的有志之士，在痛苦的反思中，追溯其原因，认为一是“佛老以妖妄怪诞之教坏乱之”，二是唐末宋初以来“尚文词而遗经业”的浮华学风所致。所以，要拯救北宋的社会政治危机，除了进行社会政治改革外，还必须从思想上批判佛、老的“异端邪说”和俗儒的“尚文词而遗经业”的浮华学风，便由佛、老的虚无本体之学转向以气为本体的实体之学，由崇尚词赋的浮华之风转向“明经致用”的经世之学，掀起了以经世致用为价值取向的儒学复兴思潮。北宋实学思想，既是北宋社会政治危机的反映，也是儒学复兴思潮的产物。正如朱熹所云：从汉唐以来，“俗儒记诵词章之习，其功倍于小学而无用；异端虚无寂灭之教，其高过于大学而无实”④。北宋胡瑗将儒家传统的“内圣外王之学”升华为“明体达用之学”，程颐从人生价值高度提出“治经，实学也”这一命题，都是在同俗儒的“无用”与佛、老的“无实”的辩论中产生与发展起来的。

---

① 《马克思恩格斯全集》第4卷，第148页，人民出版社，1958年。

② 《政府奏议》卷上，《答手诏条陈十事》。

③ 《王临川集》卷三十九。

④ 《大学章句序》。

其二,建构思想体系的基本理论模式不同。北宋以前,不管是孔子提出的“修己以安人”、“修己以安百姓”,《中庸》提出的“成己成物”之说,还是《大学》提出的“三纲领”(明明德、新民、止于至善)、“八条目”(格物、致知、诚意、正心、修身、齐家、治国、平天下),都是先秦至汉唐儒学“内圣外王之学”的不同表述方式。汉唐儒者在同佛、老的长期辩论中,深刻地认识到要想从哲学上驳倒佛、老,就必须吸取佛、老的本体论思想,以“体用不二”(或叫“体用一源,显微无间”)的新的致思理路,将儒家传统的“内圣外王之学”升华为“明体达用之学”,从而构成了中国宋学的基本理论模式。“明体达用”与“内圣外王”两种理论模式的最大不同,就是“明体达用”在继承“内圣外王”思想的基础上,又容纳了佛、老的本体论观念。“明体达用”这一理论模式,不但从体用相结合的高度发展了儒家的“内圣外王”思想,而且也提出了建构中国实学的基本框架。它所包含的“实体”与“达用”,实际上是中国实学的两翼或两足,密不可分,缺一不可。随着历史的演变,实学家或偏重于“实体”,或偏重于“达用”,或将二者有机地结合起来。侧重点虽有不同,但大体上都不会超出这一理论框架。

其三,两种模式的文化内涵不尽相同。以“实体达用”为基本理论模式的“实学”,较之宋以前的传统儒学,具有更加丰富的文化内涵。从广度上看,中国实学除了继承和发挥传统儒学的“经世之学”外,随着士人的“重道轻艺”观念的根本转变和“西学东渐”的思想影响,开创了重实践、重验证、重实测的“实测之学”,这是汉唐儒学所不具有的。在“经世之学”中,“明经致用”论和“史学经世”说,较之汉唐儒学更加拓宽了,更加系统化了。实学家在同宋儒的以己解经的“宋学”的辩论中,上承汉唐儒者的经学思想,又提出了系统的“考据实学”。从深度上看,实学家在同佛、老和理学末流的辩论中,逐步建立了相当完整、相当严密的以气(元气)为实体的哲学体系,从而把气实体论同多姿多彩的“达用之学”结合起来,为中国实学建构了最完备、最成熟的理论形态,从而为战胜佛、老“虚无寂灭之教”和宋明理学末流的“凿空附会之弊”提供了最锐利的思想武器。反映明清时期市民阶层利益和愿望的启蒙实学,也是先秦、汉唐传统儒学所不具有的新质的东西,它是由“中学”转变成“西学”的中介和桥梁。

综上所述,作为中国传统儒学发展的一个历史阶段和最高理论形态的实学,虽然在思想源头上,从先秦、汉唐儒学中吸取了“内圣外王”思想,但是不能由此就把实学等同于儒学。因为从先秦、汉唐儒家到宋元明清实学,是儒学发展中的部分质变。忽视或否定儒学发展中的这一部分质变,把实学的思想源头等同于实学思想本身,必然会引出“实学即儒学”的错误结论。

中国实学研究的“泛化”,不只表现在时限上,同时也表现在学派归属上。如前所述,在学派归属上,实学属于儒家学派,这本是一个不争的事实。但是,近年来,有些学者为了“扩大实学研究的领域”,就简单地把禅宗和老学都说成“实学”。

在这里，提出了一个重要的理论问题，即如何界定实学与佛学、老学的关系。肯定在佛、老思想体系中含有某些“实”的成分，是有道理的。同时承认实学家在批判佛、老的过程中，也从中改造和吸取了佛、老的某些合理思想，作为其建构实学体系的致思方法和文化资源（如张载提出了元气实体论在致思理路上即是脱胎于佛教的“一多相即”和老学的“有无统一”），也是有道理的。但是，决不能由此就把佛教和老学说成“实学”，从而抹杀了实学与佛、老之间的根本区别。

作为儒学特殊形态的实学，从本体论和价值观上，同佛、老之学是根本对立的。佛教虽有各种流派，但在本体论上都坚持“一切皆空”的观点，否认物质世界的客观实在性。老子所谓“有无统一”，从形而下层面有其合理性，而从形而上层面则是一种“虚无之论”。正因为佛、老之学从本质上是一种“虚无寂灭之教”，受到实学家的猛烈批评是理所当然的事。北宋张载依据他的“太虚即气”的实体论思想，对佛、老之学批评说：“知虚空即气，则有无、隐显、神化、性命通一无二，顾聚散、出入、形不形，能推本所从来，则深于《易》者也。若谓虚能生气，则虚无穷，气有限，体用殊绝，入老氏‘有生于无’自然之论，不识所谓有无混一之常。若谓万象为太虚中所见之物，则物与虚不相资，形自形，性自性，形性，天人不相待而有，陷于浮屠以山河大地为见病之说。此道不明，正由懵者略知体虚空为性，不知本无道为用，反以人见之小因缘天地。明有不尽，则诬世界乾坤为幻化。幽明不能举其要，遂躐等妄意而然。”①这里，张载抓住气与虚的关系，指出“虚能生气”的错误，是通过“体用殊绝”的形而上学方法，把“太极”之“虚”规定为“无穷”之“体”，把物质之“气”规定为“有限”之“用”（“虚无穷，气有限”），从而割裂了体与用的关系，使“太极”之“虚”成为无“气”的绝对空虚，终于陷入了老子的“有生于无”的泥潭。由于佛教不懂得“物虚相资”的道理，不把无形之虚和有形之物看成气之聚散，终于导致“以山河大地为见病之说”。明代王廷相依据“道体本有本实”的观点，对老学批评说：“老氏谓‘万物生于有’，谓形气相禅者；‘有生于无’，谓形气之始本无也。愚则以为万有皆具于元气之始，故曰儒之道本实本有，无‘无’也，无‘空’也。”又说：“老氏之所谓虚，其旨本虚无也，非愚以元气为道之本体者，此不可以同论也。”在空、无问题上，王廷相以元气说划清了他与佛、老的界限。王廷相认为道体是实有，由它派生出来的天地万物也是“实有”，而非“幻影”。由此批判了佛教的“以山河大地为见病之说”。他说：“天内外皆气，地中亦气，物虚实皆气，通极上下，造化之实体也。是故虚受乎气，非能生气也。理载于气，非能始气也。世儒谓理能生气，则老氏道生天地矣；谓理不离气而论，是形性不相待而立，即佛氏以山河大地为病，则别有所谓真性矣，可乎？不可乎？”②离开实体之气，佛教所谓真性以山河大地为病，是一

① 《正蒙·太和篇》。
② 《答何柏斋造化论》。

种谬幽诬怪之论。清代王夫之依据他的“太虚,一实者也”的观点,对老学批评说:“虚幽气,气充虚,无有所谓‘无’者。”“老、庄之徒,于所不能见闻而决言之无,陋甚矣!”“因耳目不可待而见闻,逐躁言之曰无,从其小体(指感官)而蔽也。”又对佛教批评说:“释氏以法界为梦幻,知有之有而不知无之有,知虚之虚而不知虚之实,因谓实不居而有为妄。此正彼所谓徇耳目,内通而外于心知,捏目生花,自迷其头者。”王夫之从元气实体论的高度批评了佛、老的“虚无之论”,是很有说服力的。

在人生价值取向上,中国实学同佛、老之学也是根本对立的。佛教主“出世”之说,道家则主“游世”之论。实学家的价值取向不同于佛、老,追求一种积极“经世”的人生理想。佛教“以人生为幻”,故大力提倡“出世出家说”,道家则持一种消极的“游世”态度。北宋二程指责佛教的“出世出家”论不只是一种“幻想”,也是一种灭绝人伦的“愚迷”。归根结底,出世出家的“释氏之说,其归欺诈”,“皆利心也”。南宋陆象山在批评佛教的出世之说时指出:“儒者虽至于无声、无臭、无方、无体,皆主于经世;释氏虽尽未来际普度之,皆主于出世。”①明儒王畿指出:“儒者之学,务为经世。学不足以经世,非儒也。”②清儒万斯同亦指出:“经世之学,实儒者之要务,而不可不宿为讲求者。”③这些都是从“经世”与“出世”(或“游世”)相区别的角度来阐述儒学与佛、老的不同人生价值观念。

由上可知,把实学与佛、老之学视为“绝对对立而不相融”是一种片面观点,而不加分析地把佛、老之学统统说成是“实学”,也是一种将实学“泛化”的片面观点。

(作者单位:中国人民大学)

① 《陆九渊集》卷二,《与王顺伯》。

② 《龙溪王先生全集》卷十三。

③ 《石园文集·与从子贞一书》。

论“易道”之“观”[①]

◇王树人

“观”这个范畴，作为非实体的、非对象性的、非现成的范畴，在中国传统文化中，特别是在《周易》中，是一个具有深刻内涵的重要范畴。进入“易道”，首先就是“观物取象”。所以，对于“观”的领会，具有决定意义。在这里，“观”与“取象”直接相关，而“取象”又决定能否进入“易道”。实际上，“观”贯穿整个进入“易道”的过程，或者说在进入“易道”过程中，始终离不开“观”。“观”始于直观的“看”，但并不停留于“看”，还必须超越于“看”，才能进入“易道”。

一、所谓“仰观天文，俯察地理”

传说八卦为伏羲所画。伏羲如何能画出八卦呢？据说是“仰观天文，俯察地理”之结果。然而这两句话实在是太深奥，具有难以理会的神秘性。例如，何谓“天文”？何谓“地理”？所谓“观”与“察”又如何理解？显然，这里所说的“天文”、“地理”，与我们今天以概念思维为特征的科学观所说的“天文”、“地理”是不可同日而语的。概念思维下的“天文”、“地理”是对象化的、主客二元的，是不包括人及其思想在内的外在客观世界。与此不同，伏羲（或不只是伏羲，还包括其他许多古贤）所说的“天文”、“地理”，则是在现今对象化科学观之外。就是说，伏羲等古贤所用的是现今科学观之外的另一视角、另一种思维方式。具体一点说，当时古贤不仅没有把天地对象化，而且所谓天地人“三才”，乃是一个整体，一体相协相通。或者说，天地人“三才”是整体中三而一与一而三的关系。这个问题，也就是学界已经谈得很多的“天人合一”问题。在这里，所谓“三而一”之“一”，“天人合一”之“一”，就是指天地人是一个整体。而且这个整体无论从哪方面看，都是运动变化的。如《周易》所描述的日夜、寒暑、风雨雷电、霜雾冰雪、地上的植物春荣秋枯、人的生老病死、战争的胜负、商贸的顺利与不顺利、人际关系的亲疏无常等。特别是在古代，天地人在运动变化中相互影响，非常直接。一场暴风雨，可以使战争的一方惨败而使另一方获得胜利。古贤朴素

① 本文系作者正在写作的《回归原创之思》一书上篇第一章中的第一节。

地却也深刻地直观到和体悟到,“天人合一”之“一”这个整体是天地人“三才”一体的整体,而且这个整体是动态的,或者说,充满了多彩的运动和变化。

可以看到,这是一种整体直观的视角,是一种“观象”的“象思维”。由于观者把自己也融于天地之中,并视为与天地一体,所以这种“观”并不像概念思维意义上把天地对象化之观,就是说不是站在天地之外的外观。相反,这种“观”乃是整体的内“观”。这种“内观”作为体悟,可以说是把一切官觉都变成了眼睛。所以,这种“观”在动态整体的视角下更能深入事物的底里。这个“底里”就是天之“文”和地之“理”。可见这里所说的“底里”或天之“文”与地之“理”,就是天地人“三才”这个整体运动变化的“底里”。而这个“底里”就是在“观象”,特别是观“大象无形”之“象”或“太极”之“象”,而由之所设八卦和六十四卦来显示的。随之,这八卦和六十四卦就成为卜筮中确定卦象的参照系。在《周易》这个卦序体系之前,据说还有与之不同的卦序体系,如现今学界比较公认的《连山易》与《归藏易》等。不过,虽然卦序不同,但在“观象”中都要回归到“太极”之“象”,才能进入“象思维”的大视野和崇高境界,则是共同的。应当说,正是顺应把“观象”中“象的流动与转化”记录下来这种要求,才产生了用卦爻符号记录的发明以及用数字记录的发明(在地下发掘的文物如有刻画符号的甲骨中,既有用阴阳爻符号记录诸卦的,又有用奇偶数字记录诸卦的)。就是说,用卦爻符号记录卦象和用数字记录卦象,是差不多同时进行的。可见,在这个过程中,无论卦爻符号的记录还是数字的记录,都具有象形意义。就此而言,有一种说法认为象数符号可能是中国汉字的前身,似乎有一定道理。

二、西方思想家向“象思维”的趋近

在西方由胡塞尔奠基的“现象学”提出要在种种“还原”中“面向事情本身”。从胡塞尔的先验现象学到梅洛·庞蒂的知觉现象学,从“体验”到“知觉”,都能看到向中国“象思维”的趋近,向回归“本真之我”的趋近。对此,梅洛·庞蒂有一段精辟的描述。他写道:“我是绝对的起源,我的存在不是来自我的既往史、我的物理的和社会的周围事物和人物,我的存在走向它们和支撑它们,因为我是我这种使我重新采用的传统或这种与我的距离不复存在的界域为我存在(因而在“存在”一词能为我有的惟一意义上,为我存在),因为如果我不在那里注视这种距离,那么这种距离就不能作为一种性质属于该界域。按照科学的观点,我是世界的一个因素,但科学的观点始终是幼稚的和伪善的,因为科学的观点暗指另一种观点,意识的观点,但却没有提到它,意识的观点认为,一个世界首先在我周围展现和开始为我存在。”在这里,“我是绝对的起源”,具有趋向“本真之我”的意义。这种“绝对起源”的“我”,使一切“为我存在”。这种提法的意图,无非是打破科学观点所作的“我”与世界的隔离或割裂。所谓“意识的观点”,就是超越概念思维或科学的观点。正因为如此,梅洛·庞蒂接着指出,“这种活动完全不同于唯心主义的重返意识,纯描述的要求是既不采用分析的方法,也不采用科学解释的方法”;又说:“应该描述实在事物,而不是构造或构成事物。这意味着我不能把知觉与属于判断、行为或断言范畴的综合等同起来。”① 就是说,作为“绝对起源”的“我”,其“体验”和“知觉”由于与所“体验”和“知觉”的世界是一体,所以不能用对象化的概念思维作判断、分析、综合。要把握这里的本真本然,则只能描述。就这里都“悬置”概念思维而言,或都诉诸直观描述而言,现象学与“象思维”确实具有相似之点。但是,两者在非概念思维的层次上或者“观”的层次上,又不尽相同。

首先,“象思维”最终是回归“本真之我”。这种回归,不仅是超越概念思维的判断推理与分析综合,而且也超越通常的感知觉(嗅、听、视、味、触)。这种回归“本真之我”乃是与“道”或“太极”相通,即回归到“无”的“原发创生”的境域。只有回归到这种境域,对于精神来说才有大视野和崇高境界。而只有这种大视野和崇高境界,才能在认识和实践等各种活动中出新和创新。“现象学”虽然“悬置”了概念思维方式,而求诸“体验”、“知觉”的描述,但在“面向事情本身”的目标上,表明它仍然没有完全摆脱“实体论”形而上学的追求。并且,“现象学”的这种追求,似乎也仍然局限在主要是认知的领域,根本没有提出境界的问题。也许西方的“实体论”形而上学传统历史包袱太重,从胡塞尔到海德格尔再到梅洛·庞蒂,都不能不花大力气摆脱这种形而上学包袱,以求首先能在认知上得到解放。当然,胡塞尔提出了“生活世界”,海德格尔提出“缘在”、“去—在”的“在世”和“缘构发生”等境域说,梅洛·庞蒂提出“我是绝对起源”以及哲学与艺术相通等,对于西方的伦理、艺术等涉及人生境界的领域,都有重要影响。但所有这些,都还没有达到“象思维”所追求的境界高度。境界既有审美的、伦理的自娱自得的受用层面,又有超越这种层面而与“太极”或“道”一体相通的大受用。“易道”的“象思维”之境界和受用,属于后一种。这又使问题回到中西在对“观”的理解上的不同。从经验直观出发,也就是从嗅、听、视、味、触这种“体验”和“知觉”出发,作为初始之“观”,中西是有共同点的。但是即使在这方面,两者的不同也是明显的。在中国传统文化开端,以形成《周易》这种卦爻体系的“观”来看,即使是初始的经验直观也是在整体直观的大视野背景下进行的,如《周易》诸卦的具体直观都只有在这种整体直观的大背景下才能把握其真义,就是说不是对象化而是主客二元的,不是静态而是动态的。西方即使到了海德格尔和梅洛·庞蒂,虽然他们努力破除对象化与主客二元的概念思维模式,意识到存在着概念思维所把握不了的整体性,如海德格尔后期所意识到的“天、地、神、

① 以上引文俱见梅洛·庞蒂:《知觉现象学》(中译本)第3~5页,商务印书馆,2001年。

人四位一体”,但他们仍然缺乏中国先贤那种整体直观的自觉性。或者说,他们都没有把“太极”或“道”的基本范畴作为“观”的支撑。海德格尔在向“道”的趋近方面,进展比较大,但无论他提出的“缘—在”(Da-sein)还是“自身缘构发生”(Ereignis),都不能与“道”等量齐观,都还只不过是向“道”的趋近。所以,有人把 Ereignis 翻译成“大道”似乎不尽妥当。可见“易道”之“观”是以“太极”或“道”为基础,而西方文化之“观”则从根本上缺乏这个基础。

三、“原发创生”之观

由上可知,“易道”之“观”是回归“太极”或“道”之“观”,也就是回归到“无”的“原发创生”之“观”。“太极”或“道”的非实体性,表现为“象的流动与转化”的多元性本身就具有无限的“原发创生”性。因此,与这种“原发创生”一体共生的“易道”之“观”,也是“原发创生”之“观”。“易道”之八卦、六十四卦的卦爻符号体系,就是这种“观”所作“观象”的“原发创生”之结果。不仅如此,“观象系辞”所作的“系辞”,也是这种“观”的“原发创生”之结果。从这个理论前提出发,老子所说的“无物之象”,就得到了合理的解释。作为《周易》体系基础的卦爻符号,是“易道”之“观”的“原发创生”之结果。怎么领会?无论是阴阳爻符号,还是由阴阳爻三爻组成的八卦和由六爻组成的六十四卦,都是在“象的流动与转化”中,经过抽象和升华而“原发创生”出来的。这种“原发创生”的符号与符号体系,蕴含“易道”之“象”,但其本身又不是“易道”之“象”。因此,这些符号及其组成的符号体系,就是“易道”的“无物之象”。

“观象系辞”表明,“系辞”是由“观象”而来。其中包括两种“观象”:其一,是《周易》卦爻辞,是古贤如伏羲等等“仰观天文,俯察地理”所逐渐形成的“观象系辞”体系。其二,这种“观象系辞”体系,成为后来在卜筮中“观象系辞”的参照系。就是说,在卜筮中也首先是“观象”,并进而确定卦象到最后系辞。笔者在前面指出,系辞并非离开“象思维”,不是概念思维的判断推理,而是首先以言辞“筑象”。就是说,“系辞”也是“象以尽意”。以乾卦为例:六爻加一爻(用九)皆阳爻所组成的卦象。虽然各爻皆阳,但由于爻位不同,每爻所含之“易道”却同中有异,因而每爻的系辞也同中有异。乾卦系辞以言所筑之“象”,是龙象。这也是“无物之象”。首先,龙并非实物,而是不同动物之象在想像中的组合。这种想像之物,在传统中甚至积淀为代表中国精神的“神物”或象征物。龙象征什么?主要是象征“生生不息”的活力和动态性。这种活力和动态性,在诸爻的系辞描述中都是非常具体传神的。除了九三爻系辞未直接描述龙,其他各爻系辞都首先点出龙之不同的动态:初九为“潜龙”,九二为“见龙在田”,九四为“或跃在渊”,九五为“飞龙在天”,上九为“亢龙”,用九为“见群龙无首”。在这里,龙象的活力和动态性,不仅表现在诸爻龙象的不同,而且这种不同从乾卦的整体上看,正好表现出"象的流动与转化"。这种不同的象及其"象的流动与转化",如同今天影视镜头相继转换,在不同时空所展示的不同角度和不同姿态之象,也正是"尽意莫若象"之象。所以,作为解释"易道广大"的《十翼》或《易传》,对同一乾卦却能做出多种多样的解释。从龙象征季节的角度,在龙象的"流动与转化"中,"易道"的研究者从中体察到乾卦所蕴含的六龙季节(从冬至开始经春夏秋冬两个月为一季节的循环)的划分。从龙象征君子的角度,研究者又体察到君子成长过程诸阶段的不同修养,如此等等。从"观象系辞"的"系辞"来看,"系辞"首先也是以言筑象,如乾卦的龙象,而进一步才是借所筑之象以尽意。而"系辞"所筑之象则直接是从卦象"流动与转化"出来,如初九的"潜龙"之象,就是从一阳在全阴之上而来,那么卦象则是源出"太极"或"道"之象的"原发创生",所以,"系辞"所筑之象,从根本上说也与"太极"或"道"之象一脉相承。就是说,"系辞"不仅是对卦象的"系辞",而且首先是以辞筑象来显示卦象,进而作"象以尽意"的"系辞"。关于"系辞",尚秉和先生有两种重要看法:其一,他指出"上下句义不必相联";其二,又指出"易辞皆观象而生。象之所有,每为事之所无。……易辞与他经不同,他经上下文多相属,易则不然。因易辞皆由象生,观某爻而得甲象,又观某爻而得乙象,故易辞各有所指,上执其解"①。这里值得注意的是,"易辞皆由象生",就是说"易辞"根本上"由象生",而不是对于象的外在诠释。或者说,"易辞"乃是象的延伸,是象的另一种表现形式。这与笔者"系辞"首先是以言筑象的观点可以相通。另外,"易辞"为"象之所有","每为事之所无",因此,对于"易辞"不能纯从辞"执其解"。就是说,只能从"易之象"解释辞,否则,以辞释辞,则与"易道"之本真本然必是南辕北辙。

从乾卦整体不同爻象的"系辞"筑象中,可以看到乾卦之整体确实是处于"象的流动与转化"的动态。那么,又当怎样体察对这个整体卦象的"系辞"呢?乾卦的整体"系辞"为元亨利贞。对此尚秉和先生根据《说卦》、《彖传》、《象传》、《文言》等的诠释以及他自己的体悟,认为"总之,元亨利贞,春夏秋冬,东南西北,仁义礼智,一二三四,兹数者,合之一之,混之同之,融会贯通,遗貌御神,天人不分。陶冶既久,然后知此四字,已括尽易理,非言诠所能尽"②。这里,需要发问的是:元亨利贞何以能"括尽易理"?或者说,此四字"系辞"怎么从乾卦卦象出来?如果说"系辞"都首先以言筑象,那么元亨利贞所筑何象?从前面的论述可知,乾卦不仅爻象为龙象,而且整体卦象亦为龙象。龙之为想像中的神物祥物,这在中国文化各个层面都能看到,即使在流传至今的俗文化的舞龙中亦可见之。实质上,《说卦》所谓"乾健也",不过是"龙健也"。东西南北、春夏秋冬等象,也是龙象"流动与转化"所展现。龙既然是神物,亦可化为君子,而有仁义礼

① 尚秉和:《周易尚氏学》,第5页,中华书局,1980年。
② 尚秉和:《周易尚氏学》第15~16页。

智;亦可与"太极"或"道"通为一体,从而在"道"数一二三四展开中化育万物。由此可知,龙象乃是"易道"的"原象",是其"大象无形"之象,是其"无物之象"。也就是说,元亨利贞从龙象流出,亦是对龙象的继续塑造,以至使龙象升华为"易道"之"原象"。显然,只有这种"易道"之"原象"或"太极"之象,才能"括尽易理"。

四、"观"的不同层次及其意义

现在,再回到"易道"之"观",上述种种象,都是"观"中之象,都离不开"观"。而不同的象,似乎也有不同的"观"才能把握。在《周易》中显示有多少种象呢?许多都是经验中直观的具象,还有这些象变形的记忆之象、梦中之象等,以及包括某些联想创造在内的意象,如作为象征意义的龙象。此外,就是卦爻之象。这是由"太极"而生与"太极"一体相通之象。在这里,由卦爻辞所筑所描述的诸象,都直接或间接具有经验的直观性。或者说,都可以通过经验直观加以把握。但是,这种把握,例如知道其是什么象,对于把握"易道"并没有什么价值。而只有从这些象中或其中的征兆能"观"出卦爻象之意义来,才有价值。那么这种"观"与前一种"直观"出什么象的"观",显然是不同的。如果说前一种"观"是官觉的直接觉"观",那么后一种"观"则属于超越直接觉"观"的某种开悟之"观"。就是说,后一种"观"能在常人不注意的微茫征兆中,体察到作为宇宙和人世一体相通的"易道"之象。这种对微茫征兆体察之"观",就不是视觉直接观察之"观",而是对"象的流动与转化"的体悟之"观",如老子所说的那样:"万物并作,吾以观其复。"这种"观"能穿透层层有形之象,而通向或把握"无象之象",即通向或把握"太极"之象。所以,这种"易道"之"观",是从有到无之"观",也即"有中见无"之"观"。只有这种"观"能体悟"易道",从而能开显出"原发创生"的大视野和大境界。因此,"易道"之"观"既不是认识论更不是知识论。但并非与认识与知识无关,相反,"易道"之"观"乃是创新认识或知识产生的前提。因为,要突破已有认识和知识,必须有新的视野和新的精神境界。但是,那些并未接触过《周易》或者根本不知道"易道"的艺术家、科学家、思想家不是也做出了发明创造吗?其实,这个问题并不难回答。作为"原发创生"的原创之思,原来就是人的一种本能,在后来受到概念思维异化的压抑和遮蔽的情况下,这种原创之思也没有离人而去,而是以潜在的形态存在于人自身。特别是在儿童和少年时期,由于概念思维还不发达,人这时本能的原创之思比其成年时期要活跃发达得多。在这一时期,人对事物富于好奇心,具有非常活泼的发问精神、乐于不分主客的游戏心态等等,都表现出人具有深厚的原创之思的潜能。

但是,现今时代当本能的原创之思受到压抑和遮蔽的时候,提出"回归原创之思"实在是时代发展和人类自身发展的一种需要。《周易》的思维方式,受到中国和世界许多学者和有识之士的重视和研究,绝不是偶然的。因为,在《周易》中所包含的"原创之思"的思想资源,特别是独特的"象思维",对于现今人们克服概念思维异化,"回归原创之思",具有巨大的启迪意义。以本文所揭示的"易道"之"观"而言,就可以看到,人类原本非常发达的这种"观"的能力和功夫,正在退化。这种"易道"之"观"的能力,是一种内在"原发创生"的能力,在适合的条件下,它是自发"绽放"的,有如春树之发芽,春花之绽放。但是,现在概念思维异化的压抑和遮蔽,则使这种能力在萎缩。培养这种能力的功夫,也是一种内在解放的功夫。就是说,要把概念思维异化在人们内心造成的压抑和遮蔽祛除,使精神获得一种新的解放。现在,人们都依赖于已有,"从有到有"。相反,人们忘记了"从有到无"开拓思维时空的意义,更不知道"有生于无"的"原发创生"。人们总是滔滔不绝地谈论已有知识和思想,包括对这些知识和思想的重组,而不思或很少去思"有生于无"的"原发创生"。人们以为自己很有知识和思想,其实都是别人的知识和思想。真正属于自己的,倒是虚无。中国学界目前所说的"失语症",就是这种似有而实际虚无的状态。

(作者单位:中国社会科学院哲学研究所)

度于本末之间

——王艮出处观之研究

◇黄卓越

王艮《答问补遗》自述其近期所获云："惟《大学》乃孔门经理万世的一部完书，吃紧处惟在'止至善'及'格物致知'四字本旨，二千年来未有定论矣。某近理会，却不用增一字解释，本义自足。"①指的便是颇负声名的"淮南格物"说，且对之自视甚高。通观现存的相关材料，王艮对格物论的论述大致可分为核心论述与延伸性论述两个部分，其核心论述部分主要围绕着《大学》文本展开，包括对《大学》中"三纲领"、"致知格物"等条目及"修身为本"等文句的解释，其中"格物"被看做全篇中具有总摄性意义，进而能提掇其他诸理论要素的一个中心概念。王艮通过对《大学》的透彻玩味，以为历来对"格物"的理解均未得要领，需要作出新的解释，根据他的理会：

> "格"如"格式"之格，即后"絜矩"之谓。吾身是个"矩"，天下国家是个"方"。絜矩则知方之不正，由矩之不正也，是以只去正矩，却不在方上求。矩正则方正矣，方正则成格矣，故曰"物格"。吾身对上下、前后、左右是"物"，絜矩是格也，"其本乱而末治者否矣"一句，便见絜矩"格"字之义。②

由以上训释可知，王艮之解"格物"已与最有代表性的朱熹解为"穷理"、阳明解为"正心"大异其趣。"格物"不是一种单向求取的功夫（或求知，或去欲），而是一种"度于本末之间"，即在两个以上对象（"物"）之间的"比则推度"，以便确立其主次的关系。也不是正、诚、致、格之修身系统中的功夫之一，而是处于"八条目"竟至"修身"为本之先与之上的"学问大机括"。以王栋的解释，《大学》原只以"修身"为本，之所以要推原出"格物"一义，"只是挨寻追究出学问头脑，使学者得其要领，有下手处耳"。而根据这一重新证明并带有总摄性意义的格物论思想，在三纲领中，王艮便确立了以"吾身"为本、以"亲民"为末的原则，将之贯穿于《大学》其后的文字中，与"壹是皆以修身为本"一句及以下的意思（"其本乱而末治者否矣"等）又恰好是可对应的，并同时可将其他的概念均贯通

---

① 《王心斋先生遗集》卷一《答问补遗》，清宣统二年东台袁氏据原刻本重编校排本。

② 《答问补遗》。

起来解释，使之条畅无碍。从这个意义上说，王艮的格物论也就是确定本末之次第的本末论。

当然，王艮对《大学》的解释，或其格物论的创辟之处不仅仅限于这些，其中最为重要的便是他对三纲领中“止至善”一语的补义，即其所谓除“格物”以外而实际上是在格物之内的另一应当“吃紧处”。其文曰：

> “明明德”以立体，“亲民”以达用，体用一致，阳明先师辨之悉矣。此尧舜之道也。更有甚不明？但谓“至善”为心之本体，却与明德无别，恐非本旨。“明德”即言心之本体矣，三揭“在”字，自唤省得分明。孔子精蕴立极，独发“安身”之义，正在此。尧舜“执中”之传，以至孔子，无非“明明德”、“亲民”之学，独未知“安身”一义。乃未有能“止至善”者。故孔子悟透此道理，却于“明明德”、“亲民”中立起一个极来，故又说个“在止于至善”。“止至善”者，安身也，安身者，立天下之大本也。本治而末治，正己而物正也，“大人之学”也。①

对《大学》三纲领中“在止于至善”的解释，传统一般都偏于将它做抽象的处理，以其作为前二义项即“亲民”与“明明德”所达到的一种至高目标，并不赋予其实义，比如朱熹释之为“言明明德、亲民，皆当至于至善之地而不迁”②，阳明《大学问》表示的意见类同：“至善者，明德、亲民之极则也。……止至善之于明德、亲民也，犹之规矩之于方圆也，尺度之于长短也，权衡之于轻重也。”③而王艮将之释为“安身”，这实际上也就在三纲领或云是整个《大学》的文本系统中增入一个新的意义，并同时将格物论意指的“吾身”为本的概念更进一步明确化了，即落实到“安身”的意义上。很明显，王艮并不同意阳明的说法，以为阳明的贡献主要限于对“明德”的阐释，而他自己对“止至善”意义的发覆则属思想史上的一个独创，故此可称为是对“二千年来未有定论”的一次突破。而经过分析可知，无论是其意谓的“修身”还是“安身”，这些概念所反身面对的都是同一个自我之“身”，因而，以身为本便被看做是王艮格物论所追求的一个中心旨趣。

王艮格物论首先阐明的是一个本末的问题，对此命题的具体的讨论笔者已有另文专述，但要对格物论作深入的参悟，还需了解他的出处观。出处观与格物论密切相连，可视为是对格物论思想的一种延展性论证。这是因为，格物论在撇开出处观而单方面存在的情况下，还仅仅是一种抽象理念、抽象话题，故仍需要将其置于一定的语境中加以辨识与确认，比如一个儒者在进入到具体的社会场域中之后，是选择出呢还是选择处，怎样出与怎样处，出、处之时究竟应该干什么，等等，这些都贯穿着一个如何处理格物论原则，即如何更好地处理本末、内外

---

① 《答问补遗》。

② 见《四书章句集注》，中华书局，1983 年。后所引《大学》经传皆出自于此，不再另注。

③ 《王阳明全集》卷二十六《大学问》，上海古籍出版社，1992 年。

关系，以保证“本末一贯”的问题，或说是如何更好地“絜矩”的问题。

在一般性讨论的格物论中，王艮着重强调了作为“本”而存在的“身”、“己”的重要性，突出了“身”、“己”在格物论架构中的地位。但孤立的“身”、“己”的追求并非儒学原旨，且有可能滑入到异端他说之中，因此，依然需要回到“末”所提供的意义区域中来，在本末贯通的义域内来探讨身、己行为的途径，或说是“尊本”的途径。在这里，“末”是一个值得认真理会与对待的概念，这可以由两个方面来看，第一，“末”规定了“本”的意义内涵，这个在《大学》中确定的己身必然是个儒者之身，由此也必然生存在与他人的关系中，是一个为他人的生存价值所规定的己身。第二，“末”规定了“本”的实践空间，即这个己身是处于“家国天下”的活动框架及由之伴随的各种事件冲突的网络之中的己身，因此其活动必然受到外部世界的多种限制。这些决定了对“本”的理解不能脱离“末”所提供的意义场域。全面地考察王艮对格物论的表述，我们可以看到这种本末论所含有的两种思考路向，一是分清主次，另一是本末一贯。二者是同样重要并相互联系的，关于此，王艮也曾屡有所及，如云：“知明明德而不知亲民，遗末也，非‘万物一体之德’也；知明德、亲民而不知安身，失本也，‘其本乱而末治者否矣’……”①对末的重视，被看做是“万物一体之德”，这种思想在王艮的学说中同样占据着十分重要的地位，由此而体现出他与当时许多心学家之间所存在的一些差异，并赋予了其学说十分鲜明的入世情怀。同时，也就将自己直接置入于一种较为确定的现世政治及其冲突的认知构型之中。因而强调“本”，即己身所具有的优先性，主要还是就一种策略上的选择而言的，并不意味着“末”就是无关紧要或可随意忽视的，恰恰相反，对末的重视，以至达成本末一贯之思路与效果，同样是王艮格物说的一个重要主题。也正因此，在确立了以吾身为本的原则之后，依然需要再次回到与“末”所关联的义域中，来探讨尊本的规律及己身实现的方式，这也就是王艮出处观之提出的理由之所在。借此可知，除本末论以外，出处观可看做是淮南格物的另一理论要点。

王艮对出处观的思索沉浸日久，既依据于对儒学原始经籍的熟读，同时又结合了自己深刻体会的社会履历，使二者达到了逻辑上的很好对接。就其表述涉及的问题，根据我们的整理，可概括为以下两个主要的方面。本文对这两个方面的阐述着重在对其所使用诸概念的学理性疏通，并试图探察其所含容的重大理论意义，借此能对王艮的思想有些新的发掘与展示。

一、潜龙/见龙/飞龙

王艮对出处观的思考与表达，首先与其对《周易》的精读与理解有密切的关

① 《答问补遗》。

系。王艮平生甚喜易学,常置于口,仅据其《王心斋先生遗集》卷一的《语录》部分,即引《易》达23条之多(还不包括同条中重出的),而多数又都与其出处观有关。很显然,以格物论的标准来看,《大学》的论证还仅限于本末论的意义上,对进一步的出处观却难以提供理论的证明,因此就需要借助于其他的文本材料进行。可以说,正是通过对易学中诸概念的汲用,王艮确立了一套能够具体说明其出处观的基本语言,并借助于本末论这一津梁,成功地辅证了经由对《大学》的解释所确立的格物论思想,在两部不同的早期经籍间建立起了理论上的特殊联系。过去的研究对此多有疏漏,因此需要做集中阐述。

首先是潜/见说。"潜"/"见"这一对概念出自《周易》之"乾"卦,其初九之爻曰"潜龙勿用",《文言》托孔子之言释之为:"龙德而隐者也。不易乎世,不成乎名,遁世无闷,不见世而无闷;乐者行之,忧者违之,确乎其不可拔,潜龙也。""见龙"说见于九二之爻:"见龙在田,利见大人。"《文言》释之曰:"龙德而正中者也。庸言之行,庸言之谨;闲邪存其诚,善世而不伐,德博而化,《易》曰'见龙在田,利见大人',君德也。"可见《文言》已对《周易》的原始卦爻做了合于儒家观念的阐释,并将卦爻辞中原有的自上而下、由弱至强而不断生长的意义连贯性做了某种相对的分割,以潜龙喻"隐者",而以见龙喻无位之君,即指两类不同的人。

王艮对潜/见的解释基本上依此而来,如其谓二者之区分:"见龙,可得而见之谓也;潜龙,则不可得而见。惟人皆可得而见,故'利见大人'。"①即依照王艮的思维方式,以非常简洁的语词道出了二者的差异:关键是有没有"见",即见世的问题。下面《语录》所载一段话对之有更详确的解释:

> 孔子谓"二三子以我为隐乎",此"隐"字对"见"字说。孔子在当时虽不仕,而"无行不与二三子",是修身讲学以"见"于世,未尝一日"隐"也。隐则如丈人、沮、溺之徒,绝人避世,而与鸟兽同群者是已。乾,初九,"不易乎世",故曰"龙德而隐",九二,"善世不伐",故曰"见龙在田"。观桀溺曰"滔滔者天下皆是也。而谁以易之",非"隐"而何?孔子曰"天下有道,丘不与易也",非"见"而何?

潜/见命题的提出涉及到一系列重大的原则性问题,比如保身与经世、安身与经世,甚至修身与经世等的关系。王艮自己有著名的"保身"说,主要是指生理上的安保,从对主体生命的保护看,与安身的含义大致相同,王艮述之备详。对之的突出强调体现了王艮特殊的理论用意。但是对之的单方面执著,也容易导致绝人避世的隐者行为,即所谓的"潜龙勿用",这必然有悖于儒者的基本旨趣,如《文言》曰:"君子以成德为行,日可见之行也。潜之为言也,隐而未见,行而未成,是以君子弗用有也。"也正是在这个意义上,"见龙"的概念有其在对比

① 《王心斋先生遗集》卷一,《语录》。

之中呈露的独特价值。一方面，见龙位在九二，虽已出潜离隐，但毕竟仍居地上，在下卦中处中爻，阳刚渐露，未呈危象，故此而也含保身、安身之义。在《与薛中离》一信中，王艮写道："弟近悟得阴者阳之根，屈者伸之源。孟子曰'不得志，则修身见于世'，此便是见龙之屈，利物之源也。"①句中描绘了"见龙"具有"屈"的特征，主于"阴"。另一方面，见龙已如阳气发出地面，"天下文明"，有善世之行，德化之功，具有一种泛人类化的倾向，即王艮所称的"一体之仁"，而非个体人身之安，由此而与儒家的经世原则相吻合。见于世的一面，当是见龙主于阳的那一个侧面，也当是见龙之有别于潜龙的要点所在。在王艮对见龙性样的阐述中，有两组概念还需要做些解释。

首先是上引孔子"无行不与二三子"之语，王艮对之有多处表述，如在《答太守任公》一文中，王艮曰："孔子曰'吾无隐乎尔。吾无行而不与二三子者，是丘也'，亦所谓'修身见于世'也。修身见于世，然后能利见大人，能利见大人，然后能不负所举矣。"②"利见大人"一语见于乾卦中的九二爻辞，可知"无行不与二三子"指的便是见龙的施为，与隐者的状况相对。又如《语录》载："曾点'童冠舞雩'之乐，正与孔子'无行不与二三子'之意同，故喟然与之。只以三子所言为非，便是他狂处。"而在另一段文字中我们看到："先生问门人曰：'孔子与点之意何如?'对曰：'点得见龙之体，故与之也。'"王艮对这样的回答是默认的，因而可知这里的"无行不与二三子"讲的也是"见龙"之事，表示愿意与人群在一起，这一引据的使用以隐括的方式体现了王艮"一体之仁"的思想，从而使之与无关世事、特立独行的隐者在意念上区分开来。

再就是上引"修身见于世"一语，原见于孟子《尽心》章，与"得志，泽加于民"相对而称，指穷独避世之时的一种选择。我们知道，"修身"是《大学》所谓的"本"之所在，王艮对之十分重视，但如果仅限于此，还只能成为一个道德自我完善之人，如《文言》中所概况的"龙德而隐者"，因而单方面所述的修身还只限于对私人空间的一种道德构筑，从某种意义上看甚至有可能导致反人类的倾向。对之，王艮以为并不可取，如其曾谓"危其身于天地万物者，谓之失本；洁其身于天地万物者，谓之遗末"③，即"世之知明德而不亲民者，固不足以与此"④，可视之为是知本而遗末者。这点也体现在他对陶渊明的评价中，以为"陶渊明丧后归辞只叹，乃欲息交绝游，此又是丧心失志。周子谓其为隐者之流，不得为中正之道"⑤。《文言》解九二爻有"龙德而中正者"，故知此文内"中正"一语是指见

① 《王心斋先生遗集》卷二《尺牍密证》。

② 《尺牍密证》。

③ 《语录》。

④ 《尺牍密证·答邹东廓先生》。

⑤ 《尺牍密证·与薛中离》。

龙所处之爻位,即居下卦之中爻而取其正者。因此,必须在“修身”之后置入“见于世”的概念,以“见于世”对“修身”做出新的限定,“见”即见龙之见,带有“万物一体”之愿,即王艮另处所说的“隐居以求其志,求‘万物一体’之志也”①。

由此可见,对“见龙”所含意义的阐述,也就是意在表述对本末论进而是格物论的一种完备看法,潜、见二爻均由于处于六爻之下位,修身而能获安保,无危亡侵夺之患,可谓事“本”有方,但只有在“见”于世的情况下,才能兼顾本末,不因护本而遗失对末的伸张。同时,见龙之述也对其出处观作了一个基本描述,提出了如何兼顾出处,从而解决处不遗出、出而在处的问题。在当时王学理论发展日益趋内的情况下,这种论述无疑带有明白的警示意味。

此外,在王艮的论述中,与见龙相对而称的,还有“飞龙”的概念。王艮《语录》云:“飞龙在天,上治也,圣人治于上也;见龙在田,天下文明,圣人治于下也。惟此二爻,皆谓之‘大人’,故在下必治,在上必治。”飞龙为乾卦九五之称,居上卦之中,亦为卦中最佳之位,“位乎天德”,旧称为“君位”,爻辞曰“飞龙在天,利见大人”,可看做是对之的形象说明。王艮认为在乾之六爻中只有九二见龙与九五飞龙有“利见大人”之释辞,关及乎治平之事,从而指出了二者最为重要的共同之处。关于这点,王艮也曾多次借“下治”之孔子(见龙)与“上治”之尧舜、文王(飞龙)的事例做了说明,如在《勉仁方》中曰:“观夫尧舜、文王、孔子之学,其同可知矣,其位分虽有上下之殊,然其为天地立心,为生民立命则一也。”②在《答邹东廓先生》中曰:“昔者,尧舜不得禹、皋陶为己忧,孔子不得颜曾为己忧,其位分虽有上下之殊,然其为天地立心,为生民立命,则一也。是故尧舜孔曾相传授受者,此学而已。”二者同在“一体之仁”,具有深切的公共性关怀,而非单纯的独修为己之学,并由此构成了一种深长的学术渊源。

相对而言,在王艮看来,见龙与飞龙之间的差异是更值得关注的,这点可以借助其不断展开的有关孔子与尧舜等的讨论而得以进一步印证。如《语录》云:“学者但知孟子辨夷子、告子有功于圣门,不知其辨尧舜、孔子处,极有功于圣门。”可知其是将这种分辨视若一种具有极高思想史价值的问题。可以说,以上所云孔子与尧舜的共同处,正好是前一辨所澄清的内容。而后一辨,即孔子与尧舜之差异处,统观王艮的阐述,主要有两个方面:第一,即所谓的有位无位。《正义》云:“九二居中不偏,然不如九五居尊得位,故但云‘龙德而正中者也’。”这种有位无位是在爻变之中即已确定了的,虽然二者的目的一致,即都在于为仁,但由于所居之位的差异,故二者的工作及其内容也是有差异的,王艮曾谈到舜与孔子之别时说:“舜自耕稼陶渔,以至为帝,无非取诸人者;孔子则自不暇耕稼陶

① 《语录》。
② 《王心斋先生遗集》卷一。

渔,无非与诸人者。故曰:‘吾无行而不与二三子者,是丘也’。”[①]这里指出了孔子一生工作的一个特殊之处便是以讲学、教民为主,不是居位而治,而是无位而治。然而正是这点形成了孔子对于尧舜的一种胜出,在下面的一段文字中王艮在引用了宰我、子贡、孟子盛赞孔子贤于尧舜等的话后云:“盖尧舜之治天下,以德感人者也,故民曰:‘帝力何有于我哉!’故有此位,乃有此治。孔子曰:‘吾无行不与二三子者,是丘也。’只是‘学不厌,教不倦’,便是致中和,位天地,育万物,便做了尧舜事业,以至简至易之道,视天下如家常事,随时随处无歇手地,故孔子为独盛也。”[②]孔子以无位而能做出与尧舜同样的事业,完成同样的使命,开辟了一种新的践道方式与育化方式,不仅更显出其精神的皇大,而且也是众人可以仿习的。如果我们考虑到王艮自身所处的在野讲学的情况,那么对孔子经历的认同当有其独特的现实寄予,无位当然也是自己目前处境的一种写照。飞龙概念的引入并以之作为见龙概念的一种参照,同时还提出了一个成圣途径的问题,即存在着不同的成圣道路,对于无位者来说,也可以通过确立自己的工作基点而走向成圣之路。由此可知这一分辨是十分重要的。

第二,孔子与尧舜的另一个差异即尧舜主“性善”之学,而孔子承其学则又另举“出处”之要。正如《答问补遗》所云:“尧舜执中之传,以至孔子,无非明明德、亲民之学,独未知安身一义,乃未能有‘止至善’者。”可知出处问题也是安身与止至善的问题。按《易》的安排,飞龙位在九五,本身即全在“出”中,而且“先天而天弗违,后天而奉天时,天且弗违,而况于人乎?”[③]故并不存在出处的问题。但见龙表示的则是出处选择的汇聚点或云是它的一种结果,因此在解决心性论问题(如性善等)的同时,不能不论自身的出处,同时也不能不论保身、安身、尊身等,这既是所在境域对个人提出的一种强行性要求,也是更好地完成道德使命的规定性前提,尽管在理论上我们可能会回避它,忽视它,但却是在现实中难以躲避的,故此也应正式地、隆重其事地将之引入到学理化的讨论之中。由此再次可见分辨见/飞两概念之间差异的重要性。

二、入仕与为师

见龙与潜龙的差异在于隐与出的问题,见龙与飞龙的差异在于有位与无位的问题。此外,在同样是“出”的问题上也还存在着一个怎样出、为什么出的问题,比如为仕是出的一种重要方式,历来的儒者多将自己的生涯寄附其上,因而为仕而出也是最为普遍的一种儒者经验,且长期下来已经习以为常,竟至对之失

---

① 《语录》。

② 《语录》。

③ 《文言》。

去了必要的反思(或简单地弃之而去,堕入于庄老、隐者之流)。那么,究竟应当怎样评价这一路向上的选择,及这种选择在已经确认的“见龙”的认知标尺上又体现为怎样的价值可能?诸如此类的问题,都将成为一种较为完整的出处观中难以省略的部分,并会延伸于对其所寄附体制而作的基本认识与判断。相对于以上所云见/潜、见/飞之间的辨识,这一方面的思考似更多受到王艮的关注,并且有许多的分析依然是参照其对易学的体会来进行的。过去有学者曾做过一些这一方面的评述,今需将其置于与前面的论述相贯通的思路上做更进一步的系统性阐析。

先来看王艮对出仕的看法。王艮有“君子之欲仕,仁也”的说法,以为为仕是一种值得肯定的选择。艮又有“孔子知本,故仕、止、久、速,各当其时”的说法,这是在安身保本的意义上而言的,同时也表明了对出仕的态度,以为可以出仕,但要充分考虑时与身的因素,而孔子本人也曾有过为官的经历。但是就总体上的判断(或云就其更愿望看到的)来看,王艮并不赞成以出仕来求道、行道,这点可以从以下的述论中得以证明。

首先是从为仕的动机上看,王艮以为无非可以两类归之,一是为获禄而仕,另一是为行道而仕。王艮对之的几处表达形成了不同的语义层次,可据此考察其真实的意图。在一节文字中,王艮曰:“有为行道而仕者,行道而仕,敬焉,信焉,尊焉可也。有为贫而仕者,为贫而仕,在乎尽职,‘会计当’,‘牛羊茁壮长’而已矣。”①一是为行道而仕,王艮称“敬焉、信焉、尊焉”,“敬”、“信”见于王艮另一段言辞:“出必为帝者师,言必尊信吾修身立本之学,足以起人君之敬信,来王者之取法”②,是指人君对仕者的重用态度。“尊”即尊身,有他人尊己之身与自己尊己之身两个方向上形成的意思,以前者言,与敬、信意同。但这只是在理想状态下所做的一种描绘,并不等于在一般情况下也能行得通。因为在王艮看来,当处于既定的体制内时,“行道”的主动权是掌握在君主而非为其服务的儒者手中的,因而儒者是无法决定意愿之运行方向及结果的。就这个意义上讲,儒者更佳的选择还不如“待价而沽”,并非即以出仕为好。因此,相对于在体制中行道的主意,王艮远为重视在体制外的待守。比如《语录》举孔子的例子:“孟子曰:‘惟大人为能格君子之非’,孔子曰:‘沽之哉,沽之哉,我待价者也’,待价而沽,然后能格君心之非。”这也可以从王艮对易理的阐发得以更透彻的了解,如其引《易》曰:“阴者阳之根,屈者伸之源,屯卦初爻,便是圣人‘济屯’起手处。”这是指“屯”卦初九的含义,释辞有“磐桓”一语,《王注》以为“不可以进,故磐桓也”,由此而知是主张有待而反对遽进的。如又曰:“当屯难,而‘乘马班如’者,要在上有君相之明,‘求而往,明也’。‘女子贞不字,十年乃字’,相时耳。此君子出处

---

① 《语录》。

② 《语录》。以下接引均见《语录》。

之节也。"其中王艮所引主要是屯卦六二的说法，以女子守闺十年，不急于出嫁来阐讲守贞不进的意义，必须至六四"明也"，才可往，这样的话，儒者也就可将运筹世事的主动权掌握在了自己的手中。

关于为禄而仕，因为与解决生存问题有关，故王艮对之取理解的态度，但依然以为不能将之与行道混为一谈，两种意愿是有区别的，概念上不可偷换，如其曰："若为仕禄，则'乘田'，'委吏'，'牛羊茁壮'，'会计当'，尽其职而已矣，道在其中，而非所以行道也。"①并提出了"不为禄仕，则莫之为矣"，即如果不因贫困求禄的话，就无须进入于仕途之中。在《答宗尚恩》一信中，王艮写道："昔者孔子为禄而仕，为乘田必曰'牛羊茁壮长'而已矣；为委吏必曰'会计当'而已矣。牛羊不茁壮，会计不当，是不能尽其职，是为不及牛羊茁壮、会计当而不已者，是为出位之思，是为过之。过与不及，皆自取其罪过。"②虽对此也不能一概论之（如同文后云"为禄为道，无入而不自得者，有命存焉"），但王艮还是认为两种意愿应当各行其职，既要求禄又想行道，已是出位之思，儒者不为。这样，王艮基本上已经将为行道而入仕与在求禄中行道两类做法均给出了一个否定的回答。

对于不赞成为行道而入仕，可能还有较为隐蔽一些的原因，但主要的理由大致可归纳为两个方面，即一是存在着保身的问题，二是存在着尊身的问题。关于保身，仍然可以以《易》之原理来印证之。王艮曾在几处提到过乾卦"九三"的含义，据《文言》："九三重刚而不中，上不在天，下不在田。""上不在天，下不在田"指其处飞龙与见龙之间，已经离开见龙的隐伏之所，而悬于"不中"（指九三在下卦之上）之位，处境较为艰危，故《系辞下传》又有"三多凶"、"四多惧"之说。王艮为此而将之比为出仕的境况。在给宗尚恩的信中，王艮就曾谈道："进修苟未精彻，便欲履此九三危地，某所未许。有疑，尚当过我讲破。"③又在给徐樾的信中曰："今吾子直居九三危地，而为过中之爻，乃能乾乾夕惕，敬慎不败，如此是能善补过也，故无咎。"指的都是入仕的情况，并将九三视作"危地"，因此而自然存在着一保身困难的问题。当然，这也不是绝对的，王艮以为只要能做到《易》中所云之"乾乾夕惕"，依然可虽危而无咎。但从总体上看，这并不是一个上策。因为除此以外，事实上还存在着一个尊身的问题。

尊身与保身是有所差异的两个概念，不能将之简单地混同一事（如有些论者所述）。王艮有著名的《明哲保身论》，所指的欲保之身即实存之身的安保，在其他叙述中这一概念的内涵一直是较为稳定的。相对而言，尊身虽然也有一个保身的前提，并具有一个共同指向的身体框架，但却在其中附加入了更多的意义

---

① 《语录》。

② 《尺牍密证》。

③ 《尺牍密证·答宗尚恩》。

内涵,如其曰:"'危邦不入,乱邦不居',道尊而身不辱,其知几乎。"①这个"身"已不单单是物质之身,而是包含有自尊性人格的禀赋。在与其门生徐樾的一段对话中,王艮对之有更精确的说明:"身与道原是一件,至尊者此道,至尊者此身。尊身不尊道不谓之尊身,尊道不尊身不谓之尊道。须道尊身尊,才是至善。故曰:'天下有道,以道殉身,天下无道,以身殉道',必'不以道殉乎人'。"②即尊身之身是含有道的内容,与道是一体之物。将两者分离开来,失去道,其身也无法得尊;失去了身,其道便也同样会落空,因而尊身的概念贯穿着儒者崇高的社会理念,进而是不可侵凌的人格品性,不单单是从身体的框架上所作的一种认证。在紧接上面的一段论述中,王艮又有更具体的解释:

……使有王者作,必来取法,致敬尽礼,学焉,而后臣之。然后言听计从,不劳而王。如或不可则去。"仕止久速","精义入神","见几而作,不俟终日","避世,避地,避言,避色",如神龙变化,莫之能测。《易》曰"匪我求童蒙,童蒙求我",又曰"求而往,明也","动静不失其时,其道光明",见险而能知止矣。或曰"君子之守身,修其身而天下平",若"以道从人,妾妇之道"也。己不能尊信,又岂能使彼尊信哉?及"君有过",却"从而谏",或不听,便至于"辱且危"。故孔子曰"清斯濯缨,浊斯濯足,自取之也"。

在这段文字中,应当密切注意这个尊身之儒所处的位置,即虽然他也可能暂时靠近或进入体制之中,但首先具有一种自由之身,而这个自由的身份又是以在野者而非体制的赎身者为前提的,即其立足点必在体制之外,以故一面能够出入自由,即"如或不可则去",另一面又能待价而沽,让王者来求请于他,而不是他有求于王者,即"匪我求童蒙,童蒙求我"。在此后写给徐樾的信中,王艮又一次论及于此:"子直闻我至尊者道,至尊者身,然后与道合一,随时即欲解官,善道于此可见。"③可知尊身是与解官联系在一起的,单单的保身则在体制内也可能做到。也惟其找到这样一种位置,相对于那个在自身以外运作的强大客体来讲,这个己身才有可能是自我决定的,可以掌握自己之命运,做到身保与身尊的。这当然便是已为论证的"见龙"所居的位置,也就是尊身论为自己找到的那个位置。

在尊身论所述之道与身的关系中,我们也再一次与淮南格物论的表述逻辑相衔接了,即末是依赖于本而存在与实行的,没有独立的"天下国家"之事,它必然是通过一定的"身"来贯彻与反映的,同样也没有独立存在的道,道是依附于一定的身而隐显存亡的。因而身的独立,保证了道的独立,反之,身是受到奴役之身,道也自然无处寄予。

---

① 《语录》。
② 《答问补遗》。
③ 《尺牍密证·再与徐子直》。

但是这个在野的位置，并不是如隐者那样无所作为的，就儒者的使命来说他应当依然承受着儒者的职责，这样也就进入到了王艮另一重要的论题之中，即关于师道的论述。以上我们看到，王艮曾多次征引“吾无行不与二三子者”一语，是为了说明孔子的职业定位是在讲学，即为师之道。王艮又曰：孔子“只是‘学不厌，教不倦’，便是致中和，位天地，育万物”，“孔子学不厌，而教不倦，便是位育之功”①等等，这里所说的“学”与“教”也是指的为师之道。“师”的命题在王艮的学说中占有极为重要的地位，并且可以有几种不同的论证路径至达这一命题。措而论之，其一，师是由于“不忍人之心”②，故由己达人，己立而人立，这属于本末论的路径；其二，师是由于刑措之无助，而当以“教之有方”③，使达中和位育，这属于王道论的路径；其三，师是由于“经世之业，莫先于讲学以兴起人才”④，这属于人才论的路径；其四，师是由于出入皆能立足于自我，“匪我求童蒙，童蒙求我”，这属于出处论的路径；等等。而几种路径之间又都是完全能够接通的，或可以以一种路径的解说提起其他数种路径的意义来。

为师讲学，如以出处论的视角来看，非全出，也非全处，而是居于二者之间，立足于处，但又显示于出，这实际上也就是“见龙”的位置，而为师讲学则是见龙所为之职。这点，同样可为《易》理所明证，如《象》释见龙曰“德普施也”，意道德恩施遍及于物。《文言》释之曰“天下文明”，又曰“善世而不伐，德博而化”，“君子学以聚之，问以辩之”，均意指该位的特性是尚在田野（“在田”），未入政体，以学讲为业，善德教化，之于天下。上引王艮论述见龙，也有“九二，善世不伐”语，并云孔子“无行不与二三子”，“是修身讲学以‘见’于世”，当是在职业特性上对《周易》所说内容的一种认同，即所从事的是一种以“文”“化”之的“文化”活动，就其活动设置来说无非讲教、学辩一类。王艮又曰“圣人虽时乘六龙以御天，然必当以见龙为家舍”，而后一句话应当是对之的具体解释：“六阳从地起，故经世之业，莫先于讲学以兴起人才，古人‘位天地育万物’，‘不袭时位者’也。”指出了乾卦六爻（尤其是九五飞龙）对九二见龙之位的依赖，见龙之讲教活动虽属“不袭时位者”，但却是经世之业的一种广泛的基础。由此我们见到，其中所用的仍是易学的原理，从而在绕了一圈之后，又回到了见龙的基本概念上来了。当然更重要的或许还是讲教活动本身也可以不倚赖于体制而达到位育的实效，因为在王艮这一类儒者看来，虽然体制化的行政过程也仍然是需要的，故有必要以讲教来影响体制内的行为，但天下治平的标志则是在于风俗的改造与文化的推行，而这些均是在体制之外即可进行的，即“不论有位无位，孔子学不厌，

---

① 《语录》。

② 《语录》。

③ 《王心斋先生遗集》卷二，《王道论》。

④ 《语录》。以下接引均见《语录》。

而教不倦,便是位育之功”。总起来看,讲教活动的针对性便是两方面的,用王艮的话来说即是:出为帝者师,处为天下万世师。这句话阐明了王艮师道观与出处观间的一些深刻关系。

对于此,需要征引一下王艮关于师道的那段著名言论来探视其实际的想法:

> 门人问:“先生云出则为帝者师,然则天下无为人臣者矣?”曰:“不然。学也者,所以学为师也,学为长也,学为君也。帝者尊信吾道,而吾道传于帝,是为帝者师也。吾道传于公卿大夫,是为公卿大夫师也。不待其尊信,而衒玉以求售,则为人役,是在我者不能自为之主宰矣,其道何由而得行哉?道既不行,虽出,徒出也。若为禄仕,则‘乘田’,‘委吏’,‘牛羊茁壮’,‘会计当’,尽其职而已矣,道在其中,而非所以行道也。不为禄仕,则莫之为矣。故吾人必须讲明此学,实有诸己,大本达道,洞然无疑,有此把握在手,随时随处,无入而非行道矣。有王者作,必来取法,是为王者师也。使天下明此学,则天下治矣。是故出不为帝者师,是漫然苟出,则反累其身,则失其本矣;处不为天下万世师,是独善其身,而不讲明此学,则遗末矣。皆小成也。故本末一贯,合内外之道也。”①

将其分析开来看,与我们当前的讨论有关,这段话表述了这样一些意思:第一,当门人问其如果将出则为天下师作为一种原则来看的话,那么是否就否定了出仕的途径,从王艮的回答看,他以为学而有成的途径依然是多样的(如学为长,学为君),这是就一般的意义上来说的,虽然王艮并没有对之作出明确的限定,但很明显,其中所说的为师之道依然是在特殊的意义上来论述的,至少他所希冀的那种人,他所希冀的那种理想状态的活动方式,是应当作为师与师道而存在的,而不是出为仕者。也正因此,当曾有人以伊尹、傅说称颂王艮时,王艮明确地答复说“伊、傅之事我不能,伊、傅之学我不由”②,并声明自己所愿学者是孔子之道。而当为帝者师这一点也同样表明了王艮的一种坚信,即师道高于各种仕途,抽象的理念高于体制的权威。第二,为师之道既是无位者的一种处况,也是一种待售方式,只有在遇上明君之后,前来取法,则道可行而身可尊。随意苟出,在未得到尊信的情况下即进入体制,必将造成为人役的局面,而身之被役,不仅安身之事难保,道也无以得行。不为行道(为仕禄)而进入体制尚可解释,但若是为行道,则主体是受役的,与主体联系为一体的道也必然是以屈辱的方式存在的。这种推论,从一个角度反映了王艮对现有体制的深刻洞察,对体制与生存、体制与道之间固有的一种对反关系的清醒认识。第三,为师之道也是一种有诸己的立本方式,即其所谓“修身以立本”的方式,只要本立,即确立了自我的主宰,那么无论是出还是处,均可推行自己的主张,“随时随处,无入而非行道”也。

---

① 《语录》。

② 《语录》。

因而无论是出与处，都应当选择为师这样一种立身安命的坐标，在这个意义上言，出与处所指向之“师”实际上又是同一个师，区别只在达时而可为帝者师，未达时则为天下师。当然，如果全面地看待这一问题，事实上，在“出为帝者师”与“处为天下万世师”之间，即教君主与“教民”之间，王艮还是更偏向于后者的，虽然都首先立足于在野的位置，但前者依然有个有待的问题，其主动性是受到限制的，后者则无须对外的依赖便可达到普遍化的效果。

以上，我们从出处观的角度论述了王艮对师道的主要见解，师道的确立，既是王艮出处观也是其格物论的最后一个立脚之点。在整个演绎过程中，我们看到，王艮对现有的体制化模式及权力组织形式是有透彻认识的，故此而坚执地认同一种民间化的立场与体制外生存的取向，及相信可以借此而创建出一种在野而影响世界的方式，具体而言，也就是以讲学与教民的方式来改造世界。王艮以为，这也是孔子与孟子等儒家创始人当年曾选择的道路，而在今天看来，也当是一种有别于过去儒者的新的实践方式，惟其如此，才能保证儒家原则与本末论精神的成功贯彻。毫无疑问，这样的思虑如置于宋明理学发展的线路上看，是具有重大思想史构创意义的。同时，透过王艮的概念化表述，我们也能感知到中晚明社会变动给之带来的深刻影响。在王艮之语言展开的背后，是一场思想权力外移的过程，明前期那种只有进入体制才能作为于世的儒家政治模式在多种要素的激烈冲击下正身届衰暮之秋，与之相伴随的则是新兴的底层知识分子在边缘的崛起，并通过他们的思考酝酿着对文化主动权的积极探求。

（作者单位：北京语言大学人文学院）

刁包易学中的人性修养论

◇汪学群

刁包生于明万历三十一年(1603),卒于清康熙八年(1669),字蒙吉,号用六,河北祁州人。他少承家学,明天启丁卯(1627)中举,再赴礼闱不售,遂弃举子业。时天下将乱,卜筑城隅,以道学自任,署其斋曰"潜室",亭曰"肥遁",读书其中,学者归之。及入清,终身不出。孙奇逢避难南下过祁州,留与讲学,心向往之,既而读高攀龙书,又南游至无锡,尽读高书,遂称私淑弟子,服膺之至,至死不渝。

刁包论学由高子上溯程朱以及孔孟,学者遂谓其"私淑梁溪高氏,尊程朱而抑陆王"。刁包尤尊朱熹,他曾说:"以予观之,朱子集诸儒之大成,其学几颜子而功加多,其功几孟子而学加密;在圣门中庶乎中行者矣。象山款悟,当如子贡,文学当如子游、子夏,升堂之入室,固未可同年而语也。"①孔子集大成而成圣,朱子亦集大成者,学者比于颜子而功多,功比于孟子而学密,超乎颜、孟,朱熹亦圣。主要著作有《四书翼注》十六卷,《辨道录》八卷,《潜室札记》二卷,《斯文正统》十二卷,《用六集》十二卷等。

刁包读《易》精勤,"每晨起,诵《易》一周"②。易学代表著为《易酌》十二卷,另有些《易》著述散见在《文集》、《札记》中。据《易酌原序》末署"顺治庚子孟夏吉伊祁用六居士刁蒙吉氏序"③,可知《易酌》成于顺治十七年(1660)。所作《易酌》"用《注》、《疏》,本以程《传》、《本义》为主,虽亦偶言象数,然皆陈抟、李之才之学,非汉以来相传之法也。《原序》称陆陇其官灵寿寺时,欲为刊板,不果。雍正初,其孙显祖又己意附益之,卷首、凡例、杂卦诸图及卷中细字称谨案者,皆显祖笔。《原序》又称此书为经学之津梁,亦举业之准的。考包在国初,与诸儒往来讲学,其著书一本于义理,惟以明道为主,绝不为程试之计,是书推阐易理,亦大抵明白正大,足以羽翼程朱,于宋学之中,实深有所得,以为科举之书,则失包之本意多矣"④。说明刁氏治《易》注重义理,以王弼《周易注》、孔颖达《疏》、程

① 《用六集》卷十二,《朱陆三则》,《四库全书》本。

② 彭绍升:《刁先生包传》,《碑传集》卷一百二十七,《理学》上,中华书局,1993 年。

③ 《易酌》卷首,《易酌原序》,《四库全书》本。

④ 《四库全书总目》卷六,《经部一·易类六》,中华书局,1995 年。

颐《伊川易传》、朱熹《周易本义》为主，兼采宋易图书之学，应属于清初义理《易》代表人物之一。

刁包易学思想甚丰，向来无人研究。限于篇幅，本文仅以人性修养为题，择要论述，以见其易学一二。

一、肯定人性本善

刁包从人天合一角度出发，主张性本善，解《系辞》“继之者善也，成之者性也”说：“继之成之两之字俱就道说，继此一阴一阳之道于天，则谓善谓上帝所降之衷也。成此一阴一阳之道于人，则谓性谓下民所有之恒也。”“有善而后有性，有性而谓无善可乎？”①继与成沟通天人之际，继指继天之善，天本善，成指成就人性，善为天本有，人为天所生，分有天之善，亦即继，因此人本善。有善才有性，真正成为人，先继后成，先善后性。性善又与诚相联，“诚则善，不诚则不善，善则应，不善则违，言如此，行可知矣”②。

对于人们出现的不善，刁包认为是后天的产物。应反本于善，首先必须要扬善抑恶，他释大有卦《大象》“君子以遏恶扬善，顺天休命”写道：“有善而无恶者性也，有善而有恶者习也。上焉者无以端其习而复其性，则大有之盛不可得而保矣，是故离以辨之，乾以治之。恶者逆天者也，天讨有罪，利用遏，遏者抑而止之也，善者奉天者也，天命有德，利用扬，扬者抑而章之也。此二者皆所以代天工而奉若天道也，故曰顺天休命。”③此卦下乾上离，以离明分辨善恶，以乾刚健有为扬善惩恶。善是人的天性，因此为顺天，恶是后天习染，因此为逆天。扬善惩恶，是代天命行事，把善恶这一伦理问题自然化，强调扬善惩恶的神圣合法性。扬善抑恶要注意善恶的细小变化，杜绝恶的苗头发展，要发扬光大善，积善成德。他写道：

> 善不积不足以成名焉，为一得自矜片长自满者进一步矣。从来积恶者，只是缘身起见耳。然爱身者实所以灭身也，说到灭身处，彼昵形骸恋性命者，能无惶惧不宁之意乎。以成名诱积善者，以灭身惕积恶者，圣人劝惩之意深矣。凡善与恶莫不积微成著，积小成大。小人之不积善而积恶也，岂其始遂甘居下流，使天下之恶皆归乎？彼其视小善以为不足以成吾名也，未免悠忽放过，视小恶以为不足以灭吾身也，未免隐忍姑过，岂知不为小善便是恶，不去小恶便是大，萌叶不剪，遂成寻丈，涓滴不塞，遂成江河，是以罪大恶

① 《易酌》卷十一，《系辞上传》第五章。

② 《易酌》卷十一，《系辞上传》第八章。

③ 《易酌》卷三，《大有》。

极，身罹宪纲，虽欲改弦易辙，其道无由。①

成名由积善而成，非一得自矜而获，灭身由恶积而成，亦非一朝之事。善无终南捷径，恶非一蹴而就，都有一个积累的过程。“积”中包含着大道理，因此要慎重对待积，积善而加以光大，成就善德。其次也要改过迁善。他解益卦《大象》“君子以见善则迁，有过则改”说：“君子观益之象以自益，见善则以迁为益，有过则以改为益。善在人见之，则有如不及之心，迁者步其武也，从善如登故曰迁，过在己知之则有罔，即安之心，改者易其辙也。”“迁善则过日寡，改过则善日积，两者相资以行，而其要尤在改过，改过所以迁善也。”②自己有过则改之，此为益，见别人有善则心向往之，亦为益。迁善与改过相联，迁善则过寡，改过则愈善，其中以改过为主。改过便可无所咎害，又注《系辞》“无咎者，善补过也”说：“补其罅漏者而得全，补其错误者而归正，善哉能自新也已。”③改正补过是自新的过程。

他认为改过迁善必须要知悔，“知其动辄得悔是有悔也，有悔必改过，改过则必迁善”④。又引薛瑄：“悔而能改，则进德矣。《易》曰，震无咎者，存乎悔。”⑤悔是改过迁善的第一步。他解《系辞》“是故吉凶者”一段说：

> 得则吉之象，失则凶之象，吉凶惟所自取耳，此即所谓作善降祥，作不善降殃也。悔吝句与吉凶句不平对，吉凶判然不两立，悔吝则居可吉可凶之间……悔吝皆自忧虞于中，虞度于外两念得来，盖徒悔而已，则悔亦为吝，若真知羞焉，则吝亦为悔，此忧虞所以未为失得，而悔吝所以未至吉凶也。⑥

人的命运有向福（吉）祸（凶）两个方向发展的可能性，悔吝介于吉凶之间，它们与人的忧虞联系在一起，有忧虞便知悔吝，知羞耻亦知悔吝，方可避免事物向凶的方向发展。他注《系辞》“忧悔吝者存乎介，震无咎者存乎悔”说：“吉凶未定，得失未成，知悔吝之为疵而偲偲有忧心焉。此非克自树立介然有守不可也，故曰存乎介。介谓辨别之端，盖善恶已动而未形之时也，于此忧之则不至于悔吝矣。非吉则凶，非得则失，知无咎之为难而虩虩有惧心焉，此非深自愧怍翻然大悟不可也，故曰存乎悔。震动也，知悔则有以动其补过之心而可以无咎矣。”⑦为人处事总有得失吉凶，悔吝居其间，一有小错误便知悔吝，及时制止，辨其毫末，这就是介，也即征兆或苗头，知介可避免向不好的方向转变，知晓咎害可反身自

① 《易酌》卷十二，《系辞下传》第五章。
② 《易酌》卷七，《益》。
③ 《易酌》卷十一，《系辞上传》第三章。
④ 《易酌》卷八，《困》。
⑤ 《潜室札记》卷下，《丛书集成》本，商务印书馆，1936 年。
⑥ 《易酌》卷十一，《系辞上传》第二章。
⑦ 《易酌》卷十一，《系辞上传》第三章。

省,心有悔才能善补过。

二、保持性善需修养

谈人性善必然涉及修养问题,刁包认为,修养应是反身内修,其注蹇卦《大象》"君子以反身修德"说:

> 君子观其象,以反身修德。君子之身,天地万物一体之身也,天地万物缺陷皆吾身缺陷,敢自弃与,是故天运艰难,不敢委之天也,反于身而得事天之道焉。修其天之所以降衷者而已,惟皇隆衷,厥有恒性,得之天者,失之己可乎。人情险阻,不敢责之人也,反于身而得事人之道焉。修其人之所以同然者而已,民之秉彝,好是懿德,同于人者异于己可乎。不反身则德无由修,不修德则无庸反,善用此卦之象者,孟子也。①

蹇为险象,人观此象效法,要反身修德。人与天地万物一体,天地万物有不足,人亦有不足,因此必须自修。内修,"修其人之所以同然者",即孟子所谓的天赋予人类的善性,此为人之共性,保存并发扬光大此善性,就能达到反身修己的目的。反身内修应以修心为主,他解复卦初九《小象》"不远之复,以修身也"说:"修身必先正心,复者天地之心也,以天地之心为心,而身安有不修者乎?如修我墙屋之修,去其疵累,还吾粹精之本体也。"②修身以正心为前提,此为《大学》之意,正心就要克己复礼,人纯善之心,由天地之心赋予,复归于天地之本心,就是要复归纯善之本心。又解《系辞》"圣人以此洗心,退藏于密"说:"洗涤洗濯其心,教他洁洁净净,无纤毫私欲来污染他。如是那有一些驰骛,那有一些渗漏,才会退藏于密,此所谓无思无为,寂然不动也。"③"洗心",即净化其心灵,使内心纯洁,没有私心杂念,不被情欲所掩,如理学讲的所谓道心。"退藏于密",指《易》理藏而不漏,无思无为,潜移默化生万物。

修养必须要提早抓起,他借解蒙卦《彖》"蒙以养正,圣功也"阐释了发蒙的重要性:"未发之谓蒙,以纯一未发之蒙而养其正,乃作圣功也。发而后禁,则扞格而难胜。养正于蒙,学之至善也,大抵孩心未丧,是学者大基,本从此培植起来,自会长进,有志圣人之学者不可不察觉也。"④蒙有蒙稚之意,此时人的智慧尚未开启,培养纯正无邪的品质十分重要,等到蒙开启后,被私欲污染,再禁止就困难了,也就是说要防范于未然,"凡遏恶者禁之于已然则难为力,防之于未然

---

① 《易酌》卷七,《蹇》。

② 《易酌》卷五,《复》。

③ 《易酌》卷十一,《系辞上传》第十一章。

④ 《易酌》卷二,《蒙》。

则易为功。四畜初，防于未然，故有大善之吉也”①。大畜卦六四与初九有应，六四居上畜于初九，引申为抑止恶于萌芽状态，因此大为吉祥。

反身内修是重建人道。他注观卦六三《小象》“观我生进退，未失道也”云：“观我生之进合乎仁，合乎义，合乎礼智信，则可以进矣。观我之进退不合乎仁，不合乎义，不合乎礼智信，则可以退矣。进退以天所命我之五常为衡，故曰未失道也。”②观我即反观，内省自我努力，出处进退以仁义礼智信为圭臬，由此才不失道。又解复卦六二爻辞“休复，吉”说：“学以亲仁为要，得仁者而亲之，则日跻于美善，故曰休复。”③复六二阴柔居正，下比初九一阳，犹亲仁下贤从善，因此称美好的回复。

刁包还提出了修养的具体措施，包括节、诚、敬、义等。他认为修养要有所节制，说明节卦：

> 节则有次第，有界限，无过分逾量之为，故亨。若夫矫激以为名，枯寂以为高，节而苦矣，非所以为训也。是可固守一隅之见而不进之大中乎，如二氏之流，绝而声色，薄而滋味，弃而伦理，徒自苦耳。
>
> 节适中则甘，过中则苦，甘则不穷，苦则穷。
>
> 寒极则以暑节之，暑极则以寒节之，分至启闭弦望晦朔，四时不忒而岁功成矣。圣人法天地之节，立限制轨度，如春夏秋冬之不可易，则不至伤财而害民也。《周官》、《大学》俱不讳言财，财者民间之大利大害也。苟非节则侈肆奢丽，民不堪命，即以俭德自安而出入无艺，酌盈无道，亦必匮之术也。惟多寡疾舒之间，各中其节，则家给人足而无萧索困惫之忧矣。或以伤财害民，平说曰：量入为出不伤财也，时使薄敛不害民也。④

自然界寒暑有节，使其不至于发展到极点，相互协调。天地之道皆有节制，四季无所偏，人应效法此，根据自然法则创立制法，以不伤财害民为准。节不是禁欲，而是要恰到好处，此卦上坎下兑，九二、九五居中，说明节要适中，不适中则节道穷，此苦节而非甘节。节要适中，不偏不倚，引《周官》、《大学》对于财要适当节制，反对穷奢极欲，主张俭德，节有余而养不足，有所节制，量入为出，使用之不匮乏，民无所伤害。他注颐卦《大象》“君子以慎言语，节饮食”说：“君子观其象而得养身之道焉。慎言语以养其德，节饮食以养其体。”“慎言语，立诚之学也。节饮食，无欲之学也。”⑤颐为养，其一养德，言语要谨慎，此为立诚。其二养身体，节饮食，无私欲。养德即养心，与养身一致。他论述了诚与敬的关系，认为

---

① 《易酌》卷五，《大畜》。
② 《易酌》卷四，《观》。
③ 《易酌》卷五，《复》。
④ 《易酌》卷十，《节》。
⑤ 《易酌》卷五，《颐》。

理学家讲的存诚、主敬,皆源于《易》之乾坤:

> 窃尝思之,乾之画奇,奇故实而主于诚,然体实而用则虚,用而不虚则诚不能明,而为从井救人之愚诚矣。惟从虚用则以实心体实理,而次第浅深无或渝其则矣。坤之画偶,偶故虚而主于敬,然体虚而用则实,用而不实则敬而无实,而为声音笑貌之虚文矣。惟以实用,则惟虚心能虚受,而尊卑隆杀无或爽其度矣。且乾之德圆,故立诚者通权达变,无可无不可,不而沦于乡愿之乱德,诚者,圣人之德也。坤之德方,故主敬者秉体守义,持正不阿,而不效夫达士之圆通,敬者,贤人之言也。是故诚则无不能敬,敬则必皆诚也,圆则未有不方,方则亦可至圆也。①

乾卦阳奇而实,实即诚不欺,此为"存诚"。坤卦阴偶而中虚,虚即虚而主敬。乾坤二卦体现虚实,体实用虚,体虚用实,就是存诚与主敬的结合。另外,乾德圆,坤德方,既通权达变,又持正不阿,体现圣人的品格。他在自己的文集中表达了同样的意思。② 又专论存诚:"言不为立异,惟求勿欺此心而已,行不为过高,惟求勿斁此心而已,此庸字即中庸之庸。《传》只作常信、常谨说,故曰造次必于是也,信也谨也,皆所以存诚也,而必云闲邪者,念虑之发微者有不正,即遏绝之,几之学也。程子云闲邪者,在于言语饮食进退与人交接之际,说在日用上,教人好下手也。言行之诚,足以移风易俗故曰善世,有其善丧厥善故不伐,德之被物者无疆故博,浑然不露痕迹故化。"③言行为日常生活基本要素,言要真实无妄,行要恰到好处,皆不违心,这便是庸。言语谨慎,诚实无欺,做到这一点,便是存诚,这是防止邪念的前提条件。对于洒扫出处进退之事,必须做到存诚闲邪,移风易俗,要从端正个人道德修养开始,而道德修为必然会感化所处的环境。

有人问:"存诚涵养,闲邪克治,孰先孰后?"刁包回答时发挥乾卦九二大义:"窃以为学者,莫先于闲邪,非礼勿视、听、言、动,皆闲邪也。程子曰,闲其邪者,在于言语饮食进退与人交接之际。此语其学者金石乎?盖邪闲则诚自存矣。闲邪正所以克治,非闲邪之外复有所谓克治也。存诚正所以涵养,非存诚之外别有所谓涵养也。孔子于乾之九二云:闲邪存其诚。"④在存诚与闲邪关系上,闲邪为主要,孔子所谓"四勿"之说皆闲邪,防邪则诚自存,则克治,也就是说存诚与克治不在闲邪之外,而在闲邪之中,是其应有之义。他倡导诚敬,尤钦佩程颐之践履:"《传》(《伊川易传》——引者)曰:临大震惧,能安而不自失,惟诚敬而已,此处震之道也。昔先生(程颐——引者)渡河,舟几覆,舟中人皆号叫,先生独安坐

---

① 《易酌》卷一,《坤》。

② 见《用六集》卷十二,《乾坤二卦五则》。

③ 《易酌》卷一,《乾》。

④ 《用六集》卷一,《答戴沧州司农书》。

自若。既渡,或问之,对曰,心有诚敬耳,此正其验也。"①震卦象雷有威严之意。只有内心诚敬,才能在渡河遭遇危险时泰然自若,保持一种镇定心态,逢凶化吉。

刁包又强调敬与义,认为两者缺一不可,解坤《文言》"敬以直内,义以方外"说:

敬立而内直,义形而外方,则见敬以直内,非以敬直内,义以方外,非以义方外也。义形于外非在外也,则见义本于敬,而不可以内外岐其视也。……敬以直内,德盛于内矣,内不孤也。若形之外者不能是是非非,一切顺理而行,至恰好处,则外孤。义以方外,德盛于外矣,外不孤也。若存之内者无常,惺惺法,使其心收敛不容一物,则内孤。孤者狭小之意,内外不孤,此直方之所以为大也。……《蒙引》云读《易》之乾而得进修之方,读《易》之坤而得敬义之训。然乾之进修,非坤之敬义,则无以为之具也已。其曰忠信则敬之谓也,其曰修辞立诚,即义之谓也。今就其言思之,忠信者,凡事要尽心,凡事要辨实去做,这便是小心无敢慢的意思,岂非敬之谓乎。修辞立诚者,凡事皆如其口,罔不心安理得,自然处处做的妥当,岂非敬之谓乎。②

内存戒慎恐惧,便是敬以直内,外守规矩准绳,便是义以方外,终身行同人之言也与哉。终身行坤之六二也。……敬以直内,心乎道也,义以方外,身乎道也。心乎道,道凝其心也,身乎道,道淑其身也。内凝其心而身益淑,外淑其身而心益凝,此之谓内外交相养者也。……敬之字,千古传心之要典也。……《易》与《诗》亦然,何也?乾之九三曰,君子终日乾乾,夕惕若,此三百八十四爻之纲领也。进而求焉,敬以直内,敬慎不败,皆此义也。③

谈敬与义的关系,两者并非简单的敬内与义外的关系,它们都是德的不同表现。义应本于敬,敬使内心正直,德盛于内而不孤。义使外事端方,德盛于外而也不孤。强调内外兼修,两者缺一不可,皆以道明为准。敬义两者中敬更为重要,把敬视为"千古传心之要典",而且是《周易》的灵魂。讲求修养,进修为进德修业,包括忠信与修辞立诚。具体说忠信与敬,修辞立诚与义相联,做到忠信就要尽心,尽心要敬。修辞立诚就要言行一致,不要口是心非,这也是敬,敬是内修的基础。

三、知行合一与理想人格

刁包还从理论角度探讨了修养中的知与行的关系,他解《系辞》"圣人所以崇德而广业也"说:"德由易崇,而崇德则致知之事,知崇者知识超迈日进于高明

① 《易酌》卷九,《震》。

② 《易酌》卷一,《坤》。

③ 《潜室札记》卷上。

也。业由易广，而广业则力行之事。”①崇德是致知之事，广业是践履之事，崇德与广业是知行的统一。又注乾《文言》“知至至之，知终终之”主张：

知至知终以知言也，至之终之统以行言也。知至是知到下手处，至之便是下手了。知终是知到尽头处，终之便是尽头了。看到那里，就做到那里，即知以为行，知甫及之，而仁便能守之也。……君子成德者也，得之心必征之事，岂有不可见诸行事之日哉。②

从道德视角谈知行。在这里，“知至”、“知终”讲的是知，“至之”、“终之”讲的是行。言行一致，知行互补，相得益彰，“得之心必征之事”尤以行为主要。讲习是知行关系具体表现，他解兑卦《大象》“君子以朋友讲习”说：“君子观其象而得求益之道，则以朋友讲习。先儒谓天下之可说者，莫若朋友讲习，讲者取古今之前言往行，相与讨究其所以然，致知之事也。习者取古今之嘉言善行，相与践履所以然，力行之事也。”③兑有欣悦之意，人效法此，朋友之间相互帮助，以学业切磋，道德互助。其间既要讲致知，也要讲力行，对于古今有利的知识经验皆要吸取，同时也见之于实践。

知行也表现为言行一致，言要有物，行要有恒。他评论家人卦《大象》“君子以言物而行有恒”和上九《小象》“威如之吉，反身之谓也”云：“君子观其象，得正家之道焉。家自身正，身自言行正也。其言显而可据谓之物，无虚伪诞妄也。其行贞而可久谓之恒，无奇诡变易也。言行合内外之道，然未有不正。言行于内而能正，言行于外者，一身之言有物，则一家之言靡不有物，一身之行有恒，则一家之行靡不有恒，身正而家正矣。”“反之于身，言得无有不物乎？不物则不威，反之于身，行得有不恒乎？不恒则不威，是故言有物，行有恒，然后身有威也。”④修身看自己的言行是否一致，要言行得其正，言之有物，符合实际，行之有恒，非短期效应，然后才能树立自己的威严。言行涉及尊德性与道问学，刁包发挥大畜卦《大象》“君子多识前言往行，以畜其德”指出：

君子观大畜之象，而从事于学问，所谓道问学以尊德性也。……前后往行，德之资也，多识前言往行，畜之功也，此正多闻多见一证也。阳明之徒每谓闻见为心累，欲扫而去之，是天不在山中，而德不在言行中也。无实修而言虚悟，岂大畜之君子哉。是故多识前言往行而不以畜德，玩物丧志俗学也，郑康成、张茂先一流是也。畜其德而不多识前言往行，耽空守寂，禅学也，杨慈湖、王龙溪一流是也。⑤

---

① 《易酌》卷十一，《系辞上传》第七章。

② 《易酌》卷一，《乾》。

③ 《易酌》卷十，《兑》。

④ 《易酌》卷七，《家人》。

⑤ 《易酌》卷五，《大畜》。

此卦下乾上艮，即天在山中之象，乾为德，艮为前言往行，合为大畜，只有通过大量储蓄前人的知识与经验，才能尊德性，把道问学当成尊德性的条件。由此反对两种倾向：其一，只知以往的知识与经验而不知畜德，如郑玄等人。其二，只知尊德性而不多识前言往行，如陆象山、王守仁之心学。他解乾《文言》“君子学以聚之”一段说：“学以穷古今之理而汇其归故曰聚，问以剖疑似之关而析其几故曰辨。学问而有自矜之意，则其德业狭矣，须宽以居之，浩浩乎其莫不容纳也。学问而有自私之意，则其德业薄矣，须仁以行之，肫肫乎其莫非胞与也。”①学要穷尽天下之理，加以总结，问要辨析疑难。为学应以宽广为怀，胸襟要博大，完善其仁，学问是完善人格的，为学与做人一致，这表明学问与道德修养联系在一起。

在刁包看来，修养的最终目的是塑造理想的人格。他眼中的理想人格，概括起来就是坚忍、刚毅、洒脱、豁达，如注大过卦《大象》说“君子以独立不惧，遁世无闷”云：

君子观其象而以独立不惧，遁世无闷焉。独立不惧者卓尔自立，不以利害祸福为念，孟子之不动心是也。遁世无闷者确乎处信，不以是非毁誉为心，孔子之不怨天不尤人是也。②

人处困难之时，应独立无所畏惧，逃世也不苦闷。独立无所畏惧，不为利害祸福所左右，此为孟子。逃世无所苦闷，不以世人是非毁誉动摇其心志，此为孔子。刁包自比孔孟，追求这种刚毅、清高的人格。他注未济卦上九爻辞“有孚于饮酒，无咎；濡其首，有孚失是”说：“其处未济之极而无位，不得与二、四两刚同辅六五之君，惟有孚于饮酒而已。寄怀于酒，确然自信，无一毫世故累其中，若陶渊明、邵康节其人也，乐天知命何咎之有。使沈溺不反，至于濡首，则有孚而失其是，非守身之道矣，若嵇阮刘毕诸公是也。”③此卦下坎上离，皆不当位，有事未成之意。上九一阳处卦终，不当位，与九二、九四两阳辅助君王不同，而是逍遥世外，不以物累其心，如陶渊明、邵雍能置身于世外，乐天知命无所咎害。反之，若沉溺于酒色，逸乐过度，无原则地委信于人，如嵇康、阮籍等人，将有损于正道。

乾《文言》有“龙德而隐者也”至“确乎不可拔”一段，他借潜龙状写自己的追求：“盖有圣人之德而韬光铲采以藏身乾也，‘不易乎世’，不与时浮沉也，‘不成乎名’，不求闻达也。”“遁世不悔，故无闷，遁世不悔，只要求一个是，而昧昧者莫之见也，不随俗不延誉。”“无闷不亦乐乎，乐天知命，故不忧，不忧者不戚戚于贫贱也。行即人生行乐耳之行，违即天与水违行之违，违与行反，行其乐而违其忧，如孔子之乐以忘忧及颜子之人不堪其忧，回也不改其乐是也。此其胸中确有

① 《易酌》卷一，《乾》。

② 《易酌》卷五，《大过》。

③ 《易酌》卷十，《未济》。

以自得处，不以富贵功名动心，所以为潜龙也。”①刁包发挥《文言》解“潜龙勿用”之义，认为人应当效法潜龙，就要有独立意识，自我把握命运，不与时沉浮，不随波逐流，不求闻达于世，超脱世俗，对世俗毁誉不屑一顾，功名利禄皆身外之物。应乐天知命，寻孔颜之乐，处困境贫贱而不忧，体现一种豁达、脱凡出世的精神。

明天启年间，刁包中举乡试，再试礼部不售后，便谢绝公车，闭门读书，一意圣贤之学，尤注意平时的修养，尝谓：“吾日三省吾身，心无妄念乎？言无妄发乎？事无妄为乎？”②及甲申闻变，服衰服，朝夕哭，入清后，俨然以明遗自居，不仕新朝，居家修身养性，寻孔颜之乐，对父母尽孝，践履了他治《易》所倡导的修身之教。

（作者单位：中国社会科学院历史研究所）

① 《易酌》卷一，《乾》。

② 彭绍升：《刁先生包传》，《碑传集》卷一百二十七，《理学》上。

桐城派兴起的文化缘由

◇曾光光

桐城派是有清一代绵延时间最长、影响最大的一个散文派别。桐城派古文具有鲜明的特色，内容上以宣扬程朱义理、封建伦理道德为主；形式上结构谨严，剪裁精当，文辞雅洁，平易畅达，声调抑扬，杂以说理，辅以考证。

桐城派一般以康熙年间的方苞为初祖，1930 年，桐城派殿军马其昶去世，桐城派至此才画上句号。桐城派的发展大致分为三个阶段，初期桐城派以活动于康熙至嘉庆年间的方苞、刘大櫆、姚鼐为主要代表。这三人均为安徽桐城人，桐城派因此得名。方苞关于古文文论基本纲领的“义法”说，刘大櫆关于“神气”、“音节”、“字句”的文章要素理论，姚鼐关于“义理、考据、辞章”的古文创作论，奠定了桐城派的古文理论体系。中期桐城派主要活动于晚清时期，主要代表有梅曾亮、方东树、曾国藩、黎庶昌、吴汝纶等人。这一时期的桐城派在时代变化面前，一方面承继桐城派先辈衣钵，一方面在古文理论与创作上都有所变革，一定程度跟上了时代变革的步伐。后期桐城派，即桐城派末流，主要活动于辛亥革命以后，其遗老林纾、马其昶等人固守桐城派古文与程朱义理，在新文化运动中被斥为“谬种”、“妖孽”。

桐城派是有清一代影响最大的一个散文派别，但少有学者从文化的视角来考察它产生的原因。本文将选取狭义文化的视角，力求对桐城派的兴起作一系统的考察，并对桐城派这一文化现象兴起所依托的区域背景作一客观分析。

一

作为观念形态的狭义文化，是与政治和经济相对应的文化。狭义文化主要包括文学、教育、学术思想、艺术、社会习俗等具体的文化领域。从狭义文化的视角出发，可以相对全面而又具体地去理解一个文派的兴起。

从狭义文化的角度考察，桐城派的兴起当与文学、教育、学术等具体文化领域的发展密切相关。

（一）文学发展、学术流变与桐城派的兴起

从文学角度看，唐宋古文的勃兴源于骈文末流的衰敝，清代桐城派的兴起则源于唐宋以后古文的没落。

古文一脉,兴盛于唐宋,至元代日渐衰落。在有明一代,则几经兴衰沉浮。《四库全书总目提要·尧峰文钞》中说:"古文一脉,自明代肤滥于七子,纤佻于三袁,至启、祯而极敝。"①此观点虽显偏颇,但也大体勾勒出明代古文的发展脉络。

明初,宋濂重倡韩、柳的载道之文,但作为个人的文学主张,并没有在文坛上形成多大的影响。宋濂以后的"前后七子",却举起"文必秦汉,诗必盛唐"的文学复古旗帜,②认为文自西汉以下,皆不足观,唐宋古文受到了"前后七子"的排挤与轻视。虽然在复古的态度上,"前后七子"与韩、欧等人并无区别,但两者的文学理论与创作态度却有很大差异。"前后七子"全然没有唐宋古文诸家"以复古为创新"的精神,他们把秦汉之文作为顶礼膜拜的对象,一字一句地进行模拟,认为文章须"无一语作汉以后,亦无一字不出汉以前",③否则不能得古人神髓。形式上过于模仿古人,成为"古典的形骸",④大大削弱了文章的感染力。

明代中叶,以王慎中、唐顺之、茅坤、归有光为代表的唐宋派不满于"前后七子"的一味拟古,他们推尊韩、欧之文,反对盲目复古、模拟剽窃的文风,提倡唐宋古文诸家学古创新、平易通达的传统。归有光对"前后七子"轻视韩、欧的态度甚为不满:"文章至于宋元诸名家,其力足以追数千载之上,而与之颉颃;而世直以蚍蜉撼之,可悲也。"⑤归有光曾撰专文批驳"后七子",故《四库全书总目提要》这样评价归有光:"自明季以来,学者知由韩、柳、欧、苏沿洄以溯秦、汉者,有光实有力焉。"⑥但由于唐宋派本身的文学成就不高,故影响有限。

继唐宋派而起的明末公安派受李贽"童心说"的影响,提出"独抒性灵,不拘格套"的文学主张,不仅与机械地摹古拟古的"前后七子"针锋相对,也与唐宋派文道合一的主张迥异,具有浓厚的反道学思想。公安派强调文学应充分表现作者的个性,一定程度上打破了儒家思想对文学的束缚,是对传统文学与政治紧密联系模式的突破。但公安派末流局限于对个人感情与闲情逸致的抒发,文学成了个人感情的小摆设。

纵观有明一代,韩、欧古文传统仅仅在影响有限的唐宋派笔下得以短暂的传承,"前后七子"对韩、欧古文的鄙薄,公安派对载道文学的轻视,使韩、欧古文在有明一代难以立足。

---

① 永榕、纪昀主编:《四库全书总目提要·尧峰文钞》第914页,海南出版社,1999年。

② 《明史·文苑传》第24册,第7348页,中华书局,1974年。

③ 王世贞著、罗仲鼎校注:《〈艺苑卮言〉校注》第343页,齐鲁书社,1992年。

④ (日)吉川幸次郎著、陈顺智和徐少舟译:《中国文学史》第236页,四川人民出版社,1987年。

⑤ 归有光:《项思尧文集序》,见周本淳点校《震川先生文集》(上),上海古籍出版社,1981年。

⑥ 《四库全书总目提要·震川文集》第908页。

但古文精当简明、文道结合的特点，使它在传统文化中具有很强的生命力。在漫长的历史长河中，古文虽屡有沉寂，但总能重新走向兴盛。正如朱仕绣所说："盖自周以降，二千年间，文章每降益衰，然其间辄有振起之者。故文衰于六朝，韩愈振之。降而五代，欧阳修振之。及其后又衰，姚燧振之。明文何、李、王、李之伪，王慎中、归有光振之。若今之为遵岩、震川者，盖不知何人也？"①

明清易代，亡国的教训使遗民作家一改明末浪漫颓废的文风，走向简洁崇实，这就为古文的复兴提供了契机。汪琬、魏禧、侯方域为清初古文三大家，三人行文皆宗韩、欧古文传统。虽然三人并未提出系统的古文理论，明遗民的特有身份也使他们的文学思想难以在文坛产生很大的影响，但三人确为古文在有清一代的先导，为桐城派的崛起打下了根基。

康雍年间，桐城人方苞提倡文宗韩、欧，学宗程、朱，以"义法"为特色的桐城派古文正式走上清代文坛。经过刘大櫆、姚鼐的传承，蔚然成派。其成派及壮大发展过程恰如王先谦所说："自桐城方望溪氏以古文专家之学，主张后进，海峰承之，遗风遂衍。姚惜抱禀其师传，覃心冥追，益以所自得，推究阃奥，开设户牖，天下翕然号为正宗。承学之士如蓬从风，如川赴壑，寻声企景，项领相望，转相传述，遍于东南。由其道而名于文苑者，以数十计。呜呼！何其盛也！"②

综之，从散文本身的发展规律看，桐城派的出现是明代以来许多散文家为承继先秦两汉、唐宋时期的散文传统，廓清"前后七子"的机械摹古风气，共同致力于散文革新的结果。

（二）学术流变与桐城派的兴起

从学术角度分析，桐城派的兴起当与桐城派对清朝官方主流学术——宋学的追随有着密切关系。

清朝推尊儒学，对程朱理学推尊备至，视程朱"道统"为维护"治统"的有力武器。故程朱理学，即宋学不仅是维护清代社会的道德规范与社会秩序的重要理论基础，也自然居于有清一代的官方主流学术的地位。桐城派的创始人方苞标榜"学行继程、朱之后，文章在韩、欧之间"的行身祈向，不仅表明了自己文章家的身份，也表明了自己的学术选择。作为古文家的方苞对宋学的选择不仅将古文与宋学紧密地联系起来，也使桐城派具有了维护社会道德、秩序的强烈色彩，这就使桐城派自开派之初就在文坛上奠定起正统的地位。

值得注意的是，桐城派虽在学术上紧紧追随宋学，但又持学术兼容并包的态度，这种学术态度赋予桐城派以很强的生命力。

汉宋两派在有清一代的相互对立是学术史上不争的事实。汉学家"厌义理

---

① 转引自尤信雄《桐城文派学述》，第6页，台湾文津出版社，1975年。

② 王先谦：《〈续古文辞类纂〉序》，见《葵园四种》第30页，岳麓书社，1986年。

之庸言,以宋贤为疏阔,鄙经义为俗体"①。宋学家却认为汉学以饾饤琐碎之学相标榜,"专与宋儒为水火","不出于训诂、小学、名物、制度。弃本贵末,违戾诋诬,于圣人躬行求仁、修齐治平之教,一切抹杀"②。汉学家与理学家是清代学术矛盾的对立两方,作为理学追随者的桐城派自然会卷入汉宋学的矛盾漩涡中。梁启超在谈及这点时说:"乾隆之初,惠(栋)、戴(震)崛起,汉帜大张,畴昔以宋学鸣者,颇无颜色。时则有方苞者,名位略似(汤)斌、(李)光地等,尊宋学,笃谨能躬行,而又好为文。苞,桐城人也,与同里姚范、刘大櫆共学文,诵法曾巩、归有光,造立所谓古文义法,号曰'桐城派'。又好述欧阳修'因文见道'之言,以孔、孟、韩、欧、程、朱以来之道统自任,而与当时所谓汉学者相互轻。"③可见,桐城派与汉学家之间所以"相互轻",相当程度上是由于桐城派与宋学的密切关系。

虽然桐城派与汉学家有诸多矛盾,两派之间攻讦持续不断,但桐城派所以能在乾嘉汉学如日中天的学术氛围中站稳足跟,恰恰在于桐城派能跳出狭隘的门户观念,能在回应汉学家攻击的同时,以比较理性的态度去看待义理、训诂、辞章三者之间的关系。姚鼐作为桐城派立派的关键人物就持学术兼容的观点,他认为:"鼐尝谓天下学问之事,有义理、文章、考证三者之分,异趋而同为不可废。一涂之中,歧分而为众家,遂至于百十家,同一家矣。"④姚鼐的"义理、文章、考证"三事说是对方苞"义法"说的发展,是桐城派古文的重要理论。陈用光认为姚鼐的三事说"奄有三者之长,独辟一家之境"⑤。

在坚守学术立场的同时持学术兼容并包的宽容态度,并不意味着放弃自己的学术立场,反会使自己具有一种更独到、更盛大的境界,陈用光的评价可谓一语中的。刘声木曾这样评论:"桐城文家虽喜言宋儒之学,然义理词章考据三者并立,不偏重义理,所以能独立千古。"⑥由此可知,兼容并包的学术态度是桐城派兴起、"独立千古"的重要因素。

(三)清代科举制度与桐城派古文的兴盛

清代科举制度对桐城派古文的兴盛有极大的推动作用,此体现在以下两个方面:一是时文与古文的密切关系,二是桐城派创始诸人与科举制度的密切关系。

清朝开国以后,在顺治二年(1645)举行首次乡试,清朝科举制度遂正式开

---

① 姚鼐:《停云堂遗文序》,刘季高标校:《惜抱轩诗文集》第53页,上海古籍出版社,1992年。

② 方东树:《汉学商兑·序例》,光绪八年四明花雨楼刻本。

③ 梁启超:《清代学术概论》,《饮冰室合集》专集之34,第49页,中华书局,1989年影印本。

④ 姚鼐:《复秦小岘书》,刘季高标校:《惜抱轩诗文集》第104~105页。

⑤ 陈用光:《寄姚先生书》,《太乙舟文集》卷五,道光二十三年重刻本。

⑥ 刘声木:《苌楚斋随笔》卷十,直介斋丛刊本。

始。科举制度作为一种官员选拔制度发展到清代已相当严密、成熟，正如《清史稿》所载："有清以科举为抡才大典，虽初制多沿明旧，而慎重科名，严防弊窦，立法之周，得人之盛，远轶前代"。[①] 科举制度通过功名吸引了众多知识分子的注意力，许多士子为博取功名，不惜皓首穷经。由于清代科举以八股文为规定考试文体，故八股文成为各级学校的教学重点，成为士子们追逐功名的武器。有意思的是，八股文在清代的再度风行在很大程度上促成了古文的兴盛，为桐城古文派的崛起提供了条件。

八股文又被称为时文，以与古文相对。时文虽有种种弊端，但却与古文有许多相通之处：首先，时文与古文都恪守程朱义理；其次，在艺术手法上，时文讲究开阖、顿挫、呼应之法，在一定程度上也是对古文艺术手法的借鉴。许多士子为了避免熟滥，很自然地借鉴古文的某些艺术特征来创作时文。明清两代就有不少以时文标准选编、评点古文的选本。李元度在为李抚九选编的《古文笔法百篇》作序时这样谈及古文与时文的关系："古文者，别乎时文而言也。近代选家如茅鹿门、储同人、汪遄善之徒并有评本，识者谓未能尽帖括气习。然余论古文之极致，正以绝出时文蹊径为高；而论时文之极致，又以能得古文之神理气韵机局为最上乘。明之震川、荆川、陶庵，昭代之慕庐、百川、望溪，皆以古文为时文者。功令以时文取士，士之怀瑾握瑜者宾宾然争欲自泽于古，有能导以古文之意境，宜莹然而出其类矣。"[②]曾国藩也注意到了古文一派的文章与时文之间的密切关系，他说："自有明以来，制艺家之制古文，往往取左氏、司马迁、班固、韩愈之书，绳以举业之法，为之点，为之圆圈，以赏异之；为之乙，为之围镵，以识别之；为之评注以显之。"[③]由此可见，以古文为时文，可提高时文的水准，明清士子为在科场出人头地，自然要研习古文，以图将"古文之神理气韵机局"融入时文，取得"莹然而出其类"的效果。

桐城派创始人方苞所以能在文坛声誉鹊起，与他在科场得售有关。戴名世在《〈方灵皋稿〉序》中曾说："今岁之秋，当路诸君子毅然廓清风采，凡属著才知名之士多见收采，而灵皋遂发解江南。灵皋名故在四方，四方见灵皋之得售而知风气之将转也，于是莫不购求其文。"[④]此处当指康熙三十八年（1699）方苞举江南乡试第一之事，方苞本以古文闻名，科场得售更促使士子们访读其古文，试图从中探求科场的敲门砖。

方苞编选的《古文约选》与《四书文选》，更是将古文与时文紧密联系起来，

---

① 《清史稿》，《选举三》。

② 李元度：《〈古文笔法百篇〉序》，见（清）李抚九选编、黄仁黼纂定：《古文笔法百篇》第1页，岳麓书社，1983年。

③ 曾国藩：《〈谢子湘文集〉序》，见《曾国藩全集·诗文》第219页，岳麓书社，1994年。

④ 戴名世：《〈方灵皋稿〉序》，见王树民编校《戴名世集》第54页，中华书局，1986年。

推动了古文“义法”的广为传播。

雍正十一年(1733),方苞奉果亲王命,编选《古文约选》作为八旗子弟的教本。《古文约选》主要收录两汉书、疏及唐宋八大家文。在《古文约选》的序言及编选体例中,方苞系统阐述了“义法”说及“文统”、“道统”思想,并揭示出古文“助流政教之本志”,为桐城文派奠下了最初的文论基础。尤引人注意的是,方苞在《〈古文约选〉序例》中,明确指出古文义法可“触类而通,用为制举之文,敷陈论策,绰有余裕矣”①。《古文约选》作为八旗子弟学校教本的颁行,不仅提高了古文的地位,也使“义法”说具有了官方的权威性,“义法”之说自然得以广泛传播,也正式将古文义法引入时文写作,使古文与时文空前紧密地结合在一起。

乾隆三年(1738),方苞又奉旨编选《四书文选》,此书编成后即“诏颁各学官”,成为官方的古文教材。《四书文选》选编明清四书制艺数百篇,由于以官方选本出现,《四书文选》自然具有了官方的权威性。随着《四书文选》与《古文约选》的广为流播,方苞具有了古文家与时文家的双重身份。古文与时文空前紧密的关系,不仅使古文成为科举道路上的士子必须修习的重要内容,也极大地提高了古文的重要性与地位,为古文一派重登文坛提供了基础。

桐城文派发展至姚鼐时渐成规模,桐城派古文与时文相通的特点,使桐城派文人更易于在科场得售。方苞是康熙丙戌进士,姚鼐是乾隆癸未进士,他们的弟子也多有科举功名,此处不再一一枚举。桐城派在科场上的成功又反过来促进了桐城派古文的传播,尤其是当个别桐城派文士担任科场考官时,桐城派古文更让考生顶礼膜拜。据梅曾亮记载,姚鼐的学生陈石士“持节校士于两江”就扩大了桐城派在两江的影响:“桐城姚姬传先生以名节、经术、文章高出一世,门下士通显者如钱南园侍御、孔抣约编修,皆不幸早世。而抱遗经、守师说,自废于荒江穷巷之中者,又不为人所从信。惟今侍讲学士陈公方受知于圣主,而以文章诏天下之后进,守乎师之说,如规矩绳墨之不可逾。及乙酉科,持节校士于两江,两江之人莫不访求姚先生之传书轶说,家置户习,以冀有冥冥之合于公,而先生之学遂愈彰于时。盖学之足传而传之又得其人,虽一二人而有足及乎千万人之势,亦其理然也。”②考生是现实的,既然考官是姚鼐的弟子,自然要投其所好,四处“访求姚先生之传书轶说”,以求“冥冥之合于公”。

---

① 方苞:《〈古文约选〉序例》,见《方望溪全集》第303页,中国书店,1991年。

② 梅曾亮:《陈石士先生授经图记》,见《柏岘山房文集》卷十,咸丰六年刊本。

虽然现在一些研究者认为桐城派诸人极力反对时文,①但古文与时文在明清两代的密切关系却是不争的事实,桐城派作为清代著名的古文流派自然与时文有着千丝万缕的关系,在相当程度上,清代士人对时文的追求提升了古文的地位,也为方苞等桐城派古文大家成为文坛领袖提供了文化土壤。

二

以上从具体文化的角度探讨了桐城派的兴起,可见桐城派的兴起主要与文学发展、科举制度、学术思想等具体文化领域密切相关。事实上,一些学者或从文学发展,或从学术流变等角度已经探讨过桐城派的兴起。但笔者于此用狭义文化的理论将这些方面整合起来,使我们可以相对完整地从文化的角度理解桐城派的兴起。

要从文化的角度完整理解桐城派的兴起,还有必要对桐城派这一文化现象兴起所根植的区域背景作一考察。

在论及区域因素对桐城派形成的影响时,学者们一般多会强调区域因素在桐城派兴起中的重要作用。《桐城县志略》说:“桐城西北环山,民厚而朴,代有学者;东南滨水,民秀而文,历出闻人,风俗质素。”②桐城派人士就常常将桐城派的兴起归结于桐城的秀美风光,姚鼐就认为桐城“山川奇杰之气有蕴而属之”,故“天下文章,其出于桐城”③。方东树也认为:“桐城于地势尤当其秀,毓山川之灵独多,人文最盛……于是则有望溪方氏、海峰刘氏、惜抱姚氏三者出,日久论定,海内翕然宗之。”④一些研究者也认为是桐城的奇丽山水孕育了桐城派文人。⑤

笔者于此无意再强调区域背景对桐城派兴起的特殊意义。笔者于此要强调的是:区域因素确实为一个有广泛性影响的文化派别的兴起提供了地理前提与人文基础,但对于一个具有全国性影响的文派,显然不能把区域因素作为其兴起

---

① 见陆联星《桐城三大家时代学术文化之横观》,安徽社会科学院文学所等编《桐城派研究论文选》第76页,黄山书社,1986年;钱仲联《桐城派古文与时文的关系问题——梦苕盦读书札记》,《文学评论》1962年第2期等。事实上,早在清代,学者就已经意识到了桐城派古文与时文之间的联系,并据此抨击桐城派。包世臣就指出:“然古文自南宋以来,皆以为时文之法繁芜无骨势,茅坤、归有光之徒程其格式,而方苞系之,自谓真古矣,乃与时文迩近。”(包世臣:《读大云山房文集》,《艺舟双楫》卷一,万有文库本)

② 《桐城县志略·礼俗篇》第46页,民国二十五年本。

③ 姚鼐:《刘海峰先生八十寿序》,见《惜抱轩诗文集》第114页。

④ 方东树:《刘悌堂诗集序》,见《仪卫轩文集》卷五,同治七年刻本。

⑤ 持类似的观点有:周中明《桐城派研究》第3~11页,辽宁大学出版社,1999年;(台湾)尤信雄《桐城文派学述》第11~14页。

的全部缘由。

客观考察，清代学术文化呈现出区域性文化的独特格局，不少学术、文学派别被冠以地名，如经学，有以惠栋为代表的“吴派”，以戴震为代表的“皖派”，以庄存与为代表的“常州学派”；史学领域，有以黄宗羲等为代表的“浙东史学”；文学领域，有以朱彝尊为代表的“浙西词派”，以张惠言为代表的“常州词派”，以恽敬为代表的“阳湖派”等。如果都将这些学派的兴起归结为区域因素的影响，显然缺乏说服力。

学术文化在一定程度上会受到区域因素的影响，但夸大桐城的区域因素对桐城派兴起的影响显然不能真正说明问题。一些历史上文化并不发达、地理环境无可圈点的地方，在编撰方志时也往往尽力网罗屈指可数的地方名人，发掘本地似可圈点的风景名胜，并将两者用因果的逻辑关系联系起来。事实上，将地方学术文化的兴盛与区域因素相联系是古代中国方志，包括现今方志的编撰普遍存在的现象。用这样普遍性的一种观点显然难以有说服力地解释桐城派的兴起。恒慕义编的《清代名人传略》在论及方苞时就说：“方苞之所以受推崇，是因为他官高、年长，饮誉海内，也因为他是位皇帝称许的古文与八股文名家，这与他是桐城人毫不相干。”①当然，恒慕义的这句话并非否定桐城派的兴起与桐城之间的关系，他只是认为方苞作为名震一时的古文家与他是桐城人之间并没有什么必然的联系。

从扩展开来的意义看，地域因素对地方学术文化派别形成的影响，不应该只局限于对某一特定地理空间的理解。仅仅局限于一特定地域的文学派别可能会在文坛上独树一帜，但绝不会扩展为追随者众多的、有全国性影响的文学派别。区域因素虽然对这种文化派别的形成有一定的关系，但本文于此更强调的是某一特定地域为某一文化派别扩展所提供的地域关系纽带。具体到本文所论述的主体，可以表述为：在康熙至嘉庆初年，以方苞、刘大櫆、姚鼐等为代表的一批桐城籍古文家，以桐城为关系纽带，前后传承，互相呼应，使桐城派古文的影响逐渐扩大。因桐城这一特定地域而产生的各种人际关系，如同乡关系、亲缘关系、师生关系、学友关系为桐城派的萌芽、发展、扩大、成“派”提供了重要条件。

考察桐城派的三位主要奠基者，方苞、刘大櫆、姚鼐，他们成名抑或相交相识均不在桐城。方苞曾说：“苞先世家桐城，明季，曾大父副使公以避寇乱，之秣陵，遂充居焉。”②可见，方苞只是籍贯桐城。刘大櫆始得文名，缘于在北京得到同乡前辈方苞的赏识。姚鼐的后半生主要在书院讲学，讲学的地点都与桐城无

---

① 房兆楹原著、张石翻译：《方苞》，见恒慕义主编《清代名人传略》第2页，青海人民出版社，1990年。参见许福吉《义法与经世：方苞及其文学研究》第32～33页，（上海）学林出版社，2001年。

② 方苞：《大父马溪府君墓志铭》第245页，《方望溪全集》。

缘。虽然如此，桐城却是他们关系纽带的连接点，《清史稿·姚鼐传》在论及桐城派成派过程时说："康熙间侍郎方苞，名重一时，同邑刘大櫆继之。鼐世父范与大櫆善，鼐本所闻于家庭师友间者，益以自得。所为文高洁深古，尤近欧阳修、曾巩。其论文根极于道德，而探原于经训，至其浅深之际，有古人所未尝言，鼐独抉其微，发其蕴。论者以为辞迈于方，理深于刘。三人皆籍桐城，世传以为桐城派。"①从这段叙述可以看出："桐城"确实为清代古文一派的成派过程提供了地域纽带的重要作用。刘大櫆是借桐城同乡关系才得以在京城拜识方苞，姚鼐受教于刘大櫆则是得益于伯父姚范与同邑刘大櫆之间的关系。也许是历史的偶然，三个前后相继的古文大家都是桐城籍，正是这种外在的偶然性联系引起了世人的注意，故"三人皆籍桐城，世传以为桐城派"。

当古文一派以桐城之名显扬于天下后，桐城作为一个具体的地域空间的重要性反而较以前凸现出来，极大地强化了桐城及相邻地区究治古文的风气，桐城一时成为众多古文家活动的中心。姚莹在忆及桐城时曾说："北园者，桐城方竹吾之居也……嘉庆十一二年间，则有李海帆、朱歌堂、方植之、马元伯、左匡叔、徐六襄、张阮林、刘孟涂、吴子方、光聿原、朱鲁存，此十数人者，皆以文章道义相取。余时年略少，每与往来，觞咏其中，以为竹林之游，无以过也。"②姚莹在这里所提到的方东树、刘开，包括姚莹本人，后来都成为桐城派的中坚。

桐城派发展到姚鼐时，影响日益扩大，许多治古文者往往借同乡、师生、亲属等关系来证明、强化自己与桐城派的关系，故桐城派在发展的过程中，人员籍贯日益掺杂，传播地域日渐扩展，其成员的构成也最终脱离出桐城这一地域的界定而走向全国，成为一个囊括众多地区杰出文士的文派。

综上所述，桐城派的崛起与扩展，恰好与当时的学术、文学的等具体文化领域的发展流变相吻合，故一发不可收拾，逐渐发展为清代影响最大的散文派别。桐城作为一个特定的地理区域，其本身所具有的丰富文化底蕴也为桐城派的崛起提供了支撑，为古文一派的成"派"提供了地域关系的纽带与必要的条件。

（作者单位：中国人民大学清史研究所）

① 《清史稿·文苑二》第44册，第13396页。

② 姚莹：《北园宴集诗序》，见《中复堂全集·东溟文集外集》卷一，同治六年刊本。

关于清代考据学

◇孙钦善

考据学是古文献学的一个组成部分，要了解考据学，必须对古文献学的全部内容和结构有一个完整的了解。中国浩如烟海的古文献是中国古代文化的重要载体，其形式和内容两方面的特点决定了古文献学是一个交叉、兼综的学科。古文献就形式而言，包括语言文字和文本形态，涉及中国古代语言文字学和古文献版本、目录、校勘、辨伪、辑佚、编纂学等。就内容而言，分具体和抽象两个方面，具体方面包括人物、史事、年代、名物、典制、天文、地理、历算、乐律等，涉及自然和社会、时间和空间诸多方面的考实之学；抽象方面主要指思想内容，需要紧密结合语言文字和具体内容由浅入深地剖析探求。按学术性质分，古文献学又分考据学和义理学，有关形式方面的语言文字（文字、音韵、训诂）、版本、目录、校勘、辨伪、辑佚诸学（其中目录、辨伪、辑佚等亦与内容有关）以及有关内容的考实之学均属考据学，有关思想内容的剖析探求属于义理学。为求明晰，兹图示如下：

- 古文献
  - 形式
    - 语言文字：文字学、音韵学、训诂学
    - 文本形态：版本学
    - （以上）校勘学
    - 目录学、辨伪学、辑佚学
  - 内容
    - 具体：诸多具体内容的考实之学
    - 抽象：思想内容的剖析探求之学

（形式诸学、校勘学、目录学、辨伪学、辑佚学及具体内容的考实之学——考据学；抽象：思想内容的剖析探求之学——义理学）

由以上可知，考据学在整个古文献学中占据的比重很大。不仅如此，它还是科学探讨义理的先决条件，这已为古文献学史的丰富经验所证明。

中国考据学不始于清代，它有源远流长的历史传统，一直可以追溯到先秦孔子“无征不信”的考实之学，往后依次是汉代的古文经学，汉、唐的注疏之学，宋代与理学相对的考据学，明代与“心学”相对的考据学。清代考据学不是无源之水，而是自古以来延绵不断的考据学历史发展的必然结果，实际上清代考据学集古代考据学之大成，发展成为一个高峰。

从近世看，清代考据学是明代考据学传统的延续。明中叶“心学”兴起以前，对前代考据学传统有所承袭；“心学”兴起以后，考据学在与“心学”的对立甚至对其不断批评中继续发展。因此先后出现了以宋濂、梅鷟、胡应麟为代表的以辨伪见长的考据家，以杨慎、焦竑、陈第、方以智为代表的以“小学”特别是古音学见长的考据家，他们与清代考据学都有着这样或那样的渊源关系。清初顾、黄、王三大家，本是由明入清的人，自身就起着承上启下的桥梁作用。明代考据学的集大成者方以智，也是由明入清，虽然主要学术活动时间未超出明代，但对清代考据学产生了巨大影响，也算是开风气的人物，正如《四库全书总目·〈通雅〉提要》所说：

明之中叶，以博洽著者称杨慎，而陈耀文起与争。然慎好伪说以售欺，耀文好蔓引以求胜。次则焦竑，亦喜考证，而习与李贽游，动辄牵缀佛书，伤于芜杂。惟以智起崇祯中，考据精核，迥出其上。风气既开，国初顾炎武、阎若璩、朱彝尊等沿波而起，始一扫悬揣之空。虽其中千虑一失，或所不免，而穷源溯委，词必有征，在明代考据家中，可谓卓然独立矣。

清人批评明代学术的空疏，主要是针对“心学”和它的影响。如果一概而论，未免有失公正，章炳麟《说林》一文曾指出：

仪征刘光汉赠余《字诂》、《义符》，明黄生作也。其言精塙，或出近世诸师之上。夫伪《古文》之符证，发于梅鷟；周、秦古音之例，造端于陈第。惟小学亦自黄氏发之，孰谓明无人乎？顾独唱而寡和耳。①

又刘师培于清末在《国学发微》中曾总结出“明代学术之可贵者”有十，如梅鷟作《尚书考异》、《尚书谱》，是清代阎若璩、惠栋等人辨《古文尚书》之先导；朱谋玮作《诗故》、冯复京作《六家诗名物考》、毛晋作《毛诗陆疏广要》，是清代陈启源《毛诗稽古编》、包世荣《毛诗礼征》之滥觞；朱谋玮作《易象通》，开黄宗羲、黄宗炎、胡渭等辨《易图》之先；陆粲作《左传附注》、冯时可作《左传释》，为顾炎武、惠栋等补正杜注之失所取法；又明代诸多学者在文字、音韵、训诂等小学方面的成果也多为清代学者所继承；等等。刘师培最后说：“近儒之学，多赖明儒植其基，若转斥明儒为空疏，夫亦忘本之甚矣。”②我们还可以补充一个例子，连最有名的钱大昕关于“古无舌上音”、“古无轻唇音”的研究成果也分别发端于方以智《通雅》卷一《疑始》的“鲖误音纣”条和卷六《释诂》的“重俯伏之音为匍匐……”条。

再往上溯看与宋代的关系。清初汉宋兼采，并不排斥以朱熹“道问学”为代表的宋学，如顾炎武在反对“心学”时就标榜过理学，不过他强调“经学即理学”，即强调不离经书的理学，而与以陆九渊“尊德性”、“六经注我”为代表的宋学划清了界限。关于此，全祖望《亭林先生神道表》记述得很清楚：

---

① 章炳麟：《章氏遗书·太炎文录初编》卷一，《说林》。
② 刘师培：《国学发微》，《刘申叔遗书》本。

> 晚益笃志六经，谓古今安得别有所谓经学者，经学即理学也。自有舍经学以言理学者，而邪说以起。不知舍经学，则其所谓理学者，禅学也。①

在学术上宗汉排宋，始于清中期的乾隆朝，特别是以惠氏为代表的吴派如此，他们公开提出“六经宗服郑，百行法程朱”的二元主张，目的在于在学术上宗尚汉学，与宋学划清界限，而在思想上又不违背被奉为正统的程朱理学。后来江藩作《汉学师承记》，专为此张本。其实汉学不是铁板一块，既有以古文经学为代表的考据学派，又有以今文经学为代表的义理学派；宋学也不是铁板一块，情况已如上所述。惠氏标榜汉学，有强调考据、反对附会的积极一面，但也有迷信汉人成说的拘守一面。而他们在学术上排斥宋学，有反对附会的积极一面，但也有一概否定宋学，连其中的考据传统和成果也不加承认的片面性一面。所以龚自珍对江藩《汉学师承记》的书名提出异议，认为有“十不安”②。章学诚也写了《朱陆篇》，把朱熹与陆九渊划清界限，并理出一条从朱熹到清初一脉相承的考据学源流，如说：

> 朱子求一贯于多学而识，寓约礼于博文，其事繁而密，其功实而难。虽朱子之所求，未敢必谓无失也；然沿其学者，一传而为勉斋（黄榦）、九峰（蔡沈），再传而为西山（真德秀）、鹤山（魏了翁）、东发（黄震）、厚斋（王应麟），三传而为仁山（金履祥）、白云（许谦），四传而为潜溪（宋濂）、义乌（王祎），五传而为宁人（顾炎武）、百诗（阎若璩），皆服古通经，学求其是，而非专己守残，空言性命之流也。③

张舜徽就此加以补充说：

> 舜徽尝广其意以推寻之，则有清一代学术无不赖宋贤开其先，乾、嘉诸师特承其遗绪而恢宏之耳。校定《说文解字》，自徐铉始；昌言右文，自王圣美始；考论古韵，自吴棫始；为《尔雅》作疏，自邢昺始：此清代小学出于宋也。攻《伪古文尚书》，自吴棫、朱子始；斥河图、洛书，自欧阳修始；为《礼经》作图，自聂崇义始；尊信《诗序》，自吕祖谦、马端临始；搜集汉人旧注，自王应麟始：此清代经学出于宋也。他若金石考证，欧、赵肇其端；目录解题，晁、陈启其绪。自郑樵有《校雠略》，而校雠之学始号专门；朱子为《韩文考异》，而考异之体方臻精密。至于史部考订之学，不外辨正异同，勘改讹失，则吴缜《新唐书纠缪》、《五代史纂误》、吴仁杰《两汉刊误补遗》，亦已导夫先路。其旁涉诸子为之诠释者，以疏说老、庄之书为最多，然如陆佃之解《鹖冠子》，杜道坚之释《文子》，谢希深之注《公孙龙子》，钱佃之校《荀子》，梅尧臣、王皙、何延锡、张预之注《孙子》，至今犹有存书，固已卓然不废，斯又清

---

① 全祖望：《鲒埼亭集内编》卷十二，《亭林先生神道表》。

② 龚自珍：《龚自珍全集》第5辑，《与江子屏笺》。

③ 章学诚：《文史通义》卷三，《朱陆篇》。

代诸师校理周、秦诸子之前驱也。若夫《困学纪闻》、《黄氏日钞》诸编,包罗群书,考核精审,后之《日知》、《养新》诸录,实其嫡嗣矣。由此观之,有清一代之学,莫不渊源于两宋,后之从实事求是之学者,数典忘祖,反唇相讥,多见其不知量也。①

此皆为公允之论。

再往上溯看与汉代的关系。清初汉、宋兼采,汉、宋传统同样得到重视和继承。到中期,颇具影响的吴派宗汉排宋,是为专门汉学,汉代的传统得到充分发扬,汉学甚至成为考据学代称。他们宗尚汉学,既包括效法以古文经学为代表的考据方法,又包括遵从汉代解释经书的具体成果。他们把汉代的解释称作“古义”,认为既未经宋人的附会,又未经魏、晋人的歪曲,符合原意,较为可信。如惠栋继承家学作《九经古义》,专门钩稽汉代经说,《九经古义·述首》说:

汉人通经有家法,故有五经师训诂之学,皆师所口授,其后乃著竹帛。所以汉经师之说立于学官,与经并行。五经出于屋壁,多古字古言,非经师不能辨。经之义存乎训,识字审音,乃知其义,是故古训不可改也,经师不可废也。余家四世传经,咸通古义。

惠栋又作《易汉学》,专门钩稽汉人《易》说,自序说:

六经定于孔子,毁于秦,传于汉。汉学之亡久矣,独《诗》、《礼》二经犹存毛、郑二家。《春秋》为杜所乱,《尚书》为伪孔所乱,《易经》为王氏所乱。杜氏虽有更定,大校同于贾、服,伪孔氏则杂采马、王之说,汉学虽亡而未尽亡也;惟王辅嗣以假象说《易》,根本黄老,而汉经师之义,荡然无复有存者矣。

惠氏宗汉,就其继承以古文经为代表的考据传统来说,是完全对的;就其重视汉人经注来说,则应一分为二:汉代近古,汉人之说多存古义,当然应该相信;但是汉人之说也有歪曲或错误,不可尽信。而惠氏不论是非一味信从,则属迷信、佞汉,徒立门户,实不可取。吴派学者王鸣盛,观点与惠氏相同,详见其《十七史商榷序》及《蛾术编》。对于这一局限,吴派学者钱大昕有所纠正。钱大昕宗汉排宋的思想也包括两个方面:第一,在方法上重视考据,反对空谈义理;第二,在成果上重视汉注及信守汉注的唐疏,认为其说近古,多得本义,而宋人之说往往凭空穿凿。具体例子、言论见《潜研堂文集》卷五《答问》一至六论经义部分及卷二四《左氏传古注辑存序》等。但是综观钱大昕的言论和实践,他的宗汉排宋思想更侧重在方法上,已不像惠栋那样拘守、迷信汉人成果。在这一点上,已与皖派接近。

皖派就其代表学者戴震来看,比吴派代表学者惠栋晚了一个辈分,而与钱大昕同辈。所以就总体而言,皖派比吴派前后有一个时间差,表现出学术的进步,

---

① 张舜徽:《广校雠略》卷五,《两宋诸儒实为清代朴学之先驱》。

他们突破了汉学的框框，宗古求是，即上溯到经书产生的时代，依归原典，考求本义，志在闻道。如戴震说：

今之博雅能文章、善考核者，皆未志乎闻道。徒株守先儒而信之笃，如南北朝人所讥："宁言周孔误，莫道郑服非"，亦未志乎闻道者也。①

戴震门生王念孙也主张"于汉宋诸儒之说，不专一家，而惟是之求"②。又王引之《经义述闻序》曾说：

大人又曰："说经者期于得经意而已，前人传注不皆合于经则择其合经者从之，其皆不合则以己意逆经意，而参之他经，证以成训，虽别为之说亦无不可，必欲专守一家，无少出入，则何邵公之墨守见伐于康成者矣。"故大人之治经也，诸说并列则求其是，字有假借则改其读，盖孰于汉学之门户而不囿于汉学之藩篱也。

他在《与焦理堂先生书》中明指惠栋株守汉学之失，说：

惠定宇先生考古勤而识不高，心不细，见异于今者则从之，大都不论是非。如说《周礼》邱封之度，颠倒甚矣，他人无此谬也。来书言之，足使株守汉学而不求是者爽然自失。③

可见皖派对于考据学传统，既重视，又不株守，主张求是弃非，开创进取，使清代考据学发展到一个新的高峰。

"考据学"在清代就是一个习用的名称，虽然焦循对此有异议，在《家训》中说：

近世学者，无端而立一考据之名，群起而趋之。所据者汉儒，而汉儒中，所据者又惟郑、许。执一害道，莫此为甚。专执两君之言，以废众家。或比许、郑而同之，自擅为考据之学，吾深恶之也。

此话旨在反对拘守门户，有它的道理，但对"考据"这一术语毕竟是一种褊狭的理解，不足为据。其实通常所言考据的"据"就是证据的意思，并不是专据某家的意思。考据学还有种种名称，并不统一。有的称汉学，是与宋学相对而言的。其实汉学不是指有汉一代之学，而是指以汉代古文经学为代表的考据学；宋学也不是指有宋一代之学，而是指以宋代理学为代表的义理学，如吴派代表学者惠栋之父惠士奇自家红豆山房楹帖所写"六经尊服（虔）郑（玄），百行法程朱"④。后来江藩著《国朝汉学师承记》，以汉学指称考据学，为不少人所沿用。其实"汉学"一词，并不准确，当时龚自珍就曾质疑，写了《与江子屏笺》，说：

大著读竟，其曰《国朝汉学师承记》，名目有十不安焉，改为《国朝经学

---

① 戴震：《戴震文集》卷九，《答郑丈用牧书》。

② 王念孙：《王石臞先生遗文》卷二，《刘端临遗书序》。

③ 王引之：《王文简公文集》卷四，《与焦理堂先生书》。

④ 江藩：《国朝宋学渊源记·前记》。

师承记》。敢贡其说:夫读书者实事求是,千古同之,此虽汉人语,非汉人所能专。一不安也。本朝自有学,非汉学,有汉人稍开门径,而近加邃密者,有汉人未开之门径,谓之汉学,不甚甘心。二不安也。琐碎饾饤,不可谓非学,不得为汉学。三不安也。汉人与汉人不同,家各一经,经各一师,孰为汉学乎?四也。若以汉与宋为对峙,尤非大方之言,汉人何尝不谈性道?五也。宋人何尝不谈名物训诂?不足概服宋儒之心。六也。近有一类人,以名物训诂为尽圣人之道,经师收之,人师摈之,不忍深论,以诬汉人,汉人不受。七也。汉人有一种风气,与经无与,而附于经,谬以裨灶、梓慎之言为经,因以汩陈五行、矫诬上帝为说经,《大易》、《洪范》,身无完肤,虽刘向亦不免,以及东京内学,本朝何尝有此恶习?本朝人又不受矣。八也。本朝别有绝特之士,涵泳白文,创获于经,非汉非宋,亦惟其是而已矣,方且为门户之士所摈。九也。国初之学,与乾隆初年以来之学不同,国初人不专立汉学门户,大旨欠区别。十也。有此十者,改其名目,则浑浑圜无一切语弊矣。①

有的称朴学,如洪亮吉《邵学士家传》:"我国家之兴,而朴学始辈出,顾处士炎武、阎徵君若璩首为之倡。"②梅曾亮《十经斋文集序》:"人以先生邃于经而工于文,异乎朴学之士。"陈康祺《燕下乡脞录》卷一四:"乾嘉钜卿魁士,相率为形声训诂之学,几乎人肆篆籀,家耽《苍》《雅》矣。诹经榷史而外,或考尊彝,或访碑碣,又渐而搜及古专,谓可以印证朴学也。"又龚自珍《己亥杂诗》:"俭腹高谈我用忧,肯肩朴学胜封侯。五经烂熟家常饭,莫似尔翁啜九流。"姚锡钧《论诗绝句》:"放言高论陈同甫,朴学奇才纪晓岚。"等等。《国朝汉学师承记》中,也常用朴学一词。朴学之称一直沿用到近现代,如章炳麟《检论·清儒》中屡用,美国学者艾尔曼《从理学到朴学》一书亦用其称。其实朴学一词,汉代就有了,如《汉书·儒林传》:"(倪)宽有俊材,初见武帝,语经学。上曰:'吾始以《尚书》为朴学,弗好,及闻宽说可观,乃从宽问一篇。'"世沿用其义,以指朴质、朴实的考据学。

有的称制数,见于戴震著作,如《与方希原书》说:"古今学问之途,其大致有三:或事于理义(当作义理),或事于制数,或事于文章。事于文章者等而末者也。……圣人之道在六经,汉儒得其制数,失其义理;宋儒得其义理,失其制数。"制数指典制、度数的考据之学,在其他文章中,戴震把义理、文章、考核三者并提,制数正与考核对应。

至于把考据称考证、考覈或考核,则为同义词,对各家有关说法不再一一引述。

清代考据学虽然名称繁多,但其内涵和实质无异,即指对与义理相对应的如

---

① 龚自珍:《龚自珍全集》第5辑,《与江子屏笺》。

② 洪亮吉:《卷施阁文甲集》卷九,《邵学士家传》。

前所述古文献形式的各个方面和内容的具体方面的考实之学。如果要加以界定,它与考古学相关而又有别,“相关”指可以互相印证,“有别”指考察的对象有根本区别,即考古学考察的对象是古代文物和遗迹,考据学考察的对象是古文献,而且仅仅是古文献中与义理相对应、不包括义理的部分。关于此,清代学者的观念是非常明确的,如前引陈康祺《燕下乡脞录》把“形声训诂”、篆籀《苍》《雅》、“诹经榷史”视作“朴学”即考据学,而把“考尊彝”、“访碑碣”、“搜古专”视作用以“印证朴学”的考古。又如王鸣盛,把考据与义理对应、而把义理排除在治学范围之外的观点更具有典型性,他在《十七史商榷序》中说:

大抵史家所记典制,有得有失,读史者不必横生意见,驰骋议论,以明法戒也。但当考其典制之实,俾数千百年建制沿革了如指掌。而或宜法,或宜戒,待人之自择焉可矣。其事迹则有美有恶,读史者亦不必强立文法,擅加与夺,以褒贬也。但当考其事迹之实,俾年经事纬,部居州次,记载之异同,见闻之离合,一一条析无疑,而若者可褒,若者可贬,听之天下之公论焉可矣。……盖学问之道,求于虚不如求于实,议论、褒贬皆虚文也。

以上谈的是治史,先后两次用“但当”一词强调考据,而把属于义理的“议论”、“褒贬”排除在外。他还连及治经,认为与治史大同小异,如说:

予束发好谈史学,将壮辍史而治经,经既竣,乃重理史业,摩研排缵,二纪余年,始悟读史之法与读经之法小异而大同。何以言之?经以明道,而求道者不必空执义理以求之也,但当正文字,辨音读,释训诂,通传注,则义理自见,而道在其中矣。……读史者不必以议论求法戒,而但当考典制之实,不必以褒贬为与夺,而但当考事迹之实,亦犹是也,故曰同也。若夫异者,则有矣:治经断不敢驳经,而史则虽子长、孟坚,苟有所失,无妨箴而砭之,此其异也。抑治经岂特不敢驳经而已,经文艰奥难通,若与古传注,凭己意择取融贯,犹未免于僭越,但当墨守汉人家法,定从一师,而不敢他徙;至于史,则于正文有失尚加箴砭,何论裴骃、颜师古一辈乎!其当择善而从,无庸偏徇,固不待言矣。要之二者虽有小异,而总归于务求切实之意则一也。

十分明显,他所谓的同,表现在考据方面,包括语言文字的校释、文本形态的考察和具体内容的考实等内涵,以及“务求切实”的方法和目的。在这篇序中,他还结合个人的经验、体会,对考据的内涵、方法和目的作了具体说明:

予识暗才懦,一切行能举无克堪,惟读书校书颇自力。尝谓好著书不如多读书,欲读书必先精校书,校之未精而遽读,恐读亦多误矣,读之不勤而轻著,恐著亦多妄矣。二纪以来,恒独处一室,覃思史事,既校始读,亦随读随校。购得善本,再三雠勘。又搜罗偏霸杂史、稗官野乘、山经地志、谱牒簿录,以及诸子百家、小说笔记、诗文别集、释老异教,旁及于钟鼎尊彝之款识,山林冢墓祠庙伽蓝碑碣断阙之文,尽取以供佐证,参伍错综,比物连类,以互相检照,所谓考其典制、事迹之实也。

又如戴震,屡把考核(或称考覈,即考据;又称制数,见前)、义理、文章三者对举。文章属于表述的工具,此不论。至于把考据与义理对应,与其他考据家无异。而且他关于考据内涵的认识和论述最为具体、全面,如《与是仲明论学书》说:

仆自少时家贫,不获亲师,闻圣人之中有孔子者,定六经示后之人,求其一经,启而读之,茫茫然无觉。寻思之久,计之于心曰:经之至者道也,所以明道者其词也,所以成词者字也。由字以通其词,由词以通其道,必有渐。求所谓字,考诸篆书,得许氏《说文解字》,三年知其节目,渐睹古圣人制作本始。又疑许氏于故训未能尽,从友人假《十三经注疏》读之,则知一字之义,当贯群经,本六书,然后为定。至若经之难明,尚有若干事:诵《尧典》数行,至"乃命羲和",不知恒星七政所以运行,则掩卷不能卒业。诵《周南》、《召南》,自《关雎》而往,不知古音,徒强以协韵,则龃龉失读。诵古《礼经》,先《士冠礼》,不知古者宫室、衣服等制,则迷其方,莫辨其用。不知古今地名沿革,则《禹贡》、《职方》失其处所。不知少广旁要,则《考工》之器不能因文而推其制。不知鸟兽、虫鱼、草木之状类名号,则比兴之意乖。而字学、故训、音声未始相离,声与音又经纬衡从宜辨。汉末孙叔然创立反语,厥后考经论韵悉用之。释氏之徒,从而习其法,因窃为己有,谓来自西域,儒者数典不能记忆也。中土测天用勾股,今西人易名三角八线,其三角即勾股,八线即缀术,然而三角之法穷,必以勾股御之,用知勾股者,法之尽备,名之至当也。管、吕言五声十二律,宫位乎中,黄钟之宫,四寸五分,为起律之本,学者蔽于钟律失传之后,不追溯未失传之先,宜乎其说之多凿也。凡经之难明,右若干事,儒者不宜忽置不讲。仆欲究其本始,为之又十年,渐于经有所会通,然后知圣人之道,如悬绳树椝,毫厘不可有差。①

这里谈到道,即义理;而与其相对应又未始相离的是考据,其内涵包括语言文字方面的文字、音韵、训诂,以及具体内容方面的名物、典制、天文、地理、算术、乐律等等。由以上言论,并与清人考据实践相印证,可以说清代考据学实际上是文献考据学,而且其内涵仅涉及文献的形式和具体内容,而与抽象的义理相对应。

以上谈了清代考据学的渊源、名称和内涵,再来考察其特点。清代考据学的特点十分突出,其一是内涵全面而以传统小学为中心,小学又以古音学为关键。关于全面,在讲内涵时已经谈到,现在主要谈以小学为中心的问题。清代考据学以小学为中心,表现在多方面:第一,清代考据家多数都精通或重视小学,不少人是著名的小学家。第二,清代考据学以小学的成就为最高,其中古韵学的成就尤其巨大,可以说已十分接近客观真理。王国维 1916 年所写《周代金石文韵读序》说:

① 戴震:《戴震文集》卷九,《与是仲明论学书》。

> 自汉以后，学术之盛，无过于近三百年。此三百年中，经学、史学皆足以凌驾前代，然其尤卓绝者则曰小学。小学之中，如高邮王氏、栖霞郝氏之于训诂，歙县程氏之于名物，金坛段氏之于《说文》，皆足以上掩前哲。然其尤卓绝者则为韵学。古韵之学，自昆山顾氏而婺源江氏，而休宁戴氏，而金坛段氏，而曲阜孔氏，而高邮王氏，而歙县江氏，作者不过七人，然古音廿二部之目，遂令后世无可增损。故训诂、名物、文字之学，有待于将来者甚多，至古韵之学，后无来者可也。原斯学所以能完密至此者，以其材料不过群经、诸子及汉魏有韵之文，其方法则皆因乎古人用韵之自然，而不容以后说私意参乎其间。其道至简，而其事有涯，以至简入有涯，故不数传而遂臻其极也。①

王力先生《清代古音学》第十三章也说："总而言之，清代古音学的成就是大的。在古韵分部方面，可以说是到了登峰造极的地步。"甚至可以说清代小学奠定了中国近、现代语言学的坚实基础，例如现当代著名语言学家吕叔湘在《文言虚字》一书的序言中，认为自己关于虚词的研究是王引之《经传释词》一书的继续，王力《中国语言学史》第三章论王念孙认为"段王二氏是乾嘉学派的代表，他们的著作是中国语言学走上科学道路的里程碑"。第三，小学成为考据方法的一部分，而且占据重要地位，具有方法论的性质。例如，顾炎武说："故愚以为读九经自考文（按，指文字）始，考文自知音始，以至诸子百家之书，亦莫不然。"②这里把读古书与考订文字、考订文字与通晓古音的关系，说得非常明确。又如戴震说："经之至者道也，所以明道者其词也，所以成词者字也。由字以通其词，由词以通其道，必有渐"，"诵《周南》、《召南》，自《关雎》而往，不知古音，徒强以协韵，则龃龉失读"，"而字学、故训、音声未始相离，声与音又经纬衡从宜辨"（已见前）。这里不仅强调了小学在文献考据中的重要地位，而且说明了文字、音韵、训诂密不可分的关系。纪昀对戴震的小学成就及其对考据的影响评价很高，他的《考工记图序》说："戴君深明古人小学，故其考证制度、字义，为汉以降儒者所不能及。"钱大昕也是小学成就极高的考据家，他说："六经皆载于文字者也，非声音则经之文不正，非训诂则经之义不明。"③与顾炎武的观点完全一致。又如王念孙、王引之父子，家学相承，都是以精通小学见长的考据家，龚自珍曾转述王引之的话：

> 自珍爰述平日所闻于公者曰："吾之学，于百家未暇治，独治经。吾治经，于大道不敢承，独好小学。夫三代之语言，如燕、越之相语也，吾治小学，

① 王国维：《观堂集林》卷八，《周代金石文字韵读序》。

② 顾炎武：《亭林文集》卷四，《答李子德书》。

③ 钱大昕：《潜研堂文集》卷二十四，《小学考序》。

吾为之舌人焉。其大归曰:用小学说经,用小学校经而已矣。"①

"用小学说经,用小学校经",准确道出了王引之考据学的特点;如果把"经"扩大到"经、史、子",那又是王念孙考据学的特点;而"用小学"属于方法,则是他们父子的共同特点。阮元《经义述闻序》说:

> 古书之最重者莫逾于经,经自汉、晋以及唐、宋,全赖古儒解注之力,然其间未发明而沿旧误者尚多,皆由于声音、文字、假借、转注未能通彻之故。我朝小学训诂远迈前代,至乾隆间,惠氏定宇、戴氏东原大明之。高邮王文肃公以清正立朝,以经义教子。故哲嗣怀祖先生家学特为精博,又过于惠、戴二先生,经义之外,兼核诸古子史。哲嗣伯申继祖,又居鼎甲,幼奉庭训,引而申之,所解益多。著《经义述闻》一书,凡古儒所误解者,无不旁征曲喻而得其本义之所在,使古圣贤见之,必解颐曰:"吾言固如是,数千年误解之,今得明矣。"

这是从清初到乾嘉时期以小学为中心的考据学历史的简括总结,相当精要。至于晚清的考据学也是如此,例如著名的古文献学家俞樾、孙诒让,都是继承乾嘉传统,特别是以继承王念孙、王引之父子相标榜的。清代考据学特点之二是集古代考据学之大成,发展成一个高峰,前已论及。清代考据学特点之三是发展非常迅速。小学方面文字、音韵、训诂的飞速进步,令人惊叹。从吴派到皖派的学术飞跃,也是生动的例证。

至于清代考据学兴盛的原因,是一个复杂的问题,前人众说纷纭,涉及到政治、经济、学术等等方面。能全面考虑问题,这是好的,但是在讨论什么是主要原因时,总是产生较大的分歧。"文革"以前,受"政治决定论"的影响,清王朝政治高压政策为主因说曾经占据上风。拨乱反正以后,人们开始全面冷静地思考这个问题,提出不少稳妥的见解。笔者认为清代考据学兴盛的原因是多方面的,但主要取决于内因,即取决于学术本身的原因。②

至于清代考据学分期和派别,也有分歧意见。笔者认为前人关于清代学术或经学的分期、派别的意见,只能作为探讨清代考据学分期、派别的参考,而不能简单套用。关于清代考据学的分期,笔者认为应分四期:第一期为清初期,包括顺、康两朝,特点是"汉宋兼采"。第二期为清中期,主要包括乾、嘉两朝,作为过渡,雍正朝亦可划入,此期为考据学高峰。第三期为清晚期,主要包括道光、咸丰、同治诸朝和光绪二十五年甲骨卜辞发现之前。此期的特点是经今文学重新兴起,倾向于经古文学的正统考据学的绝对优势受到挑战,其绝对地位亦受到冲击,但还只限于量的变化,而并不是质的衰落,而且考据学在方法上还直接影响

---

① 龚自珍:《龚自珍全集》第2辑,《工部尚书高邮王文简公墓表铭》。

② 详见拙文《也谈清代考据学兴盛的原因》(载台湾中山大学编《第七届清代学术研讨会论文集》),这里不再重复论述。

到今文学的学术研究。第四期为清末，即光绪二十五年甲骨卜辞发现以后。甲骨卜辞和敦煌遗书等出土文献新资料的发现受到学者的重视，开始与传世文献结合进行研究（如孙诒让），使清代考据学走上了新的阶段，并且对后世产生深远影响。因此从本质上看，考据学在晚清并不是衰落，而是承前启后的开新。正如王国维在上世纪20年代《最近二三十年中中国新发见之学问》一文中所说："古来新学问起，大都由于新发见"，"自汉以来，中国学问上最大发见有三，一为孔子壁中书，二为汲冢书，三则今之殷墟甲骨文字、敦煌塞上及西域各处之汉晋木简、敦煌千佛洞之六朝及唐人写本书卷、内阁大库之元明以来书籍档册，此四者之一，已足以当孔壁、汲冢所出"。关于派别的划分，笔者对前人关于清初期浙东、浙西两派的划分无异议；分歧主要表现在中期，笔者认为传统吴派、皖派、浙东学派的分法，适用于考据学，而扬州学派的划分颇多混乱，在考据学上尤其难以成立。凡是构成学派，起码必须具备三个条件：第一，有共同的学术宗旨或倾向；第二，有师承或同学的授受渊源关系；第三，有发源地（多由宗师的籍贯所决定）或活动中心的地域特点。根据这三个条件来看，扬州学术实为皖派戴学之流衍，并没有多少创新，根本构不成一个独立的学派，特别是从考据学角度来看尤其如此。①

（作者单位：北京大学中文系）

① 以上意见详见拙文《清代考据学的分期和派别》（2003年"清代经学与文化国际学术研讨会"宣读论文，刊载《中国文化》杂志2004年第1期），本文也不再重复论述。

乾嘉中州汉学第一人

——武亿学术成就述论

◇王记录

武亿(1745~1799),字虚谷,一字小石,号半石山人,室名授堂。河南偃师人。清代乾嘉时期中州著名学者,在经学、金石学、方志学等领域有很深造诣。乾嘉时期,汉学发达,学界大师云集,名家辈出,但鲜少中州士人。① 而武亿却是其中的佼佼者。作为中州汉学的代表人物,武亿对汉学在理学盛行的中州地区的传播起到了至关重要的作用,武亿的学术成就不揭示出来,我们对乾嘉时期中州地区的学术面貌就难以有一个正确的认识。

一

武亿一生,著述丰厚,据其子武穆淳编定、其孙武耒于道光二十三年重刻之《授堂遗书》所载,就有《经读考异》12 卷、《句读叙述》2 卷、《群经义证》8 卷、《三礼义证》12 卷、《金石三跋》10 卷、《金石文字续跋》14 卷、《授堂文钞》10 卷、《授堂诗钞》8 卷。武亿还纂修多种地方志书,如《偃师县志》、《鲁山县志》、《宝丰县志》、《安阳县志》等。此外,武亿尊崇汉儒郑玄,还校订郑学之书 5 种,即《发墨守》、《起废疾》、《箴膏肓》、《驳五经异议》、《郑志》。从武亿一生的行事与著述中,我们可以看到,他的治学思想和方法有着尊汉学、重实用的特征。

武亿之尊汉学,主要是受了朱筠和毕沅的影响。武亿少年时代,刻苦励学,但"乡居讲学,力求通博,鲜所师承"②,一直没有形成自己的治学风格。乾隆四十一年,武亿游京师,入朱筠幕下,始逐步形成自己的治学特点。

朱筠是"乾嘉朴学的开国元勋","乾嘉朴学家的领袖"③,在当时学术界大

---

① 清代学者江藩著《汉学师承记》,包括附传在内,共为 56 位汉学家立传,河南只有武亿 1 人;近代学者支伟成著《清代朴学大师列传》,包括附传在内,共为 362 位学者立传,河南也只有武亿 1 人。由此可以看出,乾嘉时期中州学术界汉学不倡,与当时的学术主流不合。

② 武穆淳:《虚谷府君行状》,见《授堂遗书》附录卷首下,道光癸卯年偃师武氏刊本。

③ 姚名达:《朱筠年谱》序,上海商务印书馆,1934 年。

力提倡汉学，广聚天下才学之士。一时大儒，如章学诚、邵晋涵、王念孙、汪中、洪亮吉、黄景仁、钱坫等，皆在朱筠幕下。武亿与这些学者交游，开阔了学术眼界，尤其是在朱筠的影响下，形成了自己的治学思想。朱筠以汉学训士，“说经宗汉儒，不取宋元诸家之说”①，是一个坚定的汉学家。武亿对朱筠极为推崇，“凡得先生所指授者，惟日孜孜研习不懈”②，奠定了汉学根基，形成了自身“通贯经籍，讲学依据汉儒师授，不蹈宋明人空虚臆说之习”③的治学风格。其后，武亿又入毕沅幕府，毕沅也是提倡汉学的重要人物，谓“经义当宗汉儒”，“文字当宗许氏”，“史学必通地理”，“金石可证经史”④，使武亿更进一步尊汉薄宋、重考证而黜虚言。正因为此，其“所著书皆稽之古史、经、百家传记，旁引远征，遇微罅，辄剖抉蕴要，比词达义，以成一例。可谓好古遗直者矣”，并以“经史训诂教授生徒”⑤，广泛传播汉学，从而成为乾嘉时期中州汉学的重要人物。

武亿治学除尊汉学外，还极力屏弃浮华，注重实用。所谓“虚谷读书，务为根柢有用之学，浮华声誉屏除殆尽”⑥。他曾经批评当时相互吹捧攀援的恶劣士风，说：“当世士大夫又好以虚崇溢量之词过为推许，其实皆笼络攀援，最可鄙笑。”⑦他一生治学，“博通古今，讲学不尚空虚”⑧，注重实实在在做学问。

武亿重实用的治学思想，还表现在注重“用世”上。他认为，“古人立言，不过为明道、叙事两途”⑨。而“明道”是儒者用世的必由之路。他教导子孙：“读书当期有实用，而实用莫过于地志之学，谓山川形势关津要害，能了如指掌，庶胸中包罗有物。”⑩武亿对“风教”极为重视，他治学，“于乡邦故实，有可以持风教，为多士劝者，必委悉备采”⑪，毅然“以假持风教为己任”⑫。更为重要的是，武亿“平生以读书用世为志”⑬，希望能“推其学以施于天下”⑭，将儒家经术用于现实治理。乾隆五十六年，武亿任山东博山县令，“变易风俗，以经术饰吏治”⑮，下车

---

① 江藩：《汉学师承记》卷四，《朱笥河先生》，上海书店，1983 年。
② 武穆淳：《虚谷府君行状》，见《授堂遗书》附录卷首下，道光癸卯年偃师武氏刊本。
③ 孙星衍：《武亿传》，见《授堂遗书》附录卷首下，道光癸卯年偃师武氏刊本。
④ 李元度：《毕秋帆尚书事略》，见《国朝先正事略》卷二十，明文书局，1985 年。
⑤ 《国史儒林列传》，见《授堂遗书》附录卷首下，道光癸卯年偃师武氏刊本。
⑥ 法式善：《授堂诗钞》序，道光癸卯年新刊。
⑦ 武亿：《授堂文钞》卷七，《与王贻伯书》，道光癸卯年重刊。
⑧ 武穆淳：《虚谷府君行状》，见《授堂遗书》附录卷首下，道光癸卯年偃师武氏刊本。
⑨ 武亿：《授堂文钞》卷五，《答王居敬书》，道光癸卯年重刊。
⑩ 武穆淳：《虚谷府君行状》，见《授堂遗书》附录卷首下，道光癸卯年偃师武氏刊本。
⑪ 武亿：《授堂文钞》卷四，《与苌乔庵》，道光癸卯年重刊。
⑫ 孙星衍：《武亿传》，见《授堂遗书》附录卷首下，道光癸卯年偃师武氏刊本。
⑬ 法式善：《武虚谷传》，见《授堂遗书》附录卷首下，道光癸卯年偃师武氏刊本。
⑭ 武亿：《授堂文钞》卷六，《送陈象斋序》，道光癸卯年重刊。
⑮ 孙星衍：《武亿传》，见《授堂遗书》附录卷首下，道光癸卯年偃师武氏刊本。

伊始，就汰裁佛寺，亲讲乡约，敦厚风俗，解决积案，革里马草豆之派，除石炭馈上之习，立范泉书院，“亲临讲课，口授指画，示以训诂文字、通经术、树风节之要”①。朱珪称其“官博山，所学见诸施行”②，所言不虚。

武亿对民生疾苦也极为关注。他的很多诗作反映了他对百姓困苦生活的同情。他在《河之水寄弟一章》中说：“河之水，浩茫茫，侧身欲渡归无航。东排汴口下睢阳，官征束薪民输将。狞须健吏纷披猖，十人九走何人康。”③他看到滦河决溢，两岸民众流离失所的状况，发出“我夜愁起长无眠”④的感叹。正因为此，“其为政，瘁躬洁己，急民病如渴饥”⑤。可以说，关注民生疾苦是武亿治学的思想基础，他尊汉学而又重实用，搞考据而不埋头故纸堆，使他在乾嘉汉学家中卓然而立，自成一家。基于此，卢浙称武亿“学古求有用，与世关忧乐”⑥，吴嵩梁称武亿“读书万卷善稽古，官不救民儒亦腐”⑦，均恰切地概括了武亿尊汉学、重实用的学术特征。

二

武亿“生平深入经史，七经注疏、三史、涑水《通鉴》，皆能暗诵”⑧，其在经学上的贡献，尤其要引起我们的注意。

武亿重视经学研究，认为“君子之学，以经务也。韩子云：士不通经，果不足用”⑨。其治经，主要成就在两个方面，一是考证经书句读，二是疏解经书含义。前者的代表作是《经读考异》，后者的代表作是《三礼义证》和《群经义证》。

武亿治经之所以要从“句读”起步，是因为在他看来，经义纷淆，关键在于句读不明；句读不明，遂使经义歧解百出。他在叙述《经读考异》撰作缘起时就说：“经之义起于析句不明，而俗学依文曲附，使上下牵缀，强为属词，于是凿说纷纷，浸致古训沉没。如是者，宜急以订正其误，此愚之不揣而妄为有述也。”⑩并认为“离析经读，亦其为小学之所先事”⑪。武亿看到，经书在长期的流传过程

---

① 孙星衍：《武亿传》，见《授堂遗书》附录卷首下，道光癸卯年偃师武氏刊本。
② 朱珪：《知足斋文集墓志》，见《授堂遗书》附录卷首下，道光癸卯年偃师武氏刊本。
③ 武亿：《授堂诗钞》卷一，《河之水寄弟一章》，道光癸卯年新刊。
④ 武亿：《授堂诗钞》卷三，《睹滦河水溢志感》，道光癸卯年新刊。
⑤ 余鹏年：《武虚谷哀辞》，见《授堂遗书》附录卷首下，道光癸卯年偃师武氏刊本。
⑥ 卢浙：《武虚谷石室画像赞》，见《授堂遗书》附录卷首上，道光癸卯年偃师武氏刊本。
⑦ 吴嵩梁：《山居图题词》，见《授堂遗书》附录卷首上，道光癸卯年偃师武氏刊本。
⑧ 江藩：《汉学师承记》卷四，《武亿》，上海书店，1983 年。
⑨ 武亿：《授堂文钞》卷八，《潭西精舍送桂君入都序》，道光癸卯年重刊。
⑩ 武亿：《授堂文钞》卷十，《与孙渊如一》，道光癸卯年重刊。
⑪ 武亿：《经读考异》后序，道光癸卯年重刊。

中,“某字属句,世已口习,不复可破;及塾师坚执一读,不能兼通他读”,“俗流未能离经辨义,而牵缀乖隔纷扰,不复成文,然后以曲解缚之,以凿说锢之”①。存在的问题相当不少。因此,综览群籍,“求其致确”,实属必要。其《经读考异》,对《易》、《书》、《诗》、《周礼》、《仪礼》、《礼记》、《春秋》、《尔雅》、《论语》、《孟子》10 部经书的句读进行辨析,以求正解,多能得其实。在纠正前人句读错误时,《经读考异》旁征博引,如卷一为解《易》之句读,引用文献就有《淮南子》、《汉书》、《说文解字注》、《风俗通义》、《后汉书》、《魏明帝征管宁诏》、《九经古义》、《穆天子传》、朱熹《周易本义》、郑玄《周礼注》、虞翻《周易注》、王弼《周易注》、王肃《周易注》、《释文》等 14 种,武亿通过多层对比,反复辨析,确定正误,极见功力。

在疏解经义方面,武亿受朱筠、毕沅影响,一尊汉儒,特崇郑学。他作《三礼义证》,自称“扶翼郑学,而更以易疏家之繁酿”②。钱仪吉在评价《三礼义证》时也特别强调这一点,“虚谷先生《三礼义证》之作,亦宗郑学,其尊信爱护,同于正经;疏失郑意,则正其讹;郑举汉制,并发其隐。是亦礼家不可不读之书”③。推崇之意,溢于言表。其《群经义证》,对前人疏经之不当,句读之不确,传刻之错讹,均有论析,亦是礼学研究方面的重要著作。梁启超在评价清代礼学著作时,特别提到武亿,指出武氏之作与其他礼学著作一样,“各有独到处”④。武亿不仅在经学研究方面有独到处,他晚年还先后在东昌、亳州、临清、鲁山、安阳、邓州等地书院讲学,“所至以经史训诂教生徒”⑤,宣扬自己的经学主张。

总之,武亿通过自己的研究,在阐明经书原义和纠正注家误谬方面,做出了很大贡献。他根据各种古代典籍、金石文字等,运用声音训诂等方法,解经疏义,纠正宋、明人注疏的错误,虽过分拘泥郑学,且有烦琐的一面,但他注重实事求是,从具体问题做起,其价值不言而喻。他的经学研究在当时的河南学术界产生了一定影响。赵希璜称他是:“洛下无双士,超然第一流;疏经扶贾、郑,成化拟阳秋。”⑥孙星衍则说:“今中州士知读古书,崇汉学,搜访碑刻,备一方掌故,多自亿为倡始。”⑦均充分肯定武亿的学术地位与影响。

---

① 武亿:《经读考异》后序,道光癸卯年重刊。

② 武亿:《授堂文钞》卷九,《程侍御三礼郑注考序》,道光癸卯年重刊。

③ 钱仪吉:《三礼义证》序,道光癸卯年新刊。

④ 梁启超:《中国近三百年学术史》第 236 页,东方出版社,1996 年。

⑤ 朱珪:《知足斋文集墓志》,见《授堂遗书》附录卷首下,道光癸卯年偃师武氏刊本。

⑥ 赵希璜:《吊挽》,见《授堂遗书》附录卷首上,道光癸卯年偃师武氏刊本。

⑦ 孙星衍:《武亿传》,见《授堂遗书》附录卷首下,道光癸卯年偃师武氏刊本。

三

清代金石学发达，以金石文字证经、证史成为时尚。武亿于此贡献尤大。近人支伟成撰《清代朴学大师列传》，就将武亿划在“金石学家”之列，足以说明他在金石学研究方面的成就和影响。

武亿嗜好金石，起自童年。他的家乡偃师与洛阳接壤，自汉魏以迄隋唐，皆为京辅都会之区，其间宫观寺宇、陵寝墓地众多，碑铭墓志、各类石刻充斥其间。武亿“自十余岁，好独游从废寺荒墟，窅然怀想，偶捡得古人一二石碣遗迹，抚摩终日，或至废食不归”①。成年以后，“游历所至，如嵩山、泰岱，遇有石刻，扪苔剔藓，尽心摸拓，或不能施毡椎者，必手录一本”②。并依宋代欧阳修《集古录》、赵明诚《金石录》之例，编成《金石三跋》、《金石文字续跋》等金石著作，所录计有自先秦至元代的各种碑刻近 800 通。武亿还为阮元校订《山左金石志》，“钩考精博”，系以跋语，受到阮元称扬。

武亿研究金石，是因为看到金石可以“与群史传记互为推稽”③，“碑铭墓记，推显古人之功绪，上与史传相纠正，次与此方利病相考见”④，有不可低估的史料价值。

今天看来，武亿的金石之学在两个方面值得注意，一是以金石证经史记载之讹，二是以金石补经史记载之阙。

传世文献在流传过程中，由于各种自然的和人为的原因，极易出现错讹。而金石碑刻则能逃此厄运，因此可以用来考证经史记载的讹谬。如武亿通过《魏封孔羡碑》考证出孔羡为孔子第二十一世孙，黄初元年封崇圣侯。而《史记正义》记为二十二世，胡三省《通鉴音注》记封崇圣侯在黄初二年，均误。⑤ 又如，《新唐书·宰相世系表》记房玄龄三子，长子房遗直，次子遗则，三子遗爱，以遗则为玄龄第二子。武亿以《唐梁公房玄龄碑》推校，指出碑中“明云第三子遗则，为朝散大夫，字独完好无损，而《表》书作第二，误也”⑥。诸如此类的考证，在武亿的金石著作中时时可见。对于这些，武亿也颇自信，认为自己的金石研究，“补前人疏舛者颇为不少”⑦。

---

① 武亿:《授堂文钞》卷七,《答王兰泉先生书》,道光癸卯年重刊。

② 江藩:《汉学师承记》卷四,《武亿》,上海书店,1983 年。

③ 武亿:《授堂文钞》卷七,《答王兰泉先生书》,道光癸卯年重刊。

④ 武亿:《授堂文钞》卷三,《偃师金石遗文补录序》,道光癸卯年重刊。

⑤ 武亿:《金石一跋》卷三,道光癸卯年重刊。

⑥ 武亿:《金石二跋》卷一,道光癸卯年重刊。

⑦ 武亿:《授堂文钞》卷九,《与朱少白书》,道光癸卯年重刊。

以金石补经史记载之阙遗，也是武亿极为关注的。在他看来，金石碑刻胜于史书记载之处，在官职、年月、事迹三方面。如，据《唐少林寺赐田牒》，武亿考证出赵冬曦曾任判官殿中侍御史，徐坚曾任国子祭酒，但新、旧《唐书》本传均不载此事，“史有阙也，非是牒后世其谁知之”①。又如刁遵，《北史》只记载他卒于洛阳刺史任上。武亿通过碑刻考证，指出实际刁遵历官大司农少卿、魏郡太守、都督洛阳诸军事、洛州刺史、平东将军、兖州刺史等，“史文之略，不及尽一人始末，非广记备言之体也”②。再如，《晋书》对张轨、张焕治西北事，“略焉不书”，武亿在《金石一跋》卷三《后魏张猛龙碑颂》中，详考其事迹。还有，《新唐书》的《突厥传》、《室韦传》记西北少数民族内迁、内犯之事，多有未悉，武亿亦据碑刻详考，“足补突厥、室韦二传之阙”③。他还利用碑刻详考独孤仁政之世系，不惮其繁，目的也是“广记备采，使后有为史学之续也”④。

武亿重视金石碑刻在经史研究中的价值，但又不盲信金石，认为金石碑刻也常有讹误及谀词。如宋代《汧阳县普济禅院碑铭》，叙人官职，却袭用唐代官名，纯然是“不通古今，谬以唐制假号尔”⑤，不足为据。又如《后魏太公吕望碑》记《汲冢竹书》的发现，云：“太康二年，县之西偏有盗发冢，而得竹简之书。”赵明诚《金石录》于此云：“荀勖校《穆天子传》，其叙云太康二年，与碑合。可以正晋史之误。”武亿通过认真考订，指出墓冢竹书发现于咸宁五年，太康二年才为时人所知，碑刻言太康二年发冢，是错误的。⑥ 再如，《魏王基碑》记王基武功云：“克敌获隽，斩首万计。”而《三国志》记王基“纳降数千口”。武亿通过考证，指出“岂碑溢美，非其实欤”⑦，对碑刻的可靠性表示怀疑。可以说，在乾嘉时期人们盲目相信金石的风气下，武亿对金石的价值能一分为二来看待，是难能可贵的。《续修四库全书提要》称赞他“学问渊博，尤嗜金石文字，其考据之文，可与钱大昕《金石文字跋尾》相伯仲”，绝非虚语。

四

修纂方志是武亿学术成就的另一重要方面。他先后于乾隆五十三年修纂了《偃师县志》，嘉庆元年至二年修纂了《鲁山县志》、《宝丰县志》、《郏县志》，嘉庆

---

① 武亿：《金石二跋》卷二，道光癸卯年重刊。

② 武亿：《金石一跋》卷三，《后魏洛阳刺史刁遵墓志铭》，道光癸卯年重刊。

③ 武亿：《金石二跋》卷三，《唐赠工部尚书藏怀恪神道碑》，道光癸卯年重刊。

④ 武亿：《金石二跋》卷一，《唐独孤仁政墓碑铭》，道光癸卯年重刊。

⑤ 武亿：《授堂金石文字续跋》卷八，道光癸卯年重刊。

⑥ 武亿：《金石一跋》卷三，《后魏太公吕望碑》，道光癸卯年重刊。

⑦ 武亿：《金石一跋》卷三，《魏王基碑》，道光癸卯年重刊。

三年修纂了《安阳县志》。《郏县志》现无存本,该县以后续志也未提到过武亿修县志,但有关武亿的传记、事略都提到此志。其余四志均完整保存至今,给中州留下了宝贵的地方文献。

从武亿所修县志中,我们可以看到他修志的思想和原则。

其一,注重实用。武亿治学的一个重要特点就是重实用,其修志亦不例外。在他看来,方志乃一方之文献,可以裨一方之实用。因此他所修的几部方志,山川、关隘、户口、兵防等关乎国计民生的事物,记载都比较确切详明。贵泰在评价武亿总纂之《安阳县志》时就说该志"地理、建置、田赋、渠田、典祀、兵防、古迹各志,征引繁复,考核详明"①。

其二,考证精良。武亿擅长考据,所修志书,考证最精。如《宝丰县志》对山川、古迹的考证,《鲁山县志》对山川、古迹、物产、里甲乃至衙署、书院、义学、寺观等的考证,均博引详稽,究其渊源,断以己意,深见功力。《安阳县志》的卷五《地理志》、卷十《古迹志》,几乎每条都有考证,释"殷墟"二字,不惮其繁。武亿之所以这样做,目的是"证前书之舛漏,扬近事之芳懿"②。

其三,资料翔实,戒绝空论。武亿修志,主张博采资料,反对空泛议论。《安阳县志·凡例》中言:"编录取诸征实,地理、典祀诸志,既取史传及掌故各书,或文集、碑刻、省志、府志、县旧志,亦采摭不遗,庶免凿空。""取诸征实","庶免凿空",就是要用材料说话,不要空泛地描绘和议论。如《宝丰县志》,资料搜集相当广泛,其中的《兵防志》,从隋唐府兵,至金巡捕,元土兵,明屯兵,皆有详细的记述。资料之丰,远出一般方志之上。《鲁山县志》则在《凡例》中明确提出扫弃叙论,"因文见义,览者自知",所本也是避免空谈。

其四,体例简明扼要。武亿所修志书,基本全用图、表、志、传、记五种体例,类例分明,纲举目张。如《安阳县志》记载人物,凡"偏方陋邑人物,见之史传,不妨备录"。凡安阳历代名人,既不照录史传,又不节录数事,而是"凡史有传者,唯书名字,注某史有传"③。这种方法既简要,又便于利用。《鲁山县志》著录诗文,删去旧志诗文篇,依范成大《吴郡志》之例,全系于建置、古迹等目之下,"文繁不杂,最为典据"④。总之,武亿修志,井然有法,要而不繁,结构谨严,"斐然可列著作之林"⑤。

其五,重视金石文字的搜集和记载。武亿对金石文字深有研究,对金石文字在方志编纂中的价值也有深刻认识。他说:"金石之文,取以证地理,其系于方

---

① 贵泰:《安阳县志》序,嘉庆二十四年刊本。

② 董作栋:《鲁山县志》序,嘉庆元年刊本。

③ 赵希璜、武亿:《安阳县志·凡例》,嘉庆四年刊本。

④ 董作栋、武亿:《鲁山县志·凡例》,嘉庆元年刊本。

⑤ 梁启超:《中国近三百年学术史》第368页,东方出版社,1996年。

志者尤为著明。"基于此,他所修的方志,均有"金石志",有的甚至占到志书篇幅的四分之一。武亿著录金石资料,记名称,注存佚,录全文,作考证,证经史,十分规整。他利用这些金石资料,补缺纠误,效果显著。如《宝丰县志》中,利用碑刻纠谬甚多。旧志中,知县李东周失载,此志据嘉靖四十三年《香山寺碑》补入;朱约,旧志作典史,此志据正德九年《灵相寺碑》改为主簿。《职官表》中共 123 人,据碑补入者即达 24 人。

正因为武亿有以上修志的思想和做法,所以他所修的地方志,富有特色。当时著名学者纪昀评论《安阳县志》,从体例、叙事、考证、著录金石等方面入手,指出此志体例精善,叙述确切,以金石考稽异同,"井井有条,多合古法","岂区区夸饰附会者所可比乎?"认为"此志为地志之通例可也"①。

总之,武亿所修的地方志,内容切实,考证精审,体例严谨,资料丰富,收录金石,文风朴素,对有清一代河南修志有很大的影响。当然,武亿修志也有自己的不足,其最大的缺陷就是详古略今,偏重于对古代事物的记载。武亿作为一个汉学家,治学有崇古的倾向。这样的治学倾向反映在修志中,就必然会出现详古略今的现象。这是我们应该认识到的。

综上所述,我们看到,武亿治学,尊汉学、重实用,在经学、金石学、方志学诸方面都取得了引人注目的成就。清代中州学术受洛学影响,理学盛行,汉学极不发达。武亿独能于理学氛围中崛起,与朱筠、毕沅、孙星衍、洪亮吉、法式善、江藩、王昶、阮元等学者交接,著述讲学,扩大汉学在中原地区的影响,并为后世留下了一笔可贵的文化遗产,可谓是中州汉学第一人。

(作者单位:河南师范大学社会发展学院)

① 纪昀:《纪晓岚文集》(第一册)第 166 页,河北教育出版社,1995 年。

探索建设史学理论的道路

——谈谈《史学要论》和《国史要义》的启示

◇瞿林东

20世纪上半叶，中国史学在理论上的探讨和建设方面，可谓披荆斩棘，走过了一段艰苦的路程，所出版的著作约有20余种①，论者迭起，各骋其说。其中，梁启超的《中国历史研究法》及《补编》，主要探讨史学方法论方面的问题；翦伯赞的《历史哲学教程》，主要探讨历史理论方面的问题；李守常（大钊）的《史学要论》和柳诒徵的《国史要义》，主要探讨史学理论方面的问题。经过半个世纪以上时间的检验，这几种著作因其特色鲜明，有更长久的生命力和更突出的理论参考价值。

本文所要讨论的问题，是李大钊的《史学要论》和柳诒徵的《国史要义》在史学理论建设方面所作的努力及其留给后人的启示。

一、以“史学”为主要研究对象

李大钊的《史学要论》和柳诒徵的《国史要义》都有明确的撰述宗旨，即以“史学”为研究对象。李著十分强调地指出“历史”与“历史学”（即“史学”）的区别，而本书乃以“史学”名书，所论对象自然极为鲜明。柳著虽然没有交代这种区别，但所论“国史”之“要义”，其“义”亦在于“史学”无疑；论者把《国史要义》誉为刘知幾《史通》、章学诚《文史通义》之后的巨制，②也正道明了此书的性质。

《史学要论》和《国史要义》在研究对象上是一致的，但它们的话语和概念却甚为殊异。《史学要论》不论在概念使用上，还是在语言表述上，都反映出“五四”新文化时代的气息，反映出在多种近代学科产生后史学的性质和作用的重新定位。它提出了“什么是历史”、“什么是历史学”、“历史学的系统”、“史学在科学中的位置”、“史学与其相关学科的关系”、“现代史学的研究及于人生态度

---

① 参见刘泽华主编《近九十年史学理论要籍提要》，书目文献出版社，1991年。

② 参见柳曾符《新版〈国史要义〉后记》，《国史要义》第374页注②，华东师范大学出版社，2000年。

的影响”等问题。作者在阐述和论证这些问题的时候，字里行间，渗透着马克思主义唯物史观的深刻性和辩证色彩。

《国史要义》的作者，自也有其所处时代之学术前驱的修养，但在讨论“国史”的“要义”时，则沿用传统的话语和概念（其中包括在传统概念的框架下提出来的新概念）。他所讨论的问题是“史原”、“史权”、“史统”、“史联”、“史德”、“史识”、“史义”、“史例”、“史述”、“史化”等。其中，“史德”、“史识”、“史义”、“史例”是古代史家已经提出过的，其余则是作者新提出来的，而其内涵和样式都颇近于传统的风格。

这里，我们或许会提出这样一个问题：都有中西文化交会背景和中西学术修养的李大钊、柳诒徵①，为什么在史学理论的探索上，竟然会有如此的差异？依我的肤浅认识，这是因为：李大钊的《史学要论》着眼于探索一般意义即普遍意义上的史学理论体系，故其话语、视野、概念等，均须与此目标相一致，相协调。《史学要论》一书除第四章外，多系论述，少有征引，正是这一特点的反映。而柳诒徵的《国史要义》则不然，他所要讨论的，主要是“国史”的“要义”，而不是一般意义上的“史学”的“要义”，此其一；其二，《国史要义》的撰述宗旨是继承和发扬中国古代史家在史学理论上的创造，并使之获得新的生命力。对此，柳诒徵在《国史要义·题辞》中有所说明，他写道：

> 漂泊西南，窃禄国校，无以昭士，爰为是书。钩稽群言，穿穴二民，根核六艺，渊源《官》、《礼》。发皇迁、固，踵蹑刘、章，下逮明清，旁览域外。抉擿政术，评骘学林，返溯古初，推暨来叶。②

《史记》、《汉书》的传统和《史通》、《文史通义》的成就是作者十分关注的。上溯礼书，这是作者考察史学的一个特点；旁览域外，这是作者撰述此书的学术环境与学术视野。当然，作者的撰述宗旨是极明确的，即“返溯古初，推暨来叶”。概而言之，作者的目的是在刘知幾、章学诚史学理论成就的基础上，总结过往，开拓未来。

显然，要探讨“国史”的“要义”，即“中国史书”或“中国史学”的“要义”，当必须从研究刘知幾《史通》、章学诚《文史通义》开始。刘知幾自谓《史通》一书之义说：

> 盖伤当时载笔之士，其义不纯。思欲辨其指归，殚其体统。夫其书虽以史为主，而余波所及，上穷王道，下掞人伦，总括万殊，包吞千有。自《法言》

---

① 李大钊是五四新文化运动的领导者之一，此固无疑。而柳诒徵早年赴日本留学，接触世界思潮，后致力于创办新式学校和从事高等学校教学与研究，后学称他“中西学术志沟通，文笔东南第一峰，还见劬堂风花否，相看只有六朝松”。参阅柳曾符《柳诒徵与柳诒徵的著作》，见《柳诒徵说文化》第6页，上海古籍出版社，1999年。

② 《国史要义》第1页，华东师范大学出版社，2000年。

已降，迄于《文心》而往，固以纳诸胸中，曾不慸芥者矣。……夫其为义也，有与夺焉，有褒贬焉，有鉴诫焉，有讽刺焉。其为贯穿者深矣，其为网罗者密矣，其为发明者多矣。①

《史通》问世后，时贤评论说："为史氏者宜置此于坐右。"②《史通》含内、外篇凡52篇，存49篇，佚3篇而仅存其目。这是中国史学史上第一次对"史学"提出若干概念并结合各种史书进行论述的理论著作，唐宋以下迄今，治史者不可不读。章学诚的《文史通义》也具有相类似的性质。章学诚多次讲到他撰《文史通义》的旨趣以及此书的意义。他说："吾于史学，盖有天授，自信发凡起例，多为后世开山。"③这是他对自己学术的总的估计。关于《文史通义》，他在给友人的信中写道：

鄙著《通义》之书，诸知己者许其可与论文，不知中多有为之言，不尽为文史计者，关于身世有所枨触，发愤而笔于书。尝谓百年而后，有能许《通义》文辞与老杜歌诗同其沉郁，是仆身后之桓谭也。《通义》中有《言公》、《说林》诸篇，十余年前旧稿，今急取订正付刊，非市文也，盖以颓风日甚，学者相与离跂攘臂于桎梏之间，纷争门户，势将不可已也。得吾说而通之，或有以开其枳棘，靖其噬毒，而由坦易以进窥天地之纯。古人之大体也，或于风俗人心不无小补欤！④

章学诚的这一段话讲得十分坦率，他不独以学术上的独立见解自许，而且还极为关注当时的世风和学风，认为他的《文史通义》或许可以有补于"风俗人心"，并使之朝着健康的方向发展。惟其如此，这位史学家的内心世界也就袒露在人们面前，使后人读到这些文字，也会想见其风范而肃然起敬。值得注意的是，章学诚自信后人必有推许其书之人，认为《文史通义》的《言公》（上中下）、《诗教》（上下）诸篇，"其言实有开凿鸿蒙之功，立言家于是必将有取"⑤。由于历史环境的原因，章学诚的著作在19世纪较少有人关注，而到了20世纪，他的著作受到胡适、梁启超的推崇，继而便彰彰于世了。

我之所以要对刘知幾的《史通》和章学诚的《文史通义》作这样简要的论说，只是为了进一步揭示柳诒徵《国史要义》之所谓"踵蹑刘、章"的良苦用心与高远志向。

---

① 《史通·自叙》。

② 《新唐书·刘子玄传》。

③ 《文史通义·外篇·家书二》，中华书局，1961年版。

④ 《文史通义·外篇·又与朱少白》。

⑤ 《文史通义·外篇·再答周筤谷论课蒙书》。

二、探索史学理论的体系

《史学要论》和《国史要义》都有自己的理论体系，反映了它们的作者在这方面的探索精神。由于话语和概念的差别，它们的体系也显示出各自的特色。

李大钊的《史学要论》是循着近代学科建设的要求和思路，探索历史学自身的理论体系。为此，作者首先提出了“什么是历史”和“什么是历史学”的问题，并阐明了它们的本质和区别。

什么是历史？李大钊写道：

> 历史这样东西，是人类生活的行程，是人类生活的联续，是人类生活的变迁，是人类生活的传演，是有生命的东西，是活的东西，是进步的东西，是发展的东西，是周流变动的东西；他不是些陈编，不是些故纸，不是僵石，不是枯骨，不是死的东西，不是印成呆板的东西。我们所研究的，应该是活的历史，不是死的历史；活的历史，只能在人的生活里去得，不能在故纸堆里去寻。
>
> 什么是活的历史，真的历史呢？简明一句话，历史就是人类生活并为其产物的文化。因为人类的生活并为其产物的文化，是进步的，发展的，常常变动的；所以换一句话，亦可以说历史就是社会的变革。这样说来，把人类的生活整个的纵着去看，便是历史；横着去看，便是生活。历史与社会，同其内容，同其实质，只是观察的方面不同罢了。①

李大钊按照马克思主义的唯物史观，认为历史就是社会，是实实在在的客观存在。历史和社会都是在运动着的，所以他特别强调地用了“活的历史”这个词。他概括地说：“我们所谓活的历史，不是些写的、纪的东西，乃是些进展的、行动的东西。”②通观李大钊之阐述“什么是历史”的问题，可以看出，他是在认真地、科学地说明两种不同的历史的区别。他最后写道：

> 我们认识了这永续生存的历史，我们可以用几句最明了的话，说出什么是历史：
>
> “历史不是只纪过去事实的纪录，亦不是只纪过去的政治事实的纪录。历史是亘过去、现在、未来的整个的全人类生活。换句话说，历史是社会的变革。再换句话说，历史是在不断变革中的人生及为其产物的文化。那些只纪过去事实的纪录，必欲称之为历史，只能称为记述历史，决不是那生活的历史。”③

---

① 《史学要论》第3、4～5页，河北教育出版社，2000年。

② 《史学要论》第7页。

③ 《史学要论》第10页。

李大钊所指出的这种区别,在实质上是指出了客观的历史和人们主观所反映出来的历史,二者之间既有联系,又有明显的区别。历史研究之所以有巨大的魅力,这种联系和区别正是重要原因之一。

那么,什么是历史学呢?

李大钊从什么是历史出发,简要地回答过这个问题。他在讲到"历史和历史学的关系"时曾这样写道:

> 以历史为中心,史学可分二部:记述历史;历史理论。记述的历史的目的,是欲确定各个零碎的历史事实,而以活现的手段描写出来,这是艺术的工作。历史理论的目的,是在把已经考察确定的零碎事实合而观之,以研究其间的因果关系的,这乃是科学的工作。①

我认为作者在这里说的"艺术的工作",是指历史编纂方面的工作;"科学的工作",是指对历史编纂的内容作逻辑的分析和价值的判断。

在《史学要论》中,李大钊对"什么是历史学"作了详尽的阐述,他写道:

> 史学有一定的对象。对象为何?即是整个的人类生活,即是社会的变革,即是在不断的变革中的人类生活及为其产物的文化。换一句话说,历史学就是研究社会的变革的学问,即是研究在不断的变革中的人生及为其产物的文化的学问。②

历史学"是研究社会的变革的学问",这表明,历史是运动的,而历史学是研究历史运动的形式、轨迹和趋势的学问。

通过这些论述,李大钊把"历史"和"历史学"的联系和区别从理论上阐述得十分清楚了。在对"历史学"作了明确的界定后,《史学要论》依次论述了历史学的内部构成、外部位置及横向联系等三个问题。

所谓内部构成,即作者说的"历史学的系统"。作者认为,历史学包含"狭义的历史学"、"广义的历史学"(亦称"普通历史学")和"最广义的历史学",其内涵逐渐扩大。值得注意的是:在所谓"最广义的历史学"中,不仅包含了历史哲学,还包含了历史研究法和历史编纂法;而历史研究法和历史编纂法则更多地涉及历史学自身的有关范畴。这样一个逻辑体系,揭示了历史学的极其丰富的内涵。③

所谓外部位置,即作者所说的"史学在科学中的位置"。作者以欧洲为例,阐述了"史学在欧洲中世以前,几乎全受神学的支配",到马克思的唯物史观产生,"找出来的历史的根本理法",使"历史学在科学上得有相当的位置。治史学

---

① 《史学与哲学》,见《史学要论》第244~245页,同前引书之附录部分。

② 《史学要论》第13页。

③ 参见《史学要论》第22、32页作者所列之示意表。

者，亦得有法则可循”①。

所谓横向联系，即作者所说的“史学与其相关学问间的关系”。作者认为，史学与较近的关系的学问，有六大类，而着重阐说史学与文学、史学与哲学、史学与社会学的关系，展现出史学应有之广阔视野。

《史学要论》的最后部分，论述了“现代史学的研究及于人生态度的影响”，认为史学的研究能培养起人们的科学态度，从而具有“脚踏实地的人生观”；史学的研究，还会使人们引出来“舜人亦人感奋兴起的情绪”，增强人们的社会责任感和对于历史前途的信心。②

《史学要论》的结构大抵如此。现在来看《国史要义》的结构。《国史要义》以论史学的起源（“史原”）开篇，继之而论史职的权重（“史权”）、古代史学的核心思想正统论（“史统”）、史书内容的种种关联形式（“史联”），进而论述史家修养（“史德”、“史识”、“史义”、“史例”），最后阐说史学的社会功用（“史术”、“史化”）。现略作分析如下。

作者论史学的起源，认为：“史之初兴，由文字以记载。”这里的“史”似是指史书。作者据《周官》“史掌官书以赞治”的说法，认为：“此为吾史专有之义。由赞治而有官书，有官书而有国史。视他国之史起于诗人，学者得之传闻，述其轶事者不同。”作者又根据《周官》关于“五史”即太史、小史、内史、外史、御史的记载，认为：“自《隋志》以来，溯吾史原，必本之周之五史。”因史官与周之五史有关，故史学“有一中心主干，为史法、史例所出，即是礼也”。作者总括而论之曰：“以史言史者之未识史原，坐以仪为礼也。”③这是格外强调了以“礼”明“史”的重要。

关于史职权重的问题，作者认为：“吾国史家，艳称南、董。秉笔直书，史之权威莫尚焉。”这种“史权”，一方面是由于史官具有“共同必守之法”，如“君举必书”即是。一方面是“古史之职，书以谏王”，这就是前面说的“掌官书以赞治”，其重要性非同寻常。因此，史官被认为是“社稷之臣”。作者指出：“后世史职，远逊于古矣。”④

论“史原”和“史权”的两篇意在从史学的起源和史职的重要性两个方面来说明史学是什么的问题。继而作者论述了史书的历史观点和对史事的处置问题，即“史统”和“史联”。作者认为：“史之所重在持正义。”⑤他从“大一统”讲到“正史”，又讲到“持正统论”与“不持正统论”的关系和本质，指出：

---

① 参见《史学要论》第37、41页。

② 参阅《史学要论》第57、58页。

③ 《国史要义》，第1、2、4、9、14页，华东师范大学出版社，2000年。

④ 《国史要义》第27、30、39、33、44页。

⑤ 《国史要义》第73页。

自宋以来，持正统论与不持正统论者迭作。而传授之正，疆域之正，种族之正，道义之正，诸观念恒似凿枘而不能相通。使四者皆备，则固人无异词，而史实所限，则必一一精析而后得当。骤视之似持论不同，切究之则固皆以正义为鹄也。①

作者举王夫之与司马光相比较，指出：

王船山亦不持正统论者也。然生际明清之交，又丁元室之后，人力所穷，史实又异，而其孤怀宏识，又深病李絭等之局于一姓之私，则宁归之于一治一乱，而不忍承认元、清之统一。故船山之不持正统论，与温公相似而实不同。然其不持私己之偏辞，务求大公之通论，与温公之意，亦无不合。②

"正统论"是一个复杂的问题，自宋以后，在史书编纂上争论颇多，成为历史观点方面的一个突出问题。柳诒徵在考察了有关言论和史实后，提出了一个总的认识，他写道：

吾族由大一统而后有所谓正史，由正史而有有所谓通史、集史。而编年与纪传之体虽分，要皆必按年纪录。虽史才之高下不同，而必持义之正，始足以经世而行远。当时之以偏私为正者，后史又从而正之。是即梁氏所谓统在国在众人也。明于三统五德之义，则天下为公，不私一姓，而前史之龂龂于一家传统者，非第今不必争，亦为昔所不取。而疆域之正，民族之正，道义之正，则治史者必先识前贤之论断，而后可以得治乱之总因。疆域不正则耻，民族不正则耻。③

这些话，概括起来，就是"持义之正"。换言之，主"正义"是历史撰述中最重要的思想。

"史联"所论，至为重要。作者于此篇论述了史事、人物间本有联系，历史撰述如何反映这方面的种种联系，是治史的一大关键。作者指出：

史之为体，一时代有一时代之中心人物；而各方面与之联系，又各有其特色，或与之对抗，或为之赞助，而赞助者于武功、文事、内务、外交之关系又各不同。为史者若何而后可以表示此一中心？若何而后可以遍及各方面？则莫若纪、传、表、志之骈列为适宜矣。④

史之为义，人必有联，事必有联，空间有联，时间有联。纪、传、志、表之体之善，在于人、事、时、空在在可以表著其联络。⑤

值得注意的是，作者从客观史事、人物之联系的存在，说到历史撰述为何反

① 《国史要义》第82页。

② 《国史要义》第83页。

③ 《国史要义》第96~97页。

④ 《国史要义》第106页。

⑤ 《国史要义》第113页。

映此种联系的问题，这涉及到历史编纂学上的史书体裁的选择和史书体例的制定，自然还直接关系到对历史资料的统筹和分配。作者强调“人事时空”都存在着联系，因而适当的重复不仅是不可避免的，甚至是完全必要的。正是在这个问题上，刘知幾恰恰认为是纪传体史书的一个缺点，他批评《史记》记事“分在数篇，断续相离，前后屡出……此其所以为短也”①。这就是没有从根本认识到客观事物本有种种联系，史家不可能在同一处把若干重要的联系都写到，更不用说都写得合理。人们从另一种观点来看，认为这种“前后屡出”的写法，恰恰能给读者一种联系，加强了对史事的理解和记忆。朱熹告诉学生们说：“《通鉴》难看，不如看《史记》、《汉书》。《史记》、《汉书》事多贯穿，纪里也有，传里也有，表里也有，志里也有。《通鉴》是逐年事，逐年过了，更无讨头处。”②不论从客观事物之间固有的联系来看，还是从读者便于阅读、易于理解来看，史书编纂上的这种合理的“重复”不仅是不可避免的，而且是必要的。“史联”所揭示的道理，是很重要的。

关于史家的修养，柳诒徵在《国史要义》中是着重加以论述的。作者论“史德”有深刻的见解：“言德不专为治史，而治史之必本于德。”这就是说，“德”是人们的普遍要求，而对“治史”者来说则为必备的要求。作者认为，从“史德”这一要求出发，“自史迁以降，史家所重，尤在实录”，应当说，这就是史德的优良传统。作者论史家的“史识”，从辨析刘知幾、章学诚所论落笔，进而提出自己独立的见解，认为：“史事之去取有识，史事之位置亦有识。盖去取者为史之初步，而位置者为史之精心。”这里说的“去取”和“位置”，是选择和定位的问题，二者都重要，若“去取”失当，则“位置”便会大打折扣，故“初步”与“精心”也是相对的。作者还指出：“治史之识，非第欲明撰著之义法，尤须积之以求人群之原则。由历史而求人群之原理，近人谓之历史哲学。”③以今天的眼光来看，这是指史家的撰述旨趣同历史发展之客观规律的关系。作者的这一认识，立意是很深刻的。作者之论“史义”，由孟子之论事、文、义引出④，旁征博引，其要旨在于明公私而论历史与史学，他写道：

> 千古史迹之变迁，公私而已矣。公与私初非二物。只徇一身一家之计，不顾他人之私计，则为私；推其只徇一身一家之计之心，使任何人皆能便其一身一家之私计，则为公。故大公者，群私之总和。即《易·文言》所谓利者义之和也。由此推阐，公之中有私焉。相反相成，推迁无既。⑤

---

① 《史通·二体》。

② 《朱子语类》卷一一，《读书法下》。

③ 《国史要义》第131、134、188、193页。

④ 见《孟子·离娄下》。

⑤ 《国史要义》第239页。

看来，柳诒徵所说的“史义”不像章学诚所说的“史义”那样具有丰富的内涵，而历史的变迁、演进，似也不是“公私”可以概括的。不过，柳诒徵曾明确申言：论“史义”以前的各篇，“无虑皆史义也”①。然而这样一来，“史义”的含义又不免过于宽泛了。作者深意何在？似还可以探讨。作者论“史例”，有以下几个要点：一是关于史例的起源，认为“史例权舆《礼经》，计时已在《春秋》之前”。二是关于史例的类型，认为“史之为例，有去取焉，有差等焉，有联散焉，有序第焉；有片语之例，有全书之例，有编年与纪传相同之例，有二体独具之例”。三是关于史例之详，认为“史例之详，以朱子所定《通鉴纲目凡例》为最。盖承《春秋三传》、《通鉴》诸史而集大成，所谓后起者易为功也”。四是关于官修史书尤应重视史例，认为“官局修史，杂出众手，要亦必有共循之例”②。作者对史例能作出这些具体分析，在历史编纂学上是很有参考价值的。

《国史要义》最后两篇论“史术”和“史化”，都是阐述史学的社会功能。作者把“史术”解释为“史学”，认为：“史术即史学，犹之经学亦曰经术，儒家之学亦曰儒术也。吾意史术通贯经术，为儒术之正宗，故以史术名篇。术即道也，为古今人所共由之道。”作者引证历史上人们以读史而获益的事迹，说明：“史学之益，自持身、涉世、谋国、用兵，为术多而且精，非徒记问撰著即可为史学也。”作者进而指出：“史术之正，在以道济天下，参赞位育，礼乐兵刑，经纬万端，非徒智效一官，行比一乡，德合一君，能征一国而已也。第人事之对待，安危存亡，祸福利害，亦演变而无穷。治史者必求其类例，以资鉴戒。则原始察终，见盛观衰，又为史之术所最重者也。”值得注意的是，作者在这里实际上是讲了三个方面的问题：一是史学本身所具有的功能，二是读史者如何去理解和运用这种功能，三是治史者应当善于显示出史学的种种功能。这比以往讲史学功能者更加重了分析力和说服力。如果说“史术”是阐述史学的社会功能在一些具体方面的反映的话，那么作者是通过“史化”阐述历史传统对人们心理与精神的影响，其中也包括蕴含在史学中的那些历史传统对人们心理与精神的影响。作者认为：“任何国族之心习，皆其历史所陶铸，惟所因于天地人物者有殊，故演进各循其轨辙。”③这里所说的，实质上是历史文化传统的教化作用，而这种历史文化传统同史学有极大的关系。

以上是《国史要义》的体系与主要内容，以及笔者的有关评论。

上文已经讲到李著和柳著在概念、话语上的不同，这里还可看出二者在体系和内容的侧重上也有所不同。一言以蔽之，这是两种风格的史学理论体系，分别论之，各具特色；合而观之，启发尤多。

---

① 《国史要义》第199页。

② 分别见《国史要义》第251、269、287、291页。

③ 《国史要义》第298、304、320、371页。

三、理论上的几点启示

重读《史学要论》和《国史要义》，从史学理论的探索和建设的视角来看待它们，评论它们，并把这种看待和评论同今天的史学理论建设联系起来，我们可以得到几点有益的启示。

启示之一：《史学要论》和《国史要义》在探索史学理论方面所选择的“路线”和模式并不一样，但其目的却是十分接近的，这可叫做“貌异而心同”①。所谓“路线”相异，是指《史学要论》从当代史学出发，从一般意义上来探索史学理论问题；而《国史要义》是从中国古代史学出发，以总结和阐扬其关于史学的认识。所谓“模式”相异，是指《史学要论》和《国史要义》在体系上的差异，尽管它们所论在有些方面有相同或相近之处，但二者在结构上及论述的重点上毕竟有很明显的不同，这就是“貌异”。而《史学要论》和《国史要义》都以讨论“史学”为指归，都是力图建立起关于认识史学的思想体系，或者说力图建立起关于史学理论的体系，以推进史学的发展，这就是“心同”。

启示之二：《史学要论》和《国史要义》的作者对史学都有崇高的追求和宏大的志向。《史学要论》从“什么是历史”、“什么是历史学”开篇，以论述“现代史学的研究及于人生态度的影响”作为终篇。作者在全书的最后写道：

> 吾信历史中有我们的人生，有我们的世界，有我们的自己，吾故以此小册为历史学作宣传，煽扬吾人对于历史学研究的兴趣，亦便是煽扬吾人向历史中寻找人生、寻找世界、寻找自己的兴趣。②

再看《国史要义》，作者以“史原”、“史权”开卷，以“史术”、“史化”终卷。作者以下面这段话作为全书的结束，他写道：

> 吾之立国，以农业，以家族，以士大夫之文化，以大一统之国家，与他族以牧猎，以海商，以武士，以教宗，以都市演为各国并立者孔殊。而其探本以为化，亦各有其独至。骤观之，若因循而不进，若陈腐而无当，又若广漠而不得要领；深察之，则进境实多（如疆域之推广，种族之溶化，物产之精制，文艺之深造等），而其本原不二。近世承之宋明，宋明承之汉唐，汉唐承之周秦。其由简而繁或由繁而简者，固由少数圣哲所创垂，要亦经多数人民所选择。此史迁治史，所以必极之于究天人之际也。《大学》曰：“物有本末，事有终始，知所先后，则道近矣。”又曰：“其本乱而末治者否矣。”吾之人本主

① 刘知幾《史通·模拟》：“盖模拟之体，厥途有二：一曰貌同而心异，二曰貌异而心同。”本文此处非指模拟，只是借用这一形象的说法表明对同一研究对象的不同研究路径和不同的表述方法而已。

② 《史学要论》第59页。

> 义，即王氏（按：指王国维——引者）所谓合全国为一道德之团体者。过去之化若斯，未来之望无既。通万方之略，弘尽性之功，所愿与吾明理之民族共勉之。①

这些话，蕴含了多么深厚的历史感和现实感。

由上可见，《史学要论》和《国史要义》的作者，都是把自己融于史学之中，融于民族之中。对于他们来说，史学不只是学问，更昭示着人生的进路、历史的前途。

启示之三：在当今，我们怎样建设史学理论？在这一点上，《史学要论》和《国史要义》给我们提供了丰富的遗产与重要的经验。这主要表现在：

第一，从观念上看，这两部书的作者都有明确的以"史学"为对象的研究宗旨，这是关系到史学理论建设的极重要的环节。毫无疑问，历史同历史学（或称作史学）是有联系的。没有历史运动，便不可能有历史学，而没有历史学，人们对历史的了解和认识将遇到难以想像的困难。但是，历史和历史学又是有区别的，由此不难理解，人们认识历史和认识史学的理论与方法是有所区别的。从学术研究和学科建设来看，把这两种认识联系起来尤其是区别开来，是十分重要的。正因为如此，李大钊的《史学要论》把"什么是历史"、"什么是历史学"作为全书的前提首先提出来讨论；而《国史要义》作者柳诒徵则是明确申言"踵蹑刘、章"，以继承、发展《史通》、《文史通义》为己任。惟其如此，这两部书在关于"史学"的认识上都提出了各成系统的理论，对史学理论建设产生了重要作用。

第二，从研究路径上来看，李大钊的《史学要论》更直接地反映出了近代学科理论建设的思潮与要求，其概念与话语都反映出了时代的特点，给人以蓬勃发展的气象。柳诒徵的《国史要义》则面对中国古代的史学理论遗产，意在发掘、总结、阐扬其传统与价值，给人以追本溯源、考镜源流的深厚底蕴。今天看来，这两种路径都有其合理性，甚至可以说都具有必然性。所谓合理性，是因为二者都以探索史学理论为指归；所谓必然性，是因为在中国文化发生巨大变化的 20 世纪前期，治学之路多途，学人自行抉择，而对潜心学术的人来说，一般都不会脱离大的历史环境的要求。因此，殊途而同归者往往有之。认识这一点，不仅可以对这两部书作出恰当的评价，而且还可以使今人择善而从，真正从中得到教益。

第三，从理论上看，李大钊的《史学要论》以马克思主义唯物史观为指导，并吸收了当时外国学人的某些可取的论点，构建了一个史学理论体系。其精髓所在，即是以唯物史观解释史学现象及相关问题。这里，有两点是有必要强调的：一是李大钊在论证"史学在科学中的位置"时，主要是根据"马克思等找出来的历史的根本理法"，从而说明"这样子历史学在科学上得有相当的位置。治史学

---

① 《国史要义》第 371 ~ 372 页。

者,亦得有法则可循"①。这里说的"理法"、"法则",就是指的唯物史观的基本原理。二是李大钊认为史学家应有一个"合理的历史观"作为研究工作指南。他指出:

> 史学家应否有一个一定的历史观,言人人殊。或谓史家宜虚怀若谷,以冷空的智慧,观察史实;不宜豫存一先入为主的历史观。此言殊未尽然,史实纷纭,浩如烟海,倘治史实者不有一个合理的历史观供其依据,那真是一部十七史,将从何处说起?必且治丝益棼,茫无头绪。而况历史观的构成,半由于学问智识的陶养,半由于其人的环境与气质的趋倾,无论何人,总于不知不觉之中,有他的历史观在那里存在。夫历史观乃解析史实的公分母,其于认事实的价值,寻绎其相互连锁的关系,施行大量的综合,实为必要的主观的原因。然则史学家而有一种历史观,其事非概可指斥,不过要提防着过于偏执的或误谬的历史观就是了,然则历史观果何由而成呢?这固然与其人的气质,癖性,所处的境遇,所遭的时势有关;而过去或当代的哲学思想,直接间接有以陶熔而感化他的力量,亦不在少。然则哲学实为可以指导史的研究,决定其一般倾向的历史观的一个主要的渊源。②

今天我们来引证李大钊的这一段话,再三咀嚼,认真紬绎,并联系20世纪80年代以来中国史学面貌进行思考,在关于历史观的问题上,或许会有一些新的认识。人们不会否认,史学家的修养重在史识,而史识则不能脱离一定的历史观,尤其是在考察历史进程和重大社会历史现象时更是如此。在当今的历史研究和历史学研究中,史学工作者仍须有一个"合理的历史观",这是至关重要的。有一种观点认为,历史研究就是根据材料说话,目的就是为了弄清历史真相,无须有什么历史观来指导。这种观点,在学理上和实践上都是不承认史学家的主观意向在研究工作中的作用,因而也就不承认树立"合理的历史观"的必要性。这不符合研究工作的实际过程,也和古往今来许多先贤在这个问题上的正确认识大相径庭,因而是不可取的。李大钊《史学要论》在这方面给予人们的启示,是非常有益的。

第四,从内容上看,柳诒徵的《国史要义》发掘了中国古代史家关于史学的丰富的思想资料,作者正是根据这些思想资料构建起关于史学理论的系统认识。作者在相关的论述中,尽管表现出了对于有些思想资料的过分拘泥,尤其是对先秦礼书的过分拘泥,限制了他在理论上开拓更广阔的前景。但是,我们必须看到,作者对这些思想资料的发掘、爬梳和解释,在当时,尤其在今天,具有非常重要的学术价值和方法论意义,无疑是留给后学的珍贵遗产。

第五,现今的中国史学工作者,如欲在史学理论建设方面继续开拓前进,则

① 《史学要论》第41页。
② 《史学要论》第45页。

应在坚持唯物史观的基本原理这一“合理的历史观”的基础上，总结中国马克思主义史学的理论成就，继承中国古代和近代以来的史学理论的优秀遗产，借鉴外国同行在这一领域的积极成果，并把这三个方面辩证地结合起来进行新的创造，庶几有所作为。可以相信，在这个创造过程中，李大钊的《史学要论》和柳诒徵的《国史要义》都会从许多不同的方面给人们以非常有益的借鉴与启示。

（作者单位：北京师范大学史学理论与史学史研究中心）

饮食与伦理

——从吃饭解析中国传统文化模式

◇刘志琴

一、伦理化是中华饮食文化的特色

"民以食为天",这一句在中国妇孺皆知的古训,在一个有神论国家无异是石破天惊之论。试想,穿衣吃饭虽是人类生存的第一要事,但在一切都是上天和主恩赐的观念中,哪有以天的名分称呼芸芸众生的寻常事?即使天上人间、政权神权集于一身的国君,也只是天的儿子——天子,发号施令都承受天命,又何敢妄言与天争威?在中华饮食文化中却不然,人人不可须臾与之分离而又视为平常的饮食被推崇为天,进入至高无上的信念。相形之下,《孟子·告子》中说的"食、色,性也",墨子说的"食为性命之基",以及《周礼》所谓"食为民之本",都不过是对人类生存的本能和自身发展的物质前提而表述的大实话。出自《汉书》的"民以食为天",却对人类生存的本能欲望,赋以民食即天理的伦理观念。以人事和天相通,这是先秦"民之所欲,天必从之"①天命观的发展,也是汉代董仲舒天人合一思想向日用消费品深化的表现。

"饮食"在中国的出世不凡,还由于它是儒家文化的核心思想——礼的本源。《礼记·礼运》说:"夫礼之初,始诸饮食,其燔黍捭豚,汙尊而抔饮,蒉桴而土鼓,犹若可以致其敬于鬼神。"爆粟粒、烤小猪,挖土坑盛酒,用手掬饮,再用草槌敲地取乐,这大约就是先民视为美食美酒的盛事,用自己最得意的生活方式,祭祀鬼神,表示对祖先和神灵的崇拜和祈祷,这就开始了礼仪的行为。所谓礼之初始诸饮食,揭示了文化现象是从人类生存最基本的物质生活中发生的,这是中华民族顺应自然生态的创造。

祭祀礼仪从饮食行为中发端,盛放饮食的食器就成为礼器。"食"字在甲骨文中的字形就似食物盛放在容器中,比起茹毛饮血的原始生活,有了食器的发

---

① 《尚书·泰誓》。

明，这是饮食的进化，这一进化深深烙在文明的标志——文字的创制之中，食器也就成为饮食的符号，至今中国人还习惯用“铁饭碗”来表示有吃有喝的保障。“礼”字的成型也可溯源到食器，据王国维在《观堂集林·释礼》中考证：“盛玉以奉神人之器谓之丰，推之而奉神人之酒醴亦谓之醴，又推之，而奉神人之事通谓之礼。”在食器中盛放玉，是“礼”字的原初形态，所以普通的日用品食器，也就成为至尊至荣的礼器。

礼，有多重含义，礼貌之礼、仪节之礼、伦常制度之礼，无不是协调、沟通和规范人与人的伦理关系。这种观念对饮食行为的渗透和主导，使得有限的口腹之欲，寓有超乎具体物质享受以外的精神内涵，拓展了饮食活动的社会价值和功能，由此衍生出多姿多彩的内容，是中华饮食文化与世界各国相区别的最重要的特色。

二、伦理是怎样导向饮食的?

礼，从远古饮食习俗中发源，经过孔子的发展与集大成，构建成治国理政处世为人的思想体系和社会制度。这是古人用以别尊卑、定亲疏、辨是非的准则。它以等级分配为核心，用各种伦常制度规范社会各阶层的思想行为、人际关系和生活消费，用以维系“天有十日，人有十等”的层层相隶属的统治序列。

等级统治本是封建社会的属性，这在世界各国都不例外。在中国保障这种秩序的特殊形态是礼制，历代王朝以“会典”、“律例”、“典章”或“车服志”、“舆服制”等各种条文颁布律令，管理人们的物质生活和精神生活。

> 礼者，贵贱有等，长幼有差，贫富轻重皆有称者也。故天子袾褂衣冕，诸侯玄褂衣冕，大夫裨冕，士皮弁服。德必称位，位必称禄，禄必称用，由士以上则必以礼乐节之。众庶百姓则必以法数制之。①
>
> 君子小人，物有服章，贵有常尊，贱有等威。②
>
> 奇服文章以等上下而差贵贱，是以高下异，则名号异，则权力异，则事势异，则旗章异，则符瑞异，则礼宠异，则秩禄异，则冠履异，则衣带异，则环佩异，则车马异，则妻妾异，则泽厚异，则宫室异，则床席异，则器皿异，则饮食异，则祭祀异，则死丧异。③。

这就是说，社会各阶层的成员，从权力财产的分配，到日用器物的消费，从应酬往来到穿衣吃饭，该享用什么，不该享用什么，都有严格的等级规定。值得注意的是，所谓“德必称位，位必称禄，禄必称用”，明确规定了俸禄与日用消费必

---

① 《荀子·富国》。

② 《左传·昭公十二年》。

③ 贾谊:《新书·服疑》。

须与其权位和道德实践相称，这本是士人以上统治阶层生活方式的准则。此类贵贱有等、尊卑有别的生活样式扩大到众庶百姓，成为管理社会等级的制度和意识形态，所以禄与德、位的一致性，揭示了封建社会生活方式与等级序列、伦理道德的三位一体化。这种由认知、器用、法权和道德等主要文化要素而构成的方式，通过礼整合为稳定的范式，是为华夏民族传统的文化模式。这种文化模式以伦理道德为本位，以等级分配为核心，渗透政治、经济、文艺、教育和衣食住行社会生活的各个方面。所谓礼制、礼法、礼律和礼治都从不同层次和领域表述了这种文化模式的内容和功能。饮食行为在这种文化模式中，不单是满足充饥、营养、保健的自然欲求，还是社会地位、伦理道德的体现。

连篇累牍的礼书、不遗琐细的条文规定，深入到消费生活的各个方面，对活人的饮食、宴请和死人的祭祀品，供什么、吃什么、怎样吃，都有详细规定。饮食是最难分等的，吃什么、怎样吃都是短时间的行为，随意性大，很难进行监督和考察。天子食太牢，牛羊豕三牲俱全，诸侯食牛，卿食羊，大夫食豕，士食鱼炙，庶人食菜，这种等分出自古代的记载。《尚书·洪范》说："惟辟作福，惟辟作威，惟辟玉食。"这就是说只有君主才能作威作福，吃玉食。《礼记·王制》说："庶人无故不食珍。"究竟施行如何，难以查证。但是据现代学者考证，当上古之时"庶人除老耄之外不肉食，是可信的"①。《礼记·曲礼》记述，吃瓜的方式有严格的等级划分：为天子切瓜，先剖成四瓣，再横切为八，用细葛布覆盖；为诸侯切瓜，中剖为二，再横切为四，用粗葛布覆盖；为大夫切瓜，亦如君王，但不用葛布；为士人切瓜，横断两半，去掉瓜蒂；庶人食瓜，只能去掉瓜蒂，啃着吃。这样细分缕析在今天看来甚为可笑，尽管在实际上未必都能办到，但在古代却是上了礼制的，成为经典的明文。中国的饮食习俗，不仅受到生产水平、地域、气候、民族、宗教等自然生态和社会环境的影响，更要受制于礼的规范，这对饮食行为有全面而深刻的影响，促成中华饮食的食俗、食性、食规和烹调理论的伦理化。所以中华饮食文化的伦理化是中国传统文化模式结构性的特征，这种导向具有的稳定传承的内在机制，绵延数千年，它在饮食习惯、人情事理方面形成的传统至今仍有深刻的影响。

神圣性是中华饮食伦理的又一要义。民以食为天不是抽象的，它有具体而实在的表现形态。发明熟食、善于烹调的先人都被奉为圣人，就是这一信念的具象化。诸如"《古史考》曰，古初之人，未有火化，后世圣人钻燧出火，教人熟食"，"黄帝烹谷为粥，蒸谷为饭"②等记载不绝于书。燧人氏钻木取火，教人熟食；伏羲氏织网捕鱼，驯养家畜；神农氏播种耕作，石上燔谷。他们无不是因为开辟食源、教人熟食和烹饪的丰功伟绩，而被后世尊为中华民族的始祖。古史上第一个

① 参见瞿同祖《中国法律与社会》。

② 王三聘：《古今事物考》卷七。

有年代可考的厨师，是近四千年前的少康，他因父亲夏相被叛臣寒浞所杀，投奔到有虞氏当过庖正（即厨师长），后来复国，成为夏朝第六代君主。据《说文》说，少康就是传说中的杜康，还是酒的发明家。善于烹饪而又官至国家重臣的，在史书上也不鲜见。屈原《天问》中提到的彭铿，在王逸的注中说他"好和滋味，善斟雉羹，能事帝尧"，这个号称活了八百岁的长寿老人彭祖，以一手烹调野鸡的绝活博得尧的欢心，官至守藏史。商朝最著名的相国伊尹，出身厨师，因为善于制作雁羹和鱼酱，被后世推为烹调之圣。周朝的开国元勋姜尚从政前钓鱼、屠牛、卖饭，姜太公钓鱼的传说成为韬晦的美谈。在中国人的伦理观念中，圣人是道德的楷模；这些圣人又是权力显赫的君主和功臣，位列统治序列的顶端；烹饪的创始人和大师同时也是生活方式的缔造者。这三者的一体化，正是中华文化模式结构的具体反映，也是饮食伦理化寄寓人事的生动体现。

这种观念深入到社会下层，家家户户都有管理烟火饮食的灶神。别小看这一差事，传说中的灶神有黄帝、炎帝、祝融之说，这都是大神；祭灶在先秦还是重典，列为五祀之一。此灶神从执掌灶火开始，权力不断扩大。《敬灶全书》说："受一家香火，保一家康泰；察一家善恶，奏一家功过。"《灶王经》说："家有灶王经，水火不能侵。"一家人的生活、安危、善恶、功过全由灶神包了，此权力之大，只有人间的王爷可比，因此灶神又称灶王爷，这是三位一体文化模式人格化的典型表现。这个灶王爷，不在天上在身边。人们与上天的信使共处一个屋檐下，声息相通，相濡以沫，对此人们常以诙谐的情趣来表示对他的亲切和期望："上天言好事，下地保平安。""好话多说，不好少说。""黏糕堵你的嘴，糖瓜粘你的舌，今夜上天去，好话要多说。"这些五花八门的灶联，无一不生动地表现出人们是按照自己的面貌和意愿来塑造心目中的神灵。在众多的神灵当中，大约只有这主管饮食之神最能体现中国人对神的人伦观念，也只有灶王爷才享有这样充分的人情味。

对神的人情味还促使饮食的各种行业攀附某个圣贤或名人，作为本行的祖师爷，以便就近取得保护。例如，开肉铺的供奉屠狗起家的樊哙，做金华火腿的供奉宋朝抗金名将宗泽，糖坊供奉明朝开国功臣刘伯温，豆腐店供奉的是西汉宗室淮南王刘安，菜铺供奉的是东汉文人蔡邕，酱园供奉书法家颜真卿，等等。宗泽曾用火腿犒军，刘安发明豆腐，刘伯温挑过糖担，这些还算有些出典和沾亲带故。至于蔡邕、颜真卿由于谐音而成为菜铺和酱园的祖师爷，就属无稽之谈。更有甚者，受到蛋商供奉的太乙真人，就因为在《封神演义》中被他收为徒弟的哪吒出生时是个肉球，生拉硬拽地把肉球和蛋扯在了一起。① 这些看来是荒唐的联系，居然赢得众多的信徒。泛神信仰和饮食伦理化的导向，造就饮食行业这些千奇百怪的行业神。饮食伦理的拟人化，是这种文化心理的深层因素。

① 参见李乔《中国行业神崇拜》，宗力、刘群编《中国民间诸神》。

按礼制的规定，饮食不单是满足口腹之欲的个人行为，也是礼制精神的实践，这促使文人学士在享受美味的同时，不吝笔墨著书立说。孔老夫子"食不厌精，脍不厌细"，一部《论语》出现"食"字就有数十次，而"礼"字也只不过出现了74次。《周礼》、《礼记》、《仪礼》、《晏子春秋》、《吕氏春秋》、《淮南子》、《黄帝内经》等经典名著都有关于烹调的精辟论述。有关烹饪的专书层出不穷，从西晋的《安平公食学》、南齐的《食珍录》、北齐的《食经》，一直到清代袁枚的《随园食单》、朱彝尊的《食宪鸿秘》，佳作迭出。这里有世界上最早的烹调专著，琳琅满目的食谱。有关烹饪的技法如烧、烤、煎、炙、爆、焙、炒、熏、烙、烹、煮、涮、烩、蒸、煨、熬达数十种之多，可谓世界之最。以美食家自诩，甚或亲自执厨，附庸风雅的不胜枚举。晋朝的愍怀太子有出色的刀工，随意切割一块肉，就能掂出分量。唐穆宗的宰相段文昌，自撰《食经》五十章，又称《邹平郡公食宪章》，他的厨房称为"炼珍堂"。太和公炙鱼，东坡肉，陆游的素馔名盛一时。写美酒佳肴的诗篇名作更是连篇累牍。李白留存的1050篇诗文中，直接抒写酒食的诗有170篇，占16%；杜甫诗1400篇中有300篇，占21%。如果说古代士大夫鄙薄技艺，对科学技术甚少关注的话，那么对烹饪技艺的钻研和在著述方面的投入，却是一个例外。烹饪园地风景这边独好，是中国文化史上一个独特的现象。

我们的祖先把伦理观念导向饮食，不仅促进了烹调技术的高度发达和烹饪著述的繁荣，而且还创造出有浓厚伦理色彩的烹调理论。

众所周知，在人类的理念中，最高的观念是解释宇宙，这在中外概莫能外。中国人习惯用天地乾坤来表述这种理念，用阴阳五行学说说明它的生成结构和运转秩序。《周易》讲阴阳，《尚书》讲五行，一阴一阳谓之道，金木水火土相生相克谓之五行，这被视为万物生成的要素和法则。战国后期齐人邹衍推衍出五德终始说，用金木水火土这五种物质属性的相生相克和终而复始来比附王朝的兴亡盛衰。西汉董仲舒集其大成，用天人相应和阳尊阴卑的学说解释自然现象，使自然现象伦理化。什么人际代谢、物性事理、祸福灾异、四时变迁，莫不纳入这个宇宙图式。自然界有金木水火土为五行，人间就有仁义礼智信为五德，君臣、父子、夫妇、长幼、朋友关系为五常，人与人之间的这种等级和道德关系就是人伦之理。在这伦理中，天道人事打成一片，自然现象示兆社会现象，社会现象又是自然现象的演化，天人相应，天人合一，这是古代思想家们观察自然和社会现象的终极至理。因此，天有五行，人有五脏，食有五味，三者相生相应，饮食理论的建树遵循这个法则，这是饮食伦理化的理论渊源。

中国地处北温带，得天时地利之惠，物产丰饶，食品原料充足，作为肉食的猪牛羊鱼和作为素食的菜蔬瓜果，应有尽有。《四气摄生图》说："天以五气养人，地以五味养人。"天有五行，人有五脏，食有五味，人是通过"养"获得天地之气，吃什么，不吃什么，都要遵照阴阳搭配的原则。《礼记·月令》中将食物分为五谷，与五味和五行相应，并有详细规定。《黄帝内经》说："五谷为养，五果为取，五富为益，五菜为充。”在这众多的食物中以谷物为主，菜蔬果肉为辅，从这里可以理解中国人以吃饭而不以吃菜作为进餐的代称，就源于这沿袭数千年的以谷物为主的饮食结构。

既然每一种食物的原料都有阴阳之性，食物的制作就需要通过调配，使阴阳分布不均的原料相互渗透，达到阴阳平衡才能可口。阳尊阴卑，有主即有副，吃饭要有下饭菜，这菜是在饭之下，故称为副食。同一副食中还要有主料、配料和辅料的搭配，下料的次序轻重主次不能颠倒，此种专用术语叫“君臣佐使”，如同君臣关系，序列严明才能协调，所以中国菜的制作最重视调与和，五味调和百味香。这“味”千变万化不可言喻，只能用品尝加以鉴定。这一套程序就是出味之道，又称味道。味道人殊人异，变化万千，但都不出五行之数，《淮南子》说：“味之和不过五（甘酸咸苦辛），而五味之化，不可胜赏也。”又说：“味有五变，甘其主也。……炼甘生酸，炼酸生辛，炼辛生苦，炼苦生咸，炼咸反甘。”这五味的变化，是由阴阳互补、五行相生相克的学说加以主导的，高明的厨师能做出百菜百味，烹饪技艺全在于搭配的适当、调和的技巧和火候的掌握。这与西餐不一样，在西式菜中肉食与蔬菜往往是两相分离的个体，各自独立制作，中式菜却是综合混成的。烹饪家们解释这是由于地域、物产的因素，哲学家们认为这是中国人长于综合思维的反映，这些都不无道理。然而究其直接动因，乃是阴阳五行学说导向饮食，促使烹调理论伦理化的结果。

中国烹饪史上最杰出的烹饪专著，清代著名才子袁枚撰写的《随园食单》把这一套理论发挥得淋漓尽致。关于原料的选择，他说：“凡物各有先天，如人各有资禀，人性下愚，虽孔孟教之无益也；物性不良，虽易牙烹之亦无味也。”对于食物的搭配说得更明确：“谚曰：‘相女配夫，记曰拟人，必于其伦。’烹调之法，何以异焉。凡一物烹成，必需辅佐，要使清者配清，浓者配浓，柔者配柔，刚者配刚，方有和合之妙。”“味太浓重者只宜独用，不可搭配，如李赞皇、张江陵一流，须专用之，方尽其才。”“一物有一物之味，不可混而同之，犹如圣人设教，因才乐育，不拘一律，所谓君子成人之美也。”这样阐述烹调的理论，无异于进行礼义说教。教化人们从烹饪这具体而有限的操作活动中，体验伦理的无限意义。从这里也可以理解孟子在《告子》篇中所说的“理义之悦我心，犹刍豢之悦我口”。这位仅次于孔子的大圣人，不惮粗俗地把理义比作牛羊猪肉，正是饮食与伦理相通的认识。

与此相应的是，在日常生活中随处可见饮食烹调与伦理政治相通、相融的倾向。被古人视为国家重器的鼎，本是饭锅，它鼓腹，能容纳较多的水、粮、肉、菜；两耳，便于移动；三足，方便置火燃烧。炊具和餐具合一，比笾、釜、镬、豆、簋等食器具有更大的实用价值。《说文》说：“鼎，调和五味之宝器。”用这宝器供奉祖先和神灵，行施祭祀的重大礼仪，这就使得这日用容器蒙上了神秘的色彩，尊为礼器。传说黄帝采首山之铜铸三鼎，象征天地人；夏禹收罗九州的金属，铸成九个大鼎，作为传国之宝。周灭商后，移九鼎于镐京，举行隆重的定鼎仪式，自此定鼎喻为国家政权的奠基，鼎也就成为权力的象征。由于这鼎的特殊身份，它不能为普通人所拥有，因此又有列鼎制度。按礼制的规定，天子可以有九鼎，诸侯七个，大夫五，元士三。这士、大夫、诸侯、天子，权力愈大拥有的鼎数就愈多，违背这规定，就是僭越，与犯上作乱一样，要受到重裁。《左传·宣公三年》记有一则故事：周朝衰弱，楚庄王崛起，在中原称霸，周定王派使臣去慰问，楚庄王踌躇满志地打听周鼎的轻重大小，使臣反驳说："周德虽衰，天命未改，鼎之轻重，未可问也。"自此，问鼎成为窥视政权的行为，迁鼎则是指一个国家的灭亡。在古代西方和埃及，君主的权力是以权杖和连枷为代表，这是从生产工具和武器演化而来，比较好理解，在中国则以饭锅为象征，这在文明古国中是独一无二的现象。从这里也可了解，"民以食为天"的另一面是"民以食为权"，所以荀子提出德、位、禄的相称，是从意识形态领域反映了饮食与权力和天道的一体性。

饭锅从食器演变为礼器——鼎，是这样神圣不可侵犯，能在鼎上操作的自不同凡响，所以调和鼎鼐这一纯属烹饪的术语，在古代亦可作为宰相治理国政的代称。《晏子春秋》记述，晏婴对齐景公谈君臣关系时，以和羹比喻说："和如羹焉，水火醯醢盐梅，以烹鱼肉，燀之以薪，宰夫和之，齐之以味，济其不及，以泄其过，君子食之，以平其心。"《吕氏春秋》记述伊尹用烹饪技巧对天子议政的一番话，说："夫三群之虫，水居者腥；肉玃者臊；草食者膻。臭恶犹美，皆有所以。凡味之本，水最为始，五味三材，九沸九变，火为之纪，时疾时徐，灭腥去臊除膻，必以其胜，无失其理。调和之事，必以甘酸苦辛咸，先后多少，其齐甚微，皆有自起。鼎中之变，精妙微纤，口弗能言，志不能喻。若射御之微，阴阳之化，四时之数。故久而不弊，熟而不烂，甘而不哝，酸而不酷，咸而不减，辛而不烈，淡而不薄，肥而不腴……天子不可强为，必先知道，道者止彼在己，己成而天子成，天子成则至味具，故审近所以知远也。"烹调是精细微妙的操作，用这来比附君主驾驭臣僚的统治术，真是绝妙的议论。孙子论兵喻以烹饪之学，淮南子论学以烹饪为证，老子的"治大国若烹小鲜"更是脍炙人口。

这些思想家们不厌其详地从烹调论及国家大事，并非是个人所好，这是生活方式、伦理道德和统治序列三位一体文化模式的反映。这种模式把衣食住行都纳入伦理教化的轨道，不同于说教的是，人们从日用品的消费和享用中，处处感受伦理审美的经验。在物质上满足生命本能的自然欲求是有限的，在精神上潜移默化地受伦理道德的感召却是无限的。衣冠服饰是衣食住行之首，它最显著、最充分地表现人们的身份地位。衣冠服饰与意识形态的结合，在中国形成衣冠之治的规章，这是礼制的大宗内容。① 饮食较之衣冠有很大的随意性，礼制对各

---

① 参见拙作《衣冠之治的解体和思想启蒙》，《民族主义与现代化》，香港中文大学出版社，1994 年。

阶层的食用虽有详尽的规定,但大都局限在礼仪和庆典,人们吃什么,怎样吃,主要受制于经济生产和生活水平,这是权力干预难以奏效的领域,因此礼制体现在饮食方面的伦理导向,比等级规定更有实际意义。

正是因为饮食承载着伦理教化的重负,夸大饮食的政治功能,就成为古人习惯的思维方式。最常见的是把王朝的灭亡看成是饮食过度的恶果。《战国策》中就有夏禹禁酒,发出"后世必有以酒亡其国"的预言。《尚书·酒诰》认为,商朝的灭亡无非是由于酗酒所致。《五子之歌》说:"甘酒嗜音,峻宇雕墙,有一于此,未有不亡。"《墨子·非乐》指责夏启的一大罪状是放纵野餐嗜酒。史书上历数夏桀的酒池肉林、商纣的长夜之饮都是亡国之由,《荀子》还把饥而欲饱、口好味看成人性恶的本性。这些王朝的衰亡是否就在于嗜食酗酒,可当别论。毫无疑问的是,保留在先秦典籍中劝戒节制饮食的言论,主要不是从健康出发而是从政治、品德着眼。由于这个缘故,古人把戒贪吃的训诫绘成有首无身的恶兽,铸在权力的象征铜鼎上。《吕氏春秋·先识》说:"周鼎著饕餮,有首无身,食人未咽,害及其身,以言报更也。"青铜时代最具盛名的艺术代表作饕餮纹,是向世人宣示,贪吃要遭受报应,这一可怕的寓意才是它创生的真正来由。

从先秦发端的寓伦理于饮食的导向,在中国源远流长。许多时令节庆的饮食风俗,起因往往带有浓郁的伦理或政治色彩。端午节吃粽子,是为了悼念爱国诗人屈原,他的忧国忧民,悲怆人生,得到民众的同情,人们每年五月五日在他自沉的汨罗江投下粽子,希望他死而复生。中秋吃月饼,传说是起因于农民起义军领袖张士诚为了串联民众反抗元朝统治,利用互赠面饼的机会,在其中夹字条约定八月十五起义。寒食节禁炊火,是因为春秋时介之推割股肉熬汤,救了落难的重耳,后来他归隐山林,重耳即位后,为请他出山而放火烧山,不意他在大火中抱树而死,晋文公为纪念这一忠臣义士下令每年的这一天举国熄火,吃冷食。梁红玉率军击退金兵,用糕饼慰问浴血奋战的将士,以表示点点心意,"点心"就成为小食品的又一名称。这些壮烈悲愤的故事难以一一查实,传说也不限于一种,然而古人宁可给这些节庆食品寓以种种与政治行为相联系的动人传说,不能不视为伦理意识深入到饮食领域的一种心态。

在这种心态中,人们自然要以饮食表示自己的信仰和节操。自古以来"不吃嗟来之食"就是优良传统:伯夷、叔齐饿死首阳山,以不食周粟来表示对故国的忠贞;陶渊明甘守清贫,不为五斗米折腰,令后人肃然起敬。最令古人称道的"清白",在《礼记》中的本义只是指酒的纯洁和透明度。王逸在《离骚序》中颂扬屈原说:"不忍以清白久居浊世,遂赴汨渊自沉而死。"从秦汉以后,清白成为人们推崇的嘉德美行,用品酒的标准评人品,不是偶然的。

人们用某种食物来表现自己的爱,也会用吃某种特定的食物来表达恨。在中国人的心目中,陷害岳飞的秦桧是最大的奸臣,只有将其下油锅方才解恨,"油炸鬼(桧)"因而成为油条的别称;螃蟹壳中一个盘腿而坐的人形,被人们说成是民间故事《白蛇传》中恶势力的代表人物法海。这些传说的广为流传,显示出人们在细致的观察和丰富的联想中所寄寓的是非爱憎得到了最大范围的认同。抗战时重庆有一道菜,叫“轰炸东京”,将滚烫的汤汁浇在油炸锅巴上,发出噼噼啪啪的声响,以象征东京吃了炸弹,这样别出心裁地表示同仇敌忾,也是源于这种文化心理的影响。

饮食的伦理化还表现在中国菜名的别开生面。菜名大致有两种类型:一种是写实性的如青菜豆腐、榨菜炒肉丝,一看就明白它的原料;另一种是写意性的,这最能展现伦理想像的空间,因而在中国发展到极致。菜肴中常有八宝的名称,如八宝饭、八宝鸭、八宝肘子等等,据《辍耕录》记载,所谓八宝,是指帝王行使权力的八枚玉玺,宋徽宗改玺为宝。后玉玺落入金人的手中,皇帝又命人复制了八宝。臣民为庆祝重新有了八宝,设宴欢庆,称为八宝宴,后来临安酒楼为纪念此盛宴,将一些菜肴命名为八宝。这其实是一段不光彩的历史,但表现出人们光复故土的愿望,为人们喜闻乐见,传到后来八宝成为八种珍味和配料的代称。有的菜名洋溢着权势的气息,例如“御带虾仁”,将虾剥皮时,中间留一段虾壳,炒熟后,拦腰一圈红色,形似官员朝服上的革带,以显示为官的气派。又如“带子上朝”,用一只鸭子和一只鸽子配制,意思是父子当官,代代上朝。在孔府的家菜中还有“诗礼银杏”、“一品豆腐”、“五侯鲭”、“神仙鸭子”等等,成为鲁菜中的精品。在《山林清供》中记录的素菜汤就有“太守羹”、“玉带羹”、“锦带羹”、“玉糁羹”、“碧涧羹”等,珠光宝气,官味十足。平民与官场无缘,却由于向往吉利、发财在菜名上精雕细刻,把豆芽称作“如意”、鸡爪称“凤爪”、菜心称“玉树”、蛋饺称“元宝”、竹笋炒排骨是“步步高升”、发菜炖猪蹄是“发财到手”、冬菇烧青菜是“金钱满地”、豆芽烧豆腐是“金钩挂玉牌”、海蜇皮拌萝卜丝是“金声玉振”等等。

一些写意性菜名里华而不实的词藻,使人不知所云,猜不到碗里盛的什么菜,名实不符,并不方便,可又偏偏为古人喜闻乐见。以伦理为本位的文化意识对饮食的渗透,使得人们自发地选择这样的口彩,成为一种民族的心理和时尚。如果对古人来说这只是讨个吉利的话,时至21世纪,经过市场炒作,更是变本加厉,扭曲变形,煮花生米拌炸花生米称“一国两制”,猪口条与猪耳朵叫“悄悄话”,菠菜炒木耳叫“波黑战争”,还有什么“忘情水”、“迟来的爱”等等庸俗的话语都作为菜名登堂入室,引起了顾客强烈的不满。①

由此可见,从熟食的发明、原料的调配、烹饪的技巧、食具的选择、节令食品,到菜名的审美和异化,无一不受伦理的濡染,这是中华文化无往而不在的伦理意识向饮食行为全方位渗透的结果。人人都要吃饭,这种再普通不过的日用消费,蕴有如此深刻的内涵和寓意,并且与人际关系中最高级的政治活动相联系。由此可见生活方式是如何与伦理道德、统治序列结为一体的。饮食与伦理的这一

---

① 《深圳饮食业呼唤“菜肴实名制”》,《北京晚报》2002年8月10日。

关系，提供了深一层理解中华文化模式的窗口。

三、解析中国传统文化的窗口

饮食是日用消费生活中最大宗的内容，最大的消费者是广大的人民群众。人民大众是饮食的主体这一事实，深深地烙在古代对人民大众的称谓“庶”这个字中。这一“庶”字，从字源来看，与烹调术有密切的关系。上古时代普遍使用石烹法，这种方法是将食物放在被火炙热的石上烤熟，或者将烧热的石块投入有食物的水中，待水沸腾，食物煮熟为止。《古史考》云：“神农时，民食谷，释米加烧石上而食之。”有人考证甲骨文中的“庶”字，“从火石，石亦声”，是个会意兼形声字，与“煮”相通，所以“庶之本义乃以火燃石而煮，是根据古人实际生活而象意依声以造字的”。由人人都能操作的石烹法创造成“庶”字，以此作为民众的称谓。从“庶”字的发源，可以观察到这纯系个人消费的饮食行为已经纳入社会结构。发明文字的先人们并未意识这深层的含意，却比后世文人把熟食的发明权归于某个圣人更切合实际。

重视进餐礼仪是饮食介入人际关系的重要表现。作为至圣先师的孔子，在《论语》中谈到“食不言”、“割不正不食”等有关食的说教有41处之多。《礼记·曲礼》详细记有古人宴饮的程序和规范。从迎送宾客、入席仪态、陈设餐具，到吃肉喝汤，都有详尽的规定。在古人心目中，宴饮的意义远在吃喝以外。《周礼·春官·大宗伯》说：“以乡燕(宴)之礼，亲四方之宾客”，“以饮食之礼，亲宗族兄弟”，《左传·成公十二年》说：“飨以训恭俭，燕以示慈惠。”用宴饮联络宾客，敦睦亲属，亲善友谊。从这里可以理解中国人为什么那么重视吃喝这一最寻常的举动，元宵节吃元宵，端午节吃粽子，中秋节吃月饼，重阳节吃重阳糕，腊八吃腊八粥，送灶吃灶糖，春节吃团圆饭，生日吃面条，生孩子吃红蛋，加冕、册封、庆功、结盟，没有哪个节庆不以吃喝为特色。以吃交好，以吃释怨，以饮消愁，从婚丧喜庆到喜怒哀乐，莫不以吃喝为高潮，吃喝成为中国人团结群体、整合关系的润滑剂和增凝剂。

人们品菜的口味还导致审美意识的发源。“美”在甲骨文中是从“羊”字衍化而来，据《说文》解释，“美”字是从羊从大，本义为甘。甘是一种味道，口食肥羊感受的那种味道就是美。以吃的感受作为美的选择，这就是中国人美感的原始形态。

吃，这一字意所造成的词语，还延伸到人际关系的各个领域。诸如吃得开、吃不消、吃老本、吃官司、吃败仗、吃大锅饭、吃回扣、吃独食、吃透精神、吃准时机、吃香的喝辣的、吃苦、吃力、吃醋、吃亏、吃瘪、啃书本、啃骨头，人生百态几乎都与吃字分不开。还有那与食物相连的词汇所表现的世情风貌更是丰富多彩，如回味无穷、添油加醋、坐吃山空、挑肥拣瘦、食古不化、脍炙人口、醉翁之意不在酒、生姜还是老的辣等等。食，还渗入人们最隐秘的生活——性爱，秀色可餐是优雅的说法，太监与宫女的畸恋名为对食，宫女称其配偶为菜户。《诗经》所云“中心好之，曷饮食之”则是直接指性交，所以圣人也不耻言“食、色，性也”，“饮食男女，人之大欲存焉”。这一千古圣训都在“吃”与“食”的概念中得到充分的发挥。从这里可以回答为什么在《论语》中孔子对“食”字情有独钟。正是因为饮食伦理化的结果，促使饮食活动对中国人的社会生活与人际关系有全方位的影响。

这种影响还扩大到与周边民族的交流，在《尚书·旅獒》中早就指出：“四夷咸宾，无有远迩，毕献方物，惟服食器用。”文化交流首先从食物引进开始，三千多年前周武王时，西南少数民族就以茶作为贡品，输送到中原。交通不便，旅程艰难，都挡不住人们对商品交换的渴望，步行马载，跋山涉水，传播文明的种子，改善物质生活，累累事实不胜枚举。现在人们爱吃的菠菜、黄瓜、茄子、西红柿、石榴、西瓜、胡桃以及《齐民要术》中提到的胡羹，都是古代的舶来品。中原的美味更令异邦的食客倾倒。宴请成为和睦民族关系不可或缺的重要环节。

饮食，是衣食住行中的支柱，是生活方式的物质基础。由饮食活动而产生的食风和食俗根植于民众生活，贴近社会实际，富有多样性和自发性，这在文化学中称为小传统；伦理意识，是由思想家们提炼的思想体系或制度化的意识形态，是封建社会的大传统，它高于生活又指导生活，成为传统文化中的主体，具有系统性、导向性和稳定性。从一般民族来说，小传统与大传统有一定的间距和相对的独立性。但在中国，由于生活方式与伦理道德、统治序列三位一体这一特质，大传统依靠权力的干预和道德灌输，全面而深刻地对小传统起着制约和规范的作用。礼制是最集中的表现形态。这种制约表现在意识形态上，是历代的思想家们都非常强调把人伦之道与百姓日用消费结合起来，宋代以后提出“百姓日用即道”的学说。理学家王艮明确地表示：“圣人经世，只是家常事。”“圣人之道，无异于百姓日用。”“百姓日用条理处，即是圣人之条理处。”在这种制度和思想体系中，大、小传统之间差异甚微，饮食与伦理高度契合。用伦理之道观照衣食住行，也从衣食住行中感受伦理之道，在满足生命和生活欲求的同时，得到超乎物质以外的心灵体验和感悟。中国文化模式这种特有的结构，最大限度地强化了以伦理为本位的社会功能，使一个人数最多、土地最辽阔、生产方式最分散的国家，具有高度的向心力。人们生活其间，处处事事都笼罩在同一的政治氛围和道德信念中，无处不受到潜移默化的影响，世世代代相沿为习。伦理价值通过物质生活和精神生活的双重作用，积淀到民族文化心理的最深层，成为群体的无意识的自发行为，这样的文化才真正具有在各种波澜曲折中得到稳定传承的机制。

饮食的伦理化，提供了解析这一文化模式的窗口。

四、现代生活对饮食变革的要求

由于饮食伦理化在中国发展的极致，有的学者进而认为中国文化可以说是饮食文化。毫无疑问，这一高度发达的形态造就了中国菜的丰盛和繁荣，美味佳肴享誉全球，为中国古老的文明赢得了很高的荣誉。然而，由于饮食和伦理的高度契合，本是用以充饥、营养和保健的饮食行为，承载了表现尊荣、法权、富贵和亲疏关系的重负，又造成饮食的种种异化现象。

饮食本是以大自然的产物为原料，这些原料经过烹饪进入口中，首先表现的是人和自然的关系。由于以礼为主导的中国饮食向人际关系的绝对倾斜，无视对作为饮食原料的生灵的保护，产生“虐吃”的行为。在许多笔记野史中，常常有这种记载：吃猴脑，讲究的是将活生生的猴子套在桌子中心，当场用锤击破其脑袋，用勺舀出还冒着热气的脑浆大啖；吃甲鱼，有一种吃法是将甲鱼套在特制的锅里，用火炙得它不断张嘴吞下调料，然后才烹烧。这种残忍的烹调还被视为美味中的一绝。在中国的伦理观念中，飞禽走兽是礼义不及的对象，食物的选择以稀为贵，以贵为好，这也助长了暴殄天物的行为。佛教不食荤腥、伊斯兰教不食猪肉以及关于宰杀牲口的各种规定，都使得一些民族和教民在食物的选择和烹调中有所不为。华夏族则百无禁忌，只要入口不择手段。时下偷猎偷食国家保护动物的恶行屡禁不止，与这吃胆包天的传统不无关系。

过分注重用饮食增进人际关系，使得饮食成为一种特殊的工具，促使人际之间的腐败行为在这一领域恶性发展。当前在吃喝方面的奢侈浪费就是一大弊端。《安徽日报》1994 年 1 月 27 日载文披露，农民吃喜酒成风，已经不胜负担。根据 31 个县对 3100 户农民的抽样调查，从 1988 年到 1992 年的 5 年间，农民人均喜酒钱的支出增加 2 ~5 倍，比用于衣食住行的必需开支高出 15 个百分点，比农民人均收入的递增速度高出 23 个百分点。数字之大，名目之多，令人惊叹。这对一些连油也吃不起的农户是一笔多么大的开支！有的农民不得不卖血换钱来了却人情债。礼金的多少，宴席的厚薄，成为人情深浅的砝码。礼尚往来异化为压迫自身的沉重负担。至于用公款吃喝，更不可扼制。有一对联说：“厂庆、场庆、矿庆、社庆、店庆、校庆，处处可庆；卅年、廿年、十年、五年、两年、一年，年年能吃。”横批是“普天同乐”。四川紫阳县有一个只有八千人的乡，1990 年全乡的农业发展基金 2.91 万元竟被吃掉 1.38 万元，还拖欠 1.5 万元的烟钱。时隔 13 年，《法制日报》于 2003 年 8 月 12 日报道，河北阳原县是国家重点扶贫县，各行政单位连公用经费都没有，电话机也只有一部，难以想像的是几年来吃喝花费几十万，没有钱就打白条。1994 年统计，每年吃掉的公款达 800 亿。2004 年 3 月，中国商业联合会、中国烹饪协会等单位联合公布，2003 年全国餐饮业营业额已突破 6000 亿大关，其中有多少是公款未见统计，但肯定是一个巨大的数字。是什么造成了这一局面？民间有一句话一针见血，这就是“无酒不成宴，无宴不办事”。宴请是为了办事，办事一旦与成事无关的吃喝挂钩，又岂能遵循办事的原则和程序？拉拢、行贿、走后门，无所不至。为在酒宴中增进人际关系，有的人不惜一切手段劝酒。《华商时报》1994 年 3 月 23 日刊登的《中国宴席的警告》一文中说，从 1986 年以来，在宴席上因过量饮酒而引起酒精中毒致死的高达数千人之多。现实体制的弊端,强化了饮食文化的不良传统,致使百弊丛生。罪咎当然不在饮食本身,问题是贯穿在饮食交往中的那种人际关系的意识,亦即伦理意识得到恶性发展,使正常的饮食活动异化为腐败的行为。

以阴阳、五行、天人合一学说建构的烹饪理论,过度的人事附会和人伦导向,冲淡了对食物自然属性的研究。在饮食结构中缺乏营养指导意识,日常生活中营养失衡的问题十分突出。根据《上海科技报》1996 年 7 月 10 日报道,上海居民营养调查结果显示,最精于吃的上海人"盐超脂肪多,钙少铁不足",这已成为富贵病发病率及死亡率上升的元凶。技艺精湛的厨师能做出各种美味佳肴,却说不清其营养价值,1986 年世界烹饪杯大赛,号称"烹饪王国"的中国菜肴仅获得第十名,原因之一就是拿不出参赛菜点的营养成分表。据报道,在 20 世纪 80 年代,中餐在纽约排名第一,从 2001 年起中餐在美国渐渐失宠,现排名第六位①,这已成为严重的教训。

中国菜肴的制作讲究味道,从吃客来说,口味至上,制作越来越追求精良,大量的精制食品,不仅破坏了人体微量元素的平衡,也导致心血管病成为高发病。从厨师的操作来说,味道是供品尝而不能言传的,百人掌勺百样味,过度依赖经验的制作,很难规范。当前肯德基、麦当劳等洋快餐大量涌进,中国传统的快餐节节败退,其原因之一,就是操作不规范和管理不善使中式快餐不易推向集约化生产。

用进餐来表示团圆和欢乐的心态,造成共餐制的经久不衰,这一传统在现代生活中的弊端已日益显著。2003 年 SARS 在中国的肆虐,给代代相承的陈风旧习当头一棒,贪吃野生动物为人体染上动物病毒提供了捷径,共食制更助长了病毒的传播。然而分食制虽经多方提倡,仍很难推广,其根源也在于用饮食融通人情的观念历经数千年而根深蒂固。

对于这些弊端,我们的先辈早有洞察。孙中山在《民生主义》和《建国方略》中对中国饮食的利弊作了精辟的论断。他在高度赞扬中国烹饪成就的同时又指出:"倘使更从科学卫生上再做工夫,以求其知而改良进步,则中国人种之强,必要驾乎今日也。"这句话极其准确地击中传统饮食之弊。然而时至今日,中国饮食的积弊不仅没有消除,在某些方面还有所发展,饮食伦理化的传统积淀在民族心理的深处,已经成为改良饮食的潜在障碍。重视科学和卫生 ,淡化饮食中的伦理意识,还饮食以充饥、营养和保健的本来面目,是中国烹调进行改良的必由之路。

(作者单位:中国社会科学院近代史研究所)

① 《中国菜纽约渐失宠》,《参考消息》2003 年 12 月 2 日。

汉学试论

◇阎纯德

关于汉学

汉学的历史是中国文化与异质文化交流的历史，是西方知识者认识、理解、接受、研究中国文明的历史。东西方的关系是不平等的，但在这个写满了宗教怀柔和炮火压迫的过程中却诞生了一对文化双生儿——“西学东渐”和“中学西传”。而在它们的结合过程中又诞生了汉学。

那么，究竟什么是汉学？首先，这里所说的汉学不是指汉代人研究经学注重名物、训诂，因而后世称研究经、史、名物、训诂考据之学为汉学的那种汉学，而是指外国人研究中国文化、历史、语言、文学及社会、宗教、经济、科技等人文和社会科学领域的那种学问。李学勤教授不止一次谈到这个问题：“‘汉学’，英语是Sinology，意思是对中国历史文化和语言文学等方面的研究。在国内学术界，‘汉学’一词主要是指外国人对中国历史文化等的研究。有的学者主张把它改译为‘中国学’，不过‘汉学’沿用已久，在国外普遍流行，谈外国人这方面的研究，用‘汉学’比较方便。”①可以说，这是一种学术上的约定俗成。Sinology（汉学）一词来自外国，不是中国人的发明。汉学是西方学者对中国文明研究之后的一种高度概括，这个概括包含着他们的文化认知和在其文化背景制约下对中国物质文明和文化世界的创造性的深刻认识。

汉学这一学术概念，虽然历史已久，但是长期以来，文化人对它的理解和解释并不相同，或者说有的人还不甚理解。我认为中国人自己对中国文化的研究应该称为“国学”，而外国人研究中国文化的那种学问则称为“汉学”。将二者分开，比较符合中国的学术规范和国际上的历史认同与学术发展的实际。

在世界汉学史上，外国人把研究中国的学问称为“汉学”，把研究中国学问的人称为“汉学家”。汉学是外国人了解认识中国文化的一座桥梁，是漫长的中国历史文化和外国的历史文化撞击之后派生出来的一种学问，是中国文化另一

① 李学勤：《国际汉学漫步·序言》，河北教育出版社，1997年。

种形式的自然延续。但是，它不是纯粹的中国文化，通俗地说，汉学是中外文化的混血儿，是可以攻玉的他山之石，对中国文化具有镜子的作用、借鉴的意义。

法国汉学家马伯乐（Henri Maspeero）曾说："中国是欧洲以外仅有的这样的一个国家：自远古起，其古老的本土文化传统一直流传至今。"是的，中国文化从未断流，一直是一道奔流不息的活水。活水流出去，带着中国文化生命的光辉影响世界；流出的"活水"吸纳异国文化的智慧之后，形成既有中国文化的因子，又有外国文化思维的一种文化，于是就有了"汉学"①。就是说，汉学是以中国文化为原料，经过另一种文化精神的智慧加工而形成的一种文化。从某种意义上说，汉学既是外国化了的中国文化，又是中国化了的外国文化。汉学作为一个独立的学科，是外国文化对中国文化借鉴的结果。汉学对外国人来说是他们的"中学"，对中国人来说又是西学，因为汉学的思想和理论体系仍属"西学"的范畴。

关于汉学，时下有的叫国际汉学、海外汉学、世界汉学（这种称谓大约是为了与所谓"国内"的"汉学"相区别）和中国学几种，很不统一。但是，以上几种叫法，逐渐摆脱了沿袭汉代以来将重经、史、名物、训诂、考据之研究称为"汉学"的范式，逐渐把"汉学"和国人对自己传统文化进行研究的"国学"分开。我认为，把汉学与国学分开有利于学术的发展。实际上，汉学是与中国文化有着血缘关系的一种文化，它既是带有异质文化色彩的中国文化，又是被汉化了的外国文化。

关于汉学研究

汉学与汉学研究是两个不同的学术概念。究竟什么是汉学研究？汉学研究是中国学者对外国汉学家及其对中国文化研究成果的再研究，是对外国学者研究中国文化的反馈，也是中国学者全方位地探讨外国学者对于中国文化研究的研究。汉学研究也像汉学一样，属于一个跨学科的独立的学科。

汉学研究在中国近代学术史上几乎近于空白。清朝末年，王国维算是较早对汉学有着深刻认识的学者，在他结识了法国汉学家伯希和（Paul Pelliot）并翻译了他的《近日东方古言语学及史学上之发明与结论》之后，认为伯希和的看法"优于中学"。戊戌变法之后至20世纪50年代，虽然也有人介绍和研究西方汉学，但是毕竟寥寥无几，系统的汉学研究更是少见。戊戌变法前后，中国的先觉者，关心的是中国的生存和自救，看重的是西方的科学和坚船利炮，而对自己文化派生出来的汉学却无暇给予太多的关心。到五四新文化运动时期，中国的先驱们，看重的是对中国文化的选择批判和对西方文化思潮的移植与吸纳，对汉学研究也没有给予应有的重视。

---

① 阎纯德：《汉学研究·序》，《汉学研究》第1集，中国和平出版社，1996年。

说到汉学研究，倒是日本人先走了一步。较早的有日本石田幹之助的《欧人的中国研究》（1932 年）和《欧美的中国研究》（1942 年），以及后藤文雄的《中国文化与中国学起源》（1933 年）。直到 1949 年，中国学者莫东寅才出版了专著《汉学发达史》（文化出版社）。这部汉学研究著作虽然比较简单，但其意义深远，因为我们毕竟有了第一部汉学研究著作。从 20 世纪 50 年代至 70 年代，30 年闭关锁国，中国人不谈汉学。而学界自发地较多地关心汉学和开始研究汉学则始于 20 世纪 80 年代初。这当然是改革开放给汉学研究带来的契机。经过 20 年的发展，尤其在 20 世纪 90 年代之后，不仅汉学已被学界普遍关注，而且越来越显示了专学、显学的色彩，其门前熙来攘往地已经聚集了一群仁人志士。

如果说中国文化是“源”，显而易见，汉学就是“流”。当然，这个“流”也相当浩瀚。时至今日，我们能看到的翻译过来的汉学著作还非常少，甚至一些非常重要的汉学著作也还没有译成中文。就是说，我们要做的工作还很多。另外，虽说汉学这块他山之石里蕴藏着不少真知灼见，但其中对中国文化的曲解和误读也随处可见，这也需要我们认真读书、思考、比较、梳理、研究，从中外文化比较学的角度对其进行深刻的理论研究。

对于真正的汉学家来说，他们眼里的中国学问，无论是人文社会科学的哪个方面，他们都该具有其独特的知识专长和理解。“西方学者接受近现代科学方法的训练，又由于他们置身局外，在庐山以外看庐山，有些问题国内学者司空见惯，习而不察，外国学者往往探骊得珠。如语言学、民俗学、考古学、人类学、社会学诸多领域，时时迸发出耀眼的火花。”①任继愈教授道出了作为天下公器之学术上的认识规律。汉学里所拥有的学术价值，往往不被国人所重视，甚至有人常常利用外国汉学家对于中国文化的某些误读来贬低汉学的价值，这其实很不公正。试举一例，比如中国的四大发明之一火药，后来经过外国人的智慧加工而成了人类后来战争的制胜武器。当然，火药的发展和演变不能完全说明人文社会科学上的学术问题，但是不少汉学家确实是中国学问的专家，甚至我们自己还没有认识到的问题，他们在研究中就已认识到了，譬如瑞典汉学家高本汉（Bernhard Karlgren，1889 ~ 1978），他终生的最高成就是根据研究古代韵书、韵图和现代汉语方言、日朝越诸语言中汉语借词译音构拟汉语中古音，以及根据中古音和《诗经》用韵、谐声字构拟古音，写出了著名的学术专著《中国音韵学研究》、《汉语中古音与古音概要》、《古汉语字典重订本》、《中日汉字形声论》、《论汉语》、《诗经注释》、《书经注释》和《汉朝以前文献中的假借字》等，他对汉语音韵训诂的研究是不少中国学者所不及的，并深刻影响了对于中国音韵训诂的研究。

中国有一句古话，“他山之石，可以攻玉”，汉学也像外国的本体文化一样，对我们来说有借鉴作用，对西方来说有启迪作用——西方学者以汉学为媒介了

---

① 任继愈：《汉学的生命力》，《国际汉学》第 1 期，第 7 页，商务印书馆，1995 年。

解中国,汲取中国文化的精华,完善自己的文明。当然,这不是说外国人就比中国人聪明,而是讲由于文化背景的差异和文化语境的不同,思维方向和方式就会不同,因而就会有不同的结论,说出不同的真理。我们说"他山之石",并非讲所有汉学家的汉学著作都是"他山之石",但是因为在他们的著作里熔铸了他们思想的精华,无论是学术本身或是研究方法,都有借鉴和参考的价值。外国文化能否道破中国文化之谜?中国人能否道破外国文化之谜?我看都是可能的。当然,汉学家的汉学著作不一定都是攻玉的"他山之石",而事实上低下的错误百出的汉学著作也不少。在中国,因为汉学被岁月尘封得太久,被政治禁锢得太严,所以它的空白还很多,大量的汉学资源我们没有深入发掘或是还没有顾及,应该做的事情我们还远远没有做。

"在文化交流方面,中国是一个很有特色的国家。从蒙昧的远古起,几乎是从一有文化起,中国文化就有外来的成分。中国古书上说:'有容乃大。'中国人民是最'有容'的,我们肯于和善于吸收外来的好东西,不管是精神的,还是物质的,只要对我有利,我们就吸取。海容百川,所以能成其为大。我们能吸收各种文化,所以才能创造出这样光辉灿烂的文化。鲁迅先生提倡'拿来主义',正表示了这种精神。"①根据这一精神,汉学研究就属于中国文化外流的一种精神反馈,是吸纳异质文化的一个渠道。汉学"将在世界范围内探究中国文化的产生、发展与嬗变,寻踪中国文化的外传及其影响,推动中国文化与世界文化的交流"②。

汉学的比较品格

汉学的形成是一种文化选择的结果。它在西方学术界有着独立的传统,是一个被普遍认同的学科。汉学在中西文化交流中产生、发展和成熟。同样,我们的汉学研究,也是一种文化选择。选择是比较的结果,没有比较也就无法选择。比较是人类认识社会、历史、文化和一切事物的一种途径和方法,比较可以深化理解和认知,比较是一种思维过程和方法程序。所以,汉学和汉学研究,都明显地穿着比较文化的衣裳,它们同属于比较文化。

在人类历史上,各个民族的文化虽然不同,但它们是相通的。"比较意识"为各个民族所共有。在文化方面,中国本来就拥有"比较"之传统,这种资源就储藏在我们的生活、文化和隐蔽的意识里。但是,我们过去没有把它们挖掘出来,没有使之理论化。所以,在人类各种科学门类中,尤其是近现代以来,我们好像缺少了这些学科。

---

① 季羡林:《汉学研究·序》,《汉学研究》第6集,中华书局,2002年。

② 任继愈:《国际汉学·开卷语》,《国际汉学》第1期,商务印书馆,1995年。

比较文学最早进入人们的生活和认识空间，虽然在西方其历史也只有百余年，但它在实践中形成了几十种自己的研究类型，还建立了比较完整的理论体系。以人文社会科学为主体的汉学（当然还可以包容相当部分的自然科学，如科技史等），其历史虽然比比较文学早得多，但是汉学研究的兴起和发展状况却不能与比较文学相比。比较文学和汉学研究在中国起步都很晚，但是比较文学成长较快，它已经走过了“描红”阶段，不仅开始了自己的理论建设，还有了自己的学术队伍，中国的大学里普遍开设比较文学课程，建立了培养硕士和博士的基地，形成了能与国际对话的学术能力。汉学研究虽然有《国际汉学》、《汉学研究》、《法国汉学》和《世界汉学》等书刊和孕育中的“列国汉学史书系”，以及各类外国汉学名著的翻译书稿问世，但是除了不多的若干学者虔诚地举着旗帜闹天下之外，真正把汉学研究当做事业、把精力用在汉学研究上的人却少之又少。就是那些顺手而为之的学者，一般还是各自为战，加之经济方面捉襟见肘式的困顿，便几乎呈现出“空手道”般的无奈，致使汉学研究还不能真正蓬勃发展起来。据我所知，台湾在汉学研究人才方面与大陆虽然相似，但其投入却要大大好于大陆，仅举一例：台湾“中央图书馆”把美国大学历年来有关中国文化的硕士博士论文全部复印成书，就很令人感动。

当今的学术研究没有物质后盾是很难形成一支高水平的研究队伍的，而汉学研究所面临的生存处境正是需要智者和目光远大的出版家伸出理解之手。时至今日，汉学研究作为一个独立学术的形象虽然已经十分鲜明，但是学科的理论研究还有待深入，基础建设也还有待更广泛地发展，有许多工作需要我们扎扎实实地去做。

按照比较文学的模式，汉学和汉学研究也包括影响研究、平行研究和跨学科研究等等，而且比比较文学复杂得多，纯粹属于跨文化研究。因为，汉学和汉学研究是一种跨国的比较文化研究，在比较的研究范式和理论框架里，在文化层面则有着更为广阔的天空。当然，我们可以在比较文学的理论中得到启发和找到自己的理想借鉴。所以，可以这样说，汉学和汉学研究作为跨国的比较文化，杂草还在覆盖着那片近于荒凉的处女地。但是，经过一些虔诚人士的探险，路径已经开通，关键是得有勇敢者敢于前行。既然汉学研究已经起步，其归宿应在我们学术版图的灿烂之处。

“由于文化转型，由于多元文化发展的需要，原来互不相干的三个学术圈子——汉学研究、理论研究、比较文学正在迅速靠近，并实现互补、互识、互证。”①乐黛云教授把汉学研究同理论研究和比较文学的关系说透了，我十分赞成她的观点。

---

① 乐黛云：《迎接汉学研究的新发展》，《汉学研究》第4集，中华书局，2000年。

汉学的形态

真正意义的汉学，始于大批耶稣会士入华。从16世纪到18世纪，散布在中国各地的耶稣会士，不少人都是汉学的先驱。1540年，罗耀拉（S. Ignatins de Loyola）、圣方济各·沙勿略（Francisco Xavier）等九人来华，开始了以意大利、西班牙传教士为主的第一时期的耶稣会的传教活动。接着，意大利的范礼安（Alexandre Valigani）、罗明坚（Michel Ruggieri）、利玛窦（Matteo Ricci）等人来到中国，开始了一个新的"文化"时期。在西班牙的胡安·冈萨雷斯·德·门多萨（Juan Gonzãlez de Mendoza）被誉为汉学第一部著作的《中华大帝国史》问世之后，利玛窦不仅著译了《几何原理》（与徐光启合译）、《天学实义》、《关于耶稣会进入中国》和《中国札记》，还把"四书"等中国文化经典译成西文，开西学东渐、中学西传之先河，使中国文化对西方科学与哲学产生了重要影响，这位思想家便"当仁不让地被视为西方汉学的鼻祖"。

汉学从孕育、萌芽，到发展和成熟，经历了一个漫长的历史过程。尤其自传统汉学在法国形成以后，从"传统"到"现代"，从Sinology（汉学）到Chinese studies（中国学）以及这两种汉学形态的联姻会通，便使得汉学形态的演进走入了新的境界。

在世界汉学发展史上，就其基本形态而言，汉学可分为传统汉学（Sinology）和现代汉学（Chinese studies），这是两种不同的汉学形态。传统汉学，从18世纪起以法国为中心，崇尚对中国古代文献和文化经典的研究，侧重于哲学、宗教、历史、文学、语言等人文科学的探讨；而现代汉学，则兴显于美国，以现实为中心，以实用为原则，侧重于社会科学研究，包括政治、社会、经济、科学技术、军事、教育等一切领域，重视正在演进、发展着的信息资源。在20世纪中期之后，随着中国与世界政治关系的变化，随着中国文化与世界文化交流的拓展，以及后殖民理论和新历史主义对西方汉学的解构，汉学的形态及其理论也深受其影响。以上这两种汉学形态既在演进中不断丰富发展自己，又在日趋融合中创造着能够融通两种模式的汉学形态。

"西方的汉学是由法国人创立的"，但是，"法国的先驱是葡萄牙、西班牙和意大利"①。法国汉学泰斗戴密微把以上三个国家比喻为地球上从事发现和考察的先锋，欧洲正是通过它们开启了近代之门。当西方关于中国文化的文献史料有了较多的积累之后，"他们于16世纪末叶，为法国的汉学家开辟了道路，而法国汉学家稍后又在汉学中取代了他们"，并在18世纪末19世纪初，使巴黎独

---

① 戴密微：《法国汉学研究史》，载耿昇译《法国当代中国学》，中国社会科学出版社，1998年。

领风骚地成为汉学之都。

17世纪至19世纪初,法国的耶稣会士在来华的传教士中占有重要地位。他们之中诸如李明(Louis Le Comte)、张诚(Jean François Gerbillon)、白晋(Joachim Bouvent)、殷弘绪(François Xavier)、雷孝思(Jean-Baptiste Regis)、巴多明(Dominique Parrenin)、冯秉正(Joseph-François-Marie-Anne)、宋君荣(Antoine Gaubil)、安泰(Etienne Rousset)、孙璋(Alexandre de la Chanrme)、钱德明(Jean-Joseph Marie)等,以及虽然不是耶稣会士,却在中国执著地从事着中国文化研究的冀若望(Jean Joseph Ghislain)、迪仁吉(Jean Baptiste Raphael)等人,仅这些客死在华的杰出汉学家就有数十人。与北京的传教士汉学学派存在的同时,在巴黎有以佛雷烈(Nicolas Fréret)为首的汉学学派。佛雷烈是18世纪最具好奇心、最严谨、最自由的大思想家之一,中国文化常使他浮想联翩。由于法兰西民族性格之于文化的崇拜,许多人对历史悠久的中国充满了向往,所以法国的汉学家数量是任何一个国家都不可比拟的。

法国汉学在18世纪奠定了基础,但是真正经院式的汉学研究,是从27岁的雷慕沙(Abel Rémusat)于1814年在法兰西学院创设"汉语和鞑靼—满语语言与文学"讲座开始的。"随着法兰西学院开设汉学讲座,汉学研究则具有了一种完全不同的面貌。这个日子不仅对于法国汉学界,而且对于整个欧洲汉学界,都具有决定性的意义。"①就是说,在19世纪初,这种崇尚古代历史和文化经典的汉学形态,才真正建立起坚实的基础,法国才真正成为欧洲汉学的旗手。

雷慕沙的学生儒莲(Stanislas Julien)继承了他的事业,并很快成为欧洲最优秀的汉学家。之后由德理文(Hervey de Saint-Denis)主持这个汉学讲座。他是欧洲最早对中国诗歌感兴趣的人之一,不仅有《唐诗》、《离骚》和《今古奇观》的翻译和研究,还撰写了巨著《中国藩部民族志》。1893年,沙畹(Edouard Chavannes)接着主持这个汉学讲座,他的中国碑铭研究扩大了中国的历史资源,用中外史料校勘汉文文献,把汉学研究推向新的阶段,还与弟子伯希和合作写成《摩尼教残经》注释,从而赢得了更高的国际声望。法国汉学家经过近二百年的努力,才奠定了汉学的基本形态和学术模式。这种形态和模式的建立与法国汉学家具有渊博的知识、触类旁通的学术敏感、善于独立思考的学养有关。以法国为中心的欧洲汉学传统的形成,其历史文化原因在于欧洲文明是希腊—罗马文化、犹太—耶稣宗教、日耳曼精神和法兰西—俄罗斯革命精神的伟大结合。法国是欧洲的代表,多开放,少保守,喜欢变革。这种精神既表现在历史运行上,也表现在对于文化的学术追求上。

在法国汉学史上,先后由雷慕沙和伯希和担任会长的巴黎亚细亚学会于1822年成立,它标志着法国汉学的蓬勃发展和学术传统的演进。1669年创立的

---

① 戴密微:《法国汉学研究史》,载耿昇译《法国当代中国学》。

国立东方现代语言学院于1843年开始汉语教学,使法国成为世界上最早教授汉语的国家。在这个学校首先担任教席的是法国19世纪最重要的汉学家安东尼·巴赞(Antoine Bazin),他在中国白话和通俗文学研究领域成果卓著。此后的继任者是哥士耆(Alexandre Kleczhowski)、冉默德(Maurice Louis Marie Jametel)、德韦理亚(Gabriel Devéria)和微席叶(Arnold Vissière);此外,毕欧(Gdouard Biot)、顾赛芬(Seraphin Couvreur)、谢葛兰(Victor Segalen)、戴遂良(Léon Wieger)、夏鸣雷(Henri Havrit)、费赖之(Aloys Pfister)及列维(Sylvain Lévi)等,都是19世纪法国汉学的代表人物。

在20世纪,法国的世界级汉学家是沙畹的弟子伯希和、马伯乐和葛兰言(Marcel Granet)等人,他们的著作影响着整个法国汉学的演进。此外,古兰(Maurice Courant)、戴密微(Paol Demiévulle)、斯坦因(Rolf A. Stein)、艾田蒲(René Etienble)以及谢和耐(Jacques Gernet)等一批汉学家承传着法国汉学的传统,拓展着法国汉学的学术品位。从17世纪、18世纪的第一代,到19世纪、20世纪的第二代、第三代、第四代直至第五代第六代,其中不少是法国汉学界影响于世界的学术巨擘,他们的学术著作让我们惊见法国汉学的广博、深厚和丰富,使我们感受到法国汉学家们一代代前赴后继的耕耘精神。

19世纪20年代,汉学才在美国悄然兴起。那时的美国已经从南北战争后的统一中带着欧洲的先进科学技术走向强大,并加入英、法、德、意、俄、日等列强之中。在18至19世纪的殖民热潮中,美国人开始关注中国,不少传教士"以武器和贸易为后盾",作为"西方入侵的一部分"进入中国,扮演着政治角色,服务于美国的政治需要。这就是美国的汉学从一开始就有自己独有的特点和个性的原因。

虽然美国汉学形成较晚,并时常充当着政治工具,但它最具现代意识,更多地具有社会科学内容,并逐渐演变成现代汉学——"中国学"。以法国为代表的汉学至今依然充满了传统汉学的精神,成为现代"中国学"的一面古老的镜子。美国的"中国学"所关心的不是中国的传统文化,更多的是中国的政治、经济、军事、教育和社会生活的各个层面。美国的"中国学"以非文化或是泛文化为其特征,这一特征不仅成为当代美国中国学的基础,同时也极大地影响了其他国家汉学的研究方向和内容。

美国的汉学始自1830年建立的东方学会(American Oriental Society)。这个学会一开始就有与众不同的使命感:"为美国国家利益服务,为美国对东方的扩张政策服务。"这一点也与"美国海外传教工作理事会"向中国派出基督教传教士的宗旨相一致。美国最初的汉学著作如卫三畏(Samuel Wells Williams)的《中国总论:中华帝国的地理、政府、教育、社会、生活、艺术、宗教及其居民观》、卢公明(Doolittle Justus)的《中国人的社会生活》、麦都思(Medhurst Walter Henry)的《中国:现状与前景》、明恩溥(Smith Arthur Henderson)的《中国的特色》等,虽然也与欧洲耶稣会士著作有某些相似之处，但它们不再属古典的范围，而是以非历史主义地伤害贬低中国为其特点，这与欧洲汉学盛赞中国文明形成极大的反差。

1876 年，美国耶鲁大学开设了汉语课，并在卫三畏的主持下建立了美国第一个汉语考古室和东方图书馆。接着，哈佛大学也开设了汉语课，设立了东方图书馆。进入 20 世纪，燕京大学又有了燕京学社，为美国的汉学发展创造了条件。1925 年，太平洋学会（Institute of Pacific Relations）成立，这是美国汉学彻底摆脱古典和传统而向现代转向的重大标志。这个学会研究的内容是美国政府急需了解的“人口问题、土地占有和农业技术问题、工业化问题、家庭问题、殖民机构问题、民族运动问题、劳工组织问题、国际政治关系问题、商业投资问题”①。服务于美国政治，就是那个时代的美国“汉学”。但是，真正美国式汉学（中国学）的奠基人是费正清（John King Fairbank）。

费正清是美国首席中国问题专家，是现代中国学的奠基人。他的中国学研究不仅影响了一代美国人，对于其他国家的汉学研究也有强烈的影响。他之所以走向中国问题和中国历史学术研究，与他多年在中国的经验及他在哈佛大学开创的关于中国的研究计划有关。他关于中国问题的著作，有《中国：传统与变迁》、《伟大的中国革命》、《中国的思想与制度》、《清代的政府：三项研究》、《中国的世界秩序：中国传统的对外关系》、《美国与中国》、《认识中国：中美关系中的形象与政策》、《在华传教事业与美国》、《观察中国》、《中国新史》等 40 来部，《美国与中国》是他的代表作。

美国的现代中国学是以历史学为主体的跨学科研究。它将社会科学的各种理论、方法、手段融入汉学的研究之中，从而开阔了研究者的视野，丰富了研究的内容。可以说，这就是汉学的现代化。在那个时代，费正清的魅力被认为是没有谁能像他那样更清楚、更富于洞察力地写出关于中国的书。他是一位自由主义者，对待中国的态度比较公正，因此也曾受到右翼保守势力的诬蔑和攻击。虽然他的研究充满了政治的功利色彩，其立场和观点也有偏见，但这些并不损害他作为一个贡献巨大的汉学家和作为中国人民的朋友的光辉。

美国“中国学”不仅影响到西方，也影响到东亚。日本汉学传统悠久，可以说是对中国文化研究最多最深的国家。自汉唐以来，直到 19 世纪末 20 世纪初的明治时代，日本文化人依仗对于中国古代经典文化的独有的亲切关系，对中国核心文化的研究日趋深入和完善，把日本汉学发展到鼎盛的阶段。但是日本汉学发展历程中曾有过“东洋学”、“支那学”的名称演变，最后在明治后期发展成以“京都学派”为代表的日本“中国学”。“汉学”不同名称的历史演变，深刻反映了日本文化人由于中日两国历史的变迁而生发的复杂心态。明治时代是日本

① 侯且岸：《费正清与中国学》，李学勤主编《国际汉学漫步》（上卷），河北教育出版社，1997 年。

汉学演变的关键时代,这个学派主张深入了解中国,重视对中国的实地考察,在研究中采用实证主义方法。这些特点与美国的中国学有相似之处,但又不完全相同。到了20世纪30年代,日本的中国学也染上了厚重的政治色彩,被日本军国主义所利用。这一点与美国的中国学很相似。

汉学从传统到现代,这个演变过程是历史的必然。汉学进入19世纪末20世纪初,两种汉学形态不仅互相依存着、共荣着,而且互相浸透着、融合着。汉学发展到现在,情况有了许多变化:美国的汉学家也采用欧洲传统汉学研究方法和模式从事研究,同样,在欧洲也有相当多的汉学家踏上了美国汉学家研究的路径。就汉学发展的趋势而言,在21世纪,其研究内容和方式已经出现了融通这两种形态的汉学。这种状况既出现在欧洲的汉学界,也出现在美国的中国学研究中,就是说,在世界各国的汉学研究中,都兼有以上两种汉学形态。

汉学的未来

20世纪80年代以来,中国悄然涌动了文化的热潮。汉学研究的面孔也在这个时候开始露出了笑脸。到了90年代,中国文化复兴运动方兴未艾,整体性的"传统文化"、"易学"、"儒学"、"比较文化"等等,都成为专学,"汉学研究"也以显学的面孔被学界史无前例地关注着。但是,就在这时候,关于汉学存亡的问题,国际上也出现了不同的看法:瑞典汉学家罗多弼教授说,汉学作为一独立的学科不会持续太久,它将被各种具体学科所消解,大学的"汉学系"将会被取消,"没有什么理由要把中国人的经验当做与欧洲人的经验根本不同的范畴来阐释"。如果按试图通过"全球化"把世界的政治、经济、文化变成一体的愿望来看,如果以在这个迅速向西方"靠拢"的过程中,中国不惜将自己的文化消融于西方的文化之中为代价,也许那一天汉学真会"消亡"。但是,这个浮躁的虚拟的大胆假设,既违背历史规律和缺乏科学依据,也不符合现实的逻辑,无异于天方夜谭。

地球上的人们都在强调文化认同,强调"我们是谁",而不是"我是谁"的问题。事实上,每个人首先属于自己的国家和民族,然后才属于世界。这个问题虽然具有政治色彩,但与汉学和汉学研究有关。"全球化"是资本主义的一条绿色通道,它会给文化带来巨大影响。但是人类文化只能认同一种文化吗?"全球化"是一元化吗?若是一元,是否就是美国化?但文化是多元的,虽然在网络上国家失去了国界,城市拆除了城墙,但像中国这样的民族不会失掉传统。不管世界怎样发生变故,我深信,经济全球化不会变成文化一体化,中国文化和汉学的命运不会在这场人类的大交流中成为西去的落日,相反倒会成为一轮喷薄东升的朝阳。

这个结论我们还是用罗多弼教授自己的话来证实。2004年初,香港城市大学举办"20 世纪中外文化与现代化讲座",罗多弼教授深刻剖析了中国传统文化尤其是儒学作为中国文化的精华在当代和未来人类社会中的地位,他说,作为欧洲人,他觉得儒学、道家、中国佛教、中国古典文学、绘画、艺术、学术等都构成非常宝贵的文化遗产,属于全人类文化宝库的一部分,"这个遗产里面有很多东西可以使得我们的生活更丰富更有意思","在儒家的著作中,可以找到许多超越时空而具有永恒价值的智慧"①。我赞成这个观点。

人类走到今天,各种文化在斗争、排斥、拥抱、联姻、兼容的过程里发生、发展、没落和消亡。汉学的发生、发展和繁荣是点点滴滴、不知不觉的酿造过程。在历史上,中国文化影响或浸染西方的过程完全是冷静而自由的,是文化的一种自然运动,也是西方的先觉者的一种智慧的结果。人类文化的沟通,是人类文明的一种表现。但人类多元文化的融合和发展永远不会变为一体。在 21 世纪,"中学"不会消解"西学","西学"也不会取代"中学",如果没有政治和宗教的干预,它们会在"和而不同"的和谐、平等状态中"文明对话",取彼之长,补己之短,以达共生共荣。基于人类不同种群的文化历史差异,人们的智慧特征也会不同,因此对社会、历史、宇宙的阐释也会有别,所以人文社会科学的差异将会存在下去。中国优秀的传统文化,是一种生命力异常活跃的文化,是人类灿烂而古老的文化遗产中的富矿。任继愈教授说,中国文化大致有如下的特点和性格:"不失个性的兼容性;与时俱进的应变性;取之有节的建设性;刚柔相济的进取性;和而不同的自主性。除了这些民族文化的性格,它的民族智能——思想方法的生生不已的发展观和大不遗细的全局观,在全世界也是少有的。这种卓越的民族文化性格,使它历经磨难,战胜困厄,求得了生存,得到了发展……这些特点和优点,当有待于汉学家们深入发掘,使它走出国门,奉献给全世界。"②

人类社会从野蛮走到文明,经历了各种漫长的"斗争"和"反思"。21 世纪在经过信息学、生物学、太空学等领域的科学爆炸之后,人类社会也许会出现安静或停滞的更合乎科学的有序的历史时期,那时的社会和生活将从不自觉的疯狂走向冷静和自在,这样各种文化本身会有一个发展和相互借鉴、沟通、融合的机会。那时,汉学和汉学研究也有一个更佳的机会,也许它会成为一个很"古老"的学科,但不会消亡。

(作者单位:北京语言文化大学)

① 《亚洲周刊》2004 年 2 月 29 日总第 18 卷第 9 期。

② 任继愈:《21 世纪汉学瞻望》,《汉学研究》第 8 集,中华书局,2003 年。

《妙莲集》：一部值得关注的越南汉文文献

◇夏　露

中国和越南是山水相连、传统相近、唇齿相依的邻邦，自古以来，两国在历史、文化、政治、经济上的联系就非常紧密。在世界文化史上，这两个民族也始终生活于同一文化体系之内，形成儒家文化的本源与分流，因而其伦理与道德等精神传统也十分相似。越南深受汉文化影响，文学（古近代）亦以汉文文学为主流。根深叶茂的汉文文学南传后，两千年间，由于有了适宜的土壤、阳光和空气，再加上数代人的辛勤耕耘，蔚然成为南国的一树玉树琼花。越南闺秀中亦饶英才，她们的名篇佳作富于感染力，衔华佩实，成就不让须眉，《妙莲集》便是其中之一。在《妙莲集》中，我们看到的不单是300多首诗歌，可以毫不夸张地说，即使一个对中越关系一无所知的人，只要读了这本诗集便能了解到中越文化交流在文学、语言文字、姓氏、音乐、建筑、历法、科举、风俗等方面的内容。

一、关于《妙莲集》的版本及作者

据《越南汉喃文献目录提要》（王小盾、刘春银、陈义主编，台北中研院中国文哲研究所编印，2002年12月）称《妙莲集》“今印本八种，抄本三种，其中两本现藏巴黎，抄本皆不全。全书三卷，以172页为多见，高24～29公分，宽15～18公分”。笔者手中的复印本源于巴黎，为印本。全书三卷，共164页，高24～29厘米，宽15～18厘米。关于书名，印本的前两卷分别为《妙莲集卷一》、《妙莲集卷二》，但各卷每一页的页缝中均分别有“妙莲诗集卷一”、“妙莲诗集卷二”的字样；第三卷为《赖德公主妙莲集卷三》，第一页有“赖德公主妙莲集卷三”的字样，后面还有《赖德公主妙莲集补遗》，每一页有“赖德公主妙莲集补遗”的字样，最后有《附录杂著》，同样每页有“附录杂著”的字样。而在众人的序文、跋文和题词中则有《梅庵诗集序》、《妙莲诗集序》、《读妙莲集》、《题赖德公主妹梅庵诗集》和《赖德公主妙莲诗集题辞》等。全书收录诗歌370首。诗中有仓山朱评，苇野紫评，张广溪蓝评，潘梁绿评，阮任山墨评。诗歌后面还有补遗和附录，收录他人的对联、赋文等。全书由墨云巢印于嗣德丁卯年（1867）。

这部汉文诗集目前越南尚无点校、整理后的版本，也未见翻译成喃字或现在通行的越南拉丁文字的版本。笔者花了数月的时间将手中的文本进行了整理，以下文中所引诗文均来自笔者整理后的文本。

关于作者，在每卷的标题下有“皇二十五女贞慎著”，可见作者为越南阮朝明命帝(1819～1840年在位)第二十五女阮贞慎。阮贞慎字叔卿，号梅庵，生于1826年，卒于1904年，是阮朝嗣德(1847～1883年在位)时期著名女诗人，她与其妹阮静荷(留有汉语诗集《蕙圃诗集》)、其兄从善王阮绵审并称当时的“三卿”，名噪一时。

二、《妙莲集》的意义

《妙莲集》对于研究中越文学关系、越南女性文学、越南风俗及与中国之关系等都有重要的意义。

1.从《妙莲集》看中越文学关系

中越文学有着悠久而密切的关系，越南学者邓台梅就认为越南的古代文学“从文字到典故，从文学体裁直到儒家的世界观都从中国文学中和盘端来”。由于越南书面文学从登场伊始就接受了具有高度成就的中国文学，甚至是作为用汉文撰写的诗文的补充而问世的，所以，“汉语诗文是越南古代文学的重要组成部分”①。汉语诗文在政治文化生活中起着不可替代的作用，加上科举制度的确立，越南士人对它们的钻研，使之成为踏进政治文化舞台不可逾越的步骤。这使得有关中国文学的一切材料，都成为越南士人的案头之物，并对他们的思想和创作产生了深刻的影响。

阮朝是在法国的扶持下建立起来的，不少人认为从阮朝开始越南的汉语文学走向衰败，但通过《妙莲集》，我们可以看到汉语文学非但没有衰败，而且呈现出生机。其实在文化方面，阮朝仍然师承汉学，推行科举制，使用汉字为官方文字，崇尚汉语诗文。阮朝的皇帝都大力提倡汉文文学，尤其是明命、绍治(1841～1847年在位)、嗣德三帝诗文造诣俱深，御制诗甚多。特别是明命帝，他擅长汉文诗，以好学博览见称。由于国君的提倡，汉语文学呈现出生机勃勃的景象。宗室有松善王、绥理王、白毫子，朝臣士子有潘清简、范富庶、高伯适、阮文超、阮庭沼、阮长作、阮恂叔等人，其中以阮文超、高伯适、松善王、绥理王四人最负盛名。嗣德有诗赞美道：“文如超适无前汉，诗到松绥失盛唐。”评价甚高，是对阮朝一代诗文最好的概括。明命的第十子白毫子(1819～1870，因眉宇间有白毫，故自号“白毫子”)填的词颇为精绝，独步词坛。《妙莲集》的作者贞慎为白毫子之妹，从小天资聪慧，又在一班文人骚客中耳濡目染，加上勤于学习和创作，自然有不少佳作问世。张广溪在《梅庵诗集序》中说：“太主梅庵字叔卿，皇十子仓山公之胞妹也。长姊月亭仲卿，少妹蕙圃季卿，幼曾奉母命同受诗于仓山公，定省

① 《邓台梅文集》第157页，教育出版社，河内，2002年12月。

之暇，芸窗雪案，函丈熏陶。盖兄妹中而俨然师弟也。仓山公与余雅有素交，余又叨一日之长。公门退食，乘暇过从，相与谈文论诗，都忘其挟贵挟长之迹。因得见诸贵主所习之业，间尝邀余点正，余亦欣然从之……溯观炎邦，开辟千百年来，其间闺秀诗，前有范蓝瑛，近有胡春香二人而已，此外寥寥无闻焉。今仓山公为海内诗家尊匠，翔于艺林词苑之间，是何山川钟秀不限裙钗，独萃于帝王家之一门，能不令人一唱三叹！"

在《妙莲集》中可以看到诗人对汉语高超的驾驭能力，300多首诗以七言为主，绝大部分是七律，也有七绝、排律及少量四言诗。这些诗歌，若不看作者，读者一定以为是中国诗人的佳作。我们可以略撷取几句，如："取人莫误女儿流，灭项须臾在借筹。辟谷岂缘情不死，授书无意觅诸侯。千秋禄贫之惟隐，一棹功名范蠡舟。"①"征君少年日，文章早播声。虽不预圣门，无愧颜子名。陈周未见辰，渐觉鄙吝萌。妙意虽不传，才士俱心倾。始知贤达人，本难测其情。汪汪千倾波，谁能分浊清。"②"蜃室蛟宫彻底开，星芒月魄总楼台。金盘才进红云宴，一簇笙歌海漾来。殿宇繁华海宇空，珠帘玉栏斗玲珑。玉皇亲降樊胡子，辅国翻教侍女中。"③"气盖英雄倍怆神，国亡宁惜绮罗身。他年汉主封侯印，闻道君家有四人。"④"万里黄云塞月寒，琵琶马上和愁弹。承恩却在和戎日，敢怨丹青误玉颜。"⑤"几度辛勤卖酒楼，萧然四壁不知愁。如何换得千金赋，又惹佳人叹白头。"⑥"殷勤望断桥头横，共订他生似此生。无奈骊宫还独坐，张徽初奏雨霖铃。"⑦"静女其娈，在水一方。""道之云远，我心忧伤。"⑧"亭亭芷荷花覆塘，春罗剪碧引舟长。南风吹入彩云里，万点红湿衣袖香。徘徊月上春江阔，采莲莲丝萦复结。莲花结得莲子圆，不似月明有辰缺。"⑨从中可以看到诗人对中国典故和诗歌的使用已达到了炉火纯青的艺术水准。

《妙莲集》中有如此深的中国文学印记不是偶然的，这证明到了阮朝，由于有两千年的汉文化积淀和中国文学的影响，越南的汉语文学越来越走向圆熟，写作技巧越来越高。《妙莲集》如此，同时代的其他诗文家的作品也是如此。在《妙莲集》中，还可以看到中越文人之间的交往也颇多，诗集中有"大清光绪七年十二月广西前先补用直隶州临桂县正堂张秉铨"写的序以及"珠江裴菊亭"的题

① 《张良》，卷一，第11页。
② 《读后汉书》，卷二，第9页。
③ 《南汉宫词》，卷三，第9页。
④ 《虞兮》，卷一，第7页。
⑤ 《出塞》，卷一，第6页。
⑥ 《当垆》，卷一，第7页。
⑦ 《骊宫》，卷一，第7页。
⑧ 《春夜忆季卿集诗经四言律》，卷三，第2~3页。
⑨ 《采莲曲》，卷一，第5页。

辞，其中有对《妙莲集》的高度评价。张秉铨后来在《又记》中还写道，《妙莲集》“秀韵天成，香茗风流，不得专美于前矣。集中如‘遥知杨柳是门处’诸好句已撰入《静堂诗话》中，敬题数语以识心赏”。

总之，从《妙莲集》中可见越南文人创作的汉语文学作品的高度的艺术水准，这正是中越文学长期交流，主要是中国文学影响越南文学所带来的结果。

2. 从《妙莲集》看越南女性文学

越南的女性文学是一个比较大的话题，这里只以《妙莲集》为视角来看，也能看出些许有趣的东西。

张广溪在《梅庵诗集序》的开头说道：“从来闺秀诗可传者，求之士大夫家，千万或有一二已为美谈。况出自天家帝系，深宫娇养，乃能当心大雅，出入风骚，属意措辞，直欲分唐人之席，不为稀罕者乎？”而张秉铨在《妙莲诗集序》中则说：“自古闺门亦敦风雅，然而裁云镂月之辈，每多牵萝倚竹之愁。若其福慧能兼、声名俱泰，虽观光于上国，犹叹才难，岂问俗于炎邦？”他们两人的序言中不乏溢美之辞，但确实也道出了这位女诗人的不同凡响之处。越南与中国一样，封建社会持续时间很长，而且越南一向以儒家为正宗，儒家思想中的一些传统的女性观对越南影响也是很大的，因而越南历史上的女性文人也是寥若晨星。越南独立于 10 世纪，11 世纪李朝的倚兰元妃开了女性文学的先河，到陈朝末期又出现了越南历史上的第二位女文人阮碧珠，她是陈睿宗（1373 ~ 1377 年在位）的爱妃，通音乐，晓文字，颇有才识，曾作《鸡鸣十策》呈皇帝，婉劝其振兴朝纲。18 世纪出现了汉喃诗文均非常出色的段氏点和“字喃女诗圣”胡春香之后，又出现了清官县夫人和黎玉欣。在阮朝嗣德时期又出现了两位女诗人，即阮贞慎和阮静荷姐妹。在阮顺之《妙莲诗集跋》中，有如下描述她们的文字：“……因得以学诗于仓山公，闻仓山公同母妹月亭、梅庵、蕙圃三贵主皆博学能文章……公课诸公子之暇，又能以诗教式诸女弟，尚主三人从而受业焉。……萃于一门，真古来稀罕之事，梁朝三主，刘家三妹，想富贵风流未必及此。吾未知月亭、蕙圃巨制为何，如今读梅庵之诗，春容丽则，俨然登唐宋诸名公作者之堂，妍华博赡无论，已难笔砚用之，太冲自非气所钟，曷克臻此？”

越南的这些著名女诗文家几乎都生活在宫廷或官宦之家，又以宫廷居多。这与中国古代的女诗人中青楼女子较多不同。主要是因为汉字毕竟是外来文字，又难学，加上受教育条件的限制，普通人也没有机会学习，最开始接受教育的主要是贵族子弟。再者汉语文学在越南一向被视为阳春白雪，高不可攀，也只有在宫廷中才最有用武之地。越南女诗人以宫廷女子和官宦夫人为主，由于地位和身份的关系，她们的诗歌也以描写社会生活居多，书写个人情感愁怨的少，诗歌大部分以写景为主。这在《妙莲集》中体现得十分清楚，而且诗写得大气、雍容、华贵，颇有盛唐遗风。这可能与当时的太平盛世和经济发展有关。在《妙莲集》中还可以看到，女诗人自幼奉母命与兄弟姐妹们一起读书，长大后与同时代的中国、越南的诗人都有唱和往来，这在中国的女诗人中是少见的现象。可见，越南文化虽然受汉文化影响极深，但是他们的吸收是有选择性的。当时越南女子地位比中国女子高，像女子以缠足为美的观念越南人就没有接受，“女子无才便是德”的观念在越南也不那么普及。由于思想相对自由一些，没有清朝那样的文字狱，也毋庸避忌，加上热带的气候环境，使得越南的女子性格要开朗、奔放、豁达一些。反映在文学上，她们的哀怨情感比较少，清新、自然的写景诗更多。

3. 从《妙莲集》看越南风俗及与中国之关系

“在环绕中国的邻邦中，与中国接触最早，关系最深，彼此历史文化实同一体的，首推越南。”①日本历史学界也一向认为，越南最初的历史和文化是属于“中国的文化圈”。由于汉文化的浸染，越南的一些风俗也明显带有中国印记。

我们可以以诗为证，现在摘录一些诗句如下：“不知此后重阳节，载酒犹能几度临。”②“寻梅问柳逢佳会，五色春衣争队队。秋千影里集罗裙，玉袖轻盈斗春态。东风吹过杏花梢，高出偏宜赌细腰。月明庭院人归后，寂寂彩绳香未消。”③“桐花风接杏花风，次第花开白照红。”“隐隐红楼牡蛎城，夭桃媚柳泥游情。隔花人影匆匆去，半是分明半未明。”“乱莺啼处绿荫多，浅浅沙塘涨白波。一带平桥横雁齿，翠红闪闪美人过。”④“万点霜花拂曙袍，攀藤拾级竞登高。何须戏马才为乐，且共题糕亦自豪。禅榻几秋携菊酒，山窗一角听松涛。登临相约年年健，莫使香台没野蒿。”⑤“重阳每惜景光殊，此日还来感愤俱。兵后谁堪论战马，死前君早附童乌。地非羸薄情难遣，迹以司空礼不拘。”⑥

不须赘言，我们已经可以清清楚楚地看到，在19世纪中后叶，越南的社会风俗与中国是何等相似！

三、《妙莲集》在越南流传不广的原因探析

《妙莲集》是这样一部充盈着女诗人才华的佳作，距离现在也不是特别久远，但为什么在越南流传不广呢？

笔者认为，这首先还是由于语言文字的障碍，当时越南老百姓识汉字者不

---

① 郭廷以：《论中越一体的历史关系》，《中越文化论集（一）》，台湾中华文化出版事业委员会出版，1961年。

② 《九日登高谒先兄园寝怆然有作》，卷三，第3页。

③ 《秋千》，卷一，第9页。

④ 《清明归舟三首》，卷一，第9页。

⑤ 《九日登高奉陪仓山先生与诸同人赋》，卷三，第14页。

⑥ 仓山先生：《生圹及新迁亡甥墓》，卷三，第6~7页。

多，这些诗歌又并非小说，没有故事情节，加上汉语又不符合越南的口语，故难以传诵。其次，阮朝时喃字文学已经十分繁荣，六八体、双七六八体、歌筹体、戏剧等本民族的东西已经十分兴盛，汉字文学多半只在少数文人中流行，加上作者的皇族身份，宫廷里的阳春白雪已很难飞入寻常百姓家了。

在越南的古典文学名作中，汉字文学与喃字文学是双峰并峙，而且汉字文学的历史更久远，作品更多，但在老百姓中流传最多的还是那些符合越南口语的喃字文学，在越南古典名著中，只有《征妇吟》是用汉字写的。《妙莲集》写作技巧如果说不比《征妇吟》强，至少也毫不逊色，而《征妇吟》之所以广为流传，主要归功于段氏点的喃字演歌，当然也与《征妇吟》为战争题材，而越南战争连连，能引起共鸣有关。可见，凡纯粹的汉字文学在越南都不易流传，阮攸写过不少好的汉诗，但只有喃字文的《翘转》流行于世；阮屿的《传奇漫录》也只有翻译成喃字文后才在群众中有影响。笔者相信，随着越南社会经济文化的发展，将来一定会有精通汉字和喃字的学者来研究整理像《妙莲集》这样的文学遗产，客观地评价中越文学及其关系。

主要参考资料：

1.《妙莲集》印本，巴黎法国国家图书馆。

2.《越南汉喃文献目录提要》，王小盾、刘春银、陈义主编，台北中研院中国文哲研究所编印，2002 年 12 月。

3.《越南文学史》，于在照著，军事谊文出版社，2001 年。

（作者单位：北京大学东语系）

魏天行(建功)先生年表

◇魏 至

1901年(清光绪二十七年)11月17日(农历辛丑年十月初十),先生生于江苏省如皋县赤岸乡西场镇(今江苏海安县西场镇)。名建功,字盖三,入大学后改字天行,别号山鬼。笔名有:天行、山鬼、健攻、康龙、文狸、文里、曹家驹、C. K.、独孤旦、高名、蒿莱子、倔侥子、宫汞、精钢等。室名有:独后来堂、夜读书斋、学无不暇簃、珏庐、求知音斋、三上书屋、添香夜读斋等。

先生祖籍江苏高淳县立信乡中堡村。清咸丰间,28世高祖忠贵公为避战乱,举家迁居如皋城北40里之西场镇。29世曾祖孝德公营花炮业,开恒顺号杂货庄于镇。30世祖慰农公讳霖,应高淳县试为增广生员,任西场镇董事30余年。父锡侯公讳晋藩。母仲氏讳延康。生四子一女,先生居长,弟建章、建邦、建纲,妹建则。

1906年　5岁　入玉成公小学(今西场小学前身,1905年慰农公捐资倡办)读书。

1909年　8岁　父母包办为先生与吉姓女定婚,祖父慰农公提出女方"不裹脚、要读书"两个条件,女方家长虽应允但均未予实施。

1911年　10岁　考入如皋县立第一高等小学,校址在如皋县城,住校。

1914年　13岁　小学毕业,考入南通省立第七中学,在老师缪文功、徐亦轩等先生的诱掖下,对语言文字学产生浓厚兴趣,开始自学。

1916年　15岁　祖父慰农公病故。

1918年　17岁　高中毕业,考取北京大学文预科俄文班,因肺病咯血未入学,在家休养一年。

1919年　18岁　年初,借住如皋师范宿舍(在县城)养病并补习外文。

夏,赴北京大学上海考区应试(主考刘半农),再次考取北京大学文预科乙部英文班,来京入学。从该学期开始,参加北大学生干事会的活动。

1920年　19岁　1月31日,参加声援天津被捕学生周恩来等的游行。

5月1日,参加第一次庆祝五一国际劳动节的游行。同日,北大学生李荟堂、丁肇清、区声白等因散发传单(《北京劳工宣言》)被捕,先生作诗以"祝"之。

是年参加北大平民夜校教学工作,并为顾颉刚先生整理在《晨报》登载的歌谣。

1921 年　20 岁　夏，预科毕业，转入北京大学文本科中国语言文学系学习。

是年与平民夜校部分教师组织“平民教育实验社”，并参与开办北大第二平民夜校，任师范班语文教员。

1922 年　21 岁　4 月，因肺病住香山疗养，有诗 17 首抒怀。

5 月，与江苏旅京之北大、法政专门学校等校学生潘梓年、缪金源、夏德仪、施之瀛、李浩然等组织“江苏清议社”，出版《江苏清议》批评时政。并独办《西场人话》刊物，以“评论时事，鼓励民气”。

夏，在京参与组织“如皋平民社”，“如皋平民社”是以京、宁两地各大学如皋籍学生为骨干的一个组织，社员最多时达数百人。宗旨是“研究学术，推动平民教育，打击土豪劣绅和贪污”。社刊《平民声》由京、宁两地社员轮流主编。

秋，入北京大学研究所国学门，任临时书记，从事整理档案、编索引等工作，并参加“歌谣研究会”的活动。先生在国学门里结识了一批以后成为著名学者的青年研究生，主要有罗庸、郑天挺、容庚、冯淑兰（沅君）、商承祚、董作宾、陆侃如、台静农、常惠等。

仍继续从事北大学生干事会的工作。先后参加了“否认国会”、“挽留蔡校长”、“驱逐彭允彝”、“读书运动”、“筹备北大成立 25 周年纪念”等活动，并参加话剧“实验社”，在北大成立 25 周年纪念会上演出托尔斯泰的话剧《黑暗之势力》。

1923 年　22 岁　1 月，在《晨报副刊》发表《不敢盲从》一文，反驳俄国盲诗人爱罗先珂对“实验社”演出话剧《黑暗之势力》的批评，文中将所有“看”字均加了引号以挖苦爱罗先珂。鲁迅当即发表《读魏建功君〈不敢盲从〉后的几点声明》一文，对先生进行了严厉斥责。先生未作辩解并继续听鲁迅的《中国小说史》课。后经孙伏园的引见开始与鲁迅先生交往。

5 月，参加北大研究所国学门“风俗调查会”的活动。该会成立于 5 月 14 日，由张竞生主持，台静农任事务员。

8 月，暑假期间回原籍，出席“如皋平民社”第一届年会，被推为“总务委员会书记”，主持社务。

是年参加国学门《慧琳一切经音义引用书辑佚》的编辑工作（1925 年完成），并开始与恩师钱玄同先生往来，成为钱氏入室弟子。

论文《搜集歌谣应全注音并标语调之提议》发表于《歌谣》增刊。

1924 年　23 岁　1 月 26 日，北大研究所国学门“方音调查会”成立，林语堂主持（后由林与刘半农共同主持），董作宾任事务员，先生参加了该会活动。

4 月，中共北方区执委会机关刊物《政治生活》创刊，先生以“康龙”、“天行”、“健攻”等笔名在该刊物上发表文章。

8 月，暑假回原籍出席“如皋平民社”第二届年会。该社因揭露土豪劣绅谋划收回农民所租公产土地遭忌,被反动势力捏造假签名向省署密告为“过激党”,县方拟加以迫害。先生被推为代表,连夜赶赴南京,向督军省长公署投书,揭穿地方反动势力搞假联名的阴谋。

11 月,冯玉祥派鹿钟麟率兵驱逐溥仪出宫。国学门导师沈兼士、马衡、陈垣等组织“清室善后委员会”,负责接收、清点、登记、保管故宫宫殿、文物及筹建博物馆、图书馆等工作。先生以国学门临时书记调任“清室善后委员会”办事员。

是年撰《戴东原年谱》,发表于《国学季刊》二卷一号。并有《歌谣表示法之最要紧者——重奏复沓》、《拗语的地方性》、《歌谣之辞曲及调谱》、《医事用的歌谣》、《榅辞》等研究歌谣的文章先后发表于《歌谣》周刊。

1925 年　24 岁　1 月,钱玄同、黎锦熙创办《国语周刊》,与章士钊创办之《甲寅杂志》作捍卫白话文的斗争。先生参与了编辑工作,并为主要撰稿人之一。

暑假,以优异成绩毕业于北京大学中国语言文学系,获文学士学位。经中文系教授会决定,留校任刘半农先生之助教。当时制度聘任教员需经校“聘任委员会”通过,在北大正式批准前,由刘半农先生介绍先兼中法大学服尔德学院中文系讲师。

毕业前,上书中文系教授会,建议改进学科组织办法,分为语言文字、文学、整理国故三类。教授会采纳了这个建议,改订了《学科组织大纲》。

7 月,经孙伏园引见,结识鲁迅先生。

8 月,与陈仲益等发起创办黎明中学,任教务主任,聘请鲁迅、钱玄同、黎锦熙等到校授课。

秋,经范鸿劼介绍参加中国共产党,编在中法大学小组,同组有陈毅、王跃郁等,不久后被派做“济难会”工作。王跃郁因从事农运工作被顺义县政府扣押,先生被派与杨景山等同去顺义县,以中法大学教员名义联系营救。

是年国学门《歌谣周刊》扩充,改为《国学门周刊》。先生参与了工作并任周刊编辑。

是年印发公开信宣布解除父母包办的婚约,同时宣布经济独立,不再接受家庭的供给。

连载《琐碎的记载清故宫》,论文《吴歌声韵类》、《杞梁姓名的递变与哭崩之城的递变》以及杂文《打倒国语运动的拦路虎》、《摘译文体雅洁的教育总长停办北京女子师范大学呈文》等,在《京报副刊》、《国学周刊》、《国语周刊》等刊物上先后发表。

1926 年　25 岁　春,北大“聘任委员会”正式批准为助教,协助刘半农做“语音乐律实验室”工作,同时仍任《国学周刊》编辑。

1 月 21 日,参加列宁逝世二周年纪念大会,作《列宁逝世二周年纪念大会记事》发表于《政治生活》第 66 期。

2月，患肋膜炎，由刘半农先生安排住进东单三条口之德国医院。

3月，住院期间发生“三一八”惨案，段祺瑞执政府卫队在铁狮子胡同开枪杀害游行示威群众40余人，在京学人纷纷南下。4月先生病愈出院，与“济难会”失去联系，申请退党。

7月，亡命南下，去徐州投奔好友吴俊升夫人倪亮主持之江苏省立第三女子师范，任该校国文教员，仍兼北大《国学周刊》(已改为《国学月刊》)编辑，稿件由冯沅君邮寄徐州，经先生编定后寄上海开明书店出版。

是年论文《新史料与旧心理》、《读“帝”与“天”》、《读歌札记》等论文先后发表于《国学月刊》等刊物，开始在《语丝》上发表连载《畸零的梦》。

1927年　26岁　4月，朝鲜汉城京城帝国大学校长、日人服部宇之吉向北大中文系访聘教员，中文系教授沈尹默、张凤举等推荐先生前往汉城，在帝大法文学部(即文、法学院)任中国语讲师。

同月，李大钊被捕，28日被奉系军阀张作霖杀害。范鸿劼、杨景山等20名烈士同时就义，先生原在京住所及原籍家中亦受到特务的盘查。

6月，北京大学等国立九校合并，改名“京师大学校”，“国学门”改为“国学研究馆”，馆长叶恭绰聘请先生为该馆通讯员。同时受北京图书馆馆长袁同礼委托，为该馆在朝鲜搜集旧书。

7月，返北京休假，后经董作宾介绍与北大数学系教授王尚济先生次女王碧书订婚。

9月10日，在来今雨轩举行酒会，与王碧书订婚。钱玄同、陈垣、刘半农、马裕藻、沈尹默、周作人、台静农、庄尚严等多人与会。刘半农准备为鲁迅申请诺贝尔奖，托台静农给鲁迅去信征求意见。

是年开始在《语丝》发表连载《侨韩琐谈》、《侨韩耳食录》。

1928年　27岁　春，回国与王碧书女士结婚后同返汉城。

8月，回国，任中法大学服尔德学院教授，兼北平大学女子文理学院讲师。

12月，大学院院长蔡元培电约钱玄同、黎锦熙等筹办“国语统一筹备会”。该会前身为辛亥革命后成立之“读音统一会”，以“统一语言、提倡言文一致、改革文字”为目标。先生经钱玄同动员参加该会工作，被推为常委，分担编审工作，编辑《国语旬刊》，兼“大辞典编纂处”资料员。从此，语文运动成为先生终身所从事的事业。

1929年　28岁　9月，回北大中文系任助教，兼辅仁大学中文系讲师。中法大学之课程分交范文澜、施畸(天侔)接任。

秋，与台静农、庄尚严、常维钧、金满叔等结“圆台印社”于北海团城。请西泠印社社长王福庵、北大教授马叔平两先生指导，切磋技法。先生首创以注音符号治印，在《国语周刊》上设奖征答，答对者赠注音符号印一枚，寓教于乐，收到很好的效果。

是年,论文《古阴阳入三声考》、《说"相""斯"》、《再说"相""斯"》、《与人论方音之由来》、《论六书条例不可径用于甲骨文责彦堂》等发表于《国学月刊》等刊物。

1930 年　29 岁　任北大《国学季刊》编辑委员会主任,主编《国学季刊》(至 1937 年),兼燕京大学中文系讲师、女师大研究所研究员。

论文《阴阳桥》发表于《北大学生》第 1 期。

长女魏乃生。

1931 年　30 岁　升任北京大学中文系副教授。

论文《科斗说音》、《释午》、《关于"石"与"千"的讨论——答齐铁恨先生》发表于《女师大学术季刊》、《国语周刊》等刊物上。

1932 年　31 岁　在北大中文系开《古音系研究》课。

刘半农先生发起将《广韵》与敦煌发现之七种《切韵》、《唐韵》残片对照汇集,编为《八韵比》一书。先生应邀担任检阅全部素材,经检阅各种残片,提出增加《西域考古图谱》和德国普鲁士学院院藏《切韵》断片各一种,改名为《十韵汇编》的建议。

论文《陆法言〈切韵〉以前的几种韵书》、《唐宋两系韵书体制之演变》、《上兼士师论右文研究书》发表于《国学季刊》等刊物。

长子魏至生。

1933 年　32 岁　论文《谈何容易文翻白》、《说辙儿》发表于《国语周刊》。

1934 年　33 岁　7 月,刘半农先生赴绥远调查方音,染回归热逝世。撰《中华民国故国立北京大学教授法国国家文学博士刘半农行状》、《十年来半农先生的学术生活》等文纪念半农先生。

9 月,与黎锦熙、赵元任、白涤洲、萧家霖等赴郑州出席"国语罗马字促进会全国代表大会"。

10 月,白涤洲患伤寒病逝世,撰《呜呼!傻——纪念挚友白涤洲先生》一文以为纪念。

论文《中国纯文学的形态与中国语言文学》发表于《文学》二卷六期。

是年,为马隅卿(廉)先生影印的天一阁旧藏《雨窗倚枕集》及鲁迅先生刊印的《北平笺谱》手书序文。

1935 年　34 岁　5 月,刘半农先生葬于香山玉皇顶,半农先生夫人指定先生手书墓志(周作人撰文)。

夏,中文系教授马隅卿讲课时中风逝世,先生受马裕藻委托与胡适接洽,由北京大学以两万银元收马氏藏书入藏北京大学图书馆。

8 月,向胡适推荐好友台静农去厦门大学任中文系教授。台当时第三次被捕刚出狱,适逢厦大向胡适访聘教员,先生遂向胡建议介绍台前往。

专著《古音系研究》由北京大学出版部正式出版;《黟县方音调查录》(与罗

常培、白涤洲合作)发表于《国学季刊》四卷七期。

1936年　35岁　北大研究所国学门歌谣研究会刊物《歌谣》复刊,先生任编辑。

7月,《十韵汇编》由北大出版部出版,先生作学术性长序,此序后被命名为《论切韵系的韵书》,成为先生在韵书研究方面之代表作。

10月19日,鲁迅于上海逝世。先生提出愿手书鲁迅旧体诗木刻出版以为纪念。许广平从鲁迅日记及有关文集中辑出39首,经许寿裳转交给先生书写。

论文《草书在文字学上之新认识》、《从如皋山歌与冯梦龙山歌见到采录歌谣应该注意的事》、《快嘴李翠莲话本中的"快语"》分别发表于《辅仁学志》、《歌谣》、《中央日报·文史》。

1937年　36岁　升任北京大学中文系教授。

7月,手书《鲁迅先生旧体诗存》长卷完成,此件历经坎坷,于1996年始由先生之家属交江苏教育出版社出版。

4日,台静农为与许广平等商议出版《鲁迅全集》事由青岛来平住先生家,适逢卢沟桥事变爆发,许广平不能北上,台静农抄《鲁迅先生旧体诗存》副本一份南下。行前受先生等委托在南京找胡适谈北大前途问题。

28日,日军入城,北大停课,学生离校。

10月,北大、清华、南开三校在湖南组成长沙临时大学,北大派课业长樊际昌北上接教授南下。

11月,只身离家,与罗常培、郑天挺、杨佩铭、吴晓铃等结伴南下,在天津乘船去香港转道广西乘汽车入湘,随即转赴南岳分校(文学院址)上课。

是年,论文《辽陵石刻哀册文中之入声韵》连载于《世界日报·国语周刊》,《汉字局部改造问题——简体字表、简体字典和标准行书述评》发表于《读书周刊》,纪念文章《歌谣收集十五年》发表于《歌谣》五卷一期。

1938年　37岁　2月,与周炳琳、赵迺传等结伴乘汽车经广西绕道越南入云南。3月1日到达昆明。时北大、清华、南开三校已组成西南联合大学。先生到达后随即转赴西南联大蒙自分校(文法学院)授课。

12月,夫人王碧书携子女由滇越路入滇,月底到达昆明。

1939年　38岁　7月,联大教授举行纪念抗战两周年书画义卖活动,先生首创以越南特产白藤刻印参加义卖,共售117方,得款汇赠中条山雷鸣远神父所领导之"抗日救国团"。

论文《唐代行用的一种韵书的目次——〈干禄字书〉所据韵目考》由北大研究院文科研究所油印出版。

次女魏万生,21天即殇。

1940年　39岁　6月,向北大请假,携家迁居四川白沙。任"大学教科用书编辑委员会"(设在四川白沙"国立编译馆"内)专任编辑。

7月,"国语统一筹备会"改名"国语推行委员会",在重庆恢复工作,先生仍任常委。月底赴重庆参加第一次会议。根据会议决定,着手编纂国家韵书《中华新韵》(黎锦熙、卢前参订)。

《释午》、《读天壤阁甲骨文存及考释》发表于《辅仁学志》1940年第一期。

1941年 40岁 春,赴重庆参加并完成了《大学国文选》的编选。编选者五人,编委会魏建功、浙大王驾吾、中大伍淑傥、西南联大朱自清、西北师院黎锦熙。

夏,在白沙开始为陈独秀校勘其语言文字学著作《小学识字教本》、《古音阴阳入互用例表》,并为《古音阴阳入互用例表》作序。其间,三次赴江津与陈独秀晤面,讨论有关学术问题。

9月,应徐炳昶先生约,赴昆明任中法大学教授,创办文史系,兼系主任。

10月,《中华新韵》编成,由国民政府明令颁布推行。

赵元任、罗常培、李方桂合译瑞典高本汉著《中国音韵学研究》一书发行。先生作《〈中国音韵学研究〉——一部影响现代中国语言学的著作的译本读后记》,发表于《图书月刊》一卷六期。

1942年 41岁 4月,周作人出任日伪"华北教育总监",先生作《对周作人"谢本师"的果有其人》一文,称周是"民族背叛的不肖之徒",说:"总之是他(指周作人)失去了做人的难能可贵的一切了,从目前的国家民族立场上……从新旧文士正义感上说,我们不能相信他有甚么可以诡辩的余地。"发表在6月15日《抗战文艺》七卷六期上。

5月,返四川白沙,任国立西南女子师范学院国文系教授。院长谢循初,系主任胡光炜,同事有台静农、柴德赓、李霁野、金琼英、李滨荪、罗志甫、詹瑛、方管(舒芜)等。

三女魏重生。

1943年 42岁 在女师学院创办"国语专修科",任主任。教员有王玉川、朱肇祥、巩书炽等。这是"国语会"决议在全国设立的三个"国语专修科"之一。其余两个一个设在西北师院内,由黎锦熙负责;一个设在重庆社会教育学院内,由萧家霖负责。

1944年 43岁 年底,抗战胜利在望,重庆方面开始考虑战后接收台湾问题。教育部赵迺传通过女师学院院长谢循初,约先生去台主持推行国语,先生接受了此项邀请。

1945年 44岁 2月,兼女师学院教务主任。

上半年,重庆方面开始着手准备接收台湾的具体工作,在"中训团"开设"台湾行政干部训练班",先生与王玉川同去重庆为该班"教育组"(即未来之"台湾省行政长官公署教育处")讲授国语课。

8月,日寇投降,先生被借调去台湾推行国语。同去者还有"国语会驻会委员”何容(子祥)、干事王炬。女师学院国语专修科师生亦有多人以自愿原则报名分批赴台。

1946 年　45 岁　2 月,春节前到达台北,立即着手组建台湾省“国语推行委员会”的工作。国语会成立前,在广播电台开设了国语讲座,由齐铁恨先生口授,林良先生用闽南话翻译,帮助台省小学教员备课,备受台湾同胞及各界人士的欢迎。同时,受聘台大中文系教授,介绍台静农、裴溥言等到台大工作。

4 月,“台湾省国语推行委员会”正式成立,先生任主任委员,何容为副主任委员。

11 月,回北平招聘“国语推行员”,同时代省教育处招聘中学教员。

12 月 13 日,为研究中小学语文教育问题,在北京大学蔡孑民先生纪念堂召开“中国语文诵读方法座谈会”。黎锦熙、徐炳昶、朱光潜、冯至、朱自清、沈从文、游国恩、郑天挺等专家学者 30 余人到会参加了讨论。

是年先后在台湾《新生报·国语副刊》、《人民导报》、《现代周刊》等报刊发表了《国语运动在台湾的意义》、《国语运动在台湾的意义申解》、《国语的文化凝结性》、《台语音系还魂说》、《国语的德性》、《国语运动纲领》、《何以要从台湾话学习国语》、《国语的四大涵义》、《台语即是国语的一种》、《谈注音符号教学法》、《学习国语应该注意的事情》、《怎样从台湾话学习国语》、《国语辞典里所增收的音》、《台湾语音受日本语影响的情形》、《国语常用“轻声”字》、《学习国语应重方法》、《关于交际语》等大量文章,阐述在台湾推行国语的意义、方针、方法等。并亲撰《注音符号十八讲》,在《新生报·国语副刊》上连载。

纪念文章《回忆敬爱的老师钱玄同先生》发表于《国文月刊》第 11 期。

1947 年　46 岁　年初,胡适委托杨振声来谈回北大问题,拟委为北大训导长,先生坚辞,但同意在台推行国语工作安排妥当后,回北大任教。

2 月,离平返台,因台湾发生“二二八”事件,滞留上海。

4 月,回到台北,国语会改组,何容任主任委员,洪炎秋任副主任委员。先生改任“教育部国语推行委员会闽台区办事处”主任。受台大聘任特约教授。在该校中文系创办“国语专修科”,教员由国语会工作人员担任。并着手在台筹办《国语日报》。

夏,赴南京出席“联合国太平洋远东教育会议国内预备会议”,会后在上海参加陈望道、倪海曙发起的“中国语文学会”。

是年,《国语通讯》创刊,先生撰写了发刊词(《国语通讯书端》),并发表与友人讨论有关国语教学问题的《通讯二则》。

是年,开始考虑编辑一部适合广大人民群众使用的新型语文工具书。(夫人王碧书回北平探亲,给先生家信中主张先生早日回北大,信中说:“你要编字典,回京后晓铃(指吴晓铃)等许多人都可以帮你。”)

1948 年　47 岁　6 月,回北平办理《国语小报》设备迁台事宜,同时开始先行在北大中文系上课。这时，台大校长庄长恭已提出聘先生为文学院院长，由胡适去信庄长恭代为婉辞。

秋，被聘为“中央研究院学术研究委员会”委员。

9月，返台北办理“国语会”交代手续，同时创办“国语日报社”。先生任社长，副社长王茀青，总编梁容若，经理方师铎。10月25日，《国语日报》创刊号正式发行。

12月初，回到母校北京大学任中文系教授。

为解决中等文化程度读者学习的需要，倡议编辑一部适合工农大众以及中小学教员使用的工具书。邀集金克木、周祖谟、张克强、吴晓铃等到朝内大街81号寓所商谈。

长篇论文《十韵汇编资料补并释》完成，发表于《北京大学五十周年论文集》。

1949年　48岁　2月，北平解放。

4月，撰写《编辑字典计划》，提出了就实际语言现象编定、以音统形、以义排词、以语分字、以用决义、广收活语言、由音求字、由义选词、适合大众、精选附录等十项原则。

7月，就任北京大学中文系主任。

10月，“中国文字改革协会”正式成立，先生等25人被推为常务理事。

是年，在北大开“中国语文概论”及“现代中国语”（与周祖谟合作）课。

1950年　49岁　7月，应叶圣陶邀请，兼任出版总署新华辞书社社长，开始主持编制《新华字典》的工作，北大中文系主任工作交由杨晦接任。

8月，参加教育部召开的常用字座谈会，研究常用字的编定，开始为简化汉字做准备。

10月，被聘为中国科学院专门委员。

1951年　50岁　4月，经俞平伯介绍参加“九三学社”（此后历任出版总署支社筹备人、北大支社主委、北京分社委员、中央委员、中央常委等）。

6月，出席文改研究会召开的汉字注音拼音问题座谈会。

9月，代表出版总署出席第一届全国出版会议。

是年，被聘为北京市政协第一届委员会委员（以后历任第二、三、四届委员）。

论文《故宫完整本王仁煦刊谬补缺〈切韵〉续论之甲》发表于《国学季刊》七卷二期。

1952年　51岁　2月，根据周恩来总理的指示，政务院文化教育委员会下属“中国文字改革研究会”正式成立。主任委员马叙伦，委员12人。下设“拼音方案”、“汉字整理”等五个组。先生任委员，分工参加“汉字整理”和“汉语拼音”两个组，并兼“汉字整理组”副主任，开始了这两项重大工程的具体工作。

当年，完成《简化字方案》第一稿。工作中认识有分歧，先生与黎锦熙等主张简化字应有一定规律，最好保留形符，声符要注意与原有声符读音相同。

《从汉字的发展的情况看改革的条件》及《汉字发展史上简体字的地位》分别发表于《新建设》特辑第一期和《中国语文》第十期。

1953 年　52 岁　10 月，《新华字典》（第一版）编成，由人民教育出版社出版。收字 6840 个，70 万言，第一次印刷 30 万册。以后多次修订再版，1998 年统计已发行 3.4 亿册，是我国历史上使用最为广泛的一部工具书。

11 月，《简化字方案》第二稿完成。

1954 年　53 岁　上半年，《简化字方案》第三、四稿完成。

7 月，文字改革研究会第四次全体会议决定：授权韦悫、叶恭绰、丁西林、叶圣陶、林汉达、曹伯韩及先生等组成七人小组，对《简化字方案》第四稿再加整理。七人小组公推先生及叶恭绰、丁西林三人先行提出初步意见。

10 月，《简化字方案》第五稿完成，《方案》由《印刷字体整理表》（三个表）、《试拟书写字体偏旁类推表》、《异体字统一写法表》三部分组成，共提出拟简化汉字 803 个。

11 月，国务院决定设立直属机构"中国文字改革委员会"，任命委员 23 人。先生为委员，兼汉字整理部副主任。

同月，文改会第一次常委员决定：将《简化字方案》第五稿分为《798 个汉字简化表草案》、《拟废除的 400 个异体字表》、《汉字偏旁手写简化表》等三个表。合称《汉字简化方案草案》，上报中央审批。

12 月，中共中央发出《关于讨论汉字简化方案的指示》。

1955 年　54 岁　1 月，文改会发表《汉字简化方案》（草案）向全国各地广泛征求意见。采取组织各界人士座谈讨论及散发"征求意见表"的方式，向全国各界约 20 万人征求意见，先生参与主持了对讨论情况的汇总研究。

2 月，被增聘为《中国语文》编辑委员。

同月，文改会第二次全体会议上，先生与傅懋勣共同提出："应加强对北京语音、对北京语音和其他方音的联系的研究，使将来的拼音方案也能照顾其他方言。形式是次要的，首先应确定音素。"

9 月，在国务院"汉字简化方案审订委员会"第二次全体会议上作《汉字简化方案》投票结果和意见整理情况的汇报。

10 月，全国文字改革会议在北京隆重举行，会议决定建议文改会将《汉字简化方案》再加修改后提请国务院审定公布实行，并建议在全国大力推广以北京语音为标准音的普通话。

同月，中国科学院哲学社会科学学部成立，先生被聘为学部委员，同时被聘为科学院语言所学术委员，出席"现代汉语规范问题学术会议"。

是年，分别在《中国语文》、《光明日报》、《新建设》等刊物上发表《汉字简化的历史意义和汉字简化方案的历史基础》、《跟一位朋友谈汉字简化方案草案》、《对“文字改革”的提法和看法问题》等论文。并在北大1954～1955学年科学讨论会上作《我参加文字改革工作中的体会》的发言。

1956年　55岁　1月，国务院全体会议通过《关于公布〈汉字简化方案〉的决议》和《推广普通话的指示》。

同月，被聘为科学院语言所“普通话审音委员会”委员。

2月，《汉语拼音方案草案》在《人民日报》发表。

论文《同义词与反义词》、《驳唐兰先生的文字改革论》分别发表于《语文学习》、《中国语文》等刊物上。

是年在北大开古代汉语课。

1957年　56岁　2月，文改会全体委员会议决定扩大“汉语拼音方案委员会”，增补胡乔木、吕叔湘以及先生等三人为委员，进一步修订《汉语拼音方案》。

5月，文改会成立12人“汉字整理临时委员会”，先生为委员。

8月，在文改会作《我对汉字改革的一点粗浅看法》的讲演，讲词刊于《中国语文》8月号上。

11月，国务院全体会议通过决议公布并逐步推行《汉语拼音方案草案》。

论文《迎接新的文化高潮的前奏——〈汉语拼音方案草案〉帮助汉字通读正音的重大意义》发表于《中国语文》第12期。

1958年　57岁　1月，受全国政协委托，任汉语拼音方案西北地区宣传组负责人，赴西北地区宣传《汉语拼音方案》。

同月，被聘为国务院“科学规划委员会”语言组组员。

2月，第一届全国人代会批准《汉语拼音方案》。

秋，与周祖谟合作，指导北大中文系五五级语言班同学集体编订《汉语成语小词典》，这是建国后第一部成语词典，出版后深受广大读者欢迎，流传十分广泛。

论文《〈切韵〉韵目四声不一贯的解释——附论韵书音类相从问题》发表于《北大学报·人文版》。

1959年　58岁　3月29日，参与主持国务院科学规划委员会召开的“语言科学跃进座谈会”。

4月，纪念文章《从“国语运动”到“汉语规范化”》发表于《中国语文》4月号。

秋，受学校委托，与中华书局合作在北大中文系创办古典文献专业，任副系主任兼古典文献专业教研室主任。这是全国各高等院校中第一个古典文献专业，创办迄今，为国家培养了一批急需的古籍研究整理工作人才，其中不少人已成为著名的专家学者。

9月，古典文献专业第一届新生入学。

1960 年　59 岁　10 月，出席高教部、北京市委共同召开的北京主要高校负责人会议，座谈文科问题。

12 月，出席哲学社会科学学部会议及中宣部座谈会。

1961 年　60 岁　4 月，出席文科教材会议。

冬，国务院任命先生为北京大学副校长。

纪念文章《〈歌谣〉发刊四十周年纪念》发表于《民间文学》1、2 月号。

1962 年　61 岁　文改会根据国务院公布的《汉字简化方案》，就六年来分批推行及修订补充情况进行总结，编成《汉字简化总表》，收简化字 532 个，偏旁简化字 1382 个，共计 1914 字。周恩来总理指示：暂缓公布，广泛征求意见后，再作修改。

9 月，根据周恩来总理指示精神，文改会全体会议决定成立"汉字简化方案总结修订七人小组"，先生为小组成员，修订小组通过向各界人士征求意见，开始对《汉字简化方案》进行研究修订。

是年被聘为中科院古籍整理出版规划小组组员。

在北大开"文字·音韵·训诂"课。

1963 年　62 岁　2 月，《简化汉字修定方案》（草案）修订完成，一表 303 字（不能当做偏旁类推），二表 131 字（能当偏旁类推），三表 32 个偏旁（只限做偏旁），上报周恩来总理审批。

11 月，出席哲学社会科学学部扩大学部委员会议。

是年，被选为第三届北京市人大代表，并在会上当选为第三届全国人大代表。

1964 年　63 岁　5 月，经修订小组反复研究修改并报国务院批准，《简化字总表》正式出版。

12 月，出席第三届全国人民代表大会。

1965 年　64 岁　7 月，出席文科教材编审工作座谈会。

11 月，出席文科教材工作座谈会。

1966 年　65 岁　5 月，"文化大革命"开始，"靠边站"并按"反动学术权威"批斗。

1968 年　67 岁　7 月，集中到校"监改大院"住宿，接受"劳动改造"。

12 月，"解脱劳改"，回家居住。

1969 年　68 岁　10 月，赴平谷山东庄参加劳动，"接受贫下中农再教育"。

1970 年　69 岁　周恩来总理指示国务院科教组修订《新华字典》，科教组以北大为主，组织中科院、商务印书馆和北京市部分中小学代表参加，开始对《新华字典》进行修订，先生任修订七人领导小组成员。

1971 年　70 岁　夏，在周恩来总理的直接关心指导下，《新华字典》修订完成。修订小组转入修订《汉语成语小词典》的工作。

1972 年　71 岁　被派参加中央委托北京市委召开的批判林彪罪证座谈会。

1973 年　72 岁　6 月，被派参加中央委托北京市委召开的第二次批判林彪罪证座谈会。

10 月，被北大宣传组通过中文系调去“清华北大两校大批判组”（即“梁效”），做编制《林彪与孔孟之道》的工作，分工校对孔孟原话并注释。

1974 年　73 岁　5 月，《林彪与孔孟之道》（材料之二）编成。暂留组从事“审订法家著作注释稿”、整理《三字经》故事、编《幼学琼林》出版说明、圈选《古文观止》等零碎工作。

1975 年　74 岁　1 月，当选全国人大代表，出席第四届全国人民代表大会。

5 月，去广州出席国家出版局召开的“中外语文词典编写出版规划座谈会”。

6 月，回京，被通知回系工作。

9 月，再次调去两校大批判组，分派在“注释组”，参加为毛泽东主席选编古典文学诗、词、曲、赋注释稿（大字本）的讨论定稿。

1976 年　75 岁　9 月，毛泽东主席逝世，参加守灵。

10 月，“梁效”被查封，接受审查。

1977 年　76 岁　12 月，夫人王碧书偏瘫失语卧床，先生因严重肾下垂，老年性前列腺肥大，尿频失禁。

1978 年　77 岁　扶病参加《辞源》（修订版）的审稿，这是先生晚年所做的最后一件工作，时已精力欠佳，但仍坚持认真审阅，逐条查对引文原文，经常工作到深夜。

1979 年　78 岁　4 月，被聘为北大学术委员会委员。

7 月，回忆文章《讲义费风潮》发表于《鲁迅研究文集》。

7 月 27 日，出席北京语言学会（筹备会）召开的纪念罗莘田先生 80 诞辰座谈会，会上发言推崇莘田先生是中国现代语言学继往开来出力最多的一位奠基人，自己“愧为杂家，庸驽后死，回顾往日，风雨同舟，当此中国语言学应进一步现代化的时候，纪念莘田先生，于公于私，心情格外凄切”。

10 月，出席中国文学艺术工作者第四次代表大会。此时病情已重，要缀一尿袋，行动极为不便。

1980 年　79 岁　2 月 18 日中午 11 时 50 分，以尿毒症病逝于北京医科大学第一附属医院。

5 月 6 日，先生之追悼会在八宝山召开，到会有叶圣陶、吕叔湘、王力、周扬等 500 余人。

老友王西徵先生挽：

大千界桃李芳菲讲坛由来多花雨；

五十年风云变幻老友毕竟是书生。

社科院文学所吴晓铃研究员作曲寄《南吕阅金经》痛悼天行夫子：

立雪红楼日，

荏苒五十春，

且慢提帮滂并明言语道断。

愿师先生性纯真，

飘萧归去应无恨；

倘余愤，

要咒那捣鬼造神人！

《清人诗文集总目提要》订补

——读《明清戏曲家考略三编》札记

◇朱则杰

在清代诗文的文献学研究领域，近年相继出版了李灵年、杨忠两位先生共同主编的《清人别集总目》（以下简称《总目》），和柯愈春先生所著的《清人诗文集总目提要》（以下简称《提要》）①。两书均为16开三巨册，各著录清代作家近两万人，别集约四万种。特别是《提要》，更可以说是后出转精，代表着目前该领域研究的最高水平。

但不难想见，涉及这么多的对象，即以《提要》而论，这里面的各种疏忽、缺漏乃至错误，自然也是难以尽免的。而对这些问题进行订正和补充，正可以使两书更趋完善。特别是关系到《提要》本身以及日后的《全清诗》、《全清文》等内部排序的作家生卒年问题（《总目》按作家姓氏笔画排序，但各家小传也力求注明生卒年），更是解决一处是一处，完成一家多一家。

顷读上海古籍出版社于1999年出版的著名旅美戏曲研究专家邓长风先生《明清戏曲家考略三编》（以下简称《三编》），发现该书考及清代作家生卒年多达100余人，其中有不少可为《提要》特别是《总目》提供重要的参考。现在即根据笔者的校核与认识，将那些比较可靠的作家扼要转述在这里，借以补充、订正《提要》以及《总目》中的相关缺漏与舛误；所涉作家，则以《提要》著录的先后立目排序。

一、孟称舜（卷二，上册，第28页）

孟称舜，《提要》及《总目》（第2册第1525页）均定其生年为明万历二十七年己亥（1599）。按《三编》第十篇《孟称舜的生年及〈蚬斗莲乐府〉的作者——美国国会图书馆读书札记之三十九》第一部分“孟称舜的生年”（第223～229

① 《清人别集总目》由安徽教育出版社于2000年7月出版，《清人诗文集总目提要》由北京古籍出版社于2002年2月出版。

页),曾对这个问题进行过详细的辨正。据该文可知,明万历二十七年己亥(1599)的说法原本今人徐朔方先生《晚明曲家年谱·浙江卷·孟称舜行实系年》,但有关结论实际上只是一种推测。而邓先生联系孟称舜之子"孟远《佣庵集》中《子塞府君行述》",从平步青《樵隐昔寱》卷十四《祁忠惠公遗集跋》中发现了一条直接的记载:"孟生万历甲午,长忠惠八年耳。"(第225页)据此,则孟称舜(子塞其字)当生于万历二十二年"甲午"(1594),比祁彪佳年长8岁(祁彪佳谥忠惠,其生在万历三十年壬寅十一月二十三日,公元已入1603年[1月4日];但古人依农历计年龄,因此仍然相合)。

二、王翃(卷三,上册,第37页)

王翃,《提要》及《总目》(第1册第62页)均定其生年为明万历三十年壬寅(1602)。按《三编》第四篇《四位明末清初戏曲家生平考略》第一条"王翃"(第92~102页),曾指出该说乃误袭今人张慧剑先生《明清江苏文人年表》;并据上海图书馆藏抄本王翃《王介人集》卷首王庭《王介人传》所述"王翃字介人……生万历癸丑,年五十一客游死于北固。……介人年二十一,予甫十七……"(第96页),以及王翃《自序》曾提到明"崇祯甲申"(十七年,1644)"国变"之际"吾春秋四十有二"(第101页),证明王翃生年实际上应是万历三十一年"癸丑"(1603。所涉王庭生于万历三十五年丁未,1607)。

三、陈轼(卷四,上册,第73页)

陈轼,《提要》及《总目》(第2册第1239页)均缺生卒年。按上及《三编》第四篇《四位明末清初戏曲家生平考略》第三条"陈轼"(第107~113页),曾据其《道山堂前集》卷首黄周星序"往庚辰[崇祯十三年,1640]南宫之役……静机……齿才廿四耳"(第108页),及《道山堂后集》卷首"康熙甲戌十月长汀年家同学弟黎士宏"序"三山陈静机先生殁数月"云云(第110页),考得陈轼(静机其字)生卒年为明万历四十五年丁巳(1617)至清康熙三十三年"甲戌"(1694),享年78岁。

四、叶奕苞(卷七,上册,第174页)

叶奕苞,《提要》及《总目》(第1册第315页)均缺生年。按上及《三编》第四篇《四位明末清初戏曲家生平考略》第四条"叶奕苞"(第113~117页),曾据其《经锄堂诗稿》卷二《次函白吴丈韵为予题胜公画凤》开头"忆予初生岁己巳,崇祯御宇歌喜起"云云(第114页),考得叶奕苞生于明崇祯二年"己巳"(1629)。

五、冷士嵋(卷八,上册,第183页)

冷士嵋,《提要》称其"生于天启六年(1626),卒于康熙五十年(1711)"。按《三编》第九篇《十九位明清戏曲家的生平材料——美国国会图书馆读书札记之三十八》,所考第十七家即为冷士嵋(第219~221页);其末尾引民国《丹徒县志摭余》卷八"隐逸"门冷士嵋小传,记其生卒时间十分具体:"士嵋生于天启丁卯[七年]八月二十五日[公元1627年10月3日],卒于康熙辛卯[五十年]十一月十三日[公元1711年12月22日]。"(第220~221页)《提要》生年,或可据此修订。《总目》著录冷士嵋(第2册第975页),生卒年作"1628~1710",与此均不相符。

六、陈宗石(卷十一,上册,第305页)

陈宗石,《总目》未载,《提要》定其生年为清顺治元年甲申(1644)。但《三编》第二十四篇《〈忠雅堂集校笺〉订补——兼谈陈维崧及其著作的刊刻》,引用陈维崧《迦陵文集》卷五《敕赠时太孺人先庶母行略》有关记载,其中明确提到:"癸未,弟宗石生。"(第468页)因此,陈宗石的生年应该是明崇祯十六年"癸未"(1643)。又该篇下文曾引及陈维崧《迦陵文集》卷一《四弟子万诗序》开头"余弟生十三岁而孤"一语(见同页),联系其父陈贞慧谢世于顺治十三年丙申(1656),可知《提要》定陈宗石(子万其字)生于顺治元年甲申(1644),很可能就是据此推算出来的;但邓先生已经指出,陈维崧在这篇诗序中用的实际是"周岁",而其《湖海楼诗集》卷五康熙十一年"壬子"(1672)所作《子万弟三十,走笔相示》,以及正文首联"失怙我年三十二,弟刚十四泣相扶"(见同页),这里的"三十"、"三十二"、"十四"用的都是"传统纪年法"(虚岁),如此则与"癸未,弟宗石生"正相吻合。

七、蔡廷弼(卷十三,上册,第353页)

蔡廷弼,《提要》及《总目》(第3册第2344页)均缺生卒年。按《三编》第五篇《十三位清代戏曲家的生平材料——九五春上海读书札丛》,所考第五家即为蔡廷弼(第128~129页)。该文据其《太虚斋存稿·兰江负米集》内《诞日醉后吟》开头所云"庚戌嘉平月,余年正半百"(此"庚戌"为乾隆五十五年,1790),考定蔡廷弼"当生于乾隆六年(1741)"辛酉(第129页)。惟蔡廷弼"诞日"既在"嘉平月"亦即农历十二月,则其生年公元必已入1742年(该年农历十一月二十五日为公历1742年元旦)。又该文曾指出蔡廷弼为乾隆三十九年甲午(1774)

廪贡,一生中大概只在浙江兰溪做过几年训导;“诗集中有年月可考的最迟作品作于丁丑(1817),见《琴砚录》;文集中则以《草窗随笔续》的《祭袁章士亲家文》作于道光元年(1821)为最迟;蔡廷弼享年八十一岁以上”(见同页)。由此看来,《提要》称蔡廷弼“康熙十一年[壬子,1672]约二十,与兄廷辅同为武举人,官至广西副将。年六十八卒”,不但时代相差太远,而且事迹也不相合,很可能系与另一同姓名者混淆所致。此外《提要》以蔡廷弼籍贯浙江德清属之江西,以及所列《太虚斋存稿》的子目名称,这里面都存在着笔误。《总目》则不但子目名称有笔误,而且同一版本的子目分条著录而不予合并,这与该书通常的著录体例显然没有保持一致;另外两条“太虚斋赋稿 26 卷”、“太虚斋存稿 22 卷”,至少其卷数也有问题(前者“赋稿”疑亦当作“存稿”,即邓先生所阅本)。

八、闵南仲(卷十四,上册,第 371 页)

闵南仲,《提要》及《总目》(第 2 册第 975 页)均缺生卒年。按前及《三编》第九篇《十九位明清戏曲家的生平材料——美国国会图书馆读书札记之三十八》,所考第八家即为闵南仲(第 198 ~ 201 页)。该文据咸丰《南浔镇志》卷十三闵南仲小传及卷二十九《著述一》有关记载,推得其诗集二种由潘尚仁序刻于康熙六十一年“壬寅”(1722),这是他“殁后三十年”左右的事情(第 198 页);又据《浔溪诗征》卷七所收闵南仲“有年月记载的最晚一首”系《癸酉重五竹筠楼小饮联句》(第 199 页),特别是卷十三所收潘尚仁《哭处士闵石渔先生》“题下注有‘癸酉’二字”,考定闵南仲(石渔其号)即卒于康熙三十二年“癸酉”(1693),并推测其“大约得年六十余岁”(第 200 页),“生于崇祯三年(1630)前后”(第 201 页)。《提要》所说“有《乙未除夕》诗,乙未即康熙五十四年[1715],时已暮年”,据邓先生考证则为顺治十二年(1655),当时闵南仲才二三十岁,所谓“半生诗累苦”是也。

九、张令仪(卷十六,上册,第 426 页)

张令仪,《提要》缺卒年。按《三编》第六篇《桐城戏曲家张曾虔(蠡秋)家世生平考略》第三部分“关于张令仪”(第 147 ~ 148 页),在今人王永宽先生《明清女戏曲家生平资料补证》“考其生卒年为 1669 ~ 1747”的基础上(注见《戏曲研究》第三十四辑,文化艺术出版社 1990 年出版),从张令仪《蠹窗诗文集》有关作品考定其生年应为康熙七年戊申(1668),由此再结合其享年推得张令仪卒于乾隆十一年丙寅(1746。第 148 页)。《提要》著录张令仪的生年与邓先生所考完全一致,并已注意到《蠹窗诗文集》“诗止于乾隆五年[庚申,1740],时作者年已七十有三”;惟接下去称其弟“廷玉序作于乾隆八年[癸亥,1743],时令仪当已去世”，则恐怕需要重新斟酌。《总目》著录张令仪（第2册第1128页），于其生卒年均付阙如，现在至少生年可据此补充。

十、闵华（卷二十一，上册，第535页）

闵华，《提要》及《总目》（第2册第974页）均缺生卒年。按《三编》第十七篇《美国国会图书馆所藏清代珍本知见录之三》第二条“澄秋阁集”（第361～363页），曾附带考证作者闵华的生年。该文以闵华《澄秋阁三集》卷一《六十生辰自述五首》之五开头所云“清冬建子月，维日十有九。为予降诞辰，酬酢谢戚友”为线索，考察同卷其前《挽嶰谷二首》、《闻谢山凶问》所吊马曰琯（嶰谷其号）、全祖望（谢山其号）均卒于乾隆二十年乙亥（1755），其后卷二《送玉几归里》一诗作于乾隆二十二年丁丑（1757）陈撰（玉几其号）离开扬州返回杭州之际，由此推定《六十生辰自述五首》一题的作期为乾隆二十一年丙子（1756），进而也就推算出闵华“其生应在康熙丁丑[三十六年]（1697）”（第362页）。假如这个推论成立，那么从上引诗句，还可以进一步确切知道闵华的生日是康熙三十六年丁丑十一月（“建子月”）十九日，亦即公元1697年12月31日。

十一、方成培（卷二十七，上册，第686页）

方成培，《总目》未载，《提要》缺生卒年。按前及《三编》第五篇《十三位清代戏曲家的生平材料——九五春上海读书札丛》，所考第二家即为方成培（第122～124页）。该文提到，“前几年，汪效倚先生曾在《戏曲研究》上发表《方成培的生年》的短文，揭出方氏生于1731年。然而汪文并未披露其材料出处。其实汪文所引的方成培为万历刻本《尔雅翼》所作跋语，系转引自王重民先生的《中国善本书提要》一书”（第123页）。又该文据周暟辑《布衣词合稿》（收方成培、周暟两家词）卷首周暟序所说“己酉春，岫云殁于客邸”（见同页），进一步考定方成培（岫云其号）卒于乾隆五十四年“己酉”（1789），“得年五十九岁”（第124页）。

十二、曹洪梁（卷三十二，上册，第857页）

曹洪梁，《提要》及《总目》（第3册第2074页）均定其卒年为嘉庆十年乙丑（1805）。但《三编》第十四篇《关于〈明清戏曲家考略〉及其〈续编〉的若干补正——美国国会图书馆读书札记之四十三》第五条“曹洪梁”（第276～277页），据王韬《瀛壖杂志》卷三“曹洪梁……嘉庆乙丑通守桂林，分驻龙胜。……至任甫一年，竟以劳勚卒于官”云云（第276页），考定其卒应在“乙丑（1805）次年”，亦即嘉庆十一年“丙寅(1806)”,“可能得年六十岁上下”(第277页)。假如《提要》等书所据原始资料相同,那么很可能就是忽略了“嘉庆乙丑”后面的“至任甫一年”。至于其生年,《提要》定为乾隆十三年戊辰(1748),与邓先生的推测基本一致;而《总目》作“1784”,则疑其“84”系“48”之讹。

十三、丁守存(卷四十五,中册,第1472页)

丁守存,《提要》称其“生于嘉庆十七年(1812),卒年不详”,《总目》(第1册第8页)也只记其卒于“1882以后”。按《三编》第二十一篇《〈近三百年人物年谱知见录〉疑误举隅——兼谈杨钟羲其人其书其事》第七条“丁守存”(第422页),曾指出“其实丁守存的卒年可以考知。赵国华的《青草堂集》内,有一篇丁守存的墓志铭,记其卒于光绪九年(1883),年七十二”。

十四、平步青(卷四十九,中册,第1673页)

平步青,《提要》及《总目》(第1册第289页)均定其生卒年为道光十二年壬辰(1832)至光绪二十二年丙申(1896)。据前及《三编》第十篇《孟称舜的生年及〈蚬斗薳乐府〉的作者——美国国会图书馆读书札记之三十九》末尾附记(第231页),此说盖与平步青《霞外捃屑》排印本(上海古籍出版社1982年4月新1版)卷首的《出版说明》相同,但关于卒年,此前傅惜华先生《清代杂剧全目》平步青小传曾记为光绪二十一年乙未(1895)。邓先生该附记据平步青《樵隐昔寱》附录,征引平步青自撰《栋山樵传》“辛卯二月,樵年六十”(此“辛卯”为光绪十七年,1891。栋山樵系其别号),及其弟子杨越跋语“乙未夏,先生捐馆舍”,折中考定平步青的正确生卒年应该就是道光十二年壬辰(1832)至光绪二十一年乙未(1895),“享年六十四岁”。

十五、胡薇元(卷五十二,中册,第1818页)

胡薇元,《提要》定其生年为道光二十九年己酉(1849)。但据《三编》第十一篇《胡薇元和他的〈壶庵五种曲〉——美国国会图书馆读书札记之四十》引言(第234页),此说与今人姚克先生的《壶庵五种曲作者胡薇元小考》一文(载《文献》1988年第2期,以下简称姚文)的结论相同,“然而姚文定胡薇元生于1849年,实误”。邓先生该文第一部分“生平”(第234~240页),即明确指出“姚文征引的所有材料,都只能据以推算出他生于道光三十年庚戌(1850)的结论”,并列举了胡薇元《岁寒居词话序》的题署“庚申[民国九年,1920]立秋后四日跛翁胡薇元时年七十有一”,《峦儿圹铭》的有关叙述“光绪二年丙子[1876]四月,薇元年二十有七……光绪十六年庚寅[1890],薇元年四十有一”等等(均见第235页)。从这些材料来看,姚克先生是由于不了解古人按农历计虚龄的习惯,所以在推算生年的过程中犯了净减的错误。《提要》关于胡薇元的生年,当依邓先生推算才是。《总目》著录胡薇元(第2册第1600页),生年同样可以据此补充。

十六、邹铨(卷五十三,中册,第1857页)

邹铨,《提要》缺生卒年。按前及《三编》第十四篇《关于〈明清戏曲家考略〉及其〈续编〉的若干补正——美国国会图书馆读书札记之四十三》,第十一条“邹铨”即重在考其生卒年(第282页)。据该文所述,近人胡朴安编著、出版于1924年的《南社丛选》的《文选》卷八、卷九中,分别载有陈去病的《邹生传》、柳亚子的《邹亚云传》,“两传皆明言邹铨卒于民国二年(1913)”(亚云其字),并且后者还具体指出“时民国二年二月三日,春秋二十有几”;后来邓先生“又接专治近代戏曲的梁淑安女士来函云,她最近查阅了邹铨在庚戌(1910)所填的南社入社书,年龄为二十三岁,则其生年当为1888年”。《总目》著录邹铨(第2册第963页),卒年与此相合,但生年作“1887,一作1885”,同时上述两篇传记依该书体例也还应当予以补充。

十七、杨钟羲(卷五十三,中册,第1861页)

杨钟羲,《提要》称其“生于咸丰四年(1854),卒于民国二十九年(1940)”。但据前及《三编》第二十一篇《〈近三百年人物年谱知见录〉疑误举隅——兼谈杨钟羲其人其书其事》第八条“杨钟羲”(第423~429页),其生年实际上是同治四年乙丑(1865),盖有关学者误将杨钟羲《雪桥自订年谱》中的“同治”看成了“咸丰”(第423页)。这样,实际“杨钟羲得年七十六岁”(见同页,参见第429页)。《总目》著录杨钟羲(第1册第723页),生年不误,但卒年作“1939”;后者则《提要》即已指出,其诗集纪年已“迄民国二十九年”(1940)。

此外,《提要》及《总目》共同著录的汪轫(分别见卷二十五,上册第638页;第2册第979页)、仲振履(卷三十八,中册第1123页;第1册第468页)、何熙绩(卷三十九,中册第1174页;第2册第948页)、梅雨田(卷四十六,中册第1540页;第3册第2057页)、顾云臣(卷四十九,中册第1708页;第2册第1782页)这五位作家,《三编》也都曾提到生卒年,并且同样可资补充或订正;惟其有关考证过程或者过于复杂，或者又仅有结论，或者诸说并存，因此此处不再一一转述。①

以上作家，大都是戏曲家，同时又都有诗文别集传世。由于戏曲家总的人数比较少，而邓先生致力的研究对象又比较集中，使得这些作家的生卒年问题率先获得了解决。尽管相对于《提要》以及《总目》著录的总共约两万人的清代作家来说，这只是一个很不起眼的数字，但就这一部分作家而言，还是能够起到很好的订正与补充作用。并且在此书之前，邓先生还曾经有过正编和续编，那里面的内容对《提要》以及《总目》肯定也具有重要的参考价值，有关学者及读者不妨自己阅读比勘。

不过，以《三编》与《提要》对照，也有个别作家的生卒年在《三编》中悬而未决，《提要》却已有结论的。例如萧穆：前及《三编》第十四篇《关于〈明清戏曲家考略〉及其〈续编〉的若干补正——美国国会图书馆读书札记之四十三》第八条“启祯记闻录”引及萧穆《敬孚类稿》，称作者“生于 1835 年，卒年不详”，并推测“《敬孚类稿》今有光绪丙午（1906）刻本，时作者似仍在世”（第 280 页）。按《敬孚类稿》在《三编》该篇写作（引言记于“1996 年 10 月 31 日”）之前，黄山书社曾经出版过一个点校本②，该本附录有陈衍的《萧穆传》（第 557～558 页），姚永朴、马其昶的《萧敬孚先生传》（敬孚其字）各一篇（第 559～560 页，第 561～562 页），特别是今人吴孟复先生的《文献学家萧穆年谱》（第 563～585 页）。关于萧穆的生年，《敬孚类稿》本身多有涉及，最详细的是卷十六《先考溪源府君序略》中的一段记载（第 429～430 页）：

> 道光十五年［乙未，1835］，府君年三十有四，始生不孝子穆。……同治二年癸亥［1863］……儿今年虽已二十有九……府君……庚午［同治九年，1870］……四月……二十七日巳时弃养……距生于嘉庆七年壬戌［1802］五月二十二日巳时，享年六十有九。

这里无论就萧穆本人，还是结合其父生年推算，都一再证明萧穆确实生于“道光十五年”乙未（1835）；同卷稍后《先继妣范太君事略》，又明确提到“不孝生于乙未”（第 434 页）；《亡妻左氏事略》“余年三十六，夏四月，先君弃养”（第 436 页），《长孙荣观哀辞（并序）》“余年三十六……先君……是年四月二十七日即弃养”（第 437 页）等等，有关记载也都与此相合。《三编》所说“生于 1835 年”，

---

① 可依次参见《三编》第二十四篇《〈忠雅堂集校笺〉订补——兼谈陈维崧及其著作的刊刻》第一条“关于汪轫”，第 461～463 页；第十九篇《美国国会图书馆所藏清代珍本知见录之五》第六条“声玉山斋诗集”，第 395 页；同篇第七条“双藤书屋诗集”，第 397 页；第十五篇《二十九位明清戏曲家的生平材料——美国国会图书馆读书札记之四十四》末附“陈金雀”条，第 335～336 页；第十六篇《二十三位明清戏曲家的生平材料——美国国会图书馆读书札记之四十五》最末“韦业祥”条，第 358 页。

② 萧穆撰、项纯文点校、吴孟复审订：《敬孚类稿》，黄山书社，1992 年。

这一点完全正确。而其卒年，则据上及陈衍《萧穆传》所说“光绪末年卒于家，年七十”（第558页）推算，可知为光绪三十年甲辰（1904）。吴孟复先生所撰年谱，即定“是年，萧穆病卒于上海”（第584页）。惟姚永朴《萧敬孚先生传》称“先生于光绪某年月日卒，年六十有几”（第560页），似乎卒年更早，但有关叙述显然比陈衍该传更为犹疑，难以采信。而《三编》推测光绪三十二年丙午（1906）“作者似仍在世”，如联系姚永朴该传来看，则恐怕更无可能。《提要》著录萧穆（卷四十九，中册第1703页），定其生卒年为道光十五年乙未（1835）至光绪三十年甲辰（1904），想来正是依据萧穆本人的这些记载，同时参照陈衍该传或吴孟复先生该年谱而来的。

需要指出的是，吴孟复先生该年谱，其开头四条的纪年之类有些混乱，原文如下（第563～564页）：

清道光十五年（一八三四）　丙申　生

道光二十四年（一八四三）　甲辰　九岁

道光二十六年（一八四五）　丙午　十一岁

咸丰三年（一八五三）　癸酉　十九岁

这里第一条的“一八三四”应作“一八三五”，“丙申”应作“乙未”；第二条的“道光二十四年”应作“道光二十三年”，“甲辰”应作“癸卯”（所记内容可参见上及《先考溪源府君序略》及其下一篇《先妣事略》等）；第三条的“一八四五”应作“一八四六”，“十一岁”应作“十二岁”（所记内容亦可参见《先妣事略》及上及《先继妣范太君事略》等）；第四条的“癸酉”应作“癸丑”。很明显，其中出现最多的就是年号纪年与公元纪年的对应问题；而在清朝入关以后的十个皇帝中，惟独道光、咸丰这两代皇帝的年号纪年与公元纪年的尾数（个位数）刚好相同，所以读者还是比较容易察觉的。惟《敬孚类稿》点校者的《前言》在萧穆“生于清道光十五年”之下仍注“一八三四”（第1页），《总目》著录萧穆（第3册第2048页），于其生年亦标“1834”，则显然都是受了该年谱的误导。由此倒过来再看《提要》，它能够准确地称萧穆“生于道光十五年（1835）”，可知柯愈春先生确实下过了自己的工夫。至于其下句“卒于光绪二十年（1904）”，这个“二”字显系“三”字的印刷错误，与推算的严谨与否并无关涉。

附带关于《三编》本身，它同样也不可避免地存在着某些实质性的错误。例如第十三篇《清代传奇、小说作者考三题——美国国会图书馆读书札记之四十二》第二题“《曲目新编》的文献价值与《秋竹山房二种曲》作者考”，末尾曾叙及阅读蒋士铨《忠雅堂诗集》的一件“副产品”（第268页），即“在《忠雅堂诗集》后所附《词集》卷下内，读到［水调歌头］《自题转情关院本》一首”，认为“这［《转情关》］大概就是李调元所说的‘未刊’之十五种［曲］之一”。然而事实上，《转情关》就是其上文已经交代的蒋士铨《藏园九种曲》中的《香祖楼》。盖《香祖楼》第一出标题为《转情》，最末第三十二出标题为《情转》，所以该剧别名《转情关》。蒋士铨本人《自序》，即以《转情关》与《香祖楼》二名并提。卷首剧名《香祖楼》，其下也有明确的标注："一名《转情关》。"而上引"[水调歌头]《自题转情关院本》"一词，实亦原载《香祖楼》卷首，标题作《情旨》。① 奇怪的是，据前及《三编》第二十四篇《〈忠雅堂集校笺〉订补——兼谈陈维崧及其著作的刊刻》，邓先生所读《忠雅堂诗集》，应该就是这个《忠雅堂集校笺》本②；而该本"所附《词集》卷下……[水调歌头]《自题转情关院本》"，校笺者也曾详细指出（第3册第1928页）：

> [转情关]一名《香祖楼》，凡二卷三十二出，写薄命之妾，罗聘、陈守诒序，收《藏园九种曲》中。

而邓先生在阅读该本的时候，至少没有注意到这条笺语。另此处所说罗聘序，今本《罗聘诗文集》未载，笔者曾为之辑入《清名家集外诗文辑考》③；其中有关叙述以及"至首尾二篇，以情关为转捩，发出彻地通天之论"诸语，同样也可以印证这个问题。

以上所述，虽然可以为《提要》以及《总目》提供参考，但有关原始资料，却大都直接采自邓长风先生的《三编》。这一方面说明，今人关于戏曲作家的研究成果，对诗歌（包括散文乃至小说）文献学的研究同样具有参考的作用，所谓"他山之石，可以攻错"是也；另一方面则说明，本文为《提要》以及《总目》所做的订补工作，实际上主要也应当归功于邓先生本人（此外还有几位笔者补订内容占较大比重的作家，限于篇幅，拟移置另文），并且最好还应当由邓先生直接来做。然而就在本文草创之际，笔者与本专业的同事谈及该书，竟听说邓先生已经不幸英年早逝。假如真是如此，那么本文恰恰变成了为邓先生而写的一篇纪念文字。而人海茫茫，专家难觅，此后的"四编"、"五编"等等，就再也无法读到了。

（作者单位：浙江大学国际文化系）

---

① 均可参见蒋士铨撰、周妙中点校：《蒋士铨戏曲集》，中华书局，1993年。

② 蒋士铨撰、邵海清校、李梦生笺：《忠雅堂集校笺》，上海古籍出版社，1993年。

③ 原载《杭州师范学院学报》2002年第6期。

敦煌与敦煌学漫谈

◇郝春文

敦煌是在沙漠、戈壁包围中的一小块绿洲，位于甘肃省最西边，是一个只有10多万人口的县级市。它在兰新铁路之南数十公里，从敦煌火车站下车，乘汽车还需要3个多小时才能到达敦煌市区。如此偏僻、荒凉的地方却在国内外都有很大名气。1987年，敦煌被国务院确定为中国历史文化名城，同年，联合国教科文组织又第一批将敦煌列入了世界文化遗产名录（同时列入的有泰山、北京故宫、长城、周口店北京猿人遗址、陕西秦始皇陵和兵马俑）。更重要的是，在学科门类中，还形成了一门因地名学的敦煌学。出现以上现象的主要原因是敦煌有莫高窟和莫高窟的藏经洞。

一、莫高窟和莫高窟藏经洞

莫高窟俗称千佛洞，位于今敦煌市东南25公里处的鸣沙山东麓断崖上，坐西朝东，前临宕泉，面对三危山。莫高窟始凿于前秦建元二年（366）（或认为此建元应属东晋，即344年），经北凉、北魏、北周、隋、唐、五代、宋、西夏、元等朝代，历时千年，在武周时已有“窟龛千余”。这些历代开凿的洞窟密布岩体，大小不一，上下错落如蜂窝状，全长达1600余米。莫高窟窟群被分为南北两区，现存有壁画、塑像者共492窟，多分布于南区；北区除少数洞窟有壁画外，其余250多窟均无壁画塑像，多为当时僧人居住的僧房和库房等。有编号的492窟共有壁画45000平方米，彩塑3000余身。这些石窟以彩塑为主体，四壁及顶均彩绘壁画，地面墁铺花砖，窟外有窟檐，是当时佛教信徒修行、观像和礼拜的处所。

在我们今天看来，敦煌石窟是石窟建筑、彩塑和壁画三者合一的佛教文化遗存。敦煌莫高窟是中国也是世界上保存规模最大最完整的一处石窟艺术遗存。它不仅对研究中国古代美术史具有重要价值（有人将其称为中国古代美术博物馆），还为研究音乐舞蹈史以及古代生产、生活与衣、食、住、行等各个方面保存了珍贵的图像材料。

宋元以后，莫高窟逐渐衰落，不再为世人所知。19世纪末，一个名叫王圆箓的道士来到了莫高窟。1900年农历五月二十六日，王道士在敦煌莫高窟第16

窟甬道北壁发现了一个一丈见方、六尺多高的复洞（现编号为第 17 窟），洞内重重叠叠堆满了从十六国到北宋时期的经卷和文书。这批古代文献总数在五万件以上，多数为手写本，也有极少量雕版印刷品和拓本；其形态有卷子、折本（包括褶叶装、旋风装、蝴蝶装）、册叶本和单片纸叶等；其文字多为汉文，但古藏文、回鹘文、于阗文、粟特文、梵文和突厥文等其他文字的文献亦为数不少；其内容极为丰富，涉及宗教、历史、地理、语言、文学、美术、音乐、天文、历法、数学、医学等诸多学科，但以佛教典籍和寺院文书为主。敦煌文献主要是指这批古代文献。不论从数量还是从文化内涵来看，敦煌文献的出土都可以说是 20 世纪我国最重要的文化发现。此外，20 世纪初以来，在古敦煌管辖的范围内还出土了许多汉晋简牍。这样一些文物，不仅在中国，即使在全世界也是独一无二的文化宝藏。

那么，敦煌为什么会保存如此丰富的文化遗产呢？这与敦煌在中国古代历史上所处的历史地位密切相关。

二、古代河西与敦煌的地理特征

在中国古代，先民的对外交往主要依靠陆路。其中最重要的一条陆路就是丝绸之路，它西起长安（今西安），西行上陇坂，通过河西走廊，出阳关或玉门关，经过新疆、中亚，可以和南亚、西亚乃至欧洲和北非联结起来。

河西走廊的南面是祁连山，高度在海拔 4000 米以上，山顶终年积雪，再往南是青藏高原，不便通行。河西走廊北面的北山虽山势较祁连山低平，但它的北边是蒙古高原的荒漠，通行也比较困难。这样，夹在南北两山之间的河西走廊就名副其实地成了一条地理上的走廊。历史上，在海运和空运发达之前，它一直是中西交通的主要干线。中原的丝绸、瓷器、技术、发明和文化典籍等都是通过河西、敦煌向西传播，而中亚、西亚甚至欧洲的特产、珍宝和音乐、宗教、艺术等也是通过敦煌、河西传入中原。

其次，在古代，河西与敦煌还是中原王朝与少数民族政权的中间地带。

在中国古代，河西以内在大多数情况下归中原王朝管辖；河西以外则经常被少数民族占据。故河西的战略地位十分重要，谁占领了这一地区，谁就占有了进可攻、退可守的主动权。西汉王朝与匈奴之间的斗争就是一个明显的例证。汉初，河西被匈奴占据。匈奴经常以河西为基地，骚扰陇右地区，西汉王朝的都城长安也时时受到威胁。公元前 121 年，汉武帝派骠骑将军霍去病击败河西匈奴，将敦煌与河西纳入了中原王朝的版图。此后，汉王朝在与匈奴的斗争中就占据了有利的地位。汉王朝以河西为基地，向北攻击匈奴，向西经营西域，完全改变了以往被动挨打的局面。

正是由于敦煌与河西所处的重要战略地位，才使得中原王朝和少数民族政权都要积极争取对河西的控制权。

最后，在古代，河西与敦煌又是一个相对独立的区域。

河西东有黄河之险，西有阳关、玉门关相阻，在地理上是一个相对独立的区域，容易产生割据势力。如东汉的窦融和五凉时期李轨等都曾在河西建立割据政权。特别是在中原发生战乱时，河西的割据势力有时能给河西、敦煌带来相对的平安，这对河西、敦煌的经济与文化发展都是有利的。

位于河西走廊西端的敦煌是古代中西交通的咽喉，河西的门户，在河西四郡（武威、张掖、酒泉、敦煌）中具有特殊的地位。

由于以上的地理位置，敦煌在古代成为我国历史上各民族频繁出入轮番演出的大舞台，成为中西各种文化的交融荟萃之地。剽悍的胡骑、抗戈的汉卒、扬鞭的牧民、垦荒的农夫、虔诚的僧侣、远行的商队、往来的使者，都在这里留下了脚印，洒下了汗水。也正是由于我国历代各族人民不间断地共同经营开发这块土地，才有了作为文化宝库的敦煌。

三、敦煌文化形成的过程

依据考古资料，在中原的夏代时，敦煌一带已有人类活动，这就是玉门市火烧沟类型文化的主人。

战国至秦时，敦煌一带曾居住过塞种人、乌孙人和月氏人，后来月氏强大，打败并赶走了乌孙。秦汉之际，匈奴强盛，打败了月氏，成为敦煌地区的新主人。

汉武帝元狩二年（前 121），名将霍去病大败河西匈奴，河西与敦煌归入中原王朝版图。汉王朝在敦煌设置郡县，建立军事防御体系，并大规模移民，把敦煌建设成为一个边防军事重镇。汉民族成为敦煌主体居民，农耕成为主要生产方式。西汉时期是敦煌发展的一个关键时期。

东汉时期，敦煌又发展成为中原王朝控制西域的军政中心。

曹魏时，由于仓慈推行保护商人的措施，使敦煌发展成为一个商业城市。中原的大族与汉文化也于这一时期在敦煌扎下根来，佛教徒的活动也开始见于记载。

十六国时期敦煌先后归属前凉、前秦、后凉、西凉和北凉五个政权。政治相对稳定，经济破坏相对较小，文化由于中原文化人的流入反而有所发展。一般认为莫高窟的开凿始于这一时期。

北朝时期敦煌的特点是政治不稳定，经济衰退，佛教兴盛，在莫高窟开窟造像的活动多了起来。

隋唐时期，敦煌达到了鼎盛期。经济文化均与内地水平差不多，并已成为全国著名的佛教城市，对外政治、经济、文化交流均很频繁。

宋元明时期，是敦煌持续衰落的时期。元朝统治者曾两度从河西西部的敦煌等地往酒泉、张掖移民，使这里从事农耕的汉人大大减少，少数民族又成为敦煌的主体民族，游牧成为占主导地位的生产方式。明王朝更在酒泉之西修筑了嘉峪关，派兵据守，敦煌失去了河西门户的地位。同时，经由河西走廊的中西交通陆路通道也不再经过敦煌，而是改走嘉峪关直通哈密之路，敦煌又失去了陆路中西交通中转站的地位。所以，在明统治者眼中，敦煌成了无足轻重的边塞小城。敦煌长期得不到安定，又始终是少数民族活动的区域，最终在公元 1515 年被吐鲁番占据。

敦煌藏经洞一般认为封闭于宋代，即归义军晚期，时间在 11 世纪初。由于信奉伊斯兰教的黑韩王朝攻占了与敦煌有姻亲关系的于阗，使敦煌佛教界恐慌，故将佛教典籍和部分重要的文书封存了起来。

清统治者在平定新疆以后，曾往敦煌移民，使这一地区的经济有所复苏。但由于使敦煌兴盛的历史条件已一去不返，所以，终清之世，敦煌不过是一个处在边远偏僻之地的小县城。

纵观敦煌古代的历史，自汉至清，经历了一个兴起、兴盛、衰落的过程。我们大致可以唐宋之际为界把敦煌的历史划分为两个阶段，前一阶段敦煌的发展虽有曲折，但总的来说保持着上升的趋势；后一阶段的敦煌虽历经大一统的元、明、清三代，最终还是逐渐衰落了下去。究其原因，主要在于敦煌在中原王朝的边防体系中先后所起的作用不同，而这种差别又是中原王朝国都迁移的结果。

众所周知，自汉至唐，中原王朝的都城主要建在长安和洛阳两地，而以长安为主。对于建都在长安的王朝来说，河西特别是敦煌在整个边防体系中的战略地位是极为重要的。敦煌与河西如果不在中原王朝的控制之下，占据河西的政权进可寇扰秦陇，退可静观大局；向北可通过额济纳河流域通道与蒙古高原联成一片；向南可以和青藏高原的少数民族结盟；向西可以攻击甚至控制西域。又由于河西具有宜农宜牧的自然条件，它还可以成为重要的经济基地。上述形势一旦形成，中原王朝的边防就会在战略上处于被动地位，甚至国都长安也会受到威胁。但是，如果敦煌、河西控制在中原王朝手中，形势就完全不同了。不仅蒙古高原与青藏高原的联系被隔断，而且进可控制西域，退可固守河西。这样，秦陇就无外患之虞了。

由于敦煌与河西的得失关系到边防大局，所以，汉唐间的中原王朝统治者都十分重视对河西特别是敦煌的经营。敦煌就是在这样的历史条件下逐渐兴盛起来的。

但唐以后的情况就不同了。由于种种原因，中原王朝的国都自唐以后逐渐向东、向北迁移。五代时游移于洛阳、开封之间，北宋定都开封。以后，元、明、清三代基本上是以北京为都。

中原王朝的都城距敦煌越来越远，敦煌在整个边防体系中的战略地位也就随之逐步下降。唐以前，敦煌与河西的得失，是一个危及根本、全局的战略问题，唐以后则变成一个西北地区的局部问题。秦陇即使不保，国都也不至于受到威胁。嘉峪关建立以后,敦煌又进一步失去了屏蔽河西的作用。

与国都的迁移相关,宋以后中原王朝的边防重点也发生了变化。唐以前,危及全国的边患大多来自长安的西北边和北边;宋以后,主要威胁则来自开封、北京的北边和东北边;这就使中原王朝的战略防御重点随之大大地向东、向北迁移。显然,国家边防重点的远迁,也导致敦煌在整个边防体系中的地位不断下降。这样,敦煌也就逐渐不再受到统治者的重视。原本是靠中原王朝的军事部署和人力、物力的投入才兴起、兴盛的敦煌,一旦失去中原王朝的重视和支持,其衰落也就不可避免了。

当然,也还有一些其他因素对敦煌的兴衰产生过影响。如丝绸之路的兴衰、中原王朝的兴衰和少数民族的活动等因素都曾在不同时期、不同程度上影响过敦煌,不过这些原因都不是导致敦煌兴衰的主要因素。

四、西方列强在敦煌对中国文物的劫掠和破坏

敦煌藏经洞发现于1900年,时值清王朝末年,义和团运动风起云涌,西方列强公然派遣八国联军侵入我国。正忙于奔逃的清政府自然无暇顾及西北边陲发生的事,而当时甘肃、敦煌的地方官员又大多昏聩无知,遂使藏经洞中发现的稀世珍宝未能得到应有的保护,结果被打着探险旗号的西方"探险队"掠走了其中的大部分。

第一个到敦煌掠宝的是英籍匈牙利人斯坦因。他于1907年3月至5月和1914年3月曾两次抵敦煌,采用哄骗的手法掠走13600多件写本、印本经卷与文书以及5箱艺术品。这些经卷和文书现藏在英国国家图书馆,艺术品则藏在大英博物馆。1908年2月至5月,法国人伯希和率"探险队"来到敦煌,掠走经卷、文书5500多件,另有一批绢画和艺术品。这批敦煌文献现藏于巴黎国立图书馆,绢画和艺术品现藏于吉美博物馆。1910年,清政府下令将劫余的敦煌文献押解回京,入藏京师图书馆,约8000余轴。但王道士在此前已偷藏了一批,清政府的押解官员也未把藏经洞收拾干净。1912年,日本大谷"探险队"的桔瑞超和吉川小一郎在敦煌停留八周。1914年吉川小一郎又从新疆返回敦煌。这两次他们共掠走数百件敦煌文书。这批文书后来散落到日本的京都和韩国的汉城等好几个地方。1914年至1915年,俄国人奥登堡率"探险队"来到敦煌,得到12000余件经卷文书和约350件绢画、纸画、雕塑等艺术品。这些经卷文书现藏于俄罗斯联邦科学院东方学研究所圣彼得堡分所,艺术品藏于艾尔米塔什博物馆。1919年,甘肃省教育厅再次对莫高窟进行彻查,又获得藏文文书94捆。这批东西现分藏于敦煌、酒泉、张掖、武威、兰州等地。1920年至1921年间,数百名在国内战败的沙俄白匪军越过边界逃入中国,被中国当局扣留。当局竟以莫高窟的佛教洞窟作为拘押这批残匪的场所。这些残匪在莫高窟中居住长达半年

之久，在窟中生火做饭，致使浓黑的烟油污染了大批的壁画。1923 年，美国“探险者”华尔纳又从敦煌掠走壁画十多幅、塑像一尊。

敦煌文献与文物的流散，无疑是我国近代文化史上的一次重大损失，但它在客观上也推动了东西洋学者从不同角度来研究敦煌文献和文物，并逐渐形成了一门新的学问——敦煌学。

五、敦煌学的兴起和发展

自 1909 年至今，敦煌学的发展大致经历了五个阶段。

第一阶段（1909～1930 年）：敦煌学的兴起

1909 年至 1930 年，是敦煌学的兴起时期。敦煌学在这一时期开始形成学术新潮流。这一时期的特点是以公布资料为主，同时也以跋、按语和提要等为主要形式在许多方面进行了开拓性的研究。

1909 年，伯希和到北京为法国国立图书馆购买汉籍，随身携带了一些 1908 年他从敦煌掠走的敦煌文献珍本。直到此时，北京学界才得知莫高窟发现敦煌文献的消息。当时在京的许多著名学者如罗振玉、蒋斧、王仁俊、曹元忠等，都前往伯希和寓所参观或研读、抄录、拍照。这是我国学者接触、研究敦煌文献的开端。

1909 年 9 月，王仁俊出版了我国第一部敦煌文献资料集《敦煌石室真迹录》；11 月，罗振玉出版了他和蒋斧辑录的《敦煌石室遗书》。以后，又陆续出版了《敦煌石室经卷中未入藏京论著述目录》、《敦煌掇琐》、《敦煌劫余录》等。这一时期公布的资料内容是以经史子集四部书为多，但也有不少有关佛教、道教、摩尼教经典和少量中国古代社会、历史、通俗文学等方面的文书。

在整理、刊布上述文献的同时，我国学者如罗振玉、王国维、陈寅恪等人还对不少写本的性质、价值进行了考证与论述。

在国外，日、法、英等国在这一时期也都开展了对敦煌文献的研究。其中以与中国文化同源的日本行动最快。1910 年，在北京任教官的藤田丰八出版了《慧超传笺释》，对伯希和劫走的《慧超王五天竺国传》进行了细致的考证和注释。此后，狩野直喜、矢吹庆辉、内藤湖南、石滨纯太郎、小岛祐马等日本学者又先后赴法、英考察、抄录、拍摄敦煌文献，并陆续出版了《三阶教研究》（矢吹庆辉，1927 年）等一批著作和论文。在法国，伯希和自 1909 年从北京回到巴黎以后，用很大精力从事对敦煌文献与文物的研究，并于 1920 年至 1924 年出版了六卷本的《敦煌石窟》。英国也于 1919 年将敦煌文献交给翟理斯进行整理和研究。

总之，到 1930 年前后，在中、日、法、英等国，对敦煌文献的整理和研究已成为一种新的学术潮流，并逐渐发展成一种专门的学问。在这样的背景下，陈寅恪先生在为《敦煌劫余录》作序时，将这门学问概括为“敦煌学”。在此前后，英文中也出现了 Tunhuangology 这个新词。此后，“敦煌学”这一名词逐渐为学术界所接受。但此时的敦煌学主要指的是对敦煌文献的研究。

第二阶段(1931～1949 年)：敦煌学研究领域的拓宽

这一阶段的特点是更多的东西方学者投身到敦煌学研究中来，促进了这一学科的发展。研究不断深入，研究领域也不断扩大。

其一，中日学者继续到法英考察、抄录、研究敦煌文献；中国去的人数增多，有向达、王重民、于道泉、姜亮夫等，日本有那波利贞、神田喜一郎等。与前一时期相比，资料来源发生了根本变化，他们向学术界介绍、公布或带回的敦煌文献录文、照片的范围也更加广泛。

其二，在三四十年代，对敦煌石窟艺术的考察和研究得到了中日学者的重视。我国的历史学、考古学和美术工作者到敦煌进行实地考察的人逐渐增多。他们分别就所具专长在这里进行了踏查洞窟、抄录碑文题记、临摹壁画等工作，并对壁画的内容、建窟年代、洞窟的分期等问题进行了初步考察。还通过撰文、著书、展览临摹的壁画等形式向国人宣传、介绍莫高窟。1943 年 3 月，民国政府在学术界和社会舆论的强烈呼吁下，决定筹备建立敦煌艺术研究所。1944 年 2 月 1 日，国立敦煌艺术研究所成立，常书鸿任所长。这是我国第一个保护、研究敦煌文物的专门机构。敦煌艺术研究所的成员在极其困难的条件下担负起保护莫高窟的重任，并开展了临摹、记录、测量、考证等方面的工作。日本学者松本荣一则在这一时期出版了《敦煌画の研究》(1930 年)和《敦煌画の研究·图像篇》(1937 年)。这表明敦煌学的研究范围已由敦煌文献扩大到了敦煌石窟艺术。

研究领域的不断扩大和研究的不断深入，使人们对“敦煌学”这一概念的认识也逐步深化。1952 年，日本学者神田喜一郎在龙谷大学作“敦煌学五十年”的学术报告时，已开始把对敦煌壁画的研究纳入了敦煌学的研究领域。

第三阶段(1950～1966 年)：敦煌学的稳步发展

这一阶段的特点是敦煌学在世界范围内取得了巨大成就，它已成为一门显学。

在敦煌石窟艺术方面，1950 年，敦煌艺术研究所更名为敦煌文物研究所，直接由文化部领导，仍由常书鸿任所长，并增加了人员编制，扩大了工作范围。到 1966 年，已有各种专业人员 30 多名，分设美术、考古、保护、资料四个室。在这一时期，敦煌文物研究所主要做了以下几个方面的工作：一是全面加固莫高窟，对窟内壁画和塑像也进行了抢修，使 1409.56 平方米的壁画和 215 身彩塑得到了妥善的保护；二是临摹壁画，共临摹了通史代表作、专题资料和原大整窟模型共 1014 幅，计 749.74 平方米，还临摹了彩塑 30 多身；三是整理资料和编辑出版物，并撰写了一批论文。这些工作对于保护、宣传敦煌石窟艺术，促进敦煌石窟艺术的研究以及美术工作者学习敦煌遗产，都起到了重要作用。

在敦煌文献整理和研究方面，陆续出版了一批总结以往成果和经验的专著，如《敦煌变文集》、《敦煌古籍叙录》、《敦煌遗书总目索引》、《敦煌变文字义通释》和《敦煌资料》第一集等，此外，还发表了一大批具有较高学术水平的论文，其内容涉及历史、考古、社会经济、民间文学、文字音韵、科技等诸多领域。

在国外，日本敦煌学研究队伍已初具规模，几乎各个领域都有人研究。京都的"西域文化研究会"1958 年至 1963 年编纂出版了六卷本的《西域文化研究》，东京的东洋文库设立了"敦煌文献研究委员会研究室"，开始编辑《西域出土汉文文献分类目录初稿》。而仁井田陞的《中国法制史研究》和西村元佑的《中国经济史研究》则是日本学者研究敦煌文献中法制和社会经济文书的代表作。法国的戴密微完成了他运用敦煌文献研究禅宗入藏问题的名著《拉萨僧诤记》，谢和耐则利用敦煌文献中的资料撰写了他的成名作也是代表作《中国 5 ~ 10 世纪的寺院经济》（有中译本）。此外，对敦煌文献中的藏文、粟特文、回鹘文的整理与研究，法国学者也取得了卓越的成就。英国的翟理斯经过几十年的努力，终于完成了《英国博物馆所藏敦煌汉文写本注记目录》，英国博物馆将收藏的敦煌汉文文书摄成缩微胶卷（编号 S. 6980 以前部分）与各国交换（北京图书馆是在 1957 年通过交换得到了这批缩微胶卷），这就为各国学者利用英藏敦煌汉文文献提供了方便。苏联孟列夫主编的《东方学研究所所藏敦煌汉文写本注记目录》第一卷和第二卷终于在 60 年代出版，使学术界对被奥登堡劫去的敦煌文献有了初步的了解。

上述成果之外，日、法、英、苏等国学者还撰写了一大批有关敦煌学的论文，从多方面推动了敦煌学的发展。

总之，到了 60 年代中叶，敦煌学已经发展到了成熟阶段，各类目录日趋完善，人们可看到的资料日益增多，对资料的整理、考订以及各个领域、各个专题的研究也都有了相当的基础，研究方法也更加成熟，更重要的是在世界范围内已形成了一支专业研究队伍。但正当我国学者准备在这个基础上与各国学者一道再展宏图时，大陆发生了十年动乱。

第四阶段（1966 ~ 1976 年）：港台地区敦煌学的异军突起

这一阶段大陆的敦煌学研究陷于停顿，而港台地区的敦煌学研究却异军突起，以潘重规、苏莹辉、饶宗颐为代表。潘重规不仅完成了一批成果（如《敦煌云谣集新书》等），还带出了一支研究队伍，台湾的敦煌学研究以文学和四部书为主。

国外的敦煌学在这一时期继续发展。日本的《西域出土汉文文献分类目录初稿》又完成了寺院经济和文学文献，还出版了一批专著和论文。法国在 1970 年终于编出了《法藏敦煌汉文写本目录》第一册。

第五阶段（1977 年至今）：敦煌学的迅速发展

十年动乱结束以后，我国大陆的敦煌学研究不仅在许多领域已远远落后于日本、法国和港台地区，更让人忧虑的是由于正规的文化教育中断了十年，使我们整整少培养了一代人，研究队伍存在着严重的青黄不接的局面。研究队伍呈倒三角形。面对这种严峻的局面，在学术界的呼吁下，我国许多大学和科研机构纷纷采取措施，急起直追。20 多年来，大陆老中青三代学人与港台地区的敦煌学研究者在各种刊物上发表的论文数以千计，各种著作在一百部以上，许多领域都已处于领先地位。

在资料刊布方面：北京图书馆藏敦煌文献的主体部分的缩微胶片开始在国内发行。台湾黄永武编纂了《敦煌宝藏》（新文丰出版公司，1981～1986 年），将英、法和北图公布的缩微胶卷影印成书。进入 90 年代，采用先进技术重拍、精印的敦煌文献图版本陆续推出，现已出版的有《英藏敦煌文献》（1～14 卷）（四川人民出版社，1990～1995 年）、《上海博物馆藏敦煌文献》（全 2 册，上海古籍出版社，1993 年）、《北京大学图书馆藏敦煌文献》（全 2 册，上海古籍出版社，1996 年）、《天津艺术博物馆藏敦煌文献》（全 7 册，上海古籍出版社，1997～1998 年）、《俄藏敦煌文献》（全 17 册，上海古籍出版社，1992～2001 年）、《甘肃藏敦煌文献》（全 6 册，甘肃人民出版社，1999 年）和《浙藏敦煌文献》（浙江教育出版社，1999 年）。上海古籍出版社还正在陆续出版《法藏西域敦煌文献》（已出 1～29 册）。江苏古籍出版社正在出版中国国家图书馆藏敦煌文献（已出 1～7 册）。这些新印本的图版比以往的印本和缩微胶卷清晰，有利于正确释录图版上的文字。对敦煌文献中的各类文书进行分类录校也取得了显著成绩，相关出版物已达数十种，几乎每类重要的文献都已有录校本，有的甚至已有两三种录校本，如王梵志诗、邈真赞等。其中江苏古籍出版社近年出版的一套分类录校丛刊水平较高，已出版的有《敦煌天文历法文献辑校》、《敦煌社邑文书辑校》、《敦煌佛教经录辑校》、《敦煌赋汇》、《敦煌契券文书辑校》、《敦煌表状笺启书仪辑校》、《敦煌医药文献辑校》、《敦煌变文辑校》、《敦煌禅宗文献辑校》、《敦煌本论语辑校》等。

目录和工具书的编纂方面：目录方面的工作有三点值得一提，一是国内各单位分散收藏的敦煌文献目录相继刊布；二是已有学者开始从理论上探讨敦煌文献的编目问题，如白化文、杨宝玉《敦煌遗书目录初探》等；三是出版敦煌学研究的论著目录有三种，其中以郑阿财和朱凤玉的《敦煌学研究论著目录》最为齐全。工具书的编纂，最重要的是由季羡林主编的《敦煌学大辞典》，已于 1998 年底出版，此书既具有学术性，又具有知识性，是敦煌学研究者和其他学科学者了解敦煌学必备的工具书。此外潘重规主编的《敦煌俗字谱》和《龙龛手鉴新编》、金荣华编的《敦煌俗字索引》对于检索敦煌文献中的俗字极有帮助。

敦煌石窟艺术方面：一是完成了莫高窟南区一段的加固工程，使南大像以南的洞窟得到了保护，通道互相连接，与中区形成了统一的整体，至此，洞窟加固工作全面完成。二是在石窟保护方面做了许多工作，清洗烟熏壁画、治理壁画的病害和对病害严重洞窟的监控方面都取得了很大进展。三是在对石窟艺术资料整理和研究方面取得了巨大成就，编辑出版了五卷本《敦煌莫高窟》等一批敦煌艺术图集，记录敦煌莫高窟内容的《敦煌莫高窟内容总录》和记录供养人题记的《莫高窟供养人题记》也在这一时期完成出版。前者已于1996年出新版，因增加了榆林窟的内容而更名为“敦煌石窟内容总录”。上述成果和一批相关的专著、论文标志着我国学者对敦煌石窟的断代及内容的考订、著录、供养人题记的整理等工作已基本完成，并得到了学术界的公认。对各时期石窟特征的研究，也不断取得新的进展。可以说我们在这方面的研究已具有明显的优势。

利用敦煌文献研究历史方面：一是对归义军史的研究取得了较大的进展，现已基本搞清了历任归义军节度使的世系年代，以及张曹两氏执政时期的政治史脉络。这方面的重要成果有荣新江的《归义军史研究》（上海古籍出版社，1996年）、郑炳林主编的《归义军史专题研究》和一大批高水平的论文。二是利用敦煌文献对唐代的均田、赋役、户籍、法律制度以及手工业、商业、高利贷等方面问题进行的研究继续深入，并开始研究一些新的课题。

敦煌语言文学研究方面：对敦煌文献中的韵书和字书进行了整理和研究，对敦煌俗文学作品中包含的唐五代河西方音也进行了探索，特别是在敦煌文学作品文字的校勘和词义的解释方面取得了较大的成绩。如周祖谟《唐五代韵书辑存》、项楚《敦煌文学丛考》（上海古籍出版社，1991年）等。敦煌文学方面更是硕果累累。首先是在理论上开展了对敦煌文学的概念、范围，敦煌变文的概念和性质的讨论，使人们对这些问题的认识进一步深化。发表了如《敦煌文学概论》（颜廷亮主编，甘肃人民出版社，1993年）等专著和论文。在敦煌歌辞、敦煌诗歌、王梵志诗、敦煌变文、话本小说、俗赋、词文等方面则发表了一大批考证详实、内容丰富的专著和论文。如任二北《敦煌歌辞总编》（上海古籍出版社，1987年），张锡厚《王梵志诗校辑》（中华书局，1983年），项楚《敦煌变文选注》（巴蜀书社，1990年），黄征、张涌泉《敦煌变文校注》（中华书局，1997年）等。

少数民族历史语言、音乐、舞蹈、宗教等方面的研究全面开展，都取得了巨大成就。主要著作有王尧、陈践《敦煌吐蕃文书论文集》（四川民族出版社，1988年），叶栋《唐代音乐古谱释读》，庄壮《敦煌石窟音乐》，郝春文《唐后期五代宋初敦煌僧尼的社会生活》（中国社会科学出版社，1998年），林悟殊《摩尼教及其东渐》等和一大批高质量的论文。

国外的敦煌学在这一阶段也取得了重要进展。在资料的整理与刊布方面，法国公布了所藏敦煌文献的缩微胶卷，出版了《吉美博物馆和国立图书馆所藏敦煌丝织品》、《吉美博物馆所藏敦煌绢幡绘画》、《伯希和石窟笔记：题记与壁画》。英国国家图书馆的卫泓博士在因特网上建立了敦煌文献数据库（网址：http://www. bl. uk/collections/oriental/dunhuang. html）。日本出版了《敦煌道经——图录篇》、《中国古代籍账研究》、《中国古代写本识语集录》和大型资料丛书"敦煌吐鲁番社会经济资料丛刊"（东洋文库已出法律文书、户籍、契券和社邑文书等专辑）。苏联则出版了《敦煌汉文文书》第一册。目录方面，法国又出版了《敦煌汉文写本目录》第3、4、5册，现在只差第2册正在编辑之中。日本出版了《敦煌道经——目录篇》和《斯坦因、伯希和搜集敦煌法华经目录》。此外，日本组织国内数十位各方面专家和部分外国学者正在合作撰写一部大型学术丛书"讲座敦煌"，拟出13卷，现已出版了《敦煌的自然与现状》、《敦煌的历史》、《敦煌的社会》、《敦煌佛典与禅》、《敦煌与中国道教》、《敦煌与中国佛教》、《敦煌胡语文献》、《敦煌的文学与语言》、《敦煌汉文文献》等大部分。这套丛书每一卷都在主题下分若干专题，每一专题都由学有专长的专家执笔，并尽量做到深入浅出。所以这套丛书既有较高的学术价值，又是一部从各方面介绍敦煌的普及性读物。但由于这套丛书成于众手，每卷内各专题的水平并不一致，有的全为撰写者的研究心得，有的只是介绍日本国内以前的研究成果。此外，日、法、英、俄等国学者在这一时期还分别撰写了一大批专著和论文，不断将敦煌学的各个领域推向深入。

此外，在匈牙利、荷兰、意大利、德国、美国、加拿大、澳大利亚、韩国、印度等国也都有学者致力于敦煌学研究，有的还取得了相当的成绩。

总之，最近20余年来，敦煌学在世界范围内都保持着良好的发展势头。

国内外敦煌学研究的日益深入，引起了人们对敦煌学的思考。80年代以来，我国学者对敦煌学理论进行了探索。多数学者认为敦煌学是一门学科。他们认为：敦煌学是以敦煌文献、敦煌石窟艺术、敦煌史迹和敦煌学理论等为主要研究对象，包括上述研究对象所涉及的历史、考古、宗教、艺术、语言、文学、民族、地理、哲学、科技、音乐、舞蹈、建筑、古籍校勘、中西交通等多科性的学科。它的目的是揭示佛教和佛教艺术的发展过程、内容、特点和规律；深入揭示敦煌、河西乃至中国古代社会和中西交通的历史本来面貌和发展规律；探求主要研究对象间的内在联系；发扬中华民族的优秀文化，以促进现代文化艺术的繁荣、发展。以上表述说明，敦煌学的研究对象主要有四个方面。敦煌学具有两个明显特征，一是多科性，一是因地名学。

但也有一部分学者认为敦煌学的内容比较庞杂，不能算一门学科，认为还是将"敦煌学"放在引号内为好。

敦煌莫高窟和敦煌文献为研究中国古代的历史和社会提供了丰富的资料，近百年来，中外学人在整理和利用这批资料方面已经取得了巨大的成就，但已经取得的成就与这批资料所蕴含的学术信息相比，我们有待开展的工作还有很多，敦煌和敦煌学一定会有更加辉煌的明天。

（作者单位：首都师范大学历史系）

市民社会与结社自由的若干问题①

◇刘海年

人类社会发展的历史证明,实现结社自由,发展健康市民社会,是现代国家政治文明的标志,是人类不断进步的动力。关注"市民社会与结社自由"并对有关问题进行讨论,既有重要理论意义,也有重要实践意义。

一、关于市民社会的概念

为了研究"市民社会与结社自由"的问题,有必要先弄清"市民社会"的概念。所谓市民社会,是指个人与政府系统之间存在的以自治、自律为特征的社团等非政府组织活动的社会领域。应当指出,本议题的"市民社会"与中国多数人通常理解的市民社会概念是不同的。中国古汉语和传统意义上的"市"是指贸易,由贸易引申为贸易的地点。乡村称"市",又称"集"。至今,农民从事贸易,有称"赶市",也有称"赶集"。城内按中心位置的方向,有东、西、南、北市,也有的"市"追根溯源是以经营的主要品种命名,如北京有"花市"、"菜市"、"珠市"、"骡马市"等。由于大宗贸易多集中于"城内",集中于都城、省城、县城,后来人们就将"城"与"市"连在一起称"城市"。这样,居住于农村的称农民,居住于城市的就称市民。在西方工业化国家,人口绝大多数集中于城市,农村也已城镇化,"市民"作为一般公民的代称和由此产生的"市民社会"一词,就很易理解。中国则不同,至今农民仍占总人口的70%以上,只有生活在城市、城镇的居民才称市民。中国法律是将农民与城市居民分开的。如:农村基层自治组织称"村民委员会",城市居民基层自治组织称"居民委员会"。农民与城市居民法律上的权利有一定差别,社会呈二元结构。这样,简单地称市民社会,很可能引起误解。中国有学者认为,应将"市民社会"改为"公民社会"。从一定意义上说,这种观点不无道理。

之所以说改"市民社会"为"公民社会"有道理,是由于"公民"覆盖的人群更广泛,至少在中国"公民社会"一词的内涵更能反映事物的本质特征。但无论

① 本文是作者向中欧第11次司法与人权研讨会提交的论文。

是“市民社会”还是“公民社会”，都有广义与狭义之分：从广义上说，它指国家的全体公民，而这正是国家赖以存在的基础；从狭义上说，它特指在结社自由原则下形成的各种非政府组织及其机制。这种为追求经济、政治、文化、社会权利保障，为促进社会发展而自由结成的非政府组织，在国家总体结构中是独立于政权机构的庞大系统。本议题正是在这一意义上使用“市民社会”概念的。

之所以首先说明这一点，是由于中国与欧盟在历史文化和发展水平上存在诸多差距，我们的交流和研讨以后却要进行下去。而任何成功的研讨，都需要先统一命题，否则研讨将会南辕北辙，事倍功半。

二、中国历史上的结社与社会发展

结社是出自人的本性。关于这一点刘作翔先生在其《社会组织的人性基础和存在意义》一文中谈得颇为精彩：“人的本性可以作很多解释。其中一个解释就是人是一种群聚动物，是一种‘类’的存在物，是一种需要交往并且通过交往才能生存且生存得更好的动物。这种‘类’的存在物的本性先天要求过一种‘集体’生活。……人的自然生存状态如此，人生存于其中的政治社会、法律社会更是如此。……这便是对人类社会各种社会组织形态存在的合理性和合法性（合自然法）的人性解释和人性基础。”①打开史书就可以看到，人类社会正是沿着这样的轨迹向前发展的。最初，人的本能（繁衍后代，战胜自然灾害和抵御外敌等）需要人们结成如家庭、家族、部落等不同形式的群体。后来，在这样的群体基础上，逐渐形成了国家。国家由上述群体发展而来，但在形成之后，它既以上述群体为支柱，又成为上述群体的对立物。

为了实现自己的主张，为了维护特定阶级、阶层和集团的利益，为了支持国家同时又制约国家权力，早在中国古代，国家政权系统之外就出现了类似后世的非政府性质的社会组织。《东京梦华录》记载：“八月秋社……市学先生预敛诸生钱作社会，以致雇请祇应，白席歌之人归时，各携花篮、果实、食物、社糕而散。春社、重午、重九，亦是如此。”据说这是春秋时社会团体性质的组织活动情况。其实仔细考察，当时，齐桓公于都城稷门之外建立学宫，齐国五代君王借此延揽人才，道、儒、名、兵、农、阴阳各学派曾先后到这里从事学术活动。稷下学宫及活动的性质，类似今政府系统之外官办民助的学术机构。春秋末孔子的讲学、游学活动，既是今天私人办学的滥觞，又何尝不是后世学术团体的雏形？不只是孔子，春秋战国“百家争鸣”，各学派为实现自己的政治主张，无不聚徒讲学。《淮南子·泰族训》：“墨子服役者百八十人，皆可使赴汤蹈火，死不旋踵。”孟轲“后

① 中国社会科学院法学研究所《环球法律评论》编印：《社会团体的法律问题会议材料》第17页。

车数十乘，从者数百人，以传食诸侯”①，可见其影响之大。正是由于这些类似后世的社会团体存在，持续了几个世纪的“百家争鸣”，活跃了人们的思想，才推动了公元前5～前3世纪中国社会的大变革，加快了中华民族的发展，为秦始皇统一全国创造了条件。

秦始皇统一中国后，继承了商鞅变法以来的改革成果，在全国建立中央集权的封建专制主义统治，基层实行什伍连坐，市肆之中有列伍组织。所谓列，《汉书·食货志》注：“若今市中卖物行也。”列伍，即市肆之中居列贩卖商贾的组织，应为后世商会之雏形。列伍之负责人称“列伍长”②。其非国家官员，但却对所辖商贾经营行为有监督之责。中国古代的行会组织当由此转变而来。秦始皇“焚书坑儒”，汉武帝“罢黜百家，独尊儒术”，自此，对人民思想钳制和行为监控日益加强，除社会互助、互济或纯学术组织，实现政治主张多以结拜兄弟或组织帮、会、道、教的形式集结力量。历史上著名的有东汉的“五斗米道”、“太平道”，南北朝时的“大乘教”，源于南宋“白莲宗”而盛行于元、明的“白莲教”，创立于明代而盛行于清代的“罗教”、“黄天道”、“红阳教”、“西大乘教”、“东大乘教”，清代创立的“八卦教”、“清水教”、“天理教”等等，名目繁多。这些组织为联络群众、壮大势力，既以颂经拜神的迷信活动控制人们的思想，又以某些义举解决徒众的实际困难笼络人心，还加以习练武功防身御敌增强实力。它们的活动有时被利用来改朝换代，但由于其共同特征都是在政权组织之外另立中心，所以在夺得政权后或统治稳定的情况下，其组织往往为统治者所不容，甚至遭到严厉镇压。

晚清以降，在西方经济、政治、军事和文化的影响下，中国社会经济在原有的基础上注入了新因素。各种社会组织除承传原有的帮、会、道、教形式外，商会、会馆等行会组织有了新发展，还新建立了不同行业的工会组织。其中洪秀全的“拜上帝会”，康有为的“强学会”，孙中山的“兴中会”、“同盟会”，在推动中国社会变革方面起了重要作用。中国历史上的结社，至少自秦汉以后屡屡遭统治者的镇压，根本谈不上什么自由。许多会、道、教多带迷信色彩，还不时被统治者所利用。但是，由于这些社会组织能给饱受沉重压迫者以希望，所以能绵延不绝。孙中山领导的同盟会后来发展成现代政党，成功领导辛亥革命，推翻了延续两千多年的封建君主专制制度。

三、结社自由作为一项权利的确认

结社出自人的本性，出自社会发展的需要。历史证明，即使在封建专制制度

---

① 《孟子·滕文公下》。

② 《睡虎地秦墓竹简·秦律十八种》，文物出版社，1978年。

下，统治者不允许在国家政权之外有其他种权力中心存在，结社也并未能完全被禁止。随着封建专制制度被推翻和资产阶级革命胜利，市场经济在更广泛的领域得到发展。不同利益的阶级、阶层、集团，不同民族、地区的民众和同一行业的或有共同爱好、志趣的专业人士，迫切需要将自由结社变为一项受法律保障的权利。但是，通过结社聚集力量夺得政权的资产阶级，却不愿将此项权利与他人尤其是被剥削阶级——工人和农民共享。所以1789年法国《人权与公民权利宣言》并未有关于结社自由之规定。后来通过主要以工人为主体的人民群众艰苦卓绝的斗争，统治阶级才将对结社的禁止和压制改变为容忍和限制。直到1848年法国又一次革命之后，结社自由才在欧美一些主要国家得到承认，如1848年在法国，1906年在英国，1919年在德国，1935年在美国，结社自由被相继确立为宪法权利。德国1919年《魏玛宪法》第124条规定："德国人民，其目的若不违背刑法，有组织社团及法团之权。此项权利不得以预防方法限制之"，"宗教上之社团及法团，得使用本条规定"，"社团得以民法规定获得权利能力。此项权利能力之获得，不能因该社团为达其政治上、社会上、宗教上目的而拒绝之"。宪法和法律条文与宪法和法律实施总是存在距离，将法律规定变为现实，在此之后又经历了很长过程。

尽管如此，它的影响是深远的。随着20世纪初资产阶级在更多国家获得统治地位，随着第二次世界大战后一大批殖民地摆脱殖民统治，建立独立国家，结社自由相继成为多数国家的宪法原则。最重要的是这一原则为1948年《美洲人的权利和义务宣言》、《世界人权宣言》和1950年《欧洲人权公约》、1966年联合国《经济、社会、文化权利国际公约》以及《公民权利、政治权利国际公约》所肯定。

《美洲人的权利和义务宣言》第22条规定："结社自由。人人享有同他人结社，以促进、行使和保护其政治、经济、宗教、社会、文化、职业、工会或其他性质合法权益的自由。"

《世界人权宣言》第20条说：

"（一）人人有权享有和平集会和结社的自由。

（二）任何人不得迫使隶属于某一团体。"

与此相关的是，《世界人权宣言》第29条规定：

"（一）人人对社会负有义务，因为只有在社会中他的个性才可能得到自由和充分发展。

（二）人人在行使他的权利和自由时，只受法律所确定的限制。确定这种限制的惟一目的在于保证对旁人的权利和自由给予应有的承认和尊重，并在一个民主的社会中适应道德、公共秩序和普遍福利的正常需要。

（三）这些权利和自由的行使无论在任何情形下均不得违背联合国的宗旨和原则。"

《欧洲人权公约》第 11 条也规定：

“(一)人人有和平集会与结社自由的权利，包括为保护本身的利益而组织和参加工会的权利。

(二)除了法律所规定的限制，以及在民主社会中为了国家安全的利益，为了防止混乱或犯罪，为了保护健康或道德或保护他人的名誉或权利，为了防止秘密收到的情报的泄漏，或者为了维护司法官的权威与公正性所需要的约束。”

《公民权利、政治权利国际公约》第 22 条说：

“(一)人人有权享有与他人结社的自由，包括组织和参加工会，以保护他的利益和权利。

(二)对此项权利的行使不得加以限制，除去法律所规定的限制以及在民主社会中为维护国家安全或公共安全、公共秩序，保护公共卫生或道德，或他人的权利或自由所必需的限制。本条不禁止对军队或警察成员行使这项权利加以合法的限制。”

可能是由于公约本身所具有的特性，《经济、社会、文化权利国际公约》未一般规定结社自由，但却对人们组织和参加工会的权利做了详细规定。

《非洲人权和民族权宪章》第 10 条也规定：

“(一)只要遵守法律，人人均有权自由结社。

(二)以不与第 29 条规定的团结一致的义务相抵为限，任何人不得被迫入社。”

这里要指出的是，对于《世界人权宣言》第 20 条关于结社自由的措辞，参加该《宣言》起草的中国代表张静春是做出了贡献的。而恰恰是《宣言》的此条规定对其后的国际人权公约和区域性的人权公约之相关条文都产生了重要影响。这些国际人权法文献，不管是世界性的还是区域性的，作为法律文献，都是周密的、严谨的。既肯定了结社自由是一项人人享有的基本人权，又对享有这项权利规定了必要的合理的限制。这些限制既是对国家安全、公共安全、社会秩序、公共卫生和道德以及他人的权利和自由的保障，也有利于结社自由权利本身的实现。不过，无论法律条文多么严谨、合理、科学，无论这些国际公约被多少国家通过法律程序予以批准，要将这些条文变为现实却非易事，至今结社自由在世界范围发展仍很不平衡。

在经济全球化的背景下，在各个民族国家内外事务以前所未有的方式密切联系在一起的情况下，在客观形势要求一个国家的法律与国际行为规则“接轨”的情况下，结社自由发展不平衡尤其显得突出。今天我们将其作为议题召开会议研究此一问题，各个国家和各国之间非政府组织、学者和官员每年召开类似内容的会议交流经验，从某种意义上说，就是促进国际公约有关规定的实施，以尽可能地解决结社自由在世界各国实践中发展不平衡的问题。

四、中国结社自由保障的现状

1949 年新中国成立，承传 1911 年推翻清王朝的辛亥革命后立法，尤其是根据中国新民主主义时期革命根据地立法的优良传统，在制定的起临时宪法作用的《中国人民政治协商会议共同纲领》中就规定了结社自由。1954 年宪法和以后几经修改的宪法直到现行宪法，均肯定了这项基本权利。根据宪法，国家制定了工会法，政务院颁行了《社团登记暂行办法》、《农民协会组织通则》等。建国之初，由于对民主法制建设比较重视，关于社团的立法虽然简单，但执行得却比较认真。依法建立的工会、农会、工商联合会、妇女联合会、青年联合会和文学艺术界联合会等，能组织一定范围的群众在农村、城市民主改革和社会主义建设事业中积极发挥作用。但是，好景不长，从 1957 年"反右派"斗争和 1958 年"大跃进"，全国乡村、城市建立人民公社，工会、农会等社会团体普遍受到冲击，到"文化大革命"中，在"造反有理"的口号下，依法成立的社会团体被停止活动，各种自封的群众组织纷纷竖起招牌，以至于山头林立，争斗不休，结社自由被曲解和滥用。这都严重地影响了社会正常秩序。直到"文化大革命"结束，1978 年中国共产党十一届三中全会之后，持续了多年的不正常状况才得以扭转。

适应客观形势要求，经过 20 多年的努力，中国结社自由的法律和制度较以往也有了很大改进。依据新修订的宪法，修改了工会法，制定了红十字会法、公益事业捐赠法，国务院颁行了《社团登记管理条例》、《社会团体管理条例》、《基金会登记管理办法》、《外国商会管理暂行规定》。此外，还颁行了行政规章和其他规范性文件 50 余件，基本上改变了以政策代替法律、以长官意志违反政策的现象。按现有法律和制度，除免于登记的三类社会团体（其中有：①参加中国人民政治协商会议的 8 个人民团体；②由国务院机构编制机关核定、经国务院批准免于登记的人民团体；③机关、团体、企事业单位内部经本单位批准成立，在本单位内部活动的团体和法律规定只需备案即可成立的社会团体）之外，均实行"归口登记，双重负责，分级管理"。所谓归口登记，是指成立社团要经县以上各级民政部门登记，登记后获得法人资格，享有民事权利，承担民事义务；所谓双重负责，是指每个社会团体都要接受登记机关和挂靠单位双重管理；所谓分级管理，是指县以上各级登记管理机关和业务主管单位按法律规定的权限进行管理。全国性的社团由民政部登记，可以在全国范围活动；地方性的社团由县以上各级民政部门登记，在所属地方范围活动。社会团体登记、备案事项变更，应先由业务主管单位审查同意，然后向登记管理机关登记。截至 2000 年底，在民政部系统登记的中国全国性和地方性社团共约 13 万多个，分别为学术性社团、行业性社团、事业性社团、联合性社团和基金会。此外，还有按中国法律可以不在民政部系统登记的社团，诸如学生社团、社区社团、农村社团等。这部分社团数量更多。

上述社团建立后，在团结群众、维护特定群体的利益、反映特定群体的意愿、推进社会主义民主和法制建设方面，在发挥社会中介组织作用、建立和发展社会主义市场经济体制、推进政府机构改革方面，在组织科学技术、文化、教育、体育卫生等领域的专门人才，进行学术研究、对外交流方面，在承传、弘扬中华民族优秀文化，救死扶伤、扶贫济困、济弱助残等人道援助等公益事业方面，均发挥了令世人称道的不可替代的重要作用。尽管如此，无论从社团发展的实际情况看，还是从宪法和法律关于结社自由权的切实保障看，都存在着下述一些有待解决的问题：

其一，法律有待进一步健全。如前所述，关于结社自由的法律目前除工会法、公益事业捐赠法、红十字会法等单项法律之外，多为国务院颁布的行政性法规和行政规章。这些行政性法规，如一些学者指出的，重政府管理轻权利保障，重事前审批轻事后监督，重行政手段轻经济手段，不能很好适应社团发展需要。

其二，某种程度运作行政化。中国的改革开放从一定意义说是政府推动型，许多社团组织是经政府启动建立的，干部由政府机构审批，经费由财政资助，加上法律规定重管理而轻权利，以及受传统力量影响，有些业务主管部门实际上成为社团管理者，社团运作呈现行政化。章程规定的民主选举多流于形式，社团应有的积极作用难以完全发挥。

其三，社团自律机制不健全。社团作为独立的民事主体，依法享有民事权利和承担民事义务，其活动必须依据国家法律和严格遵守本组织的章程。为此，社团内部要建立相应的自律机制和监督机制。而某些社团却借公益事业之名搞非法经营，也有一些社团领导人将企业和个人捐赠的钱财据为已有。由于社团组织松散，许多问题久拖不决，影响了社团的声誉和应有的社会效益。

其四，结社国际化准备不足。在经济全球化的背景下，我国加入世界贸易组织之后，我国社团组织与国际有关组织联系日益加强，在中国工作的外国人结社问题也提上日程。目前只有一个《外国商会管理暂行规定》，显然不能适应需要。

五、完善中国结社自由法律保障的思考

完善结社自由法制，切实保障结社自由，对于发展社会主义市场经济，建设政治文明，对于尊重和保障人权，实现人的全面发展，都有重要意义。要确保此项权利，首先是要认清形势，关键在于转变观念。

应当看到，在国内，以公有制为主体、多种所有制经济共同发展为基础的社会主义市场经济，有力地推动了我国社会进步。社会主义市场机制不仅在经济而且在政治、文化和科学技术领域发挥愈来愈大的作用。利益多元化已成为现实，并将进一步发展。人民群众的民主意识日益增强，他们不仅希望通过国家系

统的民主机制反映自己的意志，而且还要求通过国家政权系统之外的社会组织表达愿望，展示才能，维护权利。结社自由在各个阶层和各类群体有广泛的基础。另从国家全面建设小康社会的奋斗目标说，无论是经济建设和经济体制改革，政治建设和政治体制改革，文化建设和文化体制改革，都需要更大程度地调动人民群众的积极性，动员更多的社会力量参与其中。尤其是政治体制改革，转变政府职能，一部分社团组织要承担目前政府机构的某些职能。这一切都要求实现结社自由。在国外，在经济全球化的背景下，愈来愈多的国家以国际公约有关内容构建本国关于结社自由的法律系统，参与国际活动，接受国际监督。我国香港特别行政区有关结社自由的法律和制度也基本上与国际行为规则接轨。在我国成为世界贸易组织成员、加入和签署国际人权两公约之后，作为世界大国、联合国安理会常任理事国，如不能尽快在一些问题上缩小与国际社会的距离，势必损害我国的国际形象和声誉，给我国经济、政治和文化交流带来负面影响。

从以往经验和现实情况看，中国要完善结社自由的法律保障制度，关键是要转变观念。新中国成立后，我们的国家是人民国家，我们的政府是人民政府。在计划经济体制下政府的权力无所不在，人民的衣食住行、生老病死完全依靠政府。人民公社化使革命的浪漫发展为脱离实际的空想，“文化大革命”又使结社自由从取消演变到破坏力巨大的无政府状态。“文化大革命”结束后，经20多年努力，情况已根本改变，但无论从立法的状况看还是从有关部门的实际运作看，对结社自由的内在价值和现实意义仍有待进一步认识。结社自由是一项基本人权。保障这项基本人权是现代国家建设和人的全面发展之所需。这项权利本身体现多元原则，是中性的。有些社团在活动中可能会出现某些越轨违法行为，但应该相信，除了个别的对社会主义制度抱有怨恨态度的社团之外，绝大多数社团在社会主义民主制度下都是社会的整合力量，是政府建设和管理国家的助手与伙伴。对它们可能给政府形成的压力，总体应予以肯定。即使它们有时言词尖锐，情绪偏激，也应本着“有则改之，无则加勉”的欢迎态度。中国共产党在统战工作中对各民主党派的方针是“长期共存，互相监督，肝胆相照，荣辱与共”，如将此扩展开来，适用于整个社会团体，那么我国宪法规定的结社自由就能得到更加切实的保障，社会团体及其活动就能更加健康地发展。

为了切实保障结社自由，从目前的实际情况看要完善法律，逐步但非缓慢地改革制度。

完善法律，主要是要制定一部关于结社自由的基本法，然后制定相关的单行法律和法规。法律既要结合我国实际情况，又要注意在主要方面与国际社会相应的行为规则接轨，要以保障人民群众的结社自由为基点。当然，正如国际公约和我国宪法有关条款所规定的，结社自由不是无限制的，但任何限制都是为了维护国家的、社会的安全和他人的自由权并由法律予以规定。

我国结社自由法制的完善和实施，必须与政治体制改革形成互动关系，也就是说既不可操之过急，又不能过于缓慢。中国是个幅员辽阔的多民族国家，农村人口占绝大多数，现代工业基础薄弱，东西部经济、政治、文化发展很不平衡。各民族、各地区、各阶层、各群体面临的矛盾，既有相同的一面，又有许多不同点。尤其是中国历史上是一个长期受封建宗法势力影响的国家，至今不仅在广大农村，而且在建立了现代工业的城市，宗族势力仍有很大影响。这种势力既然能左右某些基层选举，又何尝不会利用结社自由牟取私利？此外，还应注意，我们提倡与国际社会缩小距离，但任何法律制度都根植于特殊的文化背景和社会条件之中，与国际社会缩小距离不等于照搬别国模式。脱离实际情况照搬别国模式，也会把事情搞乱。不可操之过急，不是说可以缓慢。在应对去年中国发生的一场突如其来的SARS疫情过程中，政府团结全国人民战胜了疫情，许多社会团体和个人在疫情面前表现出团结奋斗的爱国主义精神，但同时也有一些社会组织对灾害的信息传递、人道主义救助方面反应迟钝。如果我国社团组织的机制再完善一些，再强有力一些，就能同政府一起在减轻灾情的危害和人民生命财产的损失方面做出更大贡献。

切实保障结社自由，完善社团发展机制，形成健康市民社会，对于我国现代化建设事业，对于社会主义民主法制建设，对于实现人的全面发展，都是重要的。只要我们适应客观形势要求，按社会发展客观规律办事，我们就能像在人权保障的其他领域一样，在这方面也会取得新的成就。

（作者单位：中国社会科学院法学研究所）

来自海峡另一边的观察

——台湾对祖国大陆近20多年儒学研究的评述

◇陈卫平

台湾学界在1980年代提出"文化中国",意谓祖国大陆和台湾在文化传统上存在着一致性。因此,台湾学界对于大陆近20多年的中国哲学研究比较关注。在1949年以后相当长的时期内,台湾以继承和发扬儒学为己任,而大陆发展到"文革"期间把儒学作为彻底打倒的对象,因此台湾对于大陆中国哲学研究的关注自然就集中在儒学方面。1949年以后,港台形成并活跃着现代新儒家,而现代新儒家注重阐发孔孟和宋明理学,现代新儒家在1980年代以后又成为大陆学术界研究的重要课题。于是,台湾学术界①最瞩目于大陆儒学研究中有关孔孟、理学、新儒学的研究。同时,在一般层面的儒学研究上,由于港台新儒家注重阐发儒学的宗教意蕴和现代意义,因而对大陆有关儒教说、中国马克思主义与儒学传统的争论也有所评述。

一

大陆近20多年的儒学研究,是从对孔子的重新评价开始的。熊自健所著的《中共学界孔子研究新貌》甚为全面地评述了大陆1978年至1988年的孔子研究,包括研究孔子的方法论以及孔子的道德哲学、宗教思想、美学、认识论、政治思想、教育学等方面。这里择其与哲学相关部分的评述。

熊自健注意到大陆对孔子的重新评价,首先是与研究方法的出新相联系的。他以李泽厚、匡亚明、张岱年的方法为代表,指出李泽厚从文化心理结构来研析"仁",指出仁学结构的四因素及其相互关联;匡亚明强调不能机械套用"存在决定意识"来分析孔子的人本哲学思想体系,提出对孔子思想遗产实行三分法,即分为封建性意识、有生命力的智慧、精华与糟粕相混杂三方面;张岱年注重对哲学范畴、命题的理论分析,由此来认识孔子的哲学体系及其特点、传承。熊自健

---

① 这里所说的台湾学术界是较为广义的,包括一些与台湾关系密切的定居香港特别行政区和国外的学者。

认为,这些方法"超出了简单阶级分析的模式,深化历史唯物主义的方法论","探索孔子思想内在的统一性具有方法论的自觉,要求避免各执一端片面地理解孔子";然而,牟宗三指出的宋明儒从道德实践的功夫来体认孔子,要比上述的方法"更具有活泼动人的生命"。

关于孔子道德哲学的研究,熊自健评述了朱伯昆、魏英敏、冯友兰、匡亚明、罗佐才、李启谦、杨景凡、严北溟、杨伯峻、李泽厚、萧箑父、任继愈、徐长安等人的有关论著在孔子论道德的意义与道德行为的来源、孔子道德哲学的核心、孔子道德哲学的体系这些问题上的各种观点,认为"中国大陆学界近年来对孔子道德哲学的解析有浓厚的学术气息,脱离肤浅的政治谩骂","大多数的学者主张对孔子的道德哲学吸收其精华,进行创造转化,为社会主义的道德、马克思主义的道德哲学服务";但是,"牟宗三先生所阐明孔子成德之教的精义,是大陆学界解析孔子道德哲学时尚未达到的境界"。

关于孔子认识论的研究,熊自健分析了张岱年、任继愈、钟肇鹏、茅亭、杨凤麟、冯契、刘邦富、王举忠以及北大哲学系与萧箑父等主编的两本《中国哲学史》等论著,认为这些论著涉及到了孔子关于知识的来源与性质、认知的方法与过程、知识与道德实践的关系等问题,重新探索孔子的认识论,在"努力地辨析孔子认识论在中国哲学史的意义与作用上,颇见功力",但往往纠缠于唯心、唯物的问题上,对于最能表现孔子认识论特点的知识与道德实践的关系问题,较少有人提出讨论,而牟宗三在《现象与物自身》"所开出儒学认识论的新方向,正好反照出中国大陆学界探索孔子认识论的各种限制"。

对孔子美学的研究,熊自健以刘纲纪、张怀谨、叶朗、钟肇鹏四人的研究成果为代表,认为刘纲纪以结构分析的方式来探讨孔子的美学,孔子从仁学出发,以个体与社会的统一去观察美和艺术的现象,强调审美和艺术是陶冶人的思想情感的重要手段,分析了艺术的社会作用,又提出了美的本质是与道德上的善相统一的,把"中庸"作为美学批评的尺度;张怀谨从孔子的诗乐理论来探讨孔子的美学,由此把孔子的美学思想概括为由诗乐而达到理,又由礼而归乎仁,指出孔子审诗正乐的美学理想与天下归仁的理想是结合在一起的;叶朗以孔子的审美观念为中心,从其提出的美学范畴和命题来论述孔子的美学思想,强调探讨审美和艺术在社会生活中的作用,是孔子美学的出发点和中心,并说明了孔子"兴观群怨"、"大"、"智者乐水,仁者乐山"所具有的审美意义;钟肇鹏把孔子有关美和文艺的言论汇集在一起,分类论述,以"文质彬彬"为孔子美学思想的纲领,由此诠释孔子的美善统一、诗教与乐教、语言修辞等思想。他认为从上述四人的研究成果可看到:"研究方法受到历史唯物主义的限制最少","不落在'基础、上层建筑、意识形态'的架构中来解析孔子的美学,而从孔子美学本身的性质与内涵进行研析";比较一致地注意到了孔子美学与其仁学的关联,"因此他们探讨孔子美学是具有整体性的脉络";辨析了孔子美学的价值层次,不是"把孔子有关美和文艺的论点放在同一平面上来处理”，而是注意到它们在孔子美学思想中有不同的层次；一致认为美善统一的理想是孔子美学的最大特征，并指出伴随这一特征而来的一些局限性；有待努力的是加深对孔子仁学的体察，由此才能进一步诠释出孔子美学的精彩之处，在这方面马一浮的《论语大义》和台湾大学教授张亨的《论语论诗》是值得作为参考的。①

大陆的美学研究，包括对中国传统美学的研究，马克思的《巴黎手稿》是重要的理论依据。陈怀恩在肯定李泽厚、刘纲纪的《中国美学史》“堪称为近代处理中国美学的皇皇巨制”的同时，对其用《巴黎手稿》来诠释孔子的仁学和审美态度的可行性提出疑问。他认为该书把仁学诠释为以社会性的感情为本，而马克思讲的社会感情是一种历史的抽象，孔子的道德情感则是实存的，两者“在出发点上就有差异”；马克思和孔子虽都认为审美活动是自由境界，但就孔子来说，“一般人的艺术享受和艺术创作都可以暂时地达到自由、审美的境界”，就马克思来说，纯美的自由境界要等待人类的“人性的感官”、“社会感官”完全创造出来才能达成，而这又与完全废除私有制相联系，因此，“就实践过程来看，两者却是泾渭分明的”；该书以“艺术作用即社会性感情的交换功能”来诠释孔子的兴、观、群、怨是否有公式化的问题；他还指出该书既认为孔子以善为美的内容，又说孔子承认形式美有独立意义，这是互相矛盾的。②

在大陆有关研究孟子的论著中，李明辉对杨泽波的《孟子性善论研究》给予了比较高的评价。在他看来，此书“是中国大陆第一部突破教条、从自己的观点来讨论孟子性善论的专著”；并说 1994 年他在为台北中研院中国文哲研究所筹办“孟子学国际研讨会”的时候，“曾广泛浏览中国大陆有关孟子学的著作，发现千篇一律都将孟子的性善论说成唯心论，完全无法进入其思想脉络之中。因此，尽管杨泽波此书仍有若干值得商榷之处，但已令人耳目一新”③。但李明辉对其耳目一新之处和值得商榷之处都未有进一步的论述。

杨祖汉则在充分肯定杨泽波的著作是“近年来孟子学的相当有水准及富个人见解的著作”的同时，对此书中有关牟宗三的孟子研究的一些评议提出了商榷意见。首先，关于孟子与康德。牟宗三认为康德和孟子都是道德自律形态的，杨泽波则认为不然，因为康德重理性轻情感，并把道德情感纳入他律之中，而孟子尊重包含丰富情感性的良心本心，很难戴上道德自律的桂冠。杨祖汉维护牟宗三的观点，论证孟子的学说“是自律的伦理学，不特如此，康德的意志底自律

---

① 此部分的引文均见熊自健《中共学界孔子研究新貌》(文津出版社，1988 年)的有关章节。

② 陈怀恩:《李泽厚〈中国美学史〉孔子部分商榷》;《鹅湖》总第 144 号，1987 年。

③ 李明辉:《解读当前中国大陆的“儒学热”》,《儒家思想在现代东亚:总论篇》第 98 页，中研院中国文哲研究所，1998 年。

说，必须承认孟子的理论，才能证成”。其次，对道德形上学的理解。牟宗三沿着孔孟“践仁以知天”、“尽心知性知天”之义，阐发“道德形上学”，杨泽波认为，这样的道德形上学是为了使本心善性有稳固的基础，从而走向把心体性体不仅作为道德根源而且作为宇宙真实根源的泛道德主义。在杨祖汉看来，这是对牟宗三的误解，因为牟宗三从孔孟出发，区分了道德的形上学与形上学的道德学，后者是为心性找形上学根据，而这正是牟宗三所反对的。再次，圆善问题。所谓圆善，即德福一致，牟宗三认为儒、道、释对于圆善如何能实现的问题，较之康德有更圆满的解答，杨泽波认为儒家幸福观也许比康德圆满，但其并没有解决康德所没有解决的问题，即在实际上保证有德之人一定能享受到现实的幸福。杨祖汉指出，这是把幸福理解为满足感性欲望而导致的，现实的幸福是人的存在情况使他感到称心如意，是一种状态的理念，因而儒家的圣人一切随心而转的境界就是现实的幸福。第四，牟宗三以孟子为标准，分宋明儒学为三系，以朱熹为“别子”，杨泽波批评这一标准有失偏颇，因为孟子和荀子各继承了孔子的内求或外求之一翼，所以不可以孟子为孔子嫡系真传。杨祖汉申论牟宗三对孔、孟、荀的分别，以为孔子虽然讲外学，但重点在反己自省的德性之学，故孟子所偏者小而荀子所失者大，承继孔子方向的自然是孟子，以此来看朱熹用讲知识的方法来讲道德，与孔孟不相应，认其为“别子”也是合理的。总之，杨祖汉认为在杨泽波的孟子研究中，对牟宗三的孟子研究的理解不太恰当，并认为这往往是大陆学者的通病。①

二

对于大陆宋明理学的研究，傅伟勋和曾春海都注意到了侯外庐等主编的《宋明理学史》。傅伟勋的评论较为具体，提出该著作有两个特色：强调了长期不被重视的元代理学；注意到理学发展与当时社会发展的关系。但对该著作的序言提出科学的理学史必须以马克思主义为指导则不以为然，认为这是混淆了科学形态、哲学形态、意识形态这三种马克思主义的区别。②

作为台北中研院中国文哲研究所“当代儒学主题研究计划”成果之一的论文集《儒家思想在现代东亚：中国大陆与台湾篇》，收有香港学者郑宗义《大陆学

---

① 杨祖汉：《牟宗三先生对儒学的诠释——回应杨泽波的评议》，《儒家思想的现代诠释》第175～206页，中研院中国文哲研究所，1997年。

② 傅伟勋：《大陆学者的哲学研究评论》，《海峡两岸学术研究的发展》第51～52页，《中国论坛》杂志社，1988年；曾春海的述评见其《以马列主义中国化为线索评估中国大陆四十年来的哲学发展》一文，载沈清松主编的《中国大陆人文及社会科学发展现状》，政治大学学术委员会出版，1995年。

者的宋明理学研究》一文，对大陆的宋明理学研究有甚为详细的分析。他认为大陆的宋明理学研究，大致可分为三个阶段：第一阶段自1949年至80年代初，研究几乎完全套用唯心唯物的二分法、阶级出身等教条主义，对理学大抵采取全盘否定的态度；第二阶段自80年代初至80年代末，此时已不满教条的生搬硬套，而提倡通过重要范畴的分疏来掌握理学，对理学有正、负两方面的评价，但仍未摆脱教条阴影；第三阶段自80年代末至2000年，研究开始完全摆脱教条的色彩，强调文献的解读与爬梳，且多有参考借取海外学界的观点说法，以为进一步思考析论之所资，但对理学的了解还不免重心性而轻天道，而有一偏之虞。

郑宗义对第一阶段的评估，这里只叙述与本文有关的部分。他认为侯外庐等主编的《宋明理学史》在研究方法以至内容结论上均有大不同于贯穿唯心唯物二分法的《中国思想通史》，反映了大陆学者的理学研究在80年代中期已转入另一阶段，书中很多篇章实际上是通过分析厘清宋明儒的各个范畴、命题及问题来立论的，特别是对材料所下的考证工夫，例如仔细指出宋明儒哪些观念受到佛、老的影响，则深具参考价值。对于冯友兰《中国哲学史新编》的宋明理学研究，他的看法是“冯先生虽自诩从比较哲学的观点揭示宋明理学的中心课题乃关乎什么是人与怎样做人的‘人学’”，但视野常常转到共相与殊相的问题上，与《中国哲学史》的旧说大同小异，“未能会心于宋明儒天道性命相贯通的睿识”。他对第二阶段的评估，以张立文的著作为代表，认为张立文肯定理学是体现当时时代精神的思潮，但由于强调回到它那个时代中去考察它，因而很难重释出理学的现代意义；张立文以范畴分析方法透视宋明理学，“从方法论的角度看，绝对值得肯定”，但其对理学范畴的分析，依然是唯心、唯物那一套，而且以世界本原问题作为研究理学的视野，无法了解理学贯通天道性命的特质；在这一阶段，张岱年的《宋明理学评价问题》和《宋明理学的心性概念的分析》，“竟一反其唯物论立场，运用道德自觉性与西方哲学理性主义的观念来阐释宋明儒的心性之学，虽只简略点及而未见仔细的铺陈，惟已隐约透露出大陆学者的理学研究在90年代又将迈进另一新阶段的消息。而这消息后来则具体表现在张先生的弟子陈来先生的著作中”。他对第三阶段的评估，以陈来的《宋明理学》为代表，认为陈来“更能尽量让文献本身说话，并且在义理上几完全弃用唯心、唯物等教条用语”，其借用西方哲学中的实践理性与普遍性道德法则等概念来辨解理学之理的实义，反对将理简单化地看成社会规范或礼教，“可知他对理学中的心性部分确有相当的契会”；不过，其对理学的理解有重心性轻天道的片面。最后，他的结论是“大陆学者经历了三个阶段的研究，迄今似仍未能完全契接宋明儒天道性命贯通的微意”，因而需要与牟宗三的理学研究有进一步的对话交流、视域交融。①

① 郑宗义：《大陆学者的宋明理学研究》，《儒家思想在现代东亚：中国大陆与台湾篇》第123～159页，中研院中国文哲研究所，2000年。

传统儒学自汉以后成了经学，因而对儒学的研究不能不涉及经学。同时由于台北中研院中国文哲研究所有研究经学的计划，所以在关注大陆的理学研究的同时，也对大陆的宋代经学研究有所关注。许维萍著文详尽地介绍和评价了大陆“文革”后研究宋代经学的概况。该文指出：有关宋代经学的研究，“中国大陆在许多领域、许多课题上，都有不俗的表现，值得台湾学者借镜”；大陆研究《周易》的成果，在各经中数量最多，主要是从哲学和史学的角度进行研究，这与台湾以中文系、所为主研究《周易》很不相同。宋代凡有《易》说传世的大家，都有专文研究，其中以研究朱熹《易》学的为最多，“朱熹可以说是最受大陆学者瞩目的宋代《易》学家”，也有针对《易》说中某一问题深入探究者，如金祖孟的《论邵雍的“天圆地方”》就是典型的例子。《诗经》学的研究，是以朱熹《诗集传》为中心的，其他宋人的《诗经》学著作，研究者比较少，成果也比较有限，对于朱熹《诗集传》的研究论文，有概论性质的，有分析《诗集传》纂例的，也有与《毛诗序》进行比较研究的，还有从声韵和训诂入手的；对于宋代《尚书》学的研究议题比较零散，论文数量只有10余篇，这些论文有概论性的，有研究某个经学家《尚书》学的，值得注意的是若干从版本目录学角度切入的论文；在《春秋》学方面，没有专门研究宋代《公羊》学或《穀梁》学的论文，只有关于宋代《春秋》学的概论性论文和研究吕祖谦《左传》学的论文，值得注意的是在这个领域的版本研究，如王清原的《辽宁新发现宋德祐刻本春秋集注》；对于《四书》学的研究，“不论在数量上或是研究题目的宽广度上，中国大陆的研究成果都是相当有限的”，在这些成果中，有的属于“《四书》研究史”的范畴，有的从宋代学者的《四书》学角度出发，有的属于古籍整理的点校；大陆的《礼》学研究有待开发，在有限的成果中，姚瀛艇的《宋儒对〈周礼〉的研究与争议》是惟一研究《周礼》的文章，文中肯定欧阳修的疑经精神，这与台湾晚近研究经学史的学者的态度相一致，但该文从李觏出身于中小地主阶层和阶级矛盾等分析其提出《周礼致太平论》，则很典型地反映出大陆学者对经学问题的切入方式；宋代《尔雅》学的研究，大陆只有一两人参与，除石云孙点校的《尔雅翼》之外，所有的论文由冯蒸一个人包办了，并且全部集中在研究《尔雅音图音注》一书上，由此“可以看出这个领域仍然有极大的发展空间”；关于石经的研究论文约有五篇，议题零星，篇幅也不长，要想取得较系统、深入的研究成果还有待进一步的努力。①

在儒学发展史上，取代宋明理学而兴起的是清代乾嘉经学。因而宋明理学的研究和乾嘉经学的研究有着紧密的关联，台北中研院中国文哲研究所实际上是将这两方面的研究相配合的。于是，台湾学者对大陆的乾嘉经学的研究也颇为关注。蒋秋华撰有专文对大陆学者的乾嘉扬州学派研究予以考察。他指出在

---

① 许维萍：《中国大陆宋代经学研究概况》，《中国文哲研究通讯》第12卷第3期，2002年。

1980年以前，大陆学者对扬州学派的研究，只有不到20篇的相关论著，而且重心多半放在王念孙、王引之父子的训诂学著作上；张舜徽是比较全面研究扬州学派的第一人，“他的研究，影响深远，不仅开启了近代学者研究扬州学术的风气，他的许多论点也为后来研究者所袭用”；1980年代以来，比较集中的研究，以扬州师范学院为重心，祁龙威教授主导着研究的推进；在研究成果中，关于小学的成果占了大部分，有意识的专论是少数，且创立新解的并不多。①

三

在对传统儒学重新评价的同时，实际上已经蕴含着与儒学的对话，当然，这种对话更集中地表现在大陆对港台新儒学研究的兴起。杜维明、刘述先较早把新儒学向大陆作了介绍，并首先提出了当代新儒学、马克思主义与自由主义的互动对话。尔后对新儒学在大陆广泛流传起了很大作用的方克立也倡导这三者的互动对话。大陆哲学界与新儒学的互动对话促进了双方的新儒学研究。大陆方面认识到与新儒学对话，就必须研究新儒学。于是，1986年由方克立和李锦全负责的“当代新儒家思潮研究课题”被列入国家重点研究课题，大陆的新儒学研究从此有效地展开，并在相当的时期里成为学术界聚焦点之一。同时，大陆的新儒学研究也促进了台湾的新儒学研究。李明辉提出，中研院确定“当代儒学主题研究计划”的“直接背景，则是中国大陆的学术转向”，即开始正视中国传统文化的价值与意义，把“当代新儒家思潮研究课题”列入“七五”期间国家重点研究课题之一，“由于大陆学术界的人力充沛，一经动员，很容易形成局部优势，这对台湾的学术界自然造成很大的挑战”②。作为回应这一挑战的当代儒学研究计划一直持续至今。

在大陆与新儒学的互动对话中，这一领域的意识形态对立逐渐缓和。李明辉在1991年评价方克立主持的课题组的研究成果时，以为郑家栋的《现代新儒学概论》“标示了大陆新儒学研究的第一阶段之高峰”，态度客观，少有刻意的曲解，“作者也有不错的理解力，避免了一些流行的误解，有时甚至能澄清若干误解”，例如对当代新儒家与张之洞的“中体西用”论作了分疏，其缺点是对港台和海外新儒家的研究较弱，表现了与他们的隔膜，因而对他们的“良知坎陷”、“内圣外王”理解有误；然而，由于方克立并非将新儒学研究单纯地看做一般的学术研究，而是看成意识形态斗争的一部分，因而在该课题组的论文集《现代新儒学研究论集》第一集的多数论文中，“到处都可以见到作者套用马列主义观点提出

---

① 蒋秋华：《大陆学者对清乾嘉扬州学派的研究》，《汉学研究》19卷4期，2000年。

② 李明辉：《中央研究院“当代儒学主题研究计划”概述》，《汉学研究》19卷第4期，2000年。

批判”,于是在他看来,“中国大陆新儒学研究的最大阻碍在于意识形态的限制,这项限制形成其研究成果无法突破的瓶颈”①。对于这样的评价,方克立提出了反批评,李明辉又对此作了回应。② 这些往返论辩可以说既有学术上的分歧,更有意识形态上的对立,或者说这些学术上的分歧是与意识形态的对立相联系的。到了 1996 年,李明辉在看到大陆的邓小军和杨泽波的著作后,认为他 1991 年所作的“今天在中国大陆研究当代新儒家的学者,不论其个人对新儒家的评价如何,多半不能摆脱马列主义意识形态之影响”这项论断,“可能有修改之必要”③。在四年之后的 2000 年,他说“时至今日,大陆的学术界已有了不小的变化,非意识形态化的趋势日益明显”④。这是否意味着在他看来往日制约大陆新儒学研究的瓶颈正在消解?其实,意识形态对立的缓和是双向的,正如林安梧所说,在大陆与新儒学的对话互动中,“当代新儒学原先的反共根芽倒是自然而然的被淡去,这一方面可能是有意的忽略,另一方面则显示大陆已不再是意识形态挂帅”⑤。

大陆与新儒学对话的重要方面,是儒学与现代化的关系或者说儒学是否具有现代意义。因为大陆长期以来认同“五四”打倒孔家店的潮流,以为儒学是现代化的阻碍,而新儒家把儒学作为发展当代中国现代化的思想资源,强力阐发儒学的现代意蕴。在 1980 年代的前期,虽然大陆还未展开对现代新儒学的认真研究,但对于新儒学的“返本开新”(返传统儒学之本而开科学民主之新)已有所讨论。王章陵从朱日耀、薛涌、毛丹、包遵信、耿云志、黄万盛等人的论文中,注意到当时大陆对这种“返本开新”论持有赞同和否定两种态度,而否定态度是占上风的。他对否定“返本开新”的观点提出了批评:大陆学界以为儒学与专制制度相适应,因而不能疏导出民主,其实,“中国传统政治虽非西方民主,但并非专制,这种非专制的传统共和政治,实即奠基于儒学的人文主义思想”;大陆学界把儒学看做是轻视科学知识得到的理想型学说,其实,如钱穆、胡适所论证的,儒学里并不缺乏科学精神和科学方法,因此“说儒学里根本不能产生科学,那都是偏见”;大陆学界认为亚洲“四小龙”的经济起飞不是以儒学为动力,只是西方模式的移植,实际上儒学是“四小龙”经济起飞的文化因素,即以儒家伦理调节人际

---

① 李明辉:《中国大陆有关当代新儒学的研究:背景、成果与评价》,《当代儒学之自我转化》第 175 ~ 192 页,中研院中国文哲研究所,1994 年。

② 方克立的反批评文章《当代新儒学研究的自我反省——敬答诸位批评者》,《南开学报》1993 年第 2 期,台湾《当代》第 89 期转载;李明辉的回应文章《学术辩论与意识形态斗争——敬答方克立教授》,台湾《当代》第 90 期。

③ 李明辉:《解读当前中国大陆的“儒学热”》,《儒家思想在现代东亚:总论篇》第 97 ~ 98 页。

④ 李明辉:《中央研究院“当代儒学主题研究计划”概述》。

⑤ 林安梧:《台海两岸哲学发展的一个观察》,《鹅湖》总第 316 号,2001 年。

关系，建立和谐社会，形成“经济发展之必要前提”①。

刘述先认为，包遵信反对新儒家关于儒家传统与现代化并不相悖的观点，把儒学看做现代化的负面包袱，是因为他把大陆现存的一些“封建”的东西归咎于儒家，把西方的现代化看做是现代化的惟一模式。包遵信认为新儒家试图用传统儒家的智慧解决后现代的一些偏失是徒劳的，因为这些偏失的出现是必然的，同时也没有经验能证实新儒家这种努力的有效性。对此刘述先指出，新儒家并不认为后现代的偏失是必然的就可以听之任之，而是要有批判意识，新儒家力图建立人的“终极关怀”，不能因为其在现实上缺乏急效就断定为无用。②

如果说王章陵和刘述先是批评了大陆不赞同返本开新说的观点，那么高柏园则注意到了大陆学者蒋庆完善新儒学开出新外王的努力。蒋庆著文指出，新儒学在外王问题上有两个缺失：一是从心性儒学开出外王，忽视了政治儒学的资源；二是以科学民主为新外王的标准，有变相西化之嫌；由此试图从政治儒学来开出新儒学的新外王。高柏园认为，蒋庆为新儒学的外王思想提供新资源的用心十分可敬，对心性儒学与政治儒学的区分对新儒学也有正面的作用，但其努力并不成功，因为其论证“在在充满缺失”，“缺乏有力的支持”，“对儒家及新儒家的理解也不乏许多可商榷之处”③。

李明辉颇感兴趣的是大陆出现的与返本开新说相近似的著作，如邓小军的《儒家思想与民主思想的逻辑结合》，认为此书“是要证明儒家思想虽不等于现代民主思想，但两者之间具有逻辑关联。熟悉当代新儒学的人对于这种看法一定不会感到陌生。但是它出自一位中年大陆学者之手，而且书中完全见不到马列术语，这便透露出一项值得玩味的讯息”④。这种值得玩味的讯息，就是经过与新儒学的对话，认为儒学仍有现代价值，应当成为当代中国哲学的思想资源的观点，已在大陆占据主导的地位。林安梧指明了这一点：“两岸自80年代以来，多有互动、影响。明显地，港台新儒学的影响最大”，大陆“在改革开放的过程里，传统文化逐渐为人重视，当代新儒学在这样的波动下，讲到中国大陆，成了一重要的稳健力量，作为改革发展过程中的调节力量之一。此时，传统儒道佛思想的和谐性原理取代了原先的斗争性原则。90年代，大陆一连串的国学热、文化热可以放在这样的脉络来处理。或者，我们可以说，当代新儒学的渗入正显示大

---

① 王章陵：《“新儒学”批判的批判》，《大陆文化思潮》第233～269页，“行政院”大陆委员会印行，1993年。

② 刘述先：《论儒家思想与现代化、后现代化的问题》，《大陆与海外》第99～113页，允晨实业，1989年。

③ 高柏园：《再论当代新儒家在外王问题上的缺失》，《鹅湖》总第243号，1995年。

④ 李明辉：《解读当前中国大陆的“儒学热”》，《儒家思想在现代东亚：总论篇》第98页。

陆对于中国文化传统的重新正视，而此中的唯心气质则代表着辩证唯物论的另一类型的转进与发展。”①

大陆与新儒学对话的另一重要方面，是关于如何认定构成新儒学思潮的代表性人物。这用刘述先的话来说，就是“现代新儒学自梁漱溟揭开序幕之后，已经有了几个世代的发展。究竟哪些人可以包括在这个思潮之内？几个世代要怎样划分?”对此学者有不同意见。大陆的主流意见是方克立的三代人三个阶段说，即 1920～1949 年为第一阶段，代表人物是梁漱溟、张君劢、熊十力、冯友兰、贺麟、钱穆、马一浮；1950～1979 年为第二阶段，代表人物是唐君毅、牟宗三、徐复观、方东美；1980 年以后为第三阶段，代表人物是杜维明、刘述先、成中英。郑家栋则认为，第一代有梁漱溟、张君劢、熊十力；第二代有冯友兰、贺麟、钱穆；第三代有唐君毅、牟宗三、徐复观；第四代有杜维明、刘述先、蔡仁厚等。郑家栋不同于方克立处，主要是把冯、贺、钱作为第二代，主要理由是冯友兰虽然只比梁漱溟小两岁，但抗战时期的学风与 20 年代差异甚大。刘述先认为方克立的说法对新儒家的“描述与讨论相当全面，颇有参考价值。可惜的是，未能照顾到郑家栋所提出的论点，乃有所憾”；而郑家栋的“说法有一定的道理，但也有其困难。譬如余英时就向我提出，像钱先生和熊先生一向平辈论交，彼此之间并无师承关系，忽然变成了两代，怎么说得通呢?”于是，刘述先折中各家的说法，提出三代四群的架构，第一代第一群：梁漱溟、熊十力、马一浮、张君劢；第二群：冯友兰、贺麟、钱穆、方东美；第二代第三群：唐君毅、牟宗三、徐复观；第三代第四群：余英时、刘述先、成中英、杜维明。他认为这是到目前为止，照顾得比较全面的一种办法。② 这个架构是否恰当，还可以讨论，但其作为两岸互动对话的产物则是无疑的。

四

在儒学研究中，大陆自 1980 年代以来一直存在着关于儒教的争论。熊自健对此作了评述。儒学是否是宗教的讨论，首先涉及到如何看待孔子的宗教思想。对于大陆的孔子宗教思想研究，熊自健归纳为这么几种观点：杨伯峻和匡亚明强调孔子重人道轻天道，只有在个别的特殊场合，“天”才发挥宗教安慰的情感呼应与寄托作用；冯友兰和任继愈认为孔子保留了西周天命神学传统，但又对天命的威力作了限制，鼓励人事有为，不过冯友兰突出孔子的道德理念与天命无关，任继愈强调孔子是从人事活动中去体认天命，天命与人事有为形成矛盾；北大哲学系与萧箑父主编的两本《中国哲学史》，把孔子说成命定论者；李泽厚分析孔

---

① 林安梧：《台海两岸哲学发展的一个观察》。

② 刘述先：《现代新儒学研究之省察》，《中国文哲研究集刊》第 20 期，2002 年。

子仁学结构，以为儒学不是宗教，但有宗教的功能，扮演了准宗教的角色。熊自健认为，“从大陆学界对孔子宗教思想的新解释可以了解到大陆学界在宗教学领域的学养是有待加强的”，这表现在大陆学界不能从构成宗教社会的特征、宗教性超越境界、宗教艺术情怀等来探讨孔子的宗教思想。①

熊自健还指出任继愈首先提出儒教说，以为孔子创立的儒学直接继承了殷周的天命神学和祖先崇拜的宗教思想，但在先秦还不是宗教，从汉代独尊儒术起，儒家已具宗教雏形，宋明理学标志着儒教的完成；并论证了儒教与世界三大宗教的共同性以及独有的特殊性；对任继愈的观点有不少学者提出相反的意见：儒家学说不是从殷周宗教思想发展而来的，而是从西周的伦理道德发展而来的；董仲舒的理论虽有明显的宗教神学色彩，但在其神学外衣下，仍是儒家的伦理本质；宋明理学没有一般宗教的外在特征，任继愈说的宗教本质属性，如教主、经典神圣化、彼岸世界、崇拜对象、神职人员、“罪恶”问题等在宋明理学中也是不存在的。熊自健认为这一争论有两点值得注意：一是“跳出过去的框框而对儒学进行整体性的辨析”，探索儒学的基本特征、儒学的多元因素以及这些因素的相互关系，“在学理上将会具有较坚强的说服力”；二是在这争论中，“最大的症结在于缺乏一个共同认定的马克思主义的宗教定义，来判定宋明儒学是否为一种中国特质的宗教”，因此，“努力去建立一个有系统的马克思主义宗教理论来处理中国宗教问题，将成为儒教争论后中共理论界的一项重要工作”②。在港台新儒学影响大陆后，新儒学的学者强调他们讲儒学的宗教性与任继愈儒教说的区别：“海外学者倾向于肯定儒学思想有宗教意涵的角度，但那时肯定儒学有它的终极性，乃是与任继愈完全不同的思路”③，就是说，不赞同任继愈儒教说的思路。

大陆是以马克思主义为指导思想的，因此在研究儒学对现实中国影响时，马克思主义中国化与儒学传统的关系自然成为探讨的问题。对此台湾学者也有所关注。王章陵和曾春海先后列举了张慧彬、金观涛、李泽厚、陈卫平、祝福恩等人的论文，并予以评论，前者的评论较为系统。王章陵把大陆关于马克思主义中国化与传统文化的研究，归结为“马克思主义儒家化”的命题，认为对这个命题有三种理论诠释：同构效应论、西体中用论、文化重构论。同构效应论意谓马克思主义被接受的部分是基于和传统儒学的文化心理同构，而其与传统儒学的文化心理不同构的则被排斥了，因而中国的马克思主义在结构上是类似于儒家文化的思想系统的。这一观点的代表作是张慧彬的《中国传统文化人文精神的特点》和金观涛的《当代中国马克思主义的儒家化》。王章陵主要评论了后者，认

① 熊自健：《孔子宗教思想的新解释》，《中共学界孔子研究新貌》第45~58页。

② 熊自健：《中共学界对儒教问题的争论》，《中共学界孔子研究新貌》第139~150页。

③ 刘述先：《平心论冯友兰》，《当代》第35期，1989年。

为金观涛以刘少奇的《论共产党员的修养》为依据,论证中国马克思主义是伦理中心主义的思想体系,因而是儒学化的马克思主义,实际上"不能把刘少奇要求共产党员的'修养'比附到儒家的道德理想,马克思主义的原质,自始就重视人的立场与品质,绝非刘少奇原创性发展",而且"马克思的阶级斗争与儒学仁爱哲学毫无'同构对应'的可能"。对于提出西体中用论的李泽厚,王章陵批评他开始以现代化、马克思主义为"西体",以马克思主义指导的现代化与中国实际(包括中国传统意识形态的实际)的结合为"中用",但在后来解释"西体中用"时,又否认马克思主义为体,而谓为"学",称生产方式是"体",因此"概念模糊,前后矛盾"。文化重构论的代表作是祝福恩的《文化重构与马克思主义在中国的发展》,提出中国马克思主义经过了中国文化场的重构,因而存在若干变形和失真,马克思主义中国化应当反省这样的变形和失真;王章陵认为"这当然不失为挽救马克思主义危机的法子之一",但既然马克思主义和传统儒学产生于不同的文化场,那么两者融合的可能性是很小的。① 曾春海也对上述的中体西用论、文化重构论有过评论,但大体是重复王章陵的观点。②

李明辉认为马克思主义中国化是儒家化的观点不能成立。他指出包遵信、甘阳和金观涛把马克思主义中国化对贯彻自由化政策的阻碍归于受到儒家传统的影响,分别从三个层面来论证中国马克思主义的儒家化:包遵信着重于理论思想层面,甘阳偏重社会心理层面,金观涛强调文化结构层面,但三者"均注意到道德伦理在儒家思想中的优越地位,而将这种特色称为'伦理本位主义'、'道德理想主义'或'伦理中心主义',并视之为儒家思想与中国共产主义汇合之处"。他主要从儒学的理论意涵来批评马克思主义儒家化的说法,认为这种说法的"最大盲点是不了解道德与政治在儒家思想中的关系,只凭表面上的形似,便将儒家思想与马克思主义牵连在一起";如果借用康德"道德的政治家"与"政治的道德家"的区分,那么儒家是前者,而马克思主义是后者,就如张灏所说,儒家是政治道德化而毛泽东则是道德政治化,两者适成对比。他并不否认"在社会心理及文化结构的层面上,儒家的'德治'思想有被中共假借以争取支持的可能性。在这个意义之下,上述三位大陆学者的剖析亦非完全无所见",但是,"不能将这个层面上的探讨与儒家思想本身的理论意涵混为一谈,并据此批评儒家。原则上,任何思想都有被假借或歪曲的可能性",意谓在社会心理及文化结构层面上的儒学,往往是不能代表儒家思想真正意义的。③

刘述先认为金观涛的中国马克思主义儒学化的论证,"主要症结在于,他仍

① 王章陵:《马学儒化驳议》,《大陆文化思潮》第193~230页。

② 曾春海:《以马列主义中国化为线索评估中国大陆四十年来的哲学发展》。

③ 李明辉:《论所谓"马克思主义的儒家化"》,《儒学与现代意识》第45~66页,文津出版社,1991年。

然未能在儒家思想与中国传统之间作出足够的分疏，以致陷入泥沼之中。但我觉得，如能补上一些必要的分疏，他的想法仍然是有意义的”；其意义在于指出了毛泽东的马克思主义是中国传统的产物，然而把毛泽东当做儒学化的马克思主义，则是没有在概念上加以分疏，因为毛泽东“完全看不见儒家的超越理想与价值”，金观涛认为毛的道德理想主义来自儒家传统，“不能说是完全没有根据的，但他所缺乏的是没有好好讨论儒家的理想与精神在马列框架以内受到的折曲”。[①] 在李明辉和刘述先看来，以毛泽东为代表的中国马克思主义所受到的传统影响，并不是真正体现儒学思想精神的东西，因而中国马克思主义儒学化的观点无从谈起。

以上关于台湾学者对大陆近20多年儒学研究述评的归纳，只是以我最近到台湾两个月（2003年10月至12月）时间里搜集到的材料为依据的，疏漏之处在所难免，希望批评指正。

（作者单位：上海师范大学哲学系）

① 刘述先：《理想与现实的纠结》第122～124页，学生书局，1993年。

与姨父陈翰笙相处80年

◇孙少礼　孙幼礼　孙稚礼　孙小礼

我们亲爱的姨父——陈翰笙(1897～2004),是跨越三个世纪的108岁长寿老人了。

我们姊妹自20世纪20年代起便与姨父相处在一家,回顾以前的岁月,难忘的往事一幕幕涌上心头。外祖父顾栋臣①只有两个女儿,母亲顾淑礼和姨母顾淑型。1913年外祖父才44岁就去世了,外祖母长期住在我们家,由父母亲和姨父母赡养。母亲和姨母感情极好,总愿意住在一起。姨父母因革命工作而长年在外奔波,就把我们的家视同他们自己的家,把我们家这一群孩子(四个兄弟,四个姐妹)②视同他们自己的子女,给予我们悉心的关怀和爱护,我们从小就习惯用无锡话把姨父称为“寄爹”。

一、在沙滩北河沿居住的日子里

1.年轻的北京大学教授,与我们同吃同住在一起

1924年,姨父应蔡元培之聘到北京大学当教授,那年他27岁,是当时北大最年轻的教授。他在历史系讲授欧美通史和史学史,在法学系讲授美国宪法史,同时还在北京师范大学、北京女子师范大学和燕京大学兼课。在北大时,他同李大钊逐渐熟悉起来,在李大钊的引导下,研读《资本论》,接受马克思主义,走上了革命的道路。

1925年春,姨父母与他们的朋友高仁山、查良钊、胡适等人创办了私立艺文中学(后为北京28中,现为长安中学),由高仁山任校长,姨母顾淑型任教务长和英文教员。这所学校采用美国的道尔顿教学法,是五四新文化运动以后我国最早的新型实验学校之一。

---

① 顾栋臣,字恒斋,号枚良(1869～1913),江苏无锡人。是明朝东林党人顾宪成的后裔。1903年在京师译学馆任国文教习,1905年任职学部,曾创办算学研究会,民国成立后当选为众议院议员。

② 四个兄弟是孙万宁、孙万来(仲连)、孙万明(顾景高)、顾诚,四个姐妹是孙少礼、孙幼礼、孙稚礼、孙小礼。

那一时期姨父母就住在我们家里（沙滩北河沿 42 号）。当时小礼还没有出生，我们兄弟姐妹年纪还很小，正上孔德学校和孔德幼稚园。由于我们与姨父同吃同住在一起，所以许多事情以及他说过的一些话，至今还记忆犹新。

记得庆祝外祖母 60 岁生日的时候，姨父母的朋友，包括一些外国朋友也一同来家里祝贺，晚上还在院子里放烟火，全家三代以及朋友们聚在一起，非常热闹，非常高兴。

2. 姨父关心我们的学习，但是从来不问考试的分数

姨父的生活非常有规律，每天很早起床，天热时坐在院子里阅读书报，天冷了，就在室内台灯前看书，直到吃早点。姨父不爱喝水，但爱吃水果，在夏天他可以一口气吃半个大西瓜。姨父吃饭则是每天定时定量的，吃饭时他看到我们狼吞虎咽、筷子打碗的那副吃相，一面连连摇头，一面开玩笑说："怎么，你们一边吃饭一边刷马桶？"大家都笑了，以后我们吃饭都安静文雅了。那时我们的一举一动都被姨父看在眼里，对我们的不良习惯，他常常用这种幽默的口吻来纠正，使我们心悦诚服。

姨父常在家里静静地工作，我们走过他的窗前，听到的不是沙沙的翻书报声，就是哒哒的打字机声。为了不打扰姨父工作，母亲总嘱咐我们不要在院子里吵闹。然而他在工作中间休息的时候，或在快吃晚饭的时候，也常和我们一起谈笑，有时还和我们一起搭积木，家里的一大箱积木就是姨父母请一位木工师傅为我们做的。

姨父很关心我们的学习，希望我们从小养成读书的兴趣和习惯。他常问我们各种问题：今天在学校里干了些什么，上了什么课，读了什么书，老师说了些什么，作文写些什么，等等，但是从来不问我们考试得了多少分。

我们都喜欢姨父，都乐意为他做点事情，例如替他到小店买邮票，抢着为他把信投入邮筒……姨父也很喜欢我们，尤其喜欢少礼，夸她用功，喜欢历史，作文写得好，要少礼叫他"寄爹"。以后我们兄弟姐妹都跟着称姨父为"寄爹"了。少礼上小学六年级时，姨父送给她一块手表，那么小的年纪戴上了手表，在那个时代是很少见的，为此少礼很得意，曾特地戴着这块手表在姨父的房门口摄影留念。

姨父很喜欢我们的小弟顾诚，说他聪明、活泼、爱问问题。有一天姨父抱着顾诚拍了一张照片，笑着说："寄给我的母亲，说是我的孩子，让他们高兴高兴！"

3. 姨父说他一生没有做过坏事，首先是得益于年幼时所受的教育

姨父非常重视对儿童的全面教育，经常和母亲谈论并介绍国外的儿童教育情况。姨父还回忆他自己幼年时所受的教育，他七岁上无锡的东林小学（我们的外祖父顾栋臣即东林党首领顾宪成的后裔）。东林小学的校风很好，校长、教员都热爱学生，都很正派。小学毕业后，姨父考入长沙的明德中学，这是一所颇有革命气氛的学校，历史教员傅熊湘是他思想上的启蒙人。姨父认为家庭教育很重要，家庭给他最深的印象是父亲的严厉和母亲的慈爱。因为他父亲常年不在家，所以母亲对他影响最大，他的性格、道德观念都是从他母亲那里得来的。姨父曾说他一生没有做过坏事，这首先得益于他年幼时所受的学校教育和家庭教育。

记得一天是少礼的生日，姨父买了苹果、葡萄等水果送给她作为生日礼物，我们弟妹们见了都抢着要吃，少礼用手把着不给，还说："这是寄爹买给我的！"大家又哭又嚷，闹成一团。事后姨父知道了，星期天他带少礼去公园，一路上讲了好几个小故事，说明要团结谦让的道理。回家时，姨父又买了水果，要少礼主动分给大家吃。这以后，少礼总以大姐的姿态关心、照顾弟弟妹妹们，在许多方面都以身作则，为弟妹们做出榜样。

有一次我们之中的一个忘记把姨父的信及时投进邮筒，当他问起时，却谎说已投进去了。姨父发现后，立即对我们大家进行了严肃的教育，教导我们一定要说真话，要诚实。

4. 李大钊、张挹兰与高仁山的遇难　在姨父母的带动下，母亲也成为革命工作者

经李大钊介绍，姨父母都参加了革命活动。姨父从1926年起为共产国际工作（后来于1935年在莫斯科转入中国共产党）。在姨父母的带动下，我们的母亲不但同情革命，而且以实际行动协助他们做她力所能及的革命工作。姨父母很尊重母亲，各种事情都与母亲商量，使母亲成为了他们的得力助手。他们曾教母亲说英语，当姨父母的外国朋友来电话时，母亲也能接电话，并把一些关键字音记住，再转告他们。

姨父为我们请过一位家庭教师，名叫张挹兰，她在北京大学读书，是一位思想进步的女学生。张老师每天来我们家两个小时，检查我们的功课，指导我们读课外书，做课外作业，为我们讲解各种问题。我们都很喜欢张老师，可是大约半年以后，她因参加李大钊领导的革命活动而被捕了。

1926年3月18日，北京学生游行示威，反对帝国主义的侵略行径和北洋军阀段祺瑞政府的卖国行为。那天姨母带领艺文中学的学生参加游行，姨父约母亲一同上街，他一边走一边散发抗议八国通牒的传单。在铁狮子胡同，母亲看见李大钊扛着一面大旗走在队伍的最前面，接着，她和姨父一起目睹了军警向游行队伍开枪射击的惨案经过。事后姨父怀着十分悲愤的心情，写下了《三一八惨案目击记》，于3月24日登在《现代评论》上。

3月19日，段祺瑞政府发出逮捕李大钊的通缉令。李大钊潜入东交民巷苏联大使馆西院的中东铁路办事处。这里是使馆区，军警不能进去抓人。姨父认识中东铁路办事处的职工，他以联系业务为名，进入办事处，会晤李大钊。这期间姨父也请母亲当交通员，母亲曾化装为教师，一身豪华打扮，名义上是去苏联大使馆为苏方人员讲授中文，实际上是给李大钊送信。

姨父母不能公开活动,母亲就想方设法为他们掩护。有时母亲给我们一两个铜板,要我们到附近店里去买点东西,顺便看看有没有和尚或什么人蹲在外面“拉屎”或干什么。我们心里明白这是要我们看看外面有没有坏人。记得母亲曾好几次在院子里轻手轻脚地烧一些书本,压着小火怕烟冒出院外,我们知道烧的都是姨父的书本信札。李大钊被捕以后,姨父母处境险恶。起先,母亲让他们住在自己卧室内院的小屋里,要幼礼常去陪着,有事好有个小孩通风报信。后来在史家胡同租了一间房子,他们就躲住到那里,只有母亲知道这个地址,她常带些衣物食品和报刊信件去看望他们。

1927 年李大钊被处绞刑的时候,同时遇难的还有我们的张挹兰老师,我们全家都非常悲痛。当时张老师的妈妈过于伤心,弟弟张友松年幼,于是就由母亲代表张老师的家属去收尸。后来姨父的好友高仁山(也是我们的表姨父)又被逮捕和杀害,母亲曾亲赴刑场,见到了高仁山英勇就义的情景,因怕表姨母陶曾谷承受不了这种场面,就由母亲代为收尸,并帮助料理后事。

李大钊被捕后,姨父母辗转去了苏联。1928 年 5 月,姨父母从苏联回国到上海工作。他们时时关心我们的学习,姨父写信说:中学是打基础的阶段,希望少礼能进一个更好的学校。后来她进了师大附中。

那时姨父母常介绍一些友人来我们家。他们曾介绍一位女青年陈志远到北京艺文中学读书,她是因为她母亲在武汉从事地下工作,需转移到一个安全地方而来北京的。一天,她在街上进行宣传活动而被逮捕,她说住在我们家,警察就押着她来我们家搜查,母亲机警地指着少礼和幼礼住的房间说:这就是她的卧室。警察一无所获,索然而去。姨父的学生和好友王寅生(北大历史系毕业,后来与我们的表姨陶宇珍结婚)在北京被捕,母亲曾去探望他,他出狱后暂住在我们家里。被土匪绑架的查良钊,被赎放后也来到我们家,他满面长着胡须,好疲惫的样子。还有张锡昌、刘思慕、张法祖等人,母亲都一一热情接待。我们的母亲实际上已成为姨父母朋友圈中的重要一员。

二、在抗日战争的艰苦年月里

1.“九一八”之后,与姨父母重聚在上海,姨父同我们谈学习

日军侵占东北后,北京吃紧,在王府井大街上常见到日本兵武装挑衅。父亲已先行到南京工作,1932 年底,小礼刚出生不久,我们举家南迁,先到上海小住,这时我们又和姨父母见面了。少礼、幼礼和稚礼留在上海大同大学附中住校读书。那时姨父在中央研究院社会科学研究所工作,组织了“中国农村经济研究会”,担任理事长。他正领导着一批年轻学者在地跨大江南北的大半个中国做农村调查,工作十分忙碌。姨母则奔走于上海、南京之间。姨父只要在上海,就约我们周末去他们的住处——中华学艺社。几乎我们每次去,他都在忙着看材

料或者打字，我们静静地等在那里，看他拿给我们的报纸文章。有时他竟忘了时间，突然发觉大家还未吃晚饭，于是，带我们一起到附近小店去吃饭。饭后回到住处，他才与我们谈话，询问我们在校读书学习和活动的情况。记得有一天晚上不知不觉地谈到很晚，学校已锁大门，我们回不去了，只好住在那里。姨父说他睡在地上，让我们三人与姨母横睡在床上，我们还未上床，姨父已躺在地板上，以书代枕呼呼入睡了。

姨父生性活泼爱动，虽然工作非常紧张，也能忙里偷闲去公园走走和看望朋友。有时他带我们一块到公园玩，边说边笑很是高兴。一个假日下午，姨父应约去美国朋友、进步作家史沫特莱家喝茶，把我们姊妹三人都带去了。史沫特莱一见我们就用英语说："唉呀，都这么大了！"她在北京时见过我们多次，因为姨父的朋友来家里找姨父，门铃一响，总是我们跑去开门，并把客人领进来，史沫特莱就是常到家里来找姨父的许多外国朋友中的一个。那天她非常热情地招待我们，问我们很多有趣的问题，都由姨父作翻译。

有一天，我们去姨父母那里，见姨父躺在床上看书，我们惊奇地问他是怎么回事，姨父笑而不答，姨母说："充好汉嘛！"原来一位朋友约姨父去骑马，姨父并不会骑，却大胆地骑上去了，马飞驰而去，闯进上海市区，一直奔到了静安寺，那位朋友也不见了。姨父着急地在马背上大声喊叫，幸好遇到一位勇敢的年轻人，上前把马勒住了，姨父摔下马来，身上多处受伤。姨母对我们说："这就是他逞能的结果。"

姨父很关心我们在学业上的想法，有一次他问我们将来打算学什么，少礼说想学历史，幼礼说想学医（这时稚礼已转到南京女中）。姨父听了很高兴，他跟我们讲起他年轻时想以科学救国，到国外学园艺，因高度近视看显微镜有困难，转学地质，但眼睛看石头标本仍有困难，可是他的记性特别好，所以老师建议他改学历史。他对我们讲了许多学习历史的体会，他说学历史不是为了写历史书，而是为了解决现实问题。不但要学中国史，还要学外国史，读外国史可以打开眼界，各国之所以有不同的社会发展情况，就与各国的历史有关。他说一个国家强盛起来，有它的内外因素，对这些因素必须有清晰的了解，才能找到救国的方法。他又讲到对中国社会的看法，他为什么进行农村调查，等等。我们听得很有兴趣，印象很深。

可惜好景不长，1934 年春姨父母又因工作需要去日本了。他们在日本时行动很不自由，受到警方监视，于是约母亲去东京，这样就能以陪伴母亲游玩为由外出活动。母亲在东京住了两个月，回来后告诉我们，姨父利用在日本的时间撰写了关于中国农村和农民的文章和著作。

姨父母为革命而颠沛流离，生活极不安定。1935 年春因发生了意外情况，他们不得不离开日本，再度去苏联。他们途经上海时，曾约母亲见面。

1936 年他们又从苏联去了美国。他们身在异国他乡，却时刻关心着祖国和人民，关心在国内的朋友们，非常希望读到我们的信。当时抗日浪潮高涨，我们姊妹都投入抗日救国运动，参加读书会、歌咏队、宣传队，出壁报，参加义卖义演和各种集会、游行。这些都是我们给姨父母写信的内容，并尽可能告诉他们一些朋友们的信息。

2. 宋庆龄一大早来电话：希特勒进攻苏联了！

1937 年我们全家搬到了重庆。1940 年皖南事变以后，白色恐怖笼罩整个大后方。少礼和幼礼被列入黑名单，必须离校隐蔽。姨父母那时已在香港，得知此事，马上写信介绍我们去找“中国工业合作社”东南区办事处主任，经他们帮助，我们姊妹俩绕道江西、广东到了香港，又与姨父母会聚在一起了。

我们姊妹俩一到香港，姨父母就问学校的情况，批评我们幼稚，把学习环境搞得呆不下去。并叮嘱说香港情况复杂，不要乱跑乱窜乱写信，否则会把他们的工作环境也搞坏了，等等。

到香港不久的一天，姨母正生病在家，有一位客人敲门，幼礼开门后，姨母高兴地说：“啊！是孙夫人……”这是我们第一次见到可敬的孙夫人——宋庆龄。她亲自来探望姨母，并与姨母谈论了为新四军募捐的事。姨父母与孙夫人来往很多。有一天清晨，大家都还没有起床，幼礼接到一个电话，听出是孙夫人，立即叫起姨父。姨父接完电话转身告诉我们：希特勒进攻苏联了！他披着睡衣，马上连着打了好几个电话，把这个重大消息一一通知朋友们。

当时姨父在宋庆龄领导的“保卫中国同盟”工作，还帮助她组织“中国工业合作国际委员会”，宋庆龄是委员会名誉主席，姨父是执行秘书，姨母也在“工合”的办事机构工作。那时从海外来的捐款通过“工合”分发到抗战后方和解放区。姨父还办了《远东通讯》，是对外宣传的英文半月刊。每期刊出，姨父都带一份回家给少礼、幼礼看。

姨父很忙，工作头绪很多，但他善于利用各种机会处理事务。一次幼礼随姨父母参加一个为新四军募捐的演出会，那天是戴爱莲的个人舞蹈表演。我们坐在场内靠中间处，不一会儿，几位客人步入前面第一排。姨父对姨母说：“胖子来了，我正有事要找他。”姨父马上写了一个条子交给幼礼，要她把条子交给前排的胖子。胖子看了条子就起身往洗手间走，这时，姨父也起身走向洗手间。“胖子”就是廖承志，是大名鼎鼎的廖仲恺的儿子。与姨父在工作上有来往的外国友人也很多，我们不时听到他谈起一些有特殊经历的外国友人。

皖南事变后，许多社会文化名人不约而同地来到了香港。姨父经常与他们商讨各种事情。记得有一次，金仲华、刘清扬、冯和法等十来人来到家里，商量要在香港办一所学校，讨论得很具体。他们说干就干，很快在九龙选好了校址，成立了“立华女子中学”，立即招生上课。刘清扬任校长，姨父等是董事。姨父让少礼去立华女中教书，兼管教务方面的一些工作，并且住在学校里以便照应学校的一些事。每周六，少礼从九龙过海回家。晚饭后，我们常帮助姨母把一些很精美的手工刻花图贴在印好的卡片上，作为新年、圣诞贺卡，这也是为新四军募捐用的一种义卖小商品。姨父则坐在一边翻看报纸，也与我们谈天。偶尔我们一起出去看电影，可是电影一开演，姨父就打瞌睡，甚至声音很大地打呼噜了。姨母推醒他，可他很快又睡着了，我们觉得姨父实在是累极了。

3. 太平洋战争爆发，姨父母和我们被困在香港

为了给新四军和解放区募捐，姨父母为"保卫中国同盟"筹办一个大型嘉年华会，用地面积很大，布置了一个大游戏场，有跑马转盘、空中客车、翻斗秋千等，周围设有各种小摊位。姨母忙于许多具体事情，幼礼帮着做些零星小事。当时姨父已为幼礼联系好，随沈其震大夫运送军需、医药用品去苏北解放区。因为幼礼即将去解放区，姨母特意带我们上街品尝广东风味茶点，还去逛了一次香港山顶花园。后来由于太平洋战争爆发，幼礼未能成行。

1941 年 12 月，嘉年华会办得正热闹，一天幼礼在会场帮助姨母看守"工合"摊位，姨母因感冒提前回家时嘱幼礼把她的药带回去，可是幼礼却忘记了。第二天幼礼一大早起来独自赶到会场取药，只见人们都在慌忙收拾摊位，"工合"老工友说："你来干什么，快回去！"听得人们在说："日本军到九龙了！"街上拥挤的人群神色惊慌，公共汽车没有了，店铺在纷纷上闩……幼礼拼命往半山的罗便臣道的家中跑。这时山上是英军，山下是日军，已开始接火，炮弹从头顶飞过。幼礼满头大汗赶到家中，遭到姨父母好一顿训斥："你这小赤佬跑到哪里去了！出去也不说一声，打仗了……"

从这一天起，我们四人就被困在屋子里了。姨父怕门窗玻璃被炮弹震破，就把报纸和书本裁成窄条，满贴在玻璃门窗上。房东看了很害怕，担心是些"有问题的书报"会引起麻烦。

不几天，炮声停止。英军投降了，日军更加肆虐，姨父母的朋友们都躲避起来，音信全部断绝。一天晚上，一位朋友匆匆来找姨父，要我们立即离开。他领我们四人到了一所学校，在一间空教室里，用课桌拼起来当床睡觉，我们当然难以入睡。次日一早往窗外看，日军已驻扎在对面的楼里。姨母果断地要我们姊妹俩立刻离开，我们便跑到一位学生家里。果然我们刚走，几个日本兵就来了。姨父当时剃了光头，穿着一身旧长袍，一双旧布鞋，装成这所学校的看门人，姨母也装扮成一个普通的家庭妇女，总算平安无事。之后姨父的友人张法祖又把我们四人带到一家的厨房过道里暂时住下。过道没有灯，白天靠两边的门开着可透进亮光，晚上为节省蜡烛，只能点一会儿。主人用柴火一烧饭就黑烟滚滚。就在这样艰苦的环境里，姨父照样有说有笑。他开始留胡子，有时他用手摸着胡子说：多摸摸，让胡子长得快些！我们姊妹二人常从这家的防盗门缝观看街上的动静，发现有一个小贩每天提着篮子挨家卖花生米。为补充营养，姨母要我们每天买两角钱花生米。姨父总把花生米摊在纸上，分成四份，有时还一粒粒地数着以准确地平均分配。

张法祖常来看我们，他听到什么消息就跑来告诉姨父母，有时还带个烧好的菜来。一天他气愤地说：昨晚几个日本兵闯到他家，他妻子听见日兵上楼，就赶紧钻到床底下几个箱子的后面（这是事先准备好的）。他的岳母正抱着外孙，日兵连连追问："小家伙的妈妈呢？"老人说："得病死了。"日兵在房里转了几转走了。姨父母听到这一情况，要他的妻子立即来与我们同住。张说：不必了，日兵大概不会再来了。姨父母一再坚持，甚至有点生气了。这样张法祖当天就送妻子来了。第二天他跑来说，果真当晚几个日兵又去他家，硬是要找小孩的妈妈，还用手电筒往床底下照了又照。张法祖非常感激姨父母的决定，否则不知会发生什么可怕的事呢。

街上渐渐平静，人们开始活动，互相打听消息。姨父不便出门，由少礼在家陪伴他。姨母则带着幼礼外出寻找朋友，商量离开香港的办法。听说姨父的一些外国朋友被日军抓进集中营，正关押在一家旅馆里。我们走到这家旅馆附近，一群居民正在好奇地往楼上看外国人。我们看到姨父的英国好友邱茉莉和爱泼斯坦也在其中，正倚着栏杆往下看，于是我们向他俩招手，他们也发现了我们，也向我们挥手，虽然不能通话，但心里明白大家都还健康地活着。

4. 姨父母带我们辗转到桂林，后来他们又逃亡印度

1942 年 2 月，姨父得到通知，我们被组织起来离开香港去澳门，经东山游击区，辗转到达桂林时，已是 4 月了。一到桂林，姨父就遇到了范长江、张友渔、萨空了等许多老朋友。他又活跃起来，积极地开展各项工作：主持"工合"的桂林分会，出版刊物，去桂林师范学院教课。姨母也常去"工合"，并在师范学院教英语，还筹办了一个小化工厂。这时少礼去中山中学教书，幼礼就在小化工厂工作。起初住处很挤，我们姊妹俩就住在中山中学的教师宿舍里。星期天，我们一早就去姨父母那里，同他们一起做饭，搞卫生。姨父常坐在小板凳上，以椅子或床当桌子放他的打字机进行工作，休息时便关心地询问我们一周来的情况。

不久，姨父母搬到桂林漓江北面一所木制的二层楼房内，幼礼就随姨父母住楼上的两间房，教育家林励儒和俄专的校长孙亚明住在楼下，房主人在其余的空房内堆放着杂物。楼房四周都是农田，要走过好长一段田埂到一条土路上，才能遇到仅有的交通工具黄包车。房子虽属新建，但木板与木板之间有很多缝隙，住在里面四面透风。出门时遇到下雨，道路泥泞溜滑，一不小心就会摔跤。一次幼礼随友人去漓江游泳，可能喝了脏水，得了急性肠胃炎，当晚又吐又泻 20 余次，次晨人已虚脱，是姨父背着幼礼走过田埂，找到车送至医院。就在这样简陋的条件下，姨父母整日忙碌着，生活紧张而愉快。有一次，姨父母的英国朋友邱茉莉来访，他们畅谈香港沦陷以后的种种情况，晚上，为邱茉莉临时搭了一个铺，她就在这简陋的房子里住了一晚，第二天高兴地说睡得很香。姨父告诉我们：邱茉莉的原名是 Cholmeley，他为她取了这个中文名字，既同音又美丽。

后来，姨父介绍少礼去美国新闻处工作，幼礼到衡阳一家医院工作。1944

年春的一天，幼礼突然接到姨母的电报要她马上回桂林一趟。回到家，方知广西军委会已得到通知要逮捕姨父，姨父母只得再次出逃。他们用了假名，由父亲在重庆设法帮他们弄到护照，一切已准备就绪，第二天就要秘密动身去印度。那天晚上，我们四人在一起吃晚饭，还喝了葡萄酒，碰杯互相祝愿，边吃边谈，谈到很晚。临别了，姨父母嘱咐了很多，姨父觉得少礼在美国新闻处工作很好，表面上在美国机关，实际上是为中国工作，他介绍了美国新闻处的一些人，说可以向他们学到不少东西，还可趁机把英文弄好。姨父认为幼礼富有同情心、正义感，话不多，人很机敏，将来可以从事福利事业，但是还是要学有专长，不论是哪方面的都行，不能肚里空空地干革命。次日一早，我们姊妹俩送姨父母到上车的地方。这次分别，不知何时才能相见，车子开动时我们忍不住流下了眼泪。一个多月以后，长沙沦陷，衡阳、桂林居民紧急疏散。我们姊妹两人先后回到了重庆。

姨父母在印度时，曾写信建议幼礼去印度求学。那时幼礼已决定去浙大继续完成学业。姨父母得知后，特从国外寄给幼礼一枝派克钢笔表示勉励。

第二次世界大战结束后，1946 年姨父母从印度去了美国。我们家也离开了重庆，父母亲回到北平。少礼调北平军调部工作，与香山结婚后于 1947 年一起回延安了。幼礼在浙大毕业后到上海工作，稚礼先在上海，后来去了香港。幼礼和稚礼一直与姨父母保持通信联系，他们身在国外，却非常关心国内的形势和亲朋好友们的情况。1948 年幼礼听说姨父的老朋友张锡昌被捕，立即写信告诉他们这一消息。姨父马上回信，并附了一封给老友吴觉农的信，请他设法营救张锡昌。经吴觉农多方努力，终于使张锡昌获释。

1948 年，姨父介绍从美国回到香港的大公报社记者杨刚同稚礼联系。从杨刚那里，稚礼得知姨父母很怀念祖国，盼望早日回国。

三、重逢在新中国的首都北京

1. 50 多岁的姨父母，精神风貌像一对血气方刚的革命青年

姨父母在美国得知全国解放这一特大喜讯之后，奉周总理的指示于 1951 年初绕道欧洲回国。他们一到北京，我们就去他们下榻的北京饭店看望他们。阔别多年，能在新中国的首都北京相会，大家都高兴极了，我们和姨父母热烈拥抱，畅谈别后的种种经历，告诉他们新中国成立后的各种新鲜事情，他们对每一件事都那么感兴趣，兴致勃勃地向我们询问一切。那年，姨父母都已 50 多岁，但是他们的思想感情、精神风貌真像一对血气方刚的革命青年。他们立即全身心地投入到组织为他们安排的工作中去，姨父工作过的单位有外交部、《中国建设》杂志社、国际关系研究所等，姨母在新华社、中苏友好协会、摄影协会等单位。1955 年姨父被选任中国科学院哲学社会科学学部委员。

起初，姨父母被安置在象鼻子后坑的一座小四合院里居住。1956 年时因房

子要拆迁，而一时又没有合适的住房，他们就主动要求与我们的父母住在一起，这本来就是他们的夙愿，于是立即搬到了东华门大街25号这个古老破旧的院子里，即我们所谓的老家。他们住在朝西的三间东厢房里，冬天是相当寒冷的，屋里虽然生着一个相当大的火炉，室温仍然不高，姨父经常穿着棉袄在家里工作。他对我们说："我不怕冷，我的腿最经冻。"他撩起裤腿，让我们大吃一惊，原来他里面光着腿，一冬只穿一条呢裤而已。他出门从来不戴帽子，不围围巾，即使顶着五六级西北风，也毫不在乎。到了夏天，东屋有西晒，非常炎热，姨父经常只穿一条单布长裤，打着赤膊，汗流浃背地工作。他却对我们说："这点热算什么，我不是照样干工作吗！"那时姨父已经60多岁了，无论严冬酷暑，都不停地紧张工作，令年轻人非常佩服。

2. 在破旧的住房里，姨父谈笑风生，领我们神游世界

我们姐妹每次回家看望母亲（父亲于1959年病逝），都同时去看望姨父母。姨父一见面总高兴地立即把我们腾空抱起，他见到我们的孩子更要把他们高高举起，还要转上几圈，然后就说一些玩笑话，逗得大家都笑。不管谈论多么严肃的问题，姨父总是那么幽默，在他周围总是充满着欢乐和谐的气氛。在那三间打通了的平房里，南边是卧室，把几个装书的木箱子摆在一起，上面铺个垫子便是床了；北边则是书房和客厅，四周除了门窗，便是装满书籍的书柜，中间放着两张沙发，显得十分拥挤。然而就在这个简陋狭小的屋子里，学识渊博的姨父常常同我们谈古论今、海阔天空，仿佛带领我们神游广阔无垠的世界。

母亲和姨母姊妹俩常爱一块谈论往事，姨父闲暇时也同她们一起叙旧。我们不止一次地听姨父说他在美国与姨母怎样巧遇又怎样恋爱的故事。他得意地说："我在一个果园勤工俭学，每次下工以后，我都带几个橘子给你们的阿姨吃，她吃得很开心，她以为我总有橘子给她吃。后来她嫁给我了，我也不去果园了，就没有橘子给她吃了。"说完他哈哈大笑，大家也都跟着大笑起来。

有一天，小礼和育之夫妇刚到姨父家，就有人送东西来，姨母告诉我们："是孙夫人（宋庆龄）送萝卜丝饼来了，还热着呢！"姨母要我们马上趁热就吃，于是我们四人围桌而坐，姨父一面吃，一面对我们说："孙夫人特别爱吃萝卜丝饼，你们尝尝，是不是好吃？"姨母还说："孙夫人自己爱吃的东西，常送来让我们尝尝，希望我们也喜欢吃。"记得那萝卜丝饼做得很精致，味道确实很鲜美。

姨父是副部级领导干部，但他并未享受副部级待遇，甚至从未想到要争取这种待遇。他在东华门那样破旧的住所里一住就是25年，生活得很愉快。姨父也从来没有领导干部架子，他平易近人，关心周围群众疾苦。东华门街道上的人对姨父都很敬重和爱戴。

姨父性格朴实开朗，耿直坦诚，富有正义感和同情心。姨母曾对我们说："你们的寄爹是个书呆子。"其实，姨父是一切出自公心，一切秉公对待，他对那种吹吹拍拍的庸俗行为和政客手腕十分反感。他心直口直，不怕得罪人，不怕得罪领导。

他说：“我不会吹牛，也不会拍马，有人不喜欢我，我也不喜欢吹牛拍马的人。”

姨父是个坚持革命原则的人，组织纪律性很强，不该告诉我们的事，怎样央求他，也从不透露一点，从他那里是得不到“内部消息”的。可是如果我们有什么具体困难，或者他的朋友、学生有什么困难求助于他，他却是有求必应，尽其所能给予热情帮助。

四、在惨无人道的“文革”风暴里

1. 姨母病危，不允许陪伴，姨父失声痛哭不已

“文革”风暴袭来，姨父受到猛烈冲击，被扣上了许多莫名其妙的帽子，列上了一大串莫须有的罪状，长时间被关在机关里挨批挨斗。姨母当时已年过七十，退休在家，受到惊吓，终日焦虑不安，1968年患了癌症，又不能住进医院治疗。当时我们兄弟姐妹也都无一例外地在受审查，只有年老体弱的母亲一人陪伴她、照顾她。姨母很想念姨父，但总不得见面。直到姨母临终前几天，母亲实在按捺不住了，她到外交部去找“专案组”，要求让姨父回家看望，但仍遭“造反派”拒绝。母亲急了，质问道：“人死了，谁负责向家属交代！”这样，姨父才由两个人押送着回家与姨母见了一面，姨母希望姨父能在家里住一晚，姨父更是要求留下来陪陪病危的老伴，但仍未得允许。姨父被押回到机关后，他失声痛哭不已。以后，每年一到姨母的忌日（11月5日），姨父都要停食一天，独自静坐不语，以表深切的怀念之情。姨父为实践他与姨母生前的约定——他俩的骨灰都撒入风景秀丽的富春江，1972年1月，姨父特到浙江桐庐的窄溪，亲手把姨母的骨灰撒进富春江，并赋诗一首：“浩荡窄溪送骨灰，凄凄水上我徘徊。何日物化应作伴，携手夜台笑语陪。”

姨母去世以后，母亲为姨父的晚年生活担忧，尤其担心他的严重眼疾，她知道姨父和他的妹妹感情很好，就给他在上海的妹妹陈素雅写信（母亲口述，小礼执笔），希望她能多和姨父在一起，帮助照料姨父的生活。

2. 姨父在干校劳动，认真负责，一丝不苟

1969年姨父被下放到外交部湖南干校，当时他已70多岁，先被分配在菜园劳动，后来在收发室分发报纸信件。他和以往一样，对工作极端负责，无论对己对人，都非常严格，一丝不苟，凡挂号信他总是要亲自交到收信人手中才放心。同事们都为他的认真负责、热情服务所感动。有人对少礼（当时她在外交学院干校）说：“外交部以后如果实行选举，我还要投陈翰笙的票！”然而姨父的眼疾因得不到及时治疗而日益严重，离开干校时，他的双眼几近失明。

姨父在干校期间，我们姊妹四人也都分别在各地干校或农场劳动，我们常给姨父写信，他每收到信就马上回信，还常把他写的诗寄给我们。从他的信中我们能感受到，姨父虽身处逆境，但仍保持乐观精神，仍然关心国家大事、世界大事。1970年，我

们的母亲在北京病逝了，姨父得知这个消息非常难过，特写信给我们表示哀悼。

“文化大革命”期间，我们的孩子们在初中或高中毕业之后都陆续到各地插队、“上山下乡”或进工厂当工人。他们也常给姨公写信，姨公非常关心他们的前程，给他们回信时总谆谆嘱咐他们在劳动之余多读点书，英文、理化方面的书也要看，他相信将来会有机会上学学习的。他给吴笙（稚礼的大女儿）写信时称她为“小笙”，而自称为“大笙”。粉碎“四人帮”以后，国家恢复了高考制度，证实了姨父确实有先见之明，我们的孩子们后来也都陆续上了大学，有的还考取了研究生。

3. 在家里开设英文学习班，上街体察民情

1971 年下半年，姨父回到北京，回到了东华门的住所。素雅阿姨、她的女儿童瑜琼大夫、女婿许德胜大夫以及他们的孩子光宇、明明，先后搬到北京与姨父同住。从此，在身体保健方面，姨父得到了两位大夫的悉心照顾，在生活中也享受到了天伦之乐。

这期间我们姐妹也都先后回到北京。我们看到，姨父又开始忙碌了，没有人给他工作，但他是不会闲居在家的，他善于自己给自己安排工作，他在家里办起了英文学习班。在那没有上学机会的年月里，来向姨父学英语的人愈来愈多，有中学生、大学生，还有机关干部，由于程度不齐，便开设了初级班、中级班、高级班。我们的孩子也分别参加了学习班。他亲自到王府井外文书店去购买英文报刊作为教材发给学生阅读，每堂课都和学生讨论怎样把中文报刊上的某一段报道译成英文。姨父对教英文十分上心和投入，学生学得也十分用功和来劲，东华门住所后院的一间小平房成了一所生气勃勃的英文学校。听说有些学生的家长是“大走资派”、“黑帮”，如刘少奇、万里、乌兰夫、薛暮桥、于光远、王炳南、李纯青……大家都为姨父担心，怕会给他带来麻烦，但他毫不畏惧，他说：“任何人的子女都有权利要求学习！我是教授，教书是我的本分，这没有问题。”

姨父喜欢体察民情，常让纪中、宪成或燕生、燕民、云山①陪他一块儿上街。有一次他要去上海，执意要自己到东单售票处去购买火车票。纪中陪他从东华门步行到东单，他又执意要自己排队，他数点排队的人数，看着表，计算要用多少时间才能买到车票。有时他到理发馆去，师傅要先给他理，他却执意要和别人一起排队等候，并看着表计算要等候多少时间。人们都赞扬说，这位老先生事事都这么认真，真不简单！

---

① 孙纪中、孙宪成是孙万来的儿子，他们的名字是姨父取的，“纪中”表示他出生于世纪之中（1951 年），“宪成”表示他诞生在我国宪法制成之年（1954 年），他们一家与姨父同住在东华门；黄燕生、黄燕民、黄云山是孙幼礼的两个女儿和儿子，当时他们家在南河沿，离姨父家很近。

五、“文革”之后，继续开展学术研究和各种工作

1.“我像一部汽车，虽然两个车灯不亮了，发动机是好的”

“文革”结束以后，姨父承担了繁重的工作任务，任社会科学院顾问，国际关系研究所名誉所长，北京大学兼职教授、名誉教授，世界历史小丛书主编……他指导各种研究工作，指导硕士博士研究生，指导编辑各种书籍……在晚上和星期天开设不同程度的英文学习班。这时，姨父已经80多岁，竟还这样忙碌地工作，真是精力过人。他说：“我像一部汽车，虽然两个车灯不亮了，发动机是好的，只要是熟门熟路，我这部汽车还是能走的。”在东华门住所的院子里，他常从有三层石阶的走廊上跳下去，以证明他的“发动机”还很好。

每有客人来，临走时他都要把客人送到院子外面的马路边，冬天寒风凛冽，家人劝他戴上帽子，他总是不肯戴，还开玩笑说：“我从来就不戴帽子，‘四人帮’要给我戴那么多顶帽子都没有戴上，现在我更不用戴帽子了。”

姨父喜欢实干，视工作为生命。他从不浪费时间，对时间抓得很紧很紧。他有一个习惯，就是每周列一张时间计划表，每一格代表一个小时，表上总是填得密密麻麻的。他讲求效率，要求人们都要严格遵守时间。有事要找他，必须预先约定时间，并准时前来。黄洛峰常常谈起一件使他终身难忘的事，即早年在香港时，有一次他有事与陈翰笙先生约定好时间商谈，他高高兴兴地去了，可是一见面，陈先生却板起面孔说：“你看看墙上的钟几点了？”原来他迟到了将近十分钟。姨父的生活和工作都很有规律、很有秩序，晚年眼睛看不清了，但他的东西却分门别类地归放得非常整齐，他想拿什么，一拿就能拿出来，所以他虽然工作忙碌，却有条有理，忙而不乱。

姨父也善于忙里偷闲，星期日我们常陪他在东华门筒子河边散步，有时到城内的公园或者郊外旅游点去逛逛。从“文革”后期到80年代初，姨父曾兴致勃勃地同我们各家一起游过颐和园、圆明园、玉渊潭、香山、八大处、长城等，他玩起来像年轻人一样劲头十足，在公园里有时还高兴地蹦跶几下，真是老当益壮，充满活力。那时没有小轿车，也很少见到出租车，出去玩时只能挤公共汽车。和稚礼、佩纶一家去圆明园时，姨父不要他们搀扶，坚持自己上车，他真的挤上了车，然后得意地说：“我自己爬得上来，我还不算老吧！”和幼礼、洛峰一家出游时，也是不要别人扶助，事后对他们说：“我是揪着前面的人爬上来的！”到站时他还常常跳下车来，显示自己又灵活又有劲。

当我们见到姨父主编的《解放前的中国农村》、《华工出国史料汇编》以及“外国历史小丛书”等著作陆续出版时，真为他的辛勤劳动不断获得成果而感到高兴。

1992年起，原来为姨父帮忙的戚老师因为摔了一跤，行动不便，不能去了，

姨父就让幼礼每周去三次，为他读报读信，替他执笔回信等。那时幼礼已经离休，当然很乐意去帮忙。读报刊文章时，常常说完标题，念了几段以后，姨父就说不必再念了，他已经知道了。姨父博学识广，过去他能一目了然，现在眼力不行了，却能一听了然。为他回信时，他先口述，幼礼写下来，念给他听，再逐字逐句认真修改，直到他认为词能达意、用字合适了为止。

2. 关心教育，关心青年的成长

姨父非常关注教育事业，担忧教育质量滑坡，虽然已是九十高龄，但仍然亲自口授文章发表，认为为国家培养人才是最重要的事情。他很怀念过去的北京大学，很敬重蔡元培先生，他认为蔡先生人格高尚、学问渊博、功绩巨大，是伟大的学者和伟大的教育家，尤其赞赏蔡元培先生的知人善任和兼容并包，以及谦虚诚恳、平等待人的风度。他对现在的一些人学问不大却趾高气扬、飞扬跋扈，非常反感。

他总勉励小礼要在北京大学这个教育岗位上好好工作，不光教书，还要写书，要多培养青年人。1988 年，小礼把一本刚出版的著作《数学 · 科学 · 哲学》送给姨父时，他很高兴，并问："你下一步写什么书？"小礼说："还没有想好。"他又问："你现在研究什么问题？"小礼说："对数学做些哲学研究，正在写有关数学的特点和功能方面的文章。"他说："你把这些问题研究清楚，先写成文章，以后可以写一本书，书名就叫'数学之哲理'。"说着，他从抽屉里摸出纸和笔，写出这五个字。过了一些天，小礼告诉姨父，准备写一本关于莱布尼茨的书，此人既是大数学家，又是大哲学家，是 17 世纪最重视中国文化的欧洲学者。姨父听了也很赞同。

姨父特别爱护青年，关心青年的学习和成长。姨父每次见到我们的孩子，都会询问他们的学习情况和工作情况，常常是问了一遍又一遍。孩子们对姨公的关怀非常感动，都从心眼里喜欢姨公。他们与姨公交谈、向他学习英文，不但学到了严谨的治学态度，而且学到了高尚的做人品德。

姨父也热心帮助成年人，不论什么人，熟悉的，还是不熟悉的，到姨父家里去向他请教问题，一般都是来者不拒的。谁写了文章送给他，他从标题到文字都耐心细致地提出意见，指导写作，甚至还主动提供他所保存的有关资料。我们每次去看望他，他都关心地问："你们最近在干什么？写了什么？写好文章读给我听听，我可以帮你们修改，我还可以帮你们翻成英文。"

年近百岁时，姨父的记忆力日渐减退，人们都不再给他安排工作了，他为此感到苦恼。他说："我拿了工资不干工作，活着干吗？"所以他总是向人们要求工作，他常对人说："我还可以教英文，可以讲世界历史，谁来跟我学都行，什么时候来找我都行，白天来，晚上来，星期天来都行，我尽义务，不收学费，不要报酬。"

六、姨父的生日：我们全家的欢乐节日

1. 盛世长青树，百年不老松

姨父生于1897年2月5日，按农历是正月初四，恰好是在春节假日期间。记得是在40多年前的正月初四，我们的母亲发起庆祝姨父60岁生日，全家老小聚集到东华门尽情欢乐了一番。

1977年，我们为姨父庆祝了80岁生日，还到王府井的照相馆照了一张集体照。此后，每年的正月初四，我们大大小小30多人，带着蛋糕，奔向姨父家，祝他生日快乐；我们的下一代向姨公拜寿拜年；我们的第三代向太姨公拜寿拜年。这一天成为我们家的一个重大节日，是一年当中最热闹、最欢乐的日子，大家围坐在长寿老人身旁谈笑留影，记得姨父82岁时，他说："我今年才28岁。"90岁那年他说："我刚9岁。"每年我们向姨父祝寿，而姨父则以他那心胸广阔、乐观豁达和永远年轻的精神感染着我们每一个人。

按中国习俗，要提前一年做百年大寿。在1996年2月我们兄弟姐妹和姨父的妹妹一家并他的侄儿侄女们共同组织了一次热闹的家宴祝贺他老人家百岁华诞，宴会上我们衷心祝愿他健康长寿，并希望八年后，我们再欢聚一堂庆祝姨父的"茶寿"，即108岁生日。

在这次"百岁家宴"上，他的学生们向他祝寿，对他说"我们是你的学生"，他立即说"现在，我是你们的学生了"；当他们对他说"我们是你的老学生了"，他又立即说"那我就是你们的小学生了！"听了这段机智风趣的对话，我们深深感到，身为百岁老人的姨父，他的心态还是那么年轻，精神还是那么奋发，正像我们写给他的祝寿对联："盛世长青树，百年不老松。"

1998年，在庆祝北京大学百年校庆期间，中央电视台的记者曾专程拜访姨父这位最老的北大教授，请他对北大说一句祝贺或希望的话，他沉默未语，在一旁的童大夫向他建议：你就说希望北大越办越好！他继续考虑了一会儿，郑重地说："我希望北大办得跟从前一样好！"接着他又说："我希望北大的教授，第一不要兼官，第二要有著作，第三要关心学生，第四要学生提高外语水平。"这真是一片肺腑之言，表达了他对北大的殷切期望。

姨父年过一百以后，体力日衰，已渐渐不能行走，不能再像以前那样，每次来客向他告辞时亲自送到电梯口。但是他的脑子却永不停息，仍然关心着国家大事和世界大事。他说过好几次：苏联，苏联，现在不苏了，也不联了！这短短一语其实包含了他心中无数的回忆和感慨！1998年，稚礼从美国探亲回来去看望他时，他非常关切地询问：到美国去了什么地方？见到了什么人？有什么观感？稚礼带回了一些美国老朋友对姨父的亲切问候。

稚礼在美国期间，深感姨父在美国知识界享有很高的威信，很多人是通过他

的著作了解中国,与中国友好的。有人在到中国的敦煌和新疆旅游之前,先看了姨父参与写作的关于新疆的书 *Pivot of Asia*,觉得很有帮助。有一位中年作家 Peter Landor 正要写一部关于中国的书,通过收集资料了解了姨父,非常赞赏和敬佩他的博学卓识。

2001 年,幼礼从美国探亲回来时,姨父的身体更加衰弱了,精力已大不如前,但他仍然关切地询问美国的情况,他的心中仍然装着世界、国家和广大的人民。

2. 庆贺姨父的茶寿

姨父 105 岁时因发烧住了医院,小礼去探望他,见他正熟睡着,不忍心叫醒他,就向护士询问他的情况。护士说:"这位老先生特别幽默,有时候他向我们发表演说:我是北京大学教授,我可以教你们,给你们上课,不收学费。""有时老先生问我们:我今年多少岁了? 我们说:您多大年纪应该您自己知道,怎么还要问我们呢? 他笑笑说:我是考考你们! 于是我们说:您 105 岁了! 他说:不对。我们连说了好多个岁数,他都说不对,可是说到 87 岁时,他说:对了,对了。他还自言自语地说:过几天北京大学就要给我过生日了。"多么睿智有趣的谈话,其中包含着对北大多么深厚的感情啊! 奇怪的是,为什么他只承认自己 87 岁呢?

姨父的身体日渐衰弱,幼礼、稚礼和佩纶去医院探望他,向他问候时,他还常用微弱的声音说:"我能为你做些什么? 我能教英语,你给我介绍学生来吧!"他在病重状态下仍一如既往地想着怎样为别人服务,这种精神令我们深受感动。

2003 年 2 月姨父患严重的肺炎,在病危状态中度过了他的 106 岁生日。虽然他的病情不久便转危为安,但是自主呼吸日渐困难,就在口中插上了呼吸机,所以就说不出话了。后来又切开了气管,直接插入呼吸机。我们去看他,在他的耳边大声说:"寄爹,我们来看你了!"他用力地睁开眼睛,嘴不停地动着,想说话,然而已不可能发出声音来。我们仿佛听到他仍像平时那样问我们:从哪里来? 做了什么? 写了什么? ……我们同他握手时,他也用力地握我们的手。

2003 年底,护士对他说:"您就要 108 岁了!"他摇摇头,表示不同意。护士说:"您要过 107 岁生日了!"他仍摇头。护士又说:"那您是 88 岁吗?"有趣的是,听到 88 这个数字,他点点头表示赞同。

进入 2004 年,我们敬爱的姨父已是 107 周岁,若按虚岁算,则是茶寿,即 108 岁了,他是中国最长寿的学者。协和医院的医生说他们还是第一次面对这样高龄的病人。

我们带着鲜花和蛋糕,于 1 月 25 日在姨父的病榻前庆贺了他的茶寿,祝愿他继续用自己顽强的生命力为我国的医学做出新的贡献! 不料就在茶寿之后,姨父的肾功能日趋衰竭,于 2004 年 3 月 13 日晚与世长辞,走完了他 108 年的人生历程。

后记 本文于1997年由幼礼写出初稿,少礼、稚礼分别修改,小礼做补充和文字整理后,文章曾以"陈翰笙姨父与我们"为题收入《陈翰笙百岁华诞集》(中国社会科学出版社,1998年10月出版)。2001年秋,少礼不幸病故(我们一直没有把这个消息告诉姨父),她在去世前又对原稿做了补充。2003年幼礼、稚礼和小礼陆续增添了一些新的内容。现谨以此文作为我们对姨父逝世一周月的纪念。

魏建功先生朝鲜授课事略

◇漆永祥

2001 年是我国著名语言文字学家、语文教育家、古文献学家魏天行(建功)先生(1901～1980)诞辰 100 周年。先生既是北大古典文献专业的创办人,又是笔者的太老师,正是这双重的恩赐,给了我这个后学末造托迹北大和学界的基地与条件。又 70 余年前,先生曾赴朝鲜教授汉语。而巧的是自 2001 年 3 月至 2002 年 2 月,笔者也应韩国外国语大学中国语科的邀请,受北京大学中文系委派,做为期一年的外大中国语科全职教授。于是趁工作之便,在韩国就天行先生当年教学诸事进行了采访与调查。然而因年深日久,昔日档案已无所存,而先生所教弟子亦不复存世,当年诸事,查证非易。现就零星所得,并先生哲嗣魏至先生所述,对天行先生在朝鲜教学生活诸事,草成事略,亦算是后学小辈对先生的一点纪念之意吧!

一、开启先河:赴朝用现代汉语教学之第一人

20 世纪二三十年代,正是朝鲜半岛被日本侵占的时期,日本人主导成立了朝鲜京城帝国大学(今汉城大学的前身)。那时的中文教学隶属于 1926 年建立的法文学部支那文学系,聘请的是日本著名中文学者儿鸟献次郎任教。1927 年,当时的法文学部支那文学系主任、日本学者服部宇之吉要求中国北京大学派遣教授赴朝教学,北大经张凤举、沈尹默等先生推荐,遂派魏建功先生前往任教。魏先生被聘为帝大法文学部的华语讲师。

当时先生仅 26 岁,刚从北大中文系毕业两年,正是年轻有为、意气风发的时期。1928 年春,他回到北京与王碧书女士结为连理,并偕夫人复往汉城。从先生《侨韩琐录》等文章中可见,先生当年所住寓所亦屡有变动,其中有光化门、汉城南庙南、汉城天楼寓所等。因为先生日文、朝鲜文皆不通,遂请了帝大图书馆工作人员、会说中文的朝鲜人金九经教他学习日语,并在生活中为舌人译事之助。金毕业于日本京都大谷大学,后经魏先生介绍在北京大学图书馆工作,并在北大中文系讲过朝鲜语汉字音专题课,回国后亦在汉城大学任教,成为很有名的书志学家。

于是,自 1927 年 4 月 5 日抵汉城,至 1928 年 8 月回国,天行先生在朝课徒一年有余。今日韩国国立汉城大学的《中文系简介》中说:

1927年4月，当时的系主任服部宇之吉要求中国北京大学派遣教授，因此语法学家魏建功先生前来任教，成为韩国最先开始用现代中国语教学法授课的中文教授。

在魏先生入朝前，朝鲜人学汉语多雇佣老北京的“旗人”教北京话，所用教材也是《老乞大》、《朴通事》、《小学谚解》、《四声通解》等。这样，魏先生就成为中国大学赴朝用现代汉语教学的第一人。然而在当时情形下，汉语学习与教学皆不景气。笔者在采访汉城大学中文系已退休的金时俊教授时，金教授说当时除了魏先生与儿鸟献次郎外，还有日本学者辛岛骁等教汉语，但每年文学部招生学习汉语者也“仅三数人”而已。自魏先生回国后，教汉语者便再无中国教授了。

二、教学揭秘：如何用《老残游记》作教材

据魏至先生说，天行先生当时是用《老残游记》为教材，以注音符号为工具，借助英语讲授《中国文学》与《中国哲学》讲座。这让我们今天的人来看，很是有些想不通，因为如果让我用《老残游记》教今日韩国大学生学汉语，那将是件让师生皆找不着北的事儿。笔者找不到当年的第一手资料，只好找来成书于朝鲜时代的《老乞大》、《朴通事》等书与《老残游记》相较，来推寻魏先生教学的大致。

《老乞大》内容是记叙中国辽阳王姓之人进京卖马，与高丽李姓卖马、人参及毛蓝布之人结伴同行，一路走来的光景。每小节相对独立，或问答，或叙事，故事性很强，颇吸引人。试举其首段为例：

> 大哥你从那里来？我从高丽王京来。如今那里去？我往北京去。你几时离了王京？我这月初一日离了王京。既是这月初一日离了王京，到今半个月，怎么才到的这里？我有一个火伴落后了来，我沿路上慢慢的行着等候来，因此上来的迟了。那火伴如今赶上来了不曾？这个火伴便是，夜来才到。你这月尽头，到的北京么到不得？知他，那话怎敢说，天可怜见，身已安乐时，也到。

因为《老乞大》编成年代很早，所以随着时代的变迁，后人在再刊时，也就将一些过时的词语换成新词，或把一些旧的惯用语改编成现时流行语，例如在《老乞大》中的词语与《重刊老乞大》相较（括弧中为改编后词语）：

> 高丽（朝鲜）　汉儿（中国）　火伴（朋友）　行着（走着）
> 赶上来了不曾（赶上赶不上）　夜来（昨儿个）　月尽头（月底）
> 到的（能到）　汉儿言语（官话）　省的那省不的（懂得懂不得）

这样，尽管岁月迁延，但其书仍能不断更新使用，且与时代流行语言合拍，这可能也是当时最为科学合理的学习汉语方式了。

与《老乞大》近似的教材，还有《朴通事》，则是将朝鲜的风土人情结合在故事中，编法亦与《老乞大》相类似。如其首段曰：

> 当今圣主，洪福齐天；风调雨顺，国泰民安。又逢着这春二三月好时节，

休蹉过了好时光。人生一世,草生一秋。咱们几个好弟兄,去那有名的花园里,做一个赏花筵席,咱们消愁解闷,如何?从弟兄们,商量了。咱们三十个人,各人出一百个铜钱,共通三千个铜钱,勾使用了。……

为了便于学习,也把这些书翻译成朝鲜文,于是有了《翻译老乞大》(参附图一)、《翻译朴通事》(参附图二)等,在汉字下面注音并释词。了解了这些教材的情况,再来看魏先生用《老残游记》作教材,似乎就有了点眉目。请看《老残游记》首段曰:

话说山东登州府东门外,有一座大山,名叫蓬莱山。山上有一个阁子,名叫蓬莱阁。这阁造得画栋飞云,珠帘卷雨,十分壮丽。西面看城中人户,烟雨万家;东面看海上波涛,峥嵘千里。所以城中人士,往往于下午携尊挈酒,在阁中住宿,准备此日天明时,看海中日出,习以为常。这且不表,却说那年有个游客,名叫老残。此人原姓铁,单名一个英字,号补残,因慕懒残和尚煨芋的故事,遂取了这残字做号。大家因他为人,颇不讨厌,契重他的意思,都叫他老残。不知不觉,这"老残"二字,便成了个别号。……

由此可见,以上三书都是半文半白的故事性书籍,如果能看懂《老乞大》与《朴通事》,便能明白《老残游记》。魏先生当年为什么要用《老残游记》作教材,至此我们便陡觉豁然开朗了。

然而,当时的朝鲜学生究竟对汉字掌握到何种程度,是我们关切的另一方面,也是了解魏先生教学的一个重要问题。以今日韩国大学生为例,因为通行韩字,汉字几消亡殆尽,倘没有汉语基础,用以上诸书作为教材根本就行不通。为此,笔者对当时一般民众掌握汉字的情况做了调查,我们选了魏先生在朝鲜时发行量大且有影响力的主要日报——《东亚日报》,其中 1928 年 1 月 1 日刊登了《体育运动的普遍化——指导者的方针与学生的要求》一文。为便于比较,现不惮繁冗,将朝鲜文原文移录于下(参附图三):

運動競技의 一般化——指導者의 方略과 學生側의 要求

朝鮮의 運動界가 發芽期에서 成熟期로 거름을옴기려한다딸아서運動競技는吾人生活에잇서不必要라고絶叫하든그時代도 옛記憶으로사라지고이제運動競技는吾人의 生命을支配하는原動力을거졋다는것을 認識하는 同時에有刑無形으로 奬勵함에心身을수고롭게하는것이 오늘날의運動界라할것이다. 그러면 우리들이軍大觀하는 運動競技를嗜好하고愛好함은 勿論인同時에이것을보다더向上發達시켜야될것이아닌가?적어도 運動競技의常識을普及케하야 民衆化되도록奬勵하야써運動으로하야금一般化普遍化하게함이 우리朝鮮民族에게다시업는急先務일것이다運動競技를民衆化한다는것은 急務인만큼一大難題이며難問題인만콤奮鬪努力이必要할것이다.이예對한解決策은運動競技의興味들만히가진 中等男女學校學生에게運動競技를理解케하면卒業後라도運動界를爲하야活躍하며運動에興味를갖지아니한사람에게도 運動競技에길드리게할것이다 이意味에잇서本社에서는學校運動競技를一般化식힐랴면?……하는問題로서體育斯界에 權威잇는諸氏의高見을드러 運動競技를全般的으로奬勵하는데한도움이되게하고자한다 ----(運動記者)----

(译文:朝鲜的体育界从发芽期即将走向成熟期。因此,恳切而焦急地呼喊在我们生活当中进行体育运动是不必要的，这种现象已留在过去的记忆里了。现在认识到体育运动是支配我们生命的原动力，同时又不顾心神受累地进行有形无形的鼓励，这就是现在的体育界。那么，我们当然要嗜好爱好体育运动，同时也不是使其更进一步发达起来了吗？为了鼓励其群众化，至少应普及体育常识，使体育运动能普遍开展，这才是我们朝鲜民族的当前急务。因此，把体育比赛民众化就成为当务之急而出现了难题，因出了这种难题而需要努力奋斗。解决此事的办法是，使对体育比赛有很大兴趣的初高中学生了解体育比赛，在他们从学校毕业后，继续从事体育运动，使对体育比赛没兴趣的人也能够熟悉它。怎么能够使体育比赛普遍化呢？本报为了通盘鼓励帮助解决这一问题，即将找一位体育界权威人士发表高见。——体育记者——）

笔者并非有意找用汉字多的文章，而是随意选择了一篇，从中可以看出当时报章中汉字与韩字几乎各占一半，如果选择记述文化生活的文章，所用汉字将更多。至于当时一般的广告中，更几乎是清一色汉字。因此，简明易懂的半文半白话，除了发音释义外，其他就不是大问题了。所以师生间虽然语言不通，但仍教者能教，学者能学。

在音韵教学方面，魏先生使用新创立不久的注音符号，科学而准确。根据魏至先生提供的先生当年备课草稿（参附图四），可以清晰地看出，在教汉语音韵时，先生对每个注音字母及其发音方式都有非常准确明白的解释，甚至都谈到"开口呼"、"合口呼"之类专业性极强的汉语音韵名词，可见先生当年的教学还是相当深入的，并不亚于今天我们的对外汉语教学。

因此，从上面的叙述似可以说，在某种意义上，魏先生是用传统的方法与新式教学方式相结合，起到了新旧教学法衔接与过渡的作用。

三、课余访书："葛天氏之民过的日子"

魏先生在朝鲜时，还兼任中国京师大学校国学研究馆（即北大国学门研究所）特约通讯员，并受北京图书馆馆长袁同礼先生之聘，在朝鲜为馆方访购汉籍图书。因此，从魏先生的《侨韩琐谈》诸文中可见，先生在课徒之余，时常流连书肆，若时久饥渴，便去饭馆，果腹之后又入书肆。先生记载当时的情形曰：

> 幽居多暇，每从鲜人书廛访其书册。中国旧本颇有流存，顾其贾不谙版本，不能为人致力搜求，从心所欲。一书之来也，藏家适然取以易柴米，不问其全缺，计量而求值；贾人适然予价，转以售诸人；购者亦惟适然以得所见而可欲者耳。

今日汉城明洞、仁寺洞、东大门等地，亦有类似北京琉璃厂的地方，建筑古香古色，然多仿冒古董，少珍稀古物，仅为访韩外国游客提供纪念品而已，虽然时有刻本或抄本如《资治通鉴》、《朱子小学》、《红楼梦》之类中国古籍的残册，但皆为寻常本子，甚或粗恶不堪入目。想先生当年的光景，岂不羡煞我辈！难怪魏至先生称其父当年“真是葛天氏之民过的日子”。

因为朝鲜人锓梓之风不盛，“官书活字印版而外，类多写本，所经见者皆百年以上物”，所以魏先生购书的重点也就放在了此类古籍上。除了为北京图书馆访购的书以外，他个人买到的即有200部(本)以上。他访得购回之汉文古籍有《热河日记》、《香槎日录》与《别录》、《皇明遗民传》、《景教史料》等。其中，《热河日记》为18世纪朝鲜学者朴趾源所著，是其在乾隆四十五年(1781)随使来华回国后写的26种游记的总名，内容多记中国北方风俗与清廷掌故，史料珍贵。《香槎日录》、《别录》则是同治十三年(1874)清穆宗驾崩，朝鲜国王派出的陈慰兼进香副使洪雪坡出使时写的日记以及相关材料。《皇明遗民传》为清乾嘉时朝鲜人所著，保存了不少明末清初遗民史料。《景教史料》则是1801年朝鲜基督徒写给北京一位神父的信件，详细记载了18世纪末朝鲜国王捕杀基督徒的史实。这些书籍，魏先生或买或抄，带回国内，对研究明末及清代政治、经济、文化、宗教等方面提供了不可多得的重要资料。先生杂记文中亦屡屡引及以上诸书，与当下的中国、朝鲜做比较之研究。

四、文化交流：《侨韩琐谈》与《侨韩耳食录》

魏先生日间授课访书，至夜分则将其观感记录下来，此亦可见先生当年之勤奋。他在当时国内有相当影响的《语丝》杂志上发表了《侨韩琐谈》、《侨韩耳食录》等连载文章，介绍朝鲜文化与风土人情。魏先生当时大概也是偏爱《语丝》的，其《侨韩琐谈·中华高等料理》一文中，就曾说自己“带着一本《语丝》在看”。这些杂记中，有对朝鲜风土人情的介绍与评价，如《清云巫舞》与《雅乐》诸篇，介绍朝鲜民间巫舞与宫廷雅乐，并认为高丽音乐的特色“就是他们民族性的表征，大概属于悲壮沉重的方面”，即使今日听了韩国音乐之后，亦与先生有同感在焉。又如《杭——蒿》、《华韩之间的爱恶》、《大韩国碑》、《油纸扇青苔纸》、《朝鲜汉字谜》、《韩国时代“各宫房结代钱册”》、《鲜史拾零》等，从婚俗丧葬到国史旧闻，皆形诸笔端，介绍给中国读者。同时，先生文中对侨韩华人受到朝鲜人欺凌与污辱深表同情，并对当时的中国民国政府大为不满；而对日本侵占朝鲜、侵略中国，也时时表现出极大的愤慨，并在《鲜史拾零》等文中指出，清季光绪初期日本侵略朝鲜的野心已显，只是中国国力式微，既不能觉，又不能制，使先生在半个世纪后仍“枨触时地，怆愤憬憧，为之何邪”！

先生所得之书，随得随读，并将书中所述与现实时事相结合，或援古论今，或据今释古，引据广博，笔风雄健，而他当时不及而立之年，其才识学力，可窥一斑。不仅如此，先生文中所论，有些观点深中肯綮，今日读来仍觉其然。试举一例，朝鲜人李能和著有《朝鲜佛教通史》,书末著者自传体小说《放牛歌》中称:"头外则朱天子之网巾束缚之,脑中则朱夫子之网巾束缚之;有此内外之束缚,人无以活为也!"先生在《侨韩琐谈·两朱子》一文中发挥说,朝鲜民族的近代化,有两个中国人很为重要,这两个人思想方面是"朱夫子"(即南宋朱熹),生活方面是"朱天子"(即明代朱元璋)。魏先生接着论道:

儒教在政治上的势力非常之大,影响到风俗及宗教的地方也很厉害:……(一)朝鲜国家禁止妇女再嫁;再嫁女子的子孙不得入仕籍。(二)朝鲜国家禁止儒教以外的宗教;僧尼道巫不准走进京城城门一步。

在这两个重要关系下,朝鲜思想史上的大反动,他们积极要离开中国而独立自主,那实在是有很大的需要和价值。所以明白两朱子与朝鲜的影响,就自然了悟朝鲜之所以有二十多年前的独立自主的事实,乃是一件当然的必然的结果。我们更可以明白,今日之朝鲜的所由来,岂偶然哉!

朝鲜民族一方面受中国儒学影响极大,而另一方面又极力想摆脱中国文化的影响。这不仅在当时刚游离中国又沦陷于日本的朝鲜是如此,即至今日,在政治、经济等方面取得完全独立并成为较发达之国的韩国,大者如关于文字方面用韩字还是"韩汉通用",小者如关于"汉城"一名的忌讳(韩国地名皆用汉字,惟"汉城"一词,用英文 Seoul,或者用汉字译音"首坞儿"、"西蔚"等)等,仍然表现出韩民族自大又自卑、开放又保守、交流又警惕的矛盾心理。

五、今昔对比:从招收仅"三数人"到"中文热"

如前所述,魏先生赴朝教学时,因时代背景,朝鲜半岛的汉语学习极不景气。即以汉城大学为例,在 1945 年光复时,仅有毕业生 9 名,其他更不可论。韩国的汉语教学与研究,是从 1946 年汉城大学在自主建校以后才正式开展起来的。当时,中文系属于文理科大学文学部。但随着中华人民共和国的成立,中韩断交,韩国与大陆的联系完全中断。抗美援朝战争结束后,韩国汉语人才的培养及教学更大受影响,留学人员亦多前往中国台湾地区。

随着中国的改革开放,中韩交流增多。韩国 80 年代设有中文系的大学有 50 多所,90 年代中韩建交后,交流日益频繁,至目前已有超过 100 所大学设立了中文系(或称中文科、中国语科、中国学科),每年各大学中文系入学新生越来越多,如韩国外国语大学每届招生超过了 100 名。在大学里,中文系成为英文系之外的第二大外语热门系,目前已超过日文系。正因为如此,中文系录取分数较高,有些考生录取时进入他系,但在一、二年级时或读研究生时,就申请转系,比如外国语大学就有一些学生从法语、德语、捷克语等系转到中文系。韩国小学、中学亦设有汉语课,还有一些私人办的汉语学校,聘请中国老师教书。加上每年寒暑假到中国学习观光的大学生,各大公司内部开设的或在韩国或在中国的汉语学习班，人数更无法统计。例如在韩国国内，2001 年 5 月参加 HSK 汉语水平考试中、高级的学生近 4000 人次。可以说，汉语学习基本上覆盖了韩国各个地区。

同时，90 年代以来，原来前往台湾学习汉语的传统也已改观，现在 30 多岁的汉语学习者，绝大部分是从中国大陆学汉语后回韩的。而在北京、上海、哈尔滨、延吉、天津、南京、大连乃至内陆如西安等地的高校里，韩国留学生的人数也多超过日本留学生，韩国已成为留学中国人数最多的国家。与此同时，中韩两国的大学之校系交流，更是越来越频繁，如对等交流、互换教授、互派学生等，不仅在汉语教学，而且在中国学的研究方面，两国学者间的交流也越来越多。“汉语热”在韩国已经不仅是一阵热潮，而是在持续升温中。

目前，在中文系的课程设置方面，韩国各大学均根据本校的情况而各具特色。以汉城大学与外国语大学的本科生课程为例，汉城大学开设的课程有：一、古典文学，包括先秦文学、诗歌、小说、散文、戏曲、文学评论等；二、现代文学，包括文学理论、诗歌、小说、散文、戏曲等；三、语学，包括语法、声韵、训诂、文字等。低年级学生必修中国语基础课与汉文基础课。外国语大学开设的课程有：一、文学类，包括中国文学史、中国当代文学、中国现代文学、中国现代概论、中国诗选、中国戏曲、基础古文、中国散文选读等；二、语学类，包括中国语语法、中国语教育理论、语言学概论等；三、语言类，包括时事中国语、报刊阅读、基础汉语、视听觉中国语、中级汉语会话、高级汉语会话、中韩翻译、文法作文等；四、其他类，包括中国社会、中国概况、中国传统文化与思想、中国近代政治与法制、中国经济体制改革、中国对外贸易经济、中国经济地理、中国历史讲读、中国通史等。从这些课程的开设可以看出，汉城大学侧重理论研究，而外国语大学则侧重于实用型人才的培养。韩国大学所设课程，在很多方面已经与中国大学中文系相类似。同时，各个大学都有自己的中国学研究会与刊物，如汉城大学的《中国文学》，外国语大学的《中国研究》、《中国学研究》等。同时也有全国及地方性的各种中国学协会，定期或不定期地举行各种有关中国学的学术会议。

今日韩国大学的中文热，与魏先生当时的情形相较，真是世事变迁，天上人间，不可同日而语。此固与中国国力增强和中韩交流频繁密切相关，但先河后海，也与魏先生当年筚路蓝缕之功，实有不可分割之关系。在今日，如何提高对外汉语教学水平，加强中韩文化交流，尚需我辈在先贤基础上不断努力。惟此，也才是对天行先生最好的纪念！

（作者单位：北京大学中国古文献研究中心）

老乞大上

大哥你從那裏來。我從高麗王京來。如今那裏去。我往北京去。你幾時離了王京。我這月初一日離了王京。既是這月初一日離了王京

（附图一）

朴通事上

當今皇帝聖主，洪福齊天，風調雨順，國泰民安。又逢着這春二三月好時節，休蹉過好時光。人生一世，草生一秋。咱們幾箇好弟兄

（附图二）

運動競技의一般化

指導者의方略과學生側의要求

教育의本位로

（附图三）

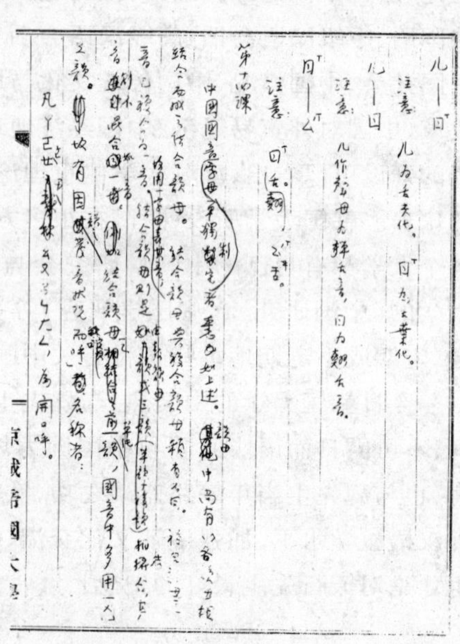

（附图四）

关于张寿镛及《张寿镛先生传》

◇张小林

我是从我的大学老师北京大学历史系张芝联教授那里,知道民国人物张寿镛先生的。

张芝联老师曾断断续续地提到他的父亲张寿镛先生的经历,说他是张煌言的后人,办过光华大学,编刊"四明丛书"。大学毕业后,我在中国社会科学院近代史研究所通史研究室工作。记得第一次进入通史研究室的办公室,就看见左面书架上赫然摆着一套"四明丛书",其中有著名的第五集《宋元学案补遗》,大部头线装书,蓝色布面封套装帧,十分醒目。这是我初次见到这部丛书,并由此得知,《宋元学案补遗》是研究宋明理学和思想史的必读书。后来,中国社会科学院文学所研究员陈毓罴先生曾多次对我提起,文学所图书室的善本书,有很多是张寿镛家人捐赠的,有元本、明本,十分珍贵。我从事历史研究的范围主要集中在清史,涉及晚清,平时看书,亦曾看到过有关张寿镛的事迹。如冯玉祥日记(1928 年 10 月 25 日)有这样的记述:"九点,与张寿镛谈财政困难情形。"

1995 年,张芝联老师编辑的《约园著作选辑》由中华书局出版,承他送我一本,我对张寿镛的身世、事功、思想至此才有了较系统的了解。2002 年,郑振铎之子郑尔康先生所著《郑振铎传》出版,书中记述郑振铎与张寿镛等在抗日战争期间,秘密组织"文献保存同志会",为国家收购善本书,更使我对张寿镛的爱国情怀有了深刻的认识。2003 年 4 月,俞信芳著《张寿镛先生传》由北京图书馆出版社出版,这是论述张寿镛生平的第一部专著。

张寿镛(1876 ~ 1945),浙江鄞县人,字伯颂,号诉霓,别署约园。24 岁任江南制造局文案,翌年兼充水师学堂采办员。27 岁中举,后历任江苏海运会办、警察提调、淞沪捐厘局提调、藩司总文案兼新政文案、淞沪总稽查、筦榷科科长兼典用科科长等职。张寿镛由办洋务文案起家,办事的范围遍及制造、盐务、漕运、捐税、警察,官虽不大,但基层的历练使其洞悉地方财政利弊,为其日后在财政界发展打下了基础。可以说,民国初年财政官员不乏从基层起家者,但对各项业务如此熟悉,无出其右者。

民国初年,张寿镛已是著名的理财专家,历任浙江、湖北、江苏财政厅厅长、沪海道尹,曾任财政部善后会议财政整理审议处主任兼执政府秘书,为北洋政府理财。蒋介石北伐到上海,请虞洽卿电邀张寿镛为其联络财政金融界,筹集军饷。1927 年 4 月,张寿镛任上海财政委员会委员兼江苏财政厅厅长。其后孙科、宋子文先后任财政部部长时,张寿镛担任财政部次长兼江苏财政厅厅长,直至 1931 年 12 月蒋介石第二次下野,张寿镛辞职。1932 年张寿镛再次出任财政部次长,直到同年 7 月,坚决辞职,从此再未涉足政坛。这一年,张寿镛 56 岁。

张寿镛脱离官场后,集中全力办光华大学,编辑四明乡献。张寿镛办教育编乡献,是基于爱国情怀。由爱国而创私立光华大学,是因于五卅惨案后激于义愤,决计从洋人手中收回教育权。用张寿镛的话来说,是"感觉教会学校,持文化侵略之可恶,而愿决心一试",这是指上海圣约翰大学禁止师生参加五卅运动。他任校长 20 年,筹款办学,事必躬亲,培养青年,鞠躬尽瘁。由爱国而编辑乡献"四明丛书",为的是保存乡贤遗著和乡邦文献,弘扬浙东学派经世致用的优良传统。此外,在抗日战争时期,他和郑振铎等人在上海,以私人身份出面替国家收购珍本古籍,尤其感人至深。当时,各地藏书家遭受战争苦难,所藏图书大半散入上海市场。美国、日本及一些汉奸纷纷出资收购。张寿镛和郑振铎担心这样下去,兵燹之余的古籍将全部落入美国人和日本人手里,将来总有一天,研究中国古文学的人也要到外国去留学。他们联络张元济、何炳松、张凤举,秘密组织"文献保存同志会",电商重庆政府获得委托和款项,以暨南大学(何炳松为暨南大学校长)、光华大学及涵芬楼(张元济为上海商务印书馆负责人,涵芬楼为商务印书馆藏书楼)的名义为国家收购图书。张寿镛被推举为同志会负责人,与何炳松负责保管经费,郑振铎负责与书商交涉。凡值得国家保存的古籍,都在收购范围之内。所收购图书凡每部价格超过 50 元以上者,须全体委员签字,重要宋、元版及抄本,在决定收购之前,分别送请各位委员鉴定。这些规定是同志会共同拟定的,从中亦可看出张寿镛缜密细致的理财特点。从 1940 年底到 1941 年 12 月太平洋战争爆发,他们购得江南著名藏书家如玉海堂、群碧楼、嘉业堂、蕴辉斋、风雨楼、海盐张氏、南浔张氏适园等一大批珍贵藏书。据称这批图书共 1.5 万部左右。这是祖国的文化瑰宝。现在,台北中央图书馆收藏的善本书,约三分之一是他们当年收购的。1940 年,张寿镛已 65 岁,这是他垂暮之年与同仁为国家所做的一大贡献。1945 年,张寿镛因病去世,享年 69 岁。

张寿镛还是一个著名藏书家,一生藏书 4.5 万余册,有元刊本、明刊本及抄校本。难能可贵的是,他逝世以后,夫人蔡瑛于 1953 年率家人将全部藏书无偿捐献给国家。这批书籍现在一部分藏于北京图书馆,一部分藏于中国社会科学院文学所图书馆。"四明丛书"雕板则全部捐赠给杭州浙江图书馆。

在研究张寿镛方面,《张寿镛先生传》的作者俞信芳曾任宁波大学图书馆特藏室副研究馆员,多年注意四明乡献,辛勤搜集有关张寿镛的资料,并撰写有《四明丛书续编子目研究》,编辑《约园佚文辑存》,对张寿镛生平作了较为深入的研究。俞信芳所撰《张寿镛先生传》有如下两个特点:

第一,内容全面。全书分六章:家史、从政、创办光华大学、编刊"四明丛书"、学术思想、恩泽,计20余万言,书前刊有多幅图片。内容以事功为经,以时间为纬,结合不同时期的诗作,写出张寿镛一生的事业及思想感情。从研究张寿镛的角度看,这六章包括了其立德、立功、立言的主要内容。

第二,资料丰富。《张寿镛先生传》所依据的资料主要来自两个方面。1. 有关著述。张寿镛一生缜密细致,勤于著述,自编有《约园杂著》、《约园杂著续编》、《约园杂著三编》。财政方面的著述牍稿,有张寿镛同仁编辑的《约园理财牍稿》。近年,又有其哲嗣张芝联编辑的《约园著作选辑》。这些材料较为集中,是本书的基础。2. 报刊。张寿镛多年在江浙、上海及财政部担任要职,散见于报刊的有关资料较多,且零碎散乱。俞信芳为此下了苦功,广为搜集,集腋成裘。仅从《申报》手录下来的材料,就有十数本之多。从各处辑出的"佚文",也有数十篇,大部分是首次发现。《张寿镛先生传》选出重要的佚文13篇,列为附录。

佚文中有一些重要文献,如1927年11月22日《申报》刊载张寿镛《演讲中国二十年来财政》,是研究民国财政史不可不读的文章。

张寿镛在演讲中开宗明义,大胆提出中国无所谓财政。他说:

> 寿镛年鲜学识,历年虽在财政界,但所办者,不得谓之财政。不但寿镛所办的为非财政,敢放胆说一句话,吾国并无所谓财政。所谓财政是与政治相联的,不是财政可以成(独)立的。财政是根于经验的,不是离经验可谈财政的。……所以要提出此要语,因为二十年来国家无政治系统,所以财政弄得如此糟。社会无经济能力,所以财政弄得如此绌。然则今日所谈二十年财政之经过,谓之二十年财政之痛史亦可。

张寿镛在讲演中将民国财政分为四个时期,即:光绪末年、袁世凯统治时期、北洋政府时期及南京国民党政府建立以后。他指出民国财政是一笔糊涂账,在民国四个时期内,只有宣统三年,民国二年、三年、五年、八年共五次办过预算。其他年份只有民国十三年段祺瑞执政时期编有全国收入总表。在讲演中,张寿镛特别指出军费支出过大,是造成国家财政败坏和艰窘的根源。称:北洋政府时期,全国总收入约4.6亿元,军费有册可稽者为2亿余元,外债本息约1.3亿元,各项政费不过1.3亿元。张寿镛因此称"古今中外,无此财政"。至于南京政府政府财政,张寿镛指出:每月收入500余万元,支出700余万元,每月不足之数,举债补之,此岂久长之策耶?他认为中国财政败坏的原因有五点,主要为:"由于各国之侵略主义,如关税之不能自主,及种种外债之束缚";"由于内争不休,军费即占收入之全部,而生产事业,一无所取";"由于社会经济之薄弱……";"由于赋税制度之不良,恶税不能蠲除,再欲推行更恶之税,良税不能增加。如所得、营业、遗产等税,各国视为良税者,竟不能推行尽利";"国内无强固金融机关,纸币、硬币均无从整理"。挽救措施,亦有五点,主要为:"希望军事早日结束";"关税必须自主,厘金断宜裁废";及改革税制,建立国家银行等等。演讲结束时,张寿镛痛心地指出:"则今日寿镛谈者,谓之痛史可,谓之警钟,亦无不可。"这一演说深刻分析民国财政败坏端由，提出具体挽救措施，视野开阔，是总结民国财政问题不可多得的力作。

总的来说，《张寿镛先生传》是记述张寿镛生平的力作。从中可以看出作者一丝不苟的学风及严肃认真的态度。但是，由于作者学术范围的局限及书中篇章结构的制约，本书对于张寿镛在中国近现代财政方面的贡献缺乏综合论述，对其由于爱国而倾其所有、尽其所能办教育、编乡献及在上海沦陷时期冒着危险为国家收购图书等事迹的内在联系，亦缺乏深入的分析。率直言之，敬供俞先生参考。

（作者单位：中国社会科学院近代史研究所）

推进四库学研究的新举措

——首都师范大学《四库全书》学术研究座谈会纪要

◇扬　帆

《四库全书》是清代乾隆时期编纂的中国历史上最大的一部丛书。它所收录的书籍，上自先秦，下迄清代，几乎囊括了从古至今（指修书的乾隆年间）中国历史上的主要典籍，并且涵盖了中国传统学术文化的各个学科门类和各个专门领域。可以说，它集中保存了中国古代丰富浩瀚的文献典籍，也全面展示了中华民族灿烂辉煌的传统文化，因此，历来有"典籍总汇，文化渊薮"的美誉。在18世纪，像《四库全书》这样的文化巨著，不仅在中国，就是在当时的世界上，也是绝无仅有的。

自《四库全书》纂成问世迄今的两百多年间，对它的补遗、考证、纠谬、续修、影印乃至研究等各项举措始终未曾中断，特别是台湾商务印书馆于1986年影印出版文渊阁《四库全书》全本之后，在海峡两岸掀起了"四库热"，不仅相关的各部大型丛书如《四库全书存目丛书》（齐鲁书社、台湾庄严文化事业有限公司，1997年）、《四库全书存目丛书补编》（齐鲁书社，2001年）、《四库禁毁书丛刊》（北京出版社，2000年）、《四库未收书辑刊》（北京出版社，2001年）、《续修四库全书》（上海古籍出版社，2002年）相继出版，而且对《四库全书》的研究也有了相当深入的开展，乃至形成一门专门的学问"四库学"。

进入新世纪以来，随着中国改革开放的进一步发展和经济文化的持续繁荣，继承传统文化，弘扬民族精神的问题日益受到学术界和全社会的重视，而《四库全书》作为传统文化的重要载体，理所当然地成为人们关注的热点。2003年，北京商务印书馆、九鼎时代公司发起影印文津阁《四库全书》，经专家学者充分论证之后，得到了国家有关部门的批准和支持。随着影印工作的全面启动，有关的各种问题再次升温，研究讨论也日益深入。正是在这一背景下，首都师范大学发起成立了《四库全书》学术研究中心，聘请有关专家学者组成学术委员会，并于2004年2月6日举办了第一次学术研究座谈会。

在座谈会上，首都师范大学历史系教授、《四库全书》学术研究中心负责人许福谦首先介绍了中心的情况以及今后的工作设想。他说：中心成立于2003年9月，得到了学校的大力支持，经费拨付、图书购置、办公设备等各项硬件建设一路绿灯，目前已初具规模。中心计划把四库学研究作为努力的方向和长远的目标，为此，短期内将致力于开展研究工作，推进对《四库全书》和《四库全书总目》以及相关问题的研究；开办《四库全书》系列讲座，普及有关知识；创办《四库学丛刊》，扩大学术影响；在历史文献学专业设立四库学研究方向，培养一批专门人才。力争通过五年或更长的时间，形成一支学术队伍，出版十余本专著，建立资料库，开办网站，提供交流平台，真正把中心建设成人才、科研、资料、信息以及四库学研究者的交流活动中心。

中心负责人介绍的情况，引起了与会专家学者的强烈兴趣，大家畅所欲言，各抒己见，就有关问题进行了深入而又热烈的讨论。

其一，关于《四库全书》研究的回顾

对《四库全书》真正意义上的研究，与会专家学者公认始于20世纪初年，开创者为陈垣先生。中国人民大学清史研究所教授黄爱平说：当年，文津阁《四库全书》由承德避暑山庄运至北京，移交京师图书馆保存并向社会开放。随着其后影印《四库全书》动议的出现，著名学者陈垣先生受教育部委托，主持了对文津阁《四库全书》的清点工作，他不仅详细统计了其架数、函数、册数和页数，而且简要梳理了其编纂过程，还对一些重要问题作了开创性的研究。自此而后，有关论著相继出现，诸如杨家骆《四库大辞典》（附《四库全书概述》，1932年）、《四库全书学典》（1946年），任松如《四库全书答问》（1933年），郭伯恭《四库全书纂修考》（1937年），等等。至台湾商务印书馆于1986年影印出版文渊阁《四库全书》全本之后，学术界的研究得到了进一步的开展。1991年，海南大学率先成立中国《四库全书》研究中心，并于1992年、1994年先后举办了两次以《四库全书》为主题的学术研讨会。其后，台湾故宫博物院和淡江大学亦于1998年联合主办了“第一届中国文献学学术研讨会——两岸四库学会议”。这些学术会议的召开，无疑对推进四库学的研究起到了重要作用。特别是台湾故宫博物院还借两岸学者共同研讨《四库全书》有关问题的机会，专门举办了文渊阁《四库全书》特藏展，不仅普及了有关知识，而且扩大了社会影响。近年来，随着与之相关的几部大型丛书的出版，《四库全书》日益受到学术界和全社会的关注，乃至影响到东南亚的一些国家。2003年，致力于传统文化传播和文化事业开展的菲律宾华裔菲籍著名企业家陈永栽先生，特别委托上海古籍出版社影印300套文渊阁《四库全书》，无偿赠送给菲律宾各大图书馆、高等院校及研究机构，并邀请国内有关专家学者赴菲律宾讲学，介绍《四库全书》，宣扬传统文化。如今，继文渊阁《四库全书》之后，文津阁《四库全书》的影印出版工作也被提上日程并正在紧张有序地进行，可以预料，此举必将大大促进四库学乃至传统文化研究的开展。北京师范大学古籍研究所教授周少川认为：学术界对《四库全书》的研究，至今已有数十年的历史，很值得回顾和总结。如陈垣先生的有关著述有十余种，其中九种收入《陈垣学术论文集》第二集，另外数种如《四库全书考异》、《四库全书排架图》等，急需整理出版，以为今人的研究提供参考。其他如余嘉锡、胡玉缪对《四库全书总目》的考证纠谬，对今人也有着十分重要的参考意义。因此说，有必要从学术史的角度，对四库学的研究进行回顾和总结。

其二，关于《四库全书》的评价

在座谈会上，不少学者提出了重新评价《四库全书》的问题。诸如对四库本的看法，当年四库馆臣编书时，对各部书籍作了全面的清理、考证、校勘，有的还作了删改，并将所有收录的书籍都重新加以抄缮，贮藏在各藏书阁中，由此而形成了古籍版本中自成体系的四库本，亦称之为阁本。过去，学术界对四库本的评价不高，在学术研究中也很少利用四库本。顾颉刚认为，《四库全书》的编纂，平添了许多错书。顾廷珑说，不到万不得已，不用四库本。陈垣也主张，凡有刻本者，一般不用四库本。这些可以说都是学术界有代表性的看法。那么，四库本究竟有没有价值？我们今天如何看待它？对此，学者们坦陈了自己的意见。北京大学古文献研究中心教授孙钦善说：过去学术界对《四库全书》重视不够，贬多于褒，并且偏重从政治上加以评判。诸如其编纂原因，一般都认为是要禁书所以才编书。鲁迅也曾说，明人刻书而古书亡，四库编书而古书亡。这些看法固然有一定道理，但只是其中的一面，不能以偏赅全。对《四库全书》的评价，绝非简单的政治问题。可以说，《四库全书》反映了清代考据学的学术成果，即便是版本，也不能完全否认。前些年北大做《全宋诗》课题，就大量利用了文渊阁四库本。中华书局原总编辑、《四库全书》学术研究中心学术委员会主席傅璇琮认为：四库本经过整理，应该说有它的好处。北大做《全宋诗》曾加以利用，四川大学做《全宋文》也同样如此。特别是四川大学，开始时规定不得用四库本，后来在实践中作了修正，不仅大量利用，而且还有很大的收获。可见四库本确实有它的价值。国家图书馆古籍部研究员李致忠也说：四库馆臣对书籍的删改，情形各有不同，不能一概而论。以原书序跋为例，四库本一般不收。就我所接触的底本而言，删改之后的四库本都超出原本。如范仲淹的文集，原本所载各篇像赞颇多溢美之词，四库本删了不少，确实比原本好。

四库本之外，《四库全书总目》也是不少学者关注的问题。《四库全书总目》是伴随《四库全书》编纂而产生的一部大型官修目录。它根据传统目录学的正统分类体系，把《四库全书》著录、存目的所有书籍分为经、史、子、集四部，并于部下分类，类下再细分为各个子目，计 4 部 44 类 66 子目。与此同时，它还继承了中国古代目录学的优良传统，于各部卷首撰写总序，各类卷首撰写小序，并为每一种书籍撰写详细的书目提要，介绍作者生平，叙述典籍内容，考辨篇章文字，评论长短得失。通过分门别类、提要编目的方式，《四库全书总目》不仅成功地建构了一个包罗宏富、组织严密的庞大体系，把《四库全书》著录、存目的上万种书籍统括为一个有机的整体，而且“辨章学术，考镜源流”，对中国古代典籍和传统文化作了全面的清理和总结。但以往学术界对《四库全书总目》的研究，大多注重考证纠谬，而对其学术价值重视不够。在座谈会上，不少学者对《四库全书总目》给予了很高的评价。孙钦善说:《四库全书总目》是真正意义上的学术提要,至今无出其右者。此前有纂修官撰写的提要原稿,此后亦有学者续撰的《续修四库全书总目提要》,但它们都无法与《四库全书总目》相比。如原纂修官姚鼐写的提要,只能称得上文人提要;而后来的续修提要,亦远不及《四库全书总目》。清人张之洞称《四库全书总目》为"良师",确实是有道理的。北京大学古文献研究中心教授杨忠介绍说:北大专门开设有《四库全书总目》的课程,目的就在于帮助学生学会利用。李致忠也说:《四库全书总目》的总序、类序以及按语,写得很有水平,对目录学十分有益。当然,也有个别写得一般的,这些问题都值得我们深入研究。

其三,文津阁《四库全书》影印出版的价值和意义

与会学者公认,上个世纪80年代文渊阁《四库全书》的影印出版,对推动四库学研究和弘扬传统文化,起到了十分积极的作用。那么,在进入21世纪的今天,影印出版文津阁《四库全书》又有什么价值和意义呢?商务印书馆、九鼎时代公司负责人卢仁龙首先介绍了有关情况。他说:文渊阁《四库全书》出版之后,国家图书馆利用馆藏文津阁《四库全书》的有利条件,将文津阁全书与文渊阁全书进行对勘,发现二者有较大差别,经专家论证之后,决定影印出版,得到了国家有关部门的批准。为保证出版质量,拟依托高科技手段,采用数码技术处理,500万像素拍摄。计划做成三个系列,一是全套影印,精装500册,并考虑出版线装本;二是专题丛刊,如《清史文献丛刊》、《齐鲁文献丛刊》、《江苏文献丛刊》等;三是电子版,以方便收藏和利用。在内容上,还将收入当年被撤毁但最终幸存下来的九种书籍,使之更为完整。总之,准备把文津阁《四库全书》的出版做成一项文化工程和文化事业。因此,除设立出版工作委员会之外,拟进一步成立学术委员会,以期推进对《四库全书》乃至传统学术文化的研究。现在,这一想法得到了首都师范大学的大力支持,学校不仅依托历史系建立了学术研究中心,聘请有关专家学者组成了学术委员会,而且制定了短期工作规划和长远发展目标。相信此举将有助于推动四库学研究的开展。商务印书馆、九鼎时代公司很愿意与首都师范大学合作,共襄盛举。

对文津阁《四库全书》影印出版的价值和意义,与会专家学者予以了高度评价。孙钦善说:当年做《全宋诗》之时,利用了文渊阁本,但未能利用文津阁本,不免有所遗漏。杨忠说:两年前有机会去甘肃,有幸看到收藏在当地的文溯阁《四库全书》。现在已知文津阁本与文渊阁本有差别,那么,文溯阁本与文渊阁本、文津阁本是否也有差别?很有必要加以比较研究。黄爱平也说:当年文渊阁《四库全书》的出版,带动了海峡两岸四库学研究的热潮;进入新世纪以来,国家的经济建设和文化发展与20年前已不可同日而语,在新的历史条件下影印出版又一部《四库全书》,无疑将为弘扬优秀传统文化、提升民族文化素质做出积极的贡献。大家一致认为,文津阁全书有其自身的独到之处,具有十分重要的价值。其出版将为学术界提供又一个参照体系,同时也必将极大地推动四库学及传统文化研究的开展。

其四,四库学有待深入发掘的课题

随着《四库全书》的广泛流传,四库学的研究也在逐渐升温。那么,在文津阁《四库全书》即将影印出版,四库学面临又一个新的发展机遇之时,它将如何深入?为此,与会专家学者提出了不少建设性的意见。傅璇琮认为:有关四库学的研究,可以从文献学、历史学、文学等不同角度开展研究。以文献学为例,可做的题目就有很多,如现存底本与四库本的比较,纂修官提要分纂稿与《四库全书总目》的比较,文津阁本与文渊阁本的比较,等等。再就文学的角度而言,可以做《四库全书总目》的杜(甫)诗学,《四库全书总目》的词学,等等。周少川建议,可以将有关《四库全书总目》的研究从四库学中独立出来,形成一门专门的"总目学"。在这方面,也有不少值得深入发掘探讨的课题。诸如对《四库全书总目》编纂过程的研究,可以将纂修官分纂稿、书前提要、总目提要三者作详细的比较;对《四库全书总目》补撰问题的探讨,前人已做了不少工作,取得了相当成效,在此基础上既可总结已有成果,又可进行新的开拓;对《四库全书总目》学术思想和学术观念的研究,可以从学术史的角度,进行总结和批评;等等。大家一致认为,对《四库全书》的研究,已经形成一门显学,如同学术界对《文心雕龙》、《昭明文选》、《水经注》、《红楼梦》等的研究均各自成学一样。就四库学本身而言,可以说是一个很大的题目,其中蕴含着极为丰富的内容,有许多值得深入发掘的东西,就像一棵常青树,具有十分旺盛的生命力,只要我们用心培育,就会有丰厚的收获。

与会专家学者在就《四库全书》的有关问题进行广泛深入讨论的同时,也充分肯定了首都师范大学《四库全书》学术研究中心成立的作用和意义。中国国家图书馆常务副馆长詹福瑞说:有关《四库全书》研究的著作、论文比较多,能有一个学术研究中心来进行协调并引领研究,很有必要。特别是现在的许多年轻人,了解西方文化比传统文化多,甚至有的英文学得比国文还要好,中心的成立,完全可以在普及传统文化知识方面多做一些事情。杨忠也说:中心的成立,可以有计划地开展研究工作,有助于团结学者,进一步出成果、出人才。傅璇琮认为:首都师范大学成立学术研究中心,选择四库学作为研究方向,充分显示了学术发展的眼光和学术建树的魄力,并且,中心广泛联系校内外学者,体现了很好的对外开放的风气。有感于此前海南大学率先成立国内第一家《四库全书》研究中心,开展研究工作,但最终未能坚持下来的前车之鉴,与会专家学者一致认为,中心的成立,既是四库学研究自身发展的体现,同时又肩负着进一步推进四库学研究的重任。而学术研究是一项长效性的工作,它既需要踏踏实实的努力,也需要持之以恒的精神。大家殷切希望,首都师范大学《四库全书》学术研究中心能够长期坚持下去,为推动学术研究、弘扬传统文化做出应有的贡献。

(作者单位:中国人民大学清史研究所)

图书在版编目(CIP)数据

炎黄文化研究.第一辑/王俊义主编.—郑州:大象出版社,2004.11

ISBN 7-5347-3507-6

Ⅰ.炎... Ⅱ.王... Ⅲ.传统文化—研究—中国 Ⅳ.G12

中国版本图书馆 CIP 数据核字(2004)第 082277 号

责任编辑 吴韶明
责任校对 牛 平 石 森
封面设计 高 岚
出版发行 大象出版社(郑州市经七路 25 号 邮政编码 450002)
网　　址 www.daxiang.cn
制　　版 郑州艾乐出版技术服务有限公司
印　　刷 河南第二新华印刷厂
版　　次 2004 年 11 月第 1 版 2004 年 11 月第 1 次印刷
开　　本 787×1092 1/16
印　　张 18.5
字　　数 351 千字
印　　数 1—2 000 册
定　　价 29.80 元

若发现印、装质量问题,影响阅读,请与承印厂联系调换。

印厂地址 郑州市商城路 231 号

邮政编码 450000 电话 (0371)6202901